政府会计

——行政事业核算新模式

GOVERNMENT ACCOUNTING

李　敏◎主编

上海财经大学出版社
SHANGHAI UNIVERSITY OF FINANCE & ECONOMICS PRESS

图书在版编目(CIP)数据

政府会计:行政事业核算新模式/李敏主编. —上海:上海财经大学出版社,2018.8

ISBN 978-7-5642-3041-8/F·3041

Ⅰ.①政… Ⅱ.①李… Ⅲ.①预算会计 Ⅳ.①F810.6

中国版本图书馆 CIP 数据核字(2018)第 110228 号

□ 责任编辑　李嘉毅
□ 书籍设计　杨雪婷

政 府 会 计

——行政事业核算新模式

李　敏　主编

上海财经大学出版社出版发行

(上海市中山北一路 369 号　邮编 200083)

网　　址:http://www.sufep.com

电子邮箱:webmaster @ sufep.com

全国新华书店经销

江苏凤凰数码印务有限公司印刷装订

2018 年 8 月第 1 版　2021 年 5 月第 3 次印刷

710mm×960mm　1/16　22 印张　431 千字

印数:7 001—7 800　定价:42.00 元

前言

　　自 2019 年 1 月 1 日起,行政事业单位应当严格按照政府会计准则和政府会计制度的规定进行会计核算、编制财务报表和预算会计报表。政府会计通过构建统一、科学、规范的概念框架和标准体系,规范了各级政府、各部门、各单位的会计核算,提高了政府会计信息的可靠性、全面性、相关性、及时性、可比性和可理解性。

　　本书以政府会计改革为背景,以《政府会计准则》《政府会计制度——行政事业单位会计科目和报表》《行政事业单位内部控制规范》为指南,以财务会计五大要素和预算会计三大要素为主线,按照会计要素和会计科目编排教学单元,由浅入深、循序渐进,系统论述了政府会计的主要内容与核算方法等,并结合实际业务与案例分析讲授行政事业单位会计核算的重点、要点、难点,从而增强实务感、操作性和管控有用性。

　　本书分为三个部分:第一部分为政府会计改革与政府会计准则(第一章到第三章),分别阐述了政府会计改革的主要内容、显著特点与积极作用,政府会计准则的框架结构及其主要内容,政府会计的概念框架等基本理论;第二部分为政府财务会计与财务报告(第四章至第九章),分别阐述了资产、负债、收入、费用、净资产和政府财务报表的主要内容与核算方法;第三部分为政府预算会计与决算报告(第十章至第十三章),分别阐述了预算收入、预算支出、预算结余和政府预算会计报表的主要内容与核算方法。全书内容融法规解析、理论阐述和实例佐证为一体,并结合必要的实例解析、概念辨析、温馨提示、思考与练习等内容,书后配有各章"思考与练习"的参考解答、综合测试题及其参考解答。

　　本书内容新颖、实用、精要、图文并茂、简明易懂,可供教学与培训使用,尤其适合行政事业单位财务人员、审计人员和管理人员阅读。目录中打"＊"号的部分可供不同层次不同教学要求的对象选用。教学配套用的 PPT 可登录上海财经大学出版社网站本书页面下载。

　　本书由资深注册会计师、主任会计师、高级会计师李敏主编。李敏是上海市注册会计师协会《事业单位审计工作规程》和《事业单位资产清查审计和经济鉴证审计工作底稿》的主要撰稿人,是财务会计、司法会计方面的咨询专家,多所著名大学的客座教授,具有丰富的事业单位会计与审计的教学经历和经验,已主编出版了《事业单位会计》《公共部门控制规范》《会计控制与风险管理》《财务分析与报表解读》《成本会计学》《管理会计学》《审计学》等数十本书。徐成芳、沈玉妹、丁东方、徐铭、李英、陈惠珠、李嘉毅协助有关编写工作,在此表示感谢。由于编写时间仓促,若有疏漏差错之处,敬请读者提出宝贵意见,以便日后修改补正。

编　者
2019 年 4 月

目 录

第一章

政府会计总论

第一节　政府会计概述

一、政府会计的基本含义

政府会计,也称"公共部门会计",是指用于确认、计量、记录和报告政府和政府单位财务收支活动及其受托责任履行情况的会计体系,适用于各级政府、与政府财政部门直接或者间接发生预算拨款关系的国家机关、军队、政党组织、社会团体、事业单位和其他单位。

公共部门是指被国家授予公共权力,并以社会的公共利益为目标,管理各项社会公共事务,向全体社会成员提供法定服务的政府组织。据国家统计局网站公布的全国第三次经济普查数据显示,从登记注册类型来看,我国企业法人为 8 208 273 家,占比 75.61%;公共部门为 2 211 311 家,占比 20.37%;其他组织机构为 436 984 家,占比 4.02%。在公共部门庞大的组织体系中,行政机关占公共部门的 11.33%、事业单位占公共部门的 35.56%,是政府部门典型的组织形式。①

政府具有公共性、法定性、统一性、独占性、非营利性、组织目标多重性等特征。人民政府为人民,受人民之托,使用公共资源来管理公共事务,为社会提供公共服务。只要有财政与预算活动,就会有政府会计。预算资金并非政府的钱,而是人民委托政府管理的钱。政府具有受托责任,行政机关和事业单位(以下统称"单位",特别说明除外)成为受托责任的履职者,并作为会计核算与财务报告的主体。

---

① 财政部 2015 年改革发展重大研究课题:《公共部门注册会计师审计制度研究》,中国财政经济出版社 2016 年版。

　　政府会计(古时又称"官厅会计")源远流长。我国西周时期就设有专门核算官方财赋的官职——司会,"司会为计官之长,凡财务会计必揽"。司会下设司书、职内、职岁与联币四大官员,分管会计与出纳事务,对财物收支采取"月计岁会"(零星算之为计,总合算之为会)的方法,"以八法治官府……八曰官计,以弊邦治"(《周礼·天官·大宰》)并形成"以参互考日成、以月要考月成、以岁会考岁成"的会计报告制度。之后各朝均设有官厅会计机构,都配备有专职会计官吏,汉代以后将"官计"改称"国计"。20世纪二三十年代,我国引进西方会计,沿用欧美"政府会计"名称,取代了"官厅会计"的传统名称,会计专业也相应开设了政府会计类课程。

　　1951年财政部颁布《各级人民政府暂行总政府会计制度》和《各级人民政府暂行单位政府会计制度》,明确了预算会计的名称,适应了当时计划经济发展的需求;1966年开始实施《行政事业机关会计制度》,1988年改为《事业行政单位预算会计制度》。1994年我国启动社会主义市场经济下的预算会计改革,财政部于1997年发布了《财政总预算会计制度》《行政单位会计制度》和《事业单位会计制度》;2013年起实施修订后的《财政总预算会计制度》《行政单位会计制度》《事业单位会计准则》《事业单位会计制度》,以及医院、基层医疗卫生机构、高等学校、中小学校、科学事业单位、彩票机构等行业事业单位会计制度和有关基金会计制度等。由此形成两个层面的预算会计体系:一是政府层面的财政总预算会计,包括中央、省(自治区、直辖市)、市(地、州)、县、乡(镇)等;二是单位层面的预算会计,包括行政单位会计和事业单位会计,并按照单位预算管理级次分为三个层级(如图1-1所示)。

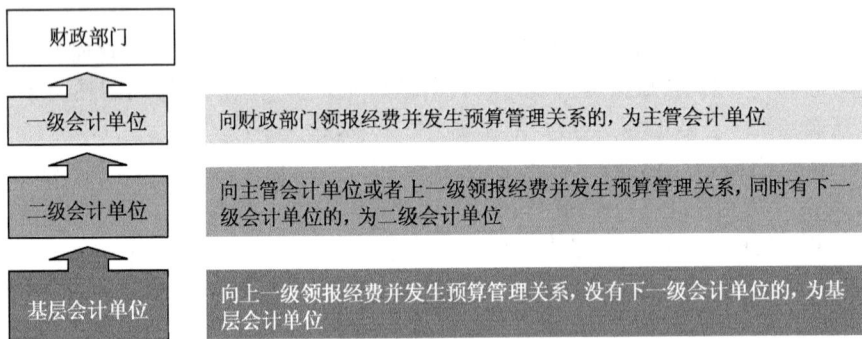

图1-1　预算单位按照国家机构编制与经费报领关系的分类

　　政府会计改革是一个持续优化、螺旋式上升的渐进过程。目前,政府会计改革要求执行统一规范的政府会计准则、政府会计制度、政府财务报告制度,全面系统地反映财政预算执行、单位财务活动及财务状况,综合披露政府及政府单位的资产、负债和净资产的真实信息;要求提供科学有效的政府会计信息,有利于监督政府的科学民主决策,有利于强化政府的会计责任,推进宏观经济管理。

二、预算会计的局限性与改革的内在动因

我国政府会计改革的主要对象是预算会计体系,因为预算会计侧重于反映预算执行的结果,不能完整反映政府"家底",不利于强化政府资产管理、降低行政成本、提升运行效率、有效防范财政风险,难以满足建立现代财政制度和推进国家治理现代化的要求,因而存在明显的局限性,对其改革有着强烈的内在动因。

(一)条块分割的局限性

会计分为企业会计(营利组织会计)和预算会计(非营利组织会计)两大体系。预算会计自1951年发展至今,形成了相对独立的三个制度分支——财政总预算会计制度、行政单位会计制度和事业单位会计制度,"三足鼎立"的情况如图1-2所示。

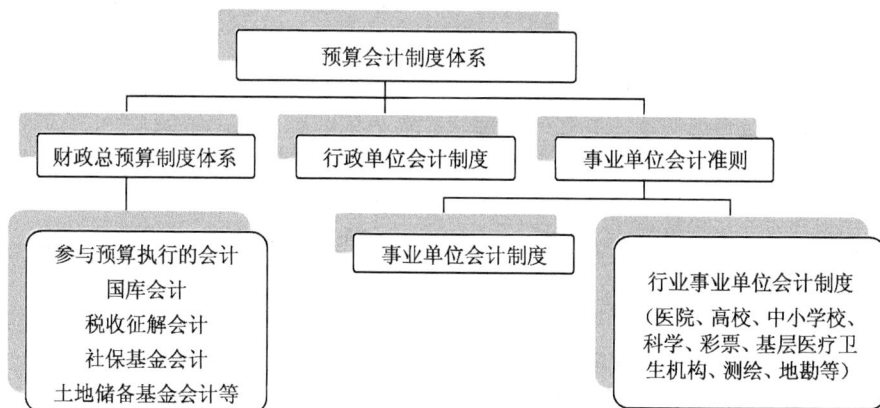

图1-2 我国原有的预算会计制度体系

在"三足鼎立"的预算会计中,单位会计核算的制度有十几项,各项制度在会计科目、报表结构和政策标准等方面存在一定差异,导致不同政府单位所提供的会计信息可比性不强,因而迫切需要对现行预算会计制度进行改革。

预算会计虽然糅合了"财务会计"元素和"预算会计"元素,但偏重于满足财政预算管理的需要;其核算内容虽然包括资产、负债、净资产、收入和支出,但侧重于预算收入、支出和结余情况,且核算内容偏窄,缺乏对对外投资、公共基础设施、政府性债务等的核算要求;在财政预算持续改革,特别是政府收支分类科目不断改革的情况下,原制度疲于变革以适应财政预算管理要求,其中的"财务会计"元素总是处于从属地位和被动地位,难以独立发展。不仅如此,这种条块分割的预算会计制度不适应目

前我国正在实行的政府集中采购和国库集中支付制度,不符合当前实行的打破预算内外资金划分的部门预算制度,已经不能满足政府绩效评价、财政透明度、利益相关者等方面的需求,缺乏一个完整科学的标准体系,亟待改革。

(二)收付实现制的局限性

随着财政管理体制改革的深入,采用收付实现制基础的局限性逐渐凸显。例如,收支项目不配比,不能准确反映跨年度大宗采购项目或跨期费用的客观情况,不能真实反映当年的结余情况;没有揭示未来的承诺、担保和其他因素形成的或有负债,政府潜伏的隐性负债和财政危机也会被掩盖。

收付实现制的记账基础导致无法全面连续地反映政府资产情况,无法有效地分析政府的资金运用效果,不能真实完整地反映政府的财务状况,同时不能真实准确地反映各政府及行政事业单位提供公共产品和服务的成本耗费与效率水平。按照这种基础编制的财务报表所反映的受托责任也比较狭窄,而且其反映的财务成果易于被会计主体操纵,如会计主体可以根据需要人为地将收款或付款的时间推迟或提前,从而使财务信息缺乏可靠性和前后期的一贯性等。

(三)紧盯预算的局限性

预算会计核算的对象主要是财政性预算资金运动和单位预算资金运动,并没有全面反映政府的资金运动及其结果。例如,对折旧和固定资产净值不予记录和确认;相当一部分政府债务以及因政府担保而形成的或有债务等没有核算和反映。预算会计不是完整意义上的政府会计,仅实行预算会计难以满足新形势、新情况的需要。

(四)报表系统的局限性

预算报表以财政内部使用为对象,以反映预算执行情况为目标:一是不能如实反映政府"家底",不利于全面强化政府资产负债管理;二是不能客观反映政府运行成本,不利于科学评价政府的运营绩效;三是缺乏统一规范的政府会计标准体系,不能提供信息准确完整的政府财务报告,也无法合并出这类报告的重要信息。因此,借鉴国际经验,推进我国政府会计制度改革势在必行。

第二节　政府会计改革*

一、我国政府会计改革的进程

政府会计改革是一个系统工程,涉及核算、预算、决算、财务管理、预算管理、资产管理等,需要统筹考虑、协同推进。

2000年,财政部启动了中国政府预算会计制度改革研究,并相继推行部门预算、国库集中收付制度、政府收支分类等多项公共财政管理改革。2006年,政府会计改革被列入中国国民经济与社会发展第十一个五年规划纲要。2007年,国务院发布《政府信息公开条例》,要求行政机关及时准确地公开政府信息。《国民经济和社会发展第十二个五年规划纲要》要求"进一步推进政府会计改革,逐步建立政府财务报告制度",《中共中央关于全面深化改革若干重大问题的决定》明确提出"建立权责发生制的政府综合财务报告制度",《党政机关厉行节约反对浪费条例》规定"推进政府会计改革,进一步健全会计制度,准确核算机关运行经费,全面反映行政成本"。

随着各级政府信息公开力度的不断加大,社会公众的民主意识、权利意识、参政议政意识不断增强。全国人大代表、有关专家为此纷纷呼吁,要求加快推进政府会计改革,建立能够真实反映政府"家底"、绩效及预算执行情况的政府报告体系。尤其是近年来,公共危机和突发事件频频发生,严重影响了社会的安宁和稳定,社会公众对政府会计信息公开的呼声越来越高,为了维护政府公信力,政府会计信息披露制度的建立与完善成为必然。

经济越发展,会计越重要,政府会计改革应当与时俱进。党的十八届三中全会提出了"建立权责发生制的政府综合财务报告制度"的重大改革举措,2014年修订的《中华人民共和国预算法》(以下简称《预算法》)要求各级政府财政部门应当按年度编制以权责发生制为基础的政府综合财务报告。2014年12月国务院批转财政部的《权责发生制政府综合财务报告制度改革方案》(国发〔2014〕63号,以下简称《改革方案》)决定:"加快推进政府会计改革,逐步建立以权责发生制政府会计核算为基础,以编制和报告政府资产负债表、收入费用表等报表为核心的权责发生制政府综合财务报告制度,提升政府财务管理水平,促进政府会计信息公开,推进国家治理体系和治理能力现代化。""力争在2020年前建立具有中国特色的政府会计准则体系和权责发生制政府综合财务报告制度。"

二、政府会计改革的国际视野

预算会计不等于政府会计。预算会计侧重于政府预算的收支活动,政府会计的概念大于预算会计的概念,包括了财务会计等内容。

在各国政府活动的早期,公共管理业务较简单,政府财政管理的重点是合法组织预算收入、合理分配预算资金,基本采用收付实现制,并通过预算会计来核算和报告预算执行情况。随着政府职能、所控制资源和承担责任以及收支规模的逐步扩大,公共管理业务日趋复杂,政府在保护公共资产的安全完整、防范财政财务风险、提高公共资源的使用效率和效果、推动财政可持续发展等方面的财务受托责任不断增强。传统以收付实现制为基础的预算会计系统仅具备核算和报告预算收支的单一功能,无法满足政府全面解除其财务受托责任、提供绩效评价所需的资产负债和成本绩效等方面信息的需要,促使各国实施政府会计改革,建立以权责发生制为基础的财务会计系统,将政府的全部公共受托资源及相应的对外责任义务,以及全部财务收支活动纳入政府会计的核算范围,全面、完整、系统地反映政府的财务状况和财务活动结果。

美国政府会计改革经历了相当长的时间。早在19世纪90年代至1920年(美国城市化发展时期)就将商业会计程序和方法引入地方政府的财务管理中,建议采用权责发生制会计基础和复式记账法,通过政府资产负债表对政府运行能力进行衡量。20世纪30年代,美国陷入经济大萧条,一些地方政府无力偿债,地方政府会计准则开始受到重视。1934年美国成立了全国地方政府会计委员会(NCMA),制定并发布了一些地方政府会计原则,提倡通过统一术语和账户结构来加强会计与预算制度的联系,强调预算、会计和财务信息的协调一致,并要求使用权责发生制会计,但并不要求对一般固定资产计提折旧。20世纪70年代美国许多地方发生了财政危机,暴露出会计实践的薄弱环节,政府会计再次进行改革,其主要目标放在体现政府对权益者的受托责任上。从20世纪90年代初开始,联邦政府在保留传统预算会计的基础上,建立了权责发生制政府财务会计系统。

联邦政府收付实现制预算会计系统包括收入、支出、预算盈余/赤字三大要素,主要发挥预算控制、执行记录、执行结果报告等方面的功能;权责发生制财务会计系统包括资产、负债、净资产、收入和费用五大要素,主要发挥全面核算、反映和报告联邦政府整体及其各组成主体资产负债、运营业绩的功能。两个会计系统各自拥有一套内部平衡的账户和报表体系,联邦政府及其组成部门在实际工作中对于发生的每一笔经济业务分别按照收付实现制和权责发生制在两个系统中记录,两个会计系统之间相互独立,在作用上相互补充。

加拿大政府会计自20世纪80年代起,经历了从修正的权责发生制逐步过渡到完全的权责发生制的历程。[1]

英国议会于2000年7月通过并颁布了《政府资源与会计法案2000》,为英国中央政府实行权责发生制预算与会计提供了法律依据。2000～2001财政年度,英国各政府部门同时向议会提交了两套经审计的报告,分别是现金制基础的预算报告和权责制基础的资源报告。

法国政府以2001年8月1日《财政法组织法》作为改革的重要法律保障,建立了三套会计系统——以现金制为基础的预算会计系统、以应计制为基础的财务会计系统和成本会计系统;同时,建立基于应计制的中央政府会计准则体系,进而编制以此为基础的中央政府财务报告,最后还需经过审计部门的鉴证。

新西兰政府通过全面实行权责发生制,对政府会计制度实行最全面彻底的改革,

---

[1]　财政部会计司《关于美国、加拿大政府会计改革与内部控制建设情况的调研报告》,国库司《美国政府会计情况》,中华人民共和国财政部官方网站。

收到了良好的效果,不仅减轻了财政负担,而且解决了政府机构过于庞大臃肿的问题,从而提高了财政预算透明度。

成立于 1977 年的国际会计师联合会(International Federation of Accountants,IFAC)的宗旨是以统一的标准发展和提高世界范围内的会计专业,促进国际范围内的会计协调。其下设的公共部门委员会(Public Sector Committee,PSC)于 2004 年 11 月改名为国际公共部门会计准则委员会(International Public Sector Accounting Standards Board,IPSASB),目标是制定全球通用的公共部门会计与财务报告标准,致力于使各国对外报告的权责发生制财务会计信息相互协调。

20 世纪 90 年代末亚洲金融危机以后,包括国际会计师联合会和国际货币基金组织(International Monetary Fund,IMF)等在内的国际性组织也在全球范围内推动政府会计改革,以更好地推动政府财政的透明度建设。

会计作为国际经济交流通用的商业语言,是人类共同的精神财富,会计规范的国际协调已成为一种不可逆转的发展趋势。这种趋势不仅反映在企业会计方面,而且反映在政府与非营利组织会计规范方面。政府会计改革是世界各国的必然趋势。

三、政府会计改革发展模式的探讨

模式是指某种事物的标准形式或可以照着做的标准样式,具有目标导向性。政府会计模式是由相互联系的要素组成并用以反映政府会计活动的基本特征及其内在本质的有机整体。

以美国为代表的政府会计模式采用了"双规制":政府财务会计系统以应计制为核算基础,政府预算会计系统保持现金制核算基础。以英国为代表的政府会计模式已实现向应计制的转换,政府会计准则有向企业会计准则靠近的趋势。以德国和法国为代表的政府会计模式主要满足议会理解政府预算执行情况及其结果的需要,重点体现政府内部受托责任的履行情况。[①]

政府会计模式的法定形式大体分为三种:一是准则模式,如美国、英国、加拿大等,主要由会计准则构成,没有制定会计制度;二是制度模式,如法国、德国、波兰等,主要由会计制度构成,没有制定会计准则;三是政府会计和企业会计适用同一会计准则,如澳大利亚、新西兰等。[②]

我国原先采用"制度规范模式"对预算会计事务进行指导和管理,随着我国政府会计准则的颁布与实施,开始采用"准则规范模式"。我国向"准则规范模式"转变的过程分两步:第一步是实现近期改革目标——建立起"准则+制度"的混合模式,即

---

① 殷红:《制度变迁与政府会计模式选择和优化研究》,厦门大学出版社 2012 年版。
② 北京市预算会计研究会政府会计课题组:《关于建立中国政府会计准则的研究报告》。

"基本准则＋具体准则及应用指南＋会计制度",准则与制度之间相互衔接、各有侧重、互为补充;第二步是实现长期改革目标——建立起与国际政府公共部门会计准则接近的准则规范模式。

预算会计只是"一元模式",该模式不能满足财政透明度、利益相关者、政府绩效评价等多方面的需求。政府会计改革正在向"二元模式"转变,由政府财务会计和政府预算会计构成,并分别编制财务报告和决算报告。也就是说,我国预算会计"三足鼎立"的格局已经结束,财务会计和预算会计"双模式"已经开启。进一步改革与发展的方向是建立"多元模式",包括研究推行政府成本会计、政府管理会计、政府财务报告分析应用体系等。政府会计应当主动融合管理会计,管理会计的预算、规划、决策、控制和业绩评价职能与政府履职休戚相关,[①]尤其应当加快研究政府成本管理会计,规定政府运行成本归集和分摊的方法等,向社会提供公共服务成本和机关运行成本等财务信息,为科学开展政府绩效考评、评价政府受托责任履行情况提供扎实有效的信息基础。

第三节   政府会计新模式

一、预算会计和财务会计双轨制的政府核算新模式

我国政府会计改革的总体思路是:改造、拓展以收付实现制为基础的、主要反映预算执行情况的预算会计系统,逐步建立起在权责发生制基础上的、反映各级政府的一切财务状况、财务及财政活动的业绩和结果的完整的政府会计体系。这种双轨制政府会计改革的设计思路如图1－3所示。

为什么我国采用"财务会计和预算会计适度分离并相互衔接"的双轨制模式呢?

(一)完善预算会计十分必要

1. 预算是庶政之母

预算是政府最主要的财务计划。先有预算,再有施政。预算是公共政策的支撑,是管理政府的工具,各级预算单位都是按照预算管理级次申报预算,并按照批准的预算组织实施,定期将预算执行情况向上一级预算单位或者同级财政部门报告。预算具有计划性、公共性、政策性和法定性等特点。预算收入/支出是指政府会计主体在预算年度内依法取得/发生并纳入预算管理的现金流入/流出。加强预算管理法制化和预算执行规范化离不开预算会计的信息支撑与有效管控。

---

①   详见《财政部关于全面推进管理会计体系建设的指导意见》(财会〔2014〕27号),参阅李敏:《管理会计学》和《管理会计》,上海财经大学出版社出版。

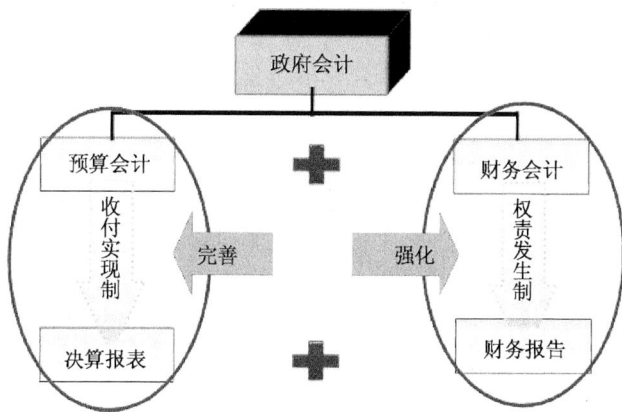

图1—3　我国新的政府会计模式

2. 预算单位应当全面落实《预算法》

《预算法》是预算单位的根本大法。为了规范政府收支行为,强化预算约束,加强对预算的管理和监督,建立健全全面规范、公开透明的预算制度,保障经济社会的健康发展,2014年第十二届全国人民代表大会常务委员会第十次会议修改了《预算法》,要求"政府所有收入和支出全部纳入预算""各级预算的收入和支出实行收付实现制"等,并充分满足政府收支分类科目改革和预决算公开的相关要求。

政府会计应当为预算编制、执行、监督提供有效的信息服务,应当充分体现《预算法》及相关财政预算管理制度改革的最新要求,并与《预算法》口径保持一致,从而有利于政府预算、核算和决算的一致性。各级预算都应当遵循统筹兼顾、勤俭节约、量力而行、讲求绩效和收支平衡的原则,按照国务院财政部门制定的政府收支分类科目、预算支出标准和要求,以及绩效目标管理等预算编制规定,根据其依法履行职能和事业发展的需要以及存量资产情况,编制本部门、本单位预算。

3. 发挥政府会计在预算管理过程中的控制作用

政府的预算资金并非政府的钱,而是纳税人委托政府管理的钱,这种预算关系是一种受托责任关系。政府会计的有效管控有助于养成按预算办事、按计划办事和按程序办事的良好习惯。

按预算办事就是指财政部门和使用部门的拨款不得超越既定的预算项目,拨款总额不得超过当年预算;预算调整必须经法定程序,未调整前不得更改预算项目;未经批准,预算不准在不同项目之间流动,更不得以收抵支等。

按计划办事就是指预算支出执行部门在接到财政部门下达的预算后,必须按照要求,分预算项目制订用款计划,并上报财政部门批准。用款计划一经批准,财政部门必须按计划拨款,单位按计划用款,以保证各项支出任务的完成。

按程序办事是指按资金管理程序办事,预算单位的收入和支出都必须纳入国库管理,实行国库集中收付;还要按采购程序办事,预算单位向社会采购的物资和劳务应按政府采购法办事,纳入政府采购管理等。

(二)强化财务会计更加重要

财务会计应当以权责发生制为基础对政府会计主体发生的各项经济业务或者事项进行会计核算,全面反映和监督政府会计主体的财务状况、运行情况和现金流量等,成为科学评价政府绩效的重要基础。例如,增加了公共基础设施、政府储备物资、文物文化资产、保障性住房和受托代理资产的核算内容,以满足加强行政事业单位国有资产管理的需要;增加了预计负债等核算内容,以全面反映单位所承担的现时义务,并与政府债务管理等政策相互协调;改变了现行制度下要求对基建投资业务进行单独建账、定期并账的规定,要求按照新制度规定统一进行会计核算;积极贯彻落实营业税改征增值税的相关要求,细化增值税相关会计处理规定;引入成本、绩效等先进理念,合理归集、反映政府的运行费用和履职成本,通过夯实政府资产负债管理的基础,科学评价政府、部门、单位等耗费公共资源的情况等。

财务会计不仅是单位财务管理的基础,而且是财政财务管理的基础。在财务会计中全面引入权责发生制后,在会计科目设置和账务处理说明中着力强化财务会计功能,如增加了收入和费用两个财务会计要素,并且原则上要求按照权责发生制进行核算;增加了应收款项与坏账准备的核算内容,对长期股权投资采用权益法核算,确认自行开发形成的无形资产的成本,要求对固定资产、公共基础设施、保障性住房和无形资产计提折旧或摊销,引入坏账准备等减值概念,确认预计负债、待摊费用和预提费用等。在政府会计核算中强化财务会计功能有助于科学编制权责发生制政府财务报告、准确反映单位财务状况和运行成本等情况,体现了当前财政预算改革的要求,提升了财政资源的配置效率。

二、既适度分离又相互衔接的政府会计新模式

在政府会计模式中,预算会计和财务会计是两个既相互联系又相互区别的子体系,有各自的核算要素与报表体系,应当"适度分离",从而能够适度分离政府预算会计和财务会计功能、决算报告和财务报告功能;同时,通过"平行记账"的相互衔接与互相关联,使决算报告和财务报告相互补充,共同反映政府会计主体的预算执行信息和财务信息。这种"双轨制"的核算模式是我国政府会计改革的主要特色、重大变化和创新发展所在。

(一)适度分离的典型表现

1. 建立核算"双体系"

政府会计由预算会计和财务会计构成。预算会计为政府预算管理服务,财务会计为政府财务管理服务,在完善预算会计功能的基础上,强化财务会计功能,更加完整地反映政府会计信息。

2. 确定核算"双基础"

财务会计实行权责发生制,预算会计实行收付实现制。以权责发生制作为政府财务会计的核算基础,重新解释收入、费用等会计要素的定义、确认和计量标准,对于规范权责发生制政府财务报告的内容、口径和信息质量等起到重要的导向作用,为最终建立权责发生制的政府综合财务报告制度奠定可靠基础。考虑到目前预算管理的实际需要,在预算会计中仍然采用收付实现制有利于准确核算预算收支信息、加强预算管理和监督。

3. 核算结果"双报告"

单位至少应当按照年度同时编制财务报告和决算报告。决算报告以收付实现制为基础,以单位预算会计核算生成的数据为准,侧重于预算资金层面,以政府当年预算资金的实际收支情况与当年预算数据的比较为报告重点。财务报告以权责发生制为基础,以单位财务会计核算生成的数据为准,以全部资金状况为报告内容,范围更广泛,不仅包括政府预算资金收支,而且包括非预算资金收支;不仅反映当年的资金运动,而且反映以往年度经济业务对当年资金运动的影响,甚至反映当前经济业务对未来资金运动的影响等。

4. 会计作用"双功能"

通过资产、负债、净资产、收入、费用五个要素的系统核算,成为财务管理基础,具备财务会计功能;通过预算收入、预算支出和预算结余三个要素的系统核算,成为预算管理基础,具备预算会计功能;实现财务会计与预算会计既适度分离又相互衔接,从而全面、清晰地反映单位财务信息和预算执行信息。

(二)平行记账的核算特征

为了在一个会计信息系统中同时满足权责发生制和收付实现制的核算需要,单位应当"平行记账",即对于纳入部门预算管理的现金收支业务,在采用财务会计核算的同时进行预算会计核算。

通过"平行记账"处理经济业务的两种核算方法嵌入信息系统后,可以同时生成财务会计和预算会计两类信息,这种既适度分离又相互衔接的政府会计模式有助于使公共资金管理中预算管理、财务管理和绩效管理相互联结、融合,并在融合业务、财务、信息的过程中体现"算为管用、算管结合"的管理会计思想。

综上所述,我国政府会计改革新模式的框架结构与主要特点如图1-4所示。"双轨制"政府会计改革引发了政府预算管理与财务管理理论和实践的重构,提高了"业财融合"中政府会计信息的透明度。

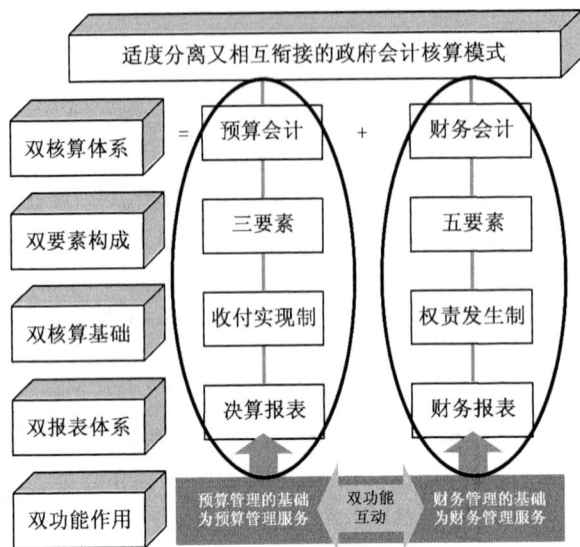

图1—4 我国"双轨制"政府会计模式的主要特点

第四节 政府会计新成就 *

政府会计改革既吸取了我国预算会计改革的有益经验,又反映了当前政府改革的内在需要和发展方向,既能兼顾现行部门决算报告制度的需要,又能满足部门编制权责发生制财务报告的要求,这些新成就对于统一规范政府会计行为、夯实政府预算管理和财务管理基础、提升政府信息透明度、强化政府绩效管理具有重要作用。

一、重建了政府会计核算新模式

全面实施政府会计准则制度是我国进行政府会计改革最显著的标志,财务会计与预算会计适度分离并相互衔接的政府会计模式是举世瞩目的创举。相对于传统的预算会计核算体系,新的政府会计模式强化了政府财务会计核算,并通过财务会计核算形成财务报告,通过预算会计核算形成决算报告,从而全面、清晰地反映政府财务信息和预算执行信息。

二、创立了"会计八要素"新框架

政府会计改革要求在完善预算会计的同时,强化财务会计功能。为了全面记录政府预算实施和财务状况的全部信息,完整反映政府预算管理、财务管理以及财政能力和财政责任,创新设计了会计八要素,包括预算收入、预算支出和预算结余3个预算会计要素和资产、负债、净资产、收入、费用5个财务会计要素,并科学界定了各会计要素的定义和确认标准。其中,财务会计要素以权责发生制为基础,用以准确反映政府会计主体的收支盈亏与运行成本,科学评价政府资源绩效和管理能力等。

三、统一了政府会计核算的规范要求

政府会计准则制度为政府主体发生的各项经济业务或事项的会计处理提供了基本原则与处理方法,保证了政府会计标准体系的内在一致性。政府会计不再要求区分行政和事业单位,也不再区分行业事业单位,但要求分别进行预算会计核算和财务会计核算,并对会计信息提出质量标准,有助于统一会计行为,保证信息质量。

例如,政府会计准则制度明确了资产和负债的计量属性及其应用原则。资产的计量属性主要包括历史成本、重置成本、现值、公允价值和名义金额,负债的计量属性主要包括历史成本、现值和公允价值。同时,《政府会计准则——基本准则》强调了历史成本计量原则,即政府会计主体对资产和负债进行计量时,一般应当采用历史成本。采用其他计量属性的,应当保证所确定的金额能够持续、可靠地计量。这样规定既体现了资产负债计量的前瞻性,又充分考虑了政府会计实务的现状。

四、重塑了政府财务报告体系

政府财务报告包括政府综合财务报告和政府部门财务报告。财务报告包括财务报表(会计报表和会计报表附注等)和非财务信息,并按规定编制合并财务报表,从而构建起满足现代财政制度需要的政府财务报告体系(如图1—5所示)。

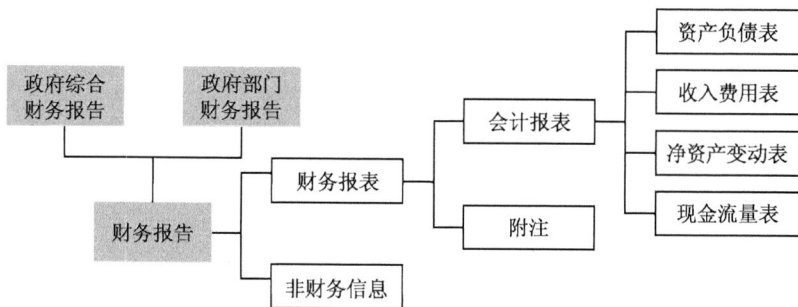

图1—5 政府财务报告体系

政府会计通过预算会计和财务会计核算,同时生成基于收付实现制的决算报告

和基于权责发生制的财务报告,并按规定进行审计和公开,可以完整反映政府收支的"全部信息",从而满足各有关方面对政府预算执行信息和财务状况信息的需求,显著增强政府会计信息的透明度,对于建立全面规范、公开透明的现代预算制度具有重要的基础性作用。

天下之事,既难于立法,更难于法之必行。财务会计、预算会计、管理会计、信息化建设与内部控制应当交融互动。一个单位要"算管结合、算为管用",就要充分发挥预算管理、管理会计、内部控制的多重作用,尤其要注意发挥会计控制在制约权力、防范舞弊、防控风险等方面的积极作用,强化不敢腐的震慑,扎牢不能腐的"笼子",增强不想腐的自觉,筑牢资产安全完整的"防火墙",使内部控制建设成为政府会计准则制度有效实施的重要保证。①

思考与练习

1. 简述政府会计与行政事业单位核算之间的关系。
2. 简述政府会计与预算会计的主要区别。
3. 简述我国预算会计的局限性及政府会计改革的内在动因。
4. 简述我国政府对会计模式选择的理由。
5. 请举例说明强化政府财务会计的重要性。
6. 为什么说预算会计和财务会计是既有联系又有区别的两个子体系?
7. 请归纳说明我国政府会计模式的特点及其改革的成就。
8. 理论联系实际,谈谈推行政府会计改革与推行内部控制之间的关系。

---

① 关于行政事业单位内部控制的规范要求,请学习财政部《行政事业单位内部控制规范》《关于全面推进单位内部控制建设的指导意见》和《行政事业单位内部控制报告管理制度(试行)》等文件,并参阅李敏:《公共部门控制规范——行政事业单位经验分享》,上海财经大学出版社 2017 年版。

第二章

政 府 会 计 准 则

第一节　政府会计准则综述 *

一、政府会计准则的国际动向

会计准则是会计行为的基本规范,是会计处理和财务报告应遵循的标准。

以权责发生制为基础的政府会计准则成为一种国际发展趋势。国际公共部门会计准则委员会分两阶段工作:第一阶段从 1996 年至 2002 年,主要成果是根据当时的《国际会计准则》改编形成的以权责发生制为基础的《国际公共部门会计准则》(International Public Sector Accounting Standards,IPSASs);第二阶段从 2003 年开始,主要考虑公共部门特有的问题,如非交换性收入、政府社会政策会计、预算报告等。

在政府会计改革中引入一些企业会计的理念、原则和方法成为一条国际经验。例如,《国际公共部门会计准则》采用的基本方法是在国际财务报告准则(适用于企业)的基础上进行修改和补充。加拿大公共部门会计理事会(Public Sector Accounting Board,PSAB)制定的公共部门会计准则主要参考了加拿大企业会计准则,对于企业会计准则不适用于公共部门的方面或不能满足公共部门核算需要的方面做出不同的规定或单独制定公共部门特定事项准则。例如,公共部门会计准则中使用了与企业会计基本一致的资产、负债、收入、费用等要素定义,但对于资产减值事项,根据公共部门持有资产的特殊性质,规定了不同于企业会计准则的减值计算方法;对于公共部门不同于企业的一些特殊资产(如土地等)和负债(如社会福利义务等)另行考虑了会计处理方法。

联合国大会倡议采用《国际公共部门会计准则》,以此保持并加强联合国财务环节和交易的可信性、透明度和权威性,以最终提升公共财务管理水平和受托责任业绩。为了实现目标,《国际公共部门会计准则》要求报告主体编制财务状况表、财务业绩表、净资产表和现金流量表,以提供反映政府财务状况及其变动情况、财务业绩、公共资金使用效益和持续提供公共服务能力等方面的信息。

二、我国政府会计准则制度体系的结构框架

我国政府会计改革要求建立以权责发生制为基础的政府综合财务报告制度,其基础任务是建立健全政府会计核算体系,包括制定政府会计基本准则、具体准则及其应用指南、会计制度,被称为"准则＋制度"的模式,其框架结构如图 2—1 所示。

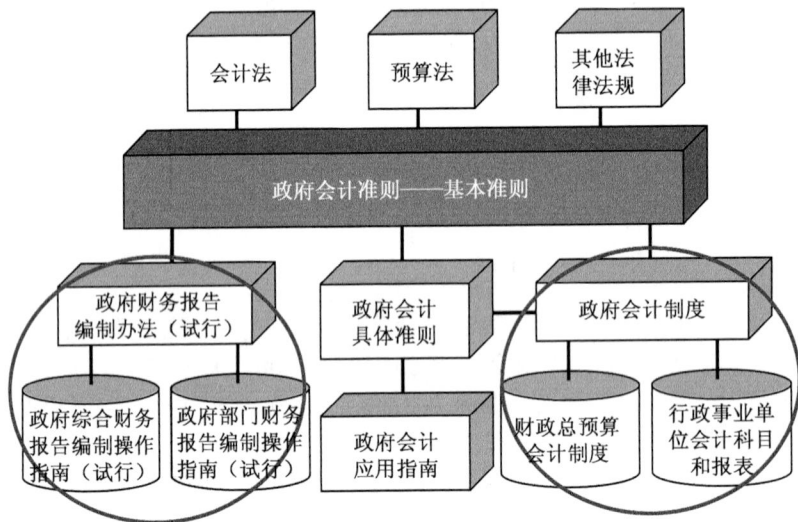

图 2—1　我国现行政府会计准则制度体系的框架结构

三、政府会计准则制度体系改革的显著特征

(一)建立健全政府统一的会计准则体系

政府执行统一规范的会计准则以后,无论是政府的行政部门、非行政部门还是其构成实体等,执行的准则是统一的,不是分类的(不再区分总预算会计、行政单位会计、事业单位会计、基本建设会计等)。所有政府单位使用的政府性资金和管理的政府性资产,所有政府活动形成的财政资源和财政责任都要纳入政府会计的核算和管理。从会计主体而言,政府会计准则适用于各级各类行政事业单位的政府会计核算,包括各级政府、各部门、各单位。军队、已纳入企业财务管理体系的单位和执行《民间非营利组织会计制度》的社会团体不适用政府会计准则。

(二)健全完善政府会计制度

一方面,完善财政总预算会计制度、政府会计科目设置与政府会计报表编制制度,统一政府会计语言和规范政府会计核算行为;另一方面,积极推行政府成本会计,规定政府运行成本归集和分摊方法,反映政府向社会提供公共服务支出和机关运行成本等财务信息。

(三)实行政府财务报告制度

实施政府财务报告制度有助于全面、系统地反映政府单位的财务活动及财务状况,可以既分类又综合地披露政府及政府单位履行受托责任的真实信息。

第二节　政府会计准则体系

一、政府会计准则的法律地位与法定特性

会计准则属于会计规章制度,是由财政部作为主管会计工作的行政部门对会计工作制定的规范性文件。财政部于 2015 年 10 月 23 日颁发的《政府会计准则——基本准则》(以下简称《基本准则》)的制定依据是《中华人民共和国会计法》(以下简称《会计法》)、《预算法》和其他有关法律、行政法规。

我国会计准则属于国家立法,是会计核算工作必须遵守的规范和处理会计业务的准绳,具有以下法定特性:

1. 规范性和权威性

会计准则是会计人员在进行会计核算时必须共同遵循的标准。各行各业的经济活动虽有差异,但会计标准和会计行为应当规范统一,这样产生的会计信息具有广泛的一致性和可比性,从而提高了会计信息的质量。

2. 稳定性和发展性

会计准则是在一定的社会经济环境下对会计实践进行理论上的概括而形成的,虽然具有相对稳定性,但随着社会经济环境的发展变化,会计准则也要随之变化,进行相应的修改、充实和提高。我国政府会计改革的方向是用会计准则取代会计制度,并与国际会计准则持续趋同。

3. 理论与实践相融性

会计准则既是指导会计实践的理论依据,也是会计理论与实践相结合的产物。会计理论指导使会计准则具有科学性,会计实践检验使会计准则具有操作针对性。

二、政府会计准则的构成内容

我国政府会计准则体系由一项基本准则、多项具体准则和应用指南组成。

(一)基本准则

为了规范政府的会计核算,保证会计信息质量,《基本准则》以中华人民共和国财政部令第78号予以发布,从2017年1月1日开始施行。

《基本准则》共6章62条,涵盖了政府会计基本准则的立法宗旨、适用范围、报告目标、会计假设、会计信息质量要求、预算会计要素、财务会计要素、政府决算报告和财务报告等主要内容,归纳汇总如表2-1所示。

表2-1 《政府会计准则——基本准则》的主要内容

章 名	条款数	主要内容
第一章 总则	第一至十条,共10条	规定了立法目的和制定依据、适用范围、政府会计体系与核算基础、基本准则定位、报告目标和使用者、会计基本假设和记账方法(借贷记账法)等
第二章 政府会计信息质量要求	第十一至十七条,共7条	明确了政府会计信息应当满足的7个方面质量要求,即可靠性、全面性、相关性、及时性、可比性、可理解性和实质重于形式
第三章 政府预算会计要素	第十八至二十五条,共8条	规定了预算收入、预算支出和预算结余3个预算会计要素的定义、确认和计量标准,以及列示要求
第四章 政府财务会计要素	第二十六至四十七条,共22条	规定了资产、负债、净资产、收入和费用5个财务会计要素的定义、确认标准、计量属性和列示要求
第五章 政府决算报告和财务报告	第四十八至五十六条,共9条	规定了决算报告、财务报告和财务报表的定义、主要内容和构成
第六章 附则	第五十七至六十二条,共6条	规定了会计核算、预算会计、财务会计、收付实现制、权责发生制等相关基本概念的定义,明确了本准则的实施日期

《基本准则》的重点内容包括会计核算一般要求和会计核算要素规范等。会计核算的一般要求是就我国政府会计核算的基本要求做出规定,包括会计目标、会计假设、会计信息质量特征等;会计要素准则主要对财务会计要素和预算会计要素的确认、计量、记录和报告做出规定。

《基本准则》科学界定了政府会计要素的定义、计量属性和确认标准,确立了"3+5要素"的会计核算模式,构建了政府预算会计与财务会计适度分离并相互衔接的政府会计核算体系以及政府财务报告体系。

在会计准则体系中,《基本准则》属于"顶层设计",其重要之处在于明确会计核算的基本概念、原则和方法等,从而构建起我国政府会计语言的框架体系,不仅为建立国家统一的政府会计准则体系奠定了基础,而且为政府会计实务问题提供处理原则,构建起统一、科学、规范的政府会计概念体系。从制定会计规则分析,《基本准则》属于纲领性文件,具有统驭作用,有利于推动和规范我国政府会计具体准则的制定,有利于指导会计人员的职业判断等。

《基本准则》的实施为适应我国社会主义市场经济发展的需要、统一政府会计核算标准、规范政府会计行为、保证政府会计信息质量起到了积极的作用,是我国会计准则体系改革的又一块"里程碑"。

(二)具体准则

具体准则用于规范政府发生的经济业务或事项的会计处理,详细规定了经济业务或事项引起会计要素变动的确认、计量、记录和报告的方法。

具体准则的制定原则包括以下几条:一是依据和遵循了《基本准则》的规范要求,从而保证政府会计标准体系的内在一致性;二是借鉴了企业会计经验并充分考虑政府会计的特点进行规范;三是既与现行相关法规制度进行充分协调,又进行必要的创新与变化;四是既力求循序渐进、分步推进,又考虑切实可用、简便易行。

具体准则包括三类:一是会计要素类准则,也称一般业务准则,包括《政府会计准则第 1 号——存货》《政府会计准则第 2 号——投资》《政府会计准则第 3 号——固定资产》《政府会计准则第 4 号——无形资产》《政府会计准则第 5 号——公共基础设施》《政府会计准则第 6 号——政府储备物资》等;二是报告类准则,包括财务报表编制与列报、合并财务报表、现金流量表等;三是特殊事项类准则,也称特殊行业的特定业务准则,包括或有负债、租赁、PPP 项目、日后事项等。

(三)会计准则应用指南

会计准则应用指南是对具体准则的实际应用做出的操作性规定。例如,《政府会计准则第 3 号——固定资产》发布以后,财政部又以《政府会计准则第 3 号——固定资产应用指南》做出了解释性说明,具体规定了两个方面的内容:一是政府固定资产折旧年限的确定,二是关于政府固定资产折旧计提的时点。

财政部还将根据需要制定公共基础设施、政府储备物资等应用指南。

三、政府会计准则体系的内在联系

基本准则、具体准则、应用指南之间的分工是:基本准则用于规范政府会计目标、政府会计主体、政府会计信息质量要求、政府会计核算基础,以及政府会计要素定义、确认、计量原则、列报要求等原则事项。基本准则指导具体准则的制定,并为政府会计实务问题提供处理原则。具体准则依据基本准则制定,用于规范政府发生的经济业务或事项的会计处理,详细规定经济业务或事项引起的会计要素变动的确认、计量、记录和报告。

基本准则是纲,在整个政府会计准则体系中起统驭作用;具体准则是目,是依据基本准则原则的要求对有关业务或报告做出的具体规定;应用指南是补充,是对具体准则的操作指南。三者构成有机的整体,其体系结构严谨、逻辑性很强。

第三节　政府会计制度

一、财政总预算会计制度

财政总预算会计是各级政府财政核算、反映、监督政府一般公共预算资金、政府性基金预算资金、国有资本经营预算资金、社会保险基金预算资金、财政专户管理资金、专用基金和代管资金等资金活动的专业会计。自 2016 年 1 月 1 日起实施财政部修订后发布的《财政总预算会计制度》(财库〔2015〕192 号)。该制度重新定位总预算会计核算目标,不仅要反映预算执行情况,而且要反映资产负债等财务状况;同时,改进会计核算方法、会计核算内容和报表体系等。其核算目标是向会计信息使用者提供政府财政预算执行情况、财务状况等会计信息,反映政府财政受托责任履行情况。

二、政府财务报告制度

政府财务报告以权责发生制为基础,主要为加强宏观经济调控、保障财政中长期可持续发展等决策服务,包括政府部门财务报告和政府综合财务报告。

政府部门财务报告由政府部门负责编制,主要反映本部门财务状况、运行情况等信息,为加强政府部门资产负债管理、预算管理、绩效管理等提供信息支撑,包括会计报表、报表附注、财务分析等内容。

政府综合财务报告由政府财政部门负责编制,主要反映政府整体财务状况、运行情况和财政中长期可持续性等信息,作为考核地方政府绩效、开展地方政府信用评级、评估预警地方政府债务风险、编制全国和地方资产负债表、制定财政中长期规划和其他相关规划的重要依据,包括综合会计报表、报表附注、财政经济分析、政府财务管理情况等内容。

编制政府财务报告是建立现代财政制度、推进国家治理体系和治理能力现代化的一项重要基础性工作,财政部为此印发《政府财务报告编制办法(试行)》(以下简称《编制办法》)、《政府综合财务报告编制操作指南(试行)》(以下简称《综合指南》)和《政府部门财务报告编制操作指南(试行)》(以下简称《部门指南》)。

《编制办法》主要规范政府财务报告的内涵和范畴、主要内容、编制要求、报送流程、数据质量审查、数据资料管理、有关职责分工等。

《综合指南》主要用于规范政府综合财务报告的具体编制方法和步骤,详细规定了政府综合财务报告主表和附表的格式,会计报表编制数据的来源及编制方法,对会计报表附注编制、政府财政经济分析、政府财政财务管理情况撰写等做了具体规定。

政府综合财务报告属于合并财务报告,为避免事项重复列示,应将属于政府内部各主体之间的经济业务事项进行抵销后编制,涉及的抵销事项主要有三类:一是财政与部门之间需抵销的事项,包括部门的财政拨款收入和财政总预算会计的一般公共预算本级支出、政府性基金预算本级支出等,以及往来事项;二是部门与部门之间需抵销的事项,包括部门取得的事业收入、其他收入、与对方部门发生的商品和服务费用,以及往来事项等;三是财政内部不同资金主体之间需抵销的事项,如调入资金和调出资金、一般公共预算本级支出和专用基金收入等。

《部门指南》主要用于规范政府部门财务报告的具体编制方法和步骤,详细规定了政府部门财务报告主表和附表的格式,部门会计报表项目的对应关系,以及调整事项清单和抵销事项清单等。

政府部门财务报告由部门所属单位逐级合并编制,并需要对部门内部所属单位之间发生的经济业务事项进行抵销。抵销事项主要有两类:一是部门内部所属单位之间的债权债务事项,二是部门内部所属单位之间的收入费用事项。

政府财务报告与决算报告两套报告体系并行,两者互为补充、有机衔接,形成科学完整的政府财政财务信息报告体系。政府财务报告和政府决算报告的主要区别如表2—2所示。

表2—2　　　　　　　政府财务报告与政府决算报告对比分析

比较项目	政府财务报告	政府决算报告
编制主体相同	政府各部门、财政部门	政府各部门、财政部门
反映对象不同	一级政府整体财务状况、运行情况和财政中长期可持续性	一级政府年度预算收支执行情况
编制基础不同	以权责发生制为基础	以收付实现制为基础
数据来源不同	取自财务会计核算生成的数据	取自预算会计核算生成的数据
编制方法不同	合并	汇总
报送要求不同	本级人民代表大会常务委员会备案	本级人民代表大会常务委员会审查和批准

三、政府会计制度——行政事业单位会计科目和报表

财政部印发的《政府会计制度——行政事业单位会计科目和报表》(财会〔2017〕

25 号,以下简称《制度》)自 2019 年 1 月 1 日起施行,适用于各级各类行政事业单位。

　　《制度》主要规定政府会计科目及其使用说明、会计报表格式及其编制说明等,便于会计人员进行日常核算,具有很强的中国会计特色和操作指导性。政府会计制度的发布主要是为了有助于会计人员阅读与理解会计准则,便于日常核算应用。

　　《制度》由正文和附录组成,共分为 6 个部分(详见表 2—3),并适用于各级各类行政单位和事业单位。纳入企业财务管理体系执行企业会计准则或小企业会计准则的单位不执行该制度。

表 2—3　　《政府会计制度——行政事业单位会计科目和会计报表》主要内容

部　分	名　称	主要内容
第一部分	总说明	主要规范《制度》的制定依据、适用范围、会计核算模式、会计要素、会计科目设置要求、报表编制要求、会计信息化工作要求和施行日期等
第二部分	会计科目名称和编号	主要列出了财务会计和预算会计两类科目表,共计 103 个一级会计科目,其中,财务会计下资产、负债、净资产、收入和费用 5 个要素共 77 个一级科目,预算会计下预算收入、预算支出和预算结余 3 个要素共 26 个一级科目
第三部分	会计科目使用说明	主要对 103 个一级会计科目的核算内容、明细核算要求、主要账务处理等进行详细规定
第四部分	报表格式	主要规定财务报表和预算会计报表的格式,其中,财务报表包括资产负债表、收入费用表、净资产变动表、现金流量表及报表附注,预算会计报表包括预算收入支出表、预算结转结余变动表和财政拨款预算收入支出表
第五部分	报表编制说明	主要规定第四部分列出的 7 张报表的编制说明,以及报表附注应披露的内容
附录	主要业务和事项账务处理举例	采用列表方式,以第三部分规定的会计科目使用说明为依据,按照会计科目顺序对单位通用业务或共性业务和事项的账务处理进行举例说明

　　在《制度》中,第三部分会计科目使用说明是核心内容,也是会计人员掌握行政事业单位会计科目核算内容的具体指南。附录中采用列表方式,以《制度》中规定的会计科目使用说明为依据,按照会计科目顺序对单位通用业务或共性业务和事项的账务处理进行了举例说明。在举例说明时,对同一项业务或事项,在表格中列出财务会计分录的同时,平行列出相对应的预算会计分录(如果有),便于会计人员学习和理解政府会计八要素的记账规则,也有利于单位会计核算信息系统的开发或升级改造。

> **温馨提示**：本书主要以《政府会计准则》《政府会计制度——行政事业单位会计科目和报表》为指南，以政府财务会计要素和预算会计要素为主线，从阐述政府会计改革与政府会计准则入手，按照会计要素和会计科目编排学习单元，由浅入深、循序渐进，全面系统论述了政府会计核算模式的主要内容、核算程序与核算方法等。

第四节 政府会计规范要求

我国设计的会计准则和会计制度各有侧重。会计准则侧重于横向规范，包括会计确认、计量和报告等，涵盖范围广泛、内容全面、更具约束力；会计制度侧重于纵向规范，包括会计科目及其使用说明以及报表的具体编报和编报说明等，相当于实务性的操作指南。

会计规范就是指导和约束会计行为的一系列准则制度和会计惯例的总称。会计行为主要是指对经济业务事项进行确认、计量、记录和报告的行为。政府会计准则制度就是为了构建统一、科学、规范的政府会计信息，并作为规范政府会计行为的准绳。

一、会计确认

会计确认是指将某项经济业务作为会计要素正式记入或列入会计主体报表的过程，即是否记录、何时记录、当作哪一项会计要素来记录；应否记入报表、何时记入、当作哪一项会计要素来报告；等等。会计确认是会计核算的前提。某一项目要作为会计要素记入报表，应当满足会计准则提供的确认标准及其条件等。

〖**例2—1**〗甲行政单位因业务活动需要，经批准，于1月10日购入一台设备价值20 000元，已验收入库并投放使用，该款项于2月10日以银行存款支付。

财务会计确认：该笔经济业务的主体是甲行政单位，发生的会计期间为1月份，应当以人民币作为计量单位，按照实际成本20 000元记入1月份的财务会计账户中，在资产类账户中借记"固定资产"20 000元，在负债类账户中贷记"应付账款"20 000元；等到2月10日支付时，借记"应付账款"20 000元，贷记"银行存款"20 000元。

预算会计确认：该笔经济业务的主体是甲行政单位，发生的会计期间为1月份，应当以人民币作为计量单位，但1月份没有发生现金流出，可以不做账；等到2月10日支付时，借记"行政支出"20 000元，贷记"资金结存——货币资金"20 000元。

上述业务经过会计确认后，应当按时分别反映在相关月份的会计凭证、会计账簿和会计报表中。

二、会计计量

会计计量是指根据一定的计量标准和计量方法,在相关报表中确认和列示会计要素而确定其金额的过程,包括初始计量和后续计量。会计计量是会计核算的基础。

初始计量指的是对一项业务(主要涉及资产)入账时针对入账金额和入账方式的核算计量;后续计量是对经初始计量后价值变动的资产和负债进行的新起点计量,不仅要反映资产和负债的价值变动,而且要反映因价值变动而产生的损益。例如,固定资产购入按照成本入账就是初始计量,以后每期折旧或者计提减值则属于后续计量。又如,长期股权投资的初始计量是指取得长期股权投资时如何确认长期股权投资的入账价值;长期股权投资的后续计量则是指在持有长期股权投资期间,如何对长期股权投资的原账面价值进行调整。其关键问题在于投资方采用何种方法确认对被投资单位实现的损益。

《基本准则》提出,资产的计量属性主要包括历史成本、重置成本、现值、公允价值和名义金额,负债的计量属性主要包括历史成本、现值和公允价值。《基本准则》同时强调了历史成本计量原则,即政府会计主体对资产和负债进行计量时,一般应当采用历史成本。采用其他计量属性的,应当保证所确定的金额能够持续、可靠计量。

政府会计准则还要求按收付实现制对预算收入、预算支出和预算结余进行会计核算,按权责发生制对资产、负债、净资产、收入、费用进行会计核算,同时对各个会计要素的确认、计量和列示等提出了原则性要求,对会计信息质量提出了明确的标准,有助于行政事业单位对各项经济业务或事项进行全面、规范的会计处理,不断提升单位会计信息质量。

三、会计记录

会计记录是会计核算的核心。会计记录是通过账户、凭证和账簿等载体,运用复式记账和平行记账等方法,对确认和计量的结果进行记录,为编制财务报告积累数据的过程。

设置账户是为了全面了解单位的财务状况、业务成果、现金流量及其内部的具体增减变动情况。通过填制和取得会计凭证,既有了记录经济业务发生和完成情况的书面证明,也是登记账簿的依据。

运用复式记账方法,对每一项经济业务以相等的金额在两个或两个以上相互联系的账户中进行登记,是会计核算最基础的环节之一。设置和登记账簿是联结会计凭证与编制财务报告的中间环节,是编制财务报告的主要基础。

采用"平行记账"方法,是指在一个会计信息系统中同时反映单位的财务信息和预算执行信息,对于纳入部门预算管理的现金收支,在采用财务会计核算的同时进行预算会计核算,而除此以外的其他业务仅需要进行财务会计核算。

在这里,"平行记账"的对象至少涉及两个重要概念:一是已经纳入部门预算管理的收支业务,二是涉及现金的收支业务。

"部门预算"是主管预算部门组织所属预算单位编制并逐级上报、审核、汇总,经财政部门审核后按程序依法批准的部门综合收支计划。部门预算由主管预算部门及所属预算单位的预算组成。部门预算要涵盖主管预算部门及所属预算单位的所有预算内外收支,实行一个主管预算部门一本预算,坚持统筹兼顾、量入为出、收支平衡、不列赤字。未纳入部门预决算管理范围的事业单位可以不执行预算会计的内容。

"现金收支业务"包括国库直接支付的财政拨款资金、国库授权支付的零余额账户用款额度、银行存款、库存现金及其他货币资金。这里的"现金"是一个广义的概念,相当于"资金",现金收支业务即资金收支业务。

这就是说,单位对于发生的既纳入"部门预算"管理又属于"现金收支"的业务,既要进行财务会计核算,也要进行预算会计处理。例如,单位通过授权支付方式购买固定资产属于部门预算范围内的项目支出,在财务会计下,借记"固定资产"科目,贷记"零余额账户用款额度"科目;同时,在预算会计下,借记相关支出类科目,贷记"资金结存"相关明细科目。但对于计提折旧等固定资产后续计量时,仅需要进行财务会计处理,借记相关费用科目,贷记"固定资产累计折旧"科目,预算会计不做处理,因为这笔业务不涉及现金收支。

〖例2—2〗 乙事业单位为开展事业活动,采用国库授权支付方式购买一项专用设备,原价60万元,预计使用5年,按年限平均法计提折旧,不考虑残值,每月计提折旧1万元。平行记账结果如表2—4所示。

表2—4 财务会计与预算会计平行记账 单位:万元

经济业务	财务会计账务处理	预算会计账务处理
收到代理银行授权支付到账通知单时	借:零余额账户用款额度 60 　贷:财政拨款收入 60	借:资金结存——零余额账户用款额度 60 　贷:财政拨款预算收入 60
购入固定资产时	借:固定资产 60 　贷:零余额账户用款额度 60	借:事业支出 60 　贷:资金结存——零余额账户用款额度 60
按月计提折旧时	借:××费用 1 　贷:累计折旧 1	不做账务处理

一个单位的收入可以分为收付实现制下的现金流入和权责发生制下的应计收入,费用(或支出)也可以分为付现费用(或支出)和非付现费用(或支出)。权责发生

制下的收支相抵与盈亏(净资产)增减变动相关,收付实现制下的预算收支相抵与结存额变动相关。预算会计对于现金收支业务及由此引起的结转结余的变动都应当进行预算会计核算,其涉及的会计科目包括预算收入类、预算支出类以及预算结余类。通常,涉及预算收支的,其结果会影响预算结转结余的变动,应当进行预算会计核算。也就是说,只要是涉及预算收支和预算结存增减变动的业务,都应当考虑到平行记账的规范要求。在会计分录编制上可以分为以下四类:第一类是资金结存与预算收支科目的对应(如以现金报销各种费用,借:行政支出/事业支出/经营支出等,贷:资金结存——货币资金);第二类是资金结存与结转结余科目的对应(如交纳所得税时,借:非财政拨款结余——累计结余,贷:资金结存——货币资金);第三类是预算收入与预算支出科目的对应(如财政直接支付,借:行政支出/事业支出/经营支出等,贷:财政拨款预算收入);第四类是结转结余科目之间的对应(如提取专用基金、年末财政拨款累计结转转入财政拨款结余等)。至于不符合预算收支管理范围的业务(如只涉及资产与负债的业务、委托代理资产与负债、无法偿付的应付与预收款等),不涉及资金结存变动(如不涉及货币资金的盘盈盘亏或货币资金只是内部此增彼减而不影响资金结存的业务等),进行财务会计处理即可。从核算范围看,两者的差异主要在于是不是纳入"部门预算"管理和是不是"现金收支"业务。由于收入不等于预算收入,费用不等于预算支出,这里存在着永久性(确定性)差异和时间性(暂时性)差异,因此,在一般情况下,财务会计的核算范围大于预算会计的核算范围;但也有例外情况,如对于年末预算结转结余的核算,财务会计没有相关要求。

【例2—3】 采用实拨资金方式通过本单位转拨给下属单位的财政拨款,本单位财务会计核算时,按照实际收到的金额,借记"银行存款"科目,贷记"其他应付款"科目;向下属单位转拨财政拨款时,按照转拨的金额,借记"其他应付款"科目,贷记"银行存款"科目。由于该转拨资金没有纳入本单位预算(而是列入下属单位预算),不能确认为本单位的收入,因此,本单位预算会计不需要进行核算。

如果收到同级政府财政部门预拨的下期预算款和没有纳入预算的暂付款项,本单位财务会计核算时,按照实际收到的金额,借记"银行存款"等科目,贷记"其他应付款"科目。待下一预算期或批准纳入预算时,财务会计借记"其他应付款"科目,贷记"财政拨款收入"科目;预算会计借记"资金结存"科目,贷记"财政拨款预算收入"科目。这时候的"平行记账"符合纳入预算管理范围的收支业务的核算要求。

概念辨析:"平行记账"不是两套账,而是在一套账中对一笔经济业务做出不同角度的反映,它可以在同一个账套中对一笔业务事项填制一张记账凭证,通过编制多笔会计分录实现"平行记账",从而直观体现出同一事项两种核算基础的会计处理方式;也可以在同一个账套中对一笔业务事项分别填制两张互有关联的记账凭证,通过关联凭证编号实施"平

行记账",体现同一事项的两种不同会计处理方式。

　　"平行记账"不是平行登记。平行登记是指在经济业务发生后,以会计凭证为依据,一方面要在有关的总分类账户进行总括登记,另一方面要在所属的总分类账户的明细分类账户进行详细登记。通过总分类账和明细分类账的平行登记、期末进行相互核对,可以及时发现错账,予以更正,以保证账簿记录的准确性。政府会计核算既要"平行记账",又要平行登记。

　　由于确认时点的差异,平行登记并不一定等于同步登记,如收到同级政府财政部门预拨的下期预算款,财务会计在收到资金时做账,预算会计在批准纳入预算时才做账,其确认资金的时点可能不在同一个会计期间。

　　"平行记账"的结果并不能消除由于核算基础和核算范围不同所产生的差异,原因至少包括:一是当期确认为收入但没有确认为预算收入,二是当期确认为预算收入但没有确认为收入,三是当期确认为预算支出但没有确认为费用,四是当期确认为费用但没有确认为预算支出等。所以,收入不等于预算收入,费用不等于预算支出,本期盈余不等于预算结余,这些差异不仅客观存在,而且应当是有因可循的。

　　"平行记账"的结果导致财务报表与决算报表的数据之间既有区别又存在着勾稽关系,单位可以通过编制"本年盈余与预算结余的差异情况表"并在附注中进行披露,反映单位财务会计和预算会计因核算基础和核算范围不同所产生的本年盈余数(即本期收入与费用的差额)与本年预算结余数(本年预算收入与预算支出的差额)之间的差异,从而揭示财务会计与预算会计的内在联系。

　　"平行记账"方式实现了对同一基础数据源、财务会计与预算会计不同功能模块的数据再加工,体现数据集成、技术集成的会计改革系统观,被认为是政府财务会计与预算会计功能既适度分离又相互衔接核算模式的典型特征,是本次政府会计改革的亮点之一,也是实现政府会计改革目标的创新手段。

四、会计报告

　　会计报告是会计核算的结果。任何报表都应当根据登记完整、核对无误的账簿记录和其他相关资料编制,并做到数据真实、计算准确、内容完整、报送及时。

(一)数据真实

　　报表中所披露的各项指标数据必须真实正确,如实反映单位财务状况和收支情况等,严禁弄虚作假、估计数据、提前结账,这是报表编制的基本要求之一,也是充分发挥报表作用的前提条件。只有保证报表指标的真实可靠,才能为报表使用者提供正确的信息,从而做出正确的决策。

　　每个单位都应当根据准则制度的规定编制并对外提供真实完整的财务报表和决算报表,不得违反规定随意改变财务报表和决算报表的编制基础、编制依据、编制原则、编制方法和有关数据的会计口径。

对于没有发生交易或事项的报表项目,不得在该项目中按"0"填列,而应空置。因为"0"表明该项目所反映的交易或事项当期已经发生但余额为 0。

(二)计算准确

报表中的各个项目数据与各项指标必须按照准则制度中规定的口径计算、填列。报表编制前必须做到按期结账,不得为赶制财务报表而提前结账,也不得先编制财务报表,然后结账。在本期所有已发生的经济业务和转账业务全部登记入账的基础上,结清各个账户的本期发生额和期末余额,认真对账和清查财产,做到账证、账账、账实、账表、表表相符,以确保财务报表数据的准确性。

(三)内容完整

报表必须按统一规定的报表种类、格式、内容填报齐全,报表中所列项目和补充资料必须全部填列。

(四)报送及时

会计期间至少分为年度和月度,会计报表也分为月度会计报表和年度会计报表。会计年度、月度等会计期间的起讫日期采用公历日期。单位的报表应当按照月度和年度编制。

各种报表必须按照规定的时间及时编制,不得拖延。为此,财会部门应当科学组织好日常会计核算工作,认真做好记账、算账、对账工作;同时,在编制财务报表时,会计人员之间应当密切配合,加强协作。

单位报表应当由单位负责人和主管会计工作的负责人、会计机构负责人(会计主管人员)签名并盖章。

温馨提示:任何单位都应当根据《基本准则》和《制度》的规定编制并对外提供真实完整的财务报表和决算报表,不得违反规定随意改变财务报表和决算报表的编制基础、编制依据、编制原则、编制方法,不得随意改变财务报表和决算报表有关数据的会计口径。

五、会计核算流程

在实务工作中,会计确认、计量、记录和报告的行为与会计核算流程和会计核算方法紧密相连、互为作用。单位对会计期间内发生的各项业务活动,通过会计确认与计量,履行了填制和审核会计凭证的程序,并运用复式记账原理,登记在各种凭证和账簿中;经过各种收入、支出或费用的核算,并在此基础上确定结转与结余;期末,又经过核对程序或财产清查核实等程序,在账实、账证、账账核对相符的基础上,以账簿记录为依据编制相关报告,至此,完成会计核算工作的一个循环。各种会计方法的相互联系、配合使用形成了会计核算工作的一套常规程序,也称为会计循环。新的会计期间开始后,这一过程又重新开始,形成新的会计循环。

确认、计量、记录和报告 4 种会计行为与 7 种会计核算基本方法之间的相互关系构成了会计核算程序的基本内容(如图 2-2 所示)。

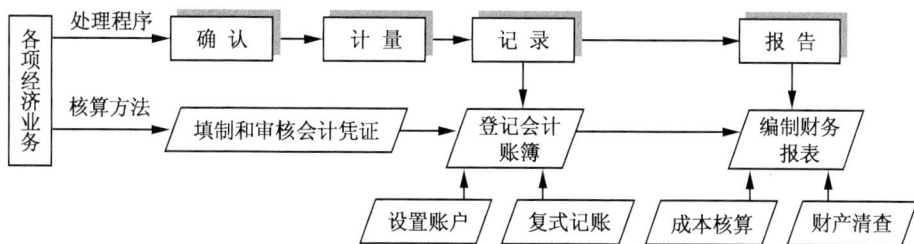

图 2-2 会计行为、程序与方法配合应用

不论是手工记账还是电脑核算,会计凭证、会计账簿、财务报表和其他会计资料必须符合国家统一的会计制度的规定。任何单位和个人不得伪造、变造会计凭证、会计账簿及其他会计资料,不得提供虚假的财务报告。

随着会计、预算、业务的广泛融合,会计核算应当与时俱进。只有正确进行会计核算与管理,及时收集、整理和理解各种会计数据,通过比较、分析和评价,才能为财务报表使用者提供有用的信息。经济越发展,会计信息越重要。

思考与练习

1. 以权责发生制为基础的政府会计改革是必然的发展趋势吗?
2. 简述我国政府会计准则制度体系的框架结构与显著特征。
3. 请说明我国政府会计基本准则、具体准则、应用指南之间的内在联系。
4. 简述我国政府财务报告制度的主要内容和政府会计制度的主要作用。
5. 请举例说明政府会计平行记账核算的主要特征与记账方法。
6. 请举例说明初始计量和后续计量的区别与联系。
7. 我国政府会计准则制度是如何规范会计行为的?请举例说明。
8. 请说明会计确认、计量、记录和报告与凭证、账簿、报表之间的关系,并归纳说明政府会计核算的基本流程与关键控制点。

第三章

政府会计基础理论

第一节　政府会计的基本概念

一、政府会计目标

政府会计目标是设计政府会计概念框架的核心,是建立政府会计规范体系的基点,是推行政府会计改革的出发点和归宿点。

"受托责任观"和"决策有用观"是政府会计目标研究的两大观点,其内涵主要包括:一是向谁提供信息,二是提供什么样的信息,三是提供这些信息要达到什么目的。

"受托责任观"认为,会计信息主要向使用者提供,其范围广、内容多且细,目的是阐明政府施政的受托责任。美国政府会计准则委员会(Governmental Accounting Standards Board,GASB)在 1987 年 5 月公布的第 1 号概念公告——《编制财务报告的目标》中对政府会计目标做出的规定是"政府的财务报告应该提供信息帮助使用者评价受托责任,并做出经济、社会和政治方面的决策……受托责任是最高目标,其他目标都来源于此"。国际会计师联合会公立单位委员会在 1991 年 3 月公布的第 1 号研究公告——《中央政府的财务报告目标》提出:"财务报告应当证实政府或单位对财政事务和信托资源的受托责任。"

"决策有用观"认为,会计信息主要向立法机关、行政部门提供,主要提供财政预算信息,供议会和政府决策使用。新西兰政府的财务信息披露目标主要是决策有用性。澳大利亚坚持决策有用性能够概括受托责任,一般目的的财务报告实现了决策有用目标的同时,也就成为履行其对使用者会计受托责任的一种手段。德国明确政府会计的主要目的是满足立法机关的信息需要,属于"立法导向",其用于"财政"目的而非"管理"目的。法国规定所有使用者不具有同等的重要性,政府会计信息首先必须确认政府部门自己(预算办公室、财政部)的需要是最重要的。

《国际公共部门会计准则第1号——财务报表的列报》中提出的政府财务报告目标是提供有助于广大使用者对资源分配做出决策以及评价主体财务状况、业绩和现金流量的信息,反映主体对受托资源的管理责任,提供有助于预测持续经营所需资源、持续经营所产生资源以及风险和不确定性的信息。该目标既包含了内部管理对报告的信息需求(如政府管理机构、宏观决策部门等),也包含了外部信息需求(如立法机关、公众、投资者和债权人等)。

我国政府会计目标融合了"受托责任观"和"决策有用观"。例如,《事业单位会计准则》(财政部令第72号)认为:"事业单位会计核算的目标是向会计信息使用者提供与事业单位财务状况、事业成果、预算执行等有关的会计信息,反映事业单位受托责任的履行情况,有助于会计信息使用者进行社会管理、做出经济决策。"《行政单位会计制度》(财库〔2013〕218号)认为:"行政单位会计核算目标是向会计信息使用者提供与行政单位财务状况、预算执行情况等有关的会计信息,反映行政单位受托责任的履行情况,有助于会计信息使用者进行管理、监督和决策。行政单位会计信息使用者包括人民代表大会、政府及其有关部门、行政单位自身和其他会计信息使用者。"

《改革方案》提出的总体目标是"通过构建统一、科学、规范的政府会计准则体系,建立健全政府财务报告编制办法,适度分离政府财务会计与预算会计、政府财务报告与决算报告功能,全面、清晰反映政府财务信息和预算执行信息,为开展政府信用评级、加强资产负债管理、改进政府绩效监督考核、防范财政风险等提供支持,促进政府财务管理水平提高和财政经济可持续发展"。

《基本准则》第五条要求政府会计主体实现以下相应的目标:

决算报告的目标是向决算报告使用者提供与政府预算执行情况有关的信息,综合反映政府会计主体预算收支的年度执行结果,有助于决算报告使用者进行监督和管理,并为编制后续年度预算提供参考和依据。政府决算报告使用者包括各级人民代表大会及其常务委员会、各级政府及其有关部门、政府会计主体自身、社会公众和其他利益相关者。

财务报告的目标是向财务报告使用者提供与政府的财务状况、运行情况(含运行成本)和现金流量等有关的信息,反映政府会计主体公共受托责任的履行情况,有助于财务报告使用者做出决策或者进行监督和管理。政府财务报告使用者包括各级人民代表大会常务委员会、债权人、各级政府及其有关部门、政府会计主体自身和其他利益相关者。

二、政府会计对象

政府会计目标制约着政府会计对象及其具体的核算内容。

　　国外政府会计核算对象主要分为两类:一类是以美国、英国、澳大利亚和新西兰为主要代表的国家。这些国家政府会计的核算范围很广,涵盖了政府的全部资源,如美国的政府会计包括国家土地、文化遗产、国防不动产、工厂和设备、社会保险、人力资源研究和开发,以及某些不拥有所有权的资产等。正是由于具有资源会计的特点,因此,美国等的政府会计在很大程度上采用了权责发生制会计基础。另一类是以德国和法国为代表的一些国家,这些国家政府会计的核算对象包括全部政府收支和部分按照权责发生制基础核算的资源,其目标在于监督预算的执行。

　　我国预算会计主要是以反映预算收支执行为主的会计,未全面包括政府行政对公共资源的使用、支配过程及其运行结果。

　　《基本准则》第三条明确了政府会计的核算对象及其组成内容——由预算会计和财务会计构成,其中:预算会计以收付实现制为基础,主要反映和监督预算收支的执行情况;财务会计以权责发生制为基础,主要反映和监督政府会计主体的财务状况、运行情况和现金流量情况。

三、政府会计基础

(一)权责发生制和收付实现制

　　会计确认基础简称会计基础,是指对经济交易和事项进行会计确认时所采用的一种处理标准,可以概括为权责发生制和收付实现制。

　　1. 权责发生制

　　权责发生制又称应计基础(accrual base),是以会计期间权利的形成和义务的发生作为确认收支的标准。凡是当期已经实现的收入和已经发生的或应当负担的费用,不论款项是否收付,都应当作为当期的收入和费用;凡是不属于当期的收入和费用,即使款项已在当期收付,也不应当作为当期的收入和费用。在权责发生制下,为了分期正确计算当期损益,真实反映财务状况和经营成果等,需要跨期摊配费用,进行预收、预付或预计核算等。采用权责发生制的政府会计与预算已经成为许多国家正在进行的公共财政管理改革的重要内容之一。

　　2. 收付实现制

　　收付实现制又称现金基础(cash base),是指以会计期间现金收支的时点为会计确认的时点。凡是在当期实际收到的现金收入和支出,均应作为当期的收入和支出;凡是不属于当期的现金收入和支出,均不应当作为当期的收入和支出。收付实现制曾是世界各国政府会计的传统做法。

　　同一会计事项按权责发生制和收付实现制分别核算,由于会计确认存在着时间性(暂时性)差异,因此每月会计核算的对象范围及其结果并不一定相同。

　　【例3—1】　某单位1月10日购入材料一批价值20 000元,已验收入库并投入使用,货款当即支付。对于这项经济业务,不管采用权责发生制还是收付实现制进行核算,20 000元货款均应作为1月的支出,这时就表现为权责发生制和收付实现制两者的一致性。但如果1月发生的20 000元材料款到2月才支付呢?

由于购买材料的经济业务发生在1月10日,按照权责发生制的要求,在1月份的会计账户中增加物品20 000元,同时增加应付账款20 000元;到2月支付20 000元款项时,应当在2月份的账户中减少应付账款20 000元,减少银行存款20 000元;但按照收付实现制,只在2月份支付款项时才做出增加物品20 000元和减少银行存款20 000元的会计处理。两者之间确认时点和每月的核算范围并不一致。

在收付实现制下,收支的归属期间与现金流量行为的发生紧密联系在一起。只要产生现金流量收支行为,就应当在其发生的期间全部记作收入和支出,而不考虑与现金收支行为相对应的经济业务实质上是否发生,其计算方法比较简单,也符合人们的生活习惯,但按照这种方法计算的结果,一是不能如实反映单位的资产和负债,二是经常存在每个会计年度内收支项目不配比的情况,三是成本费用或盈亏核算不合理、不准确,难以反映单位的财务绩效。

(二)国外对会计核算基础的改革动态

从国际上看,近20年来,在政府会计管理中引入权责发生制原则逐渐成为一种潮流。在29个经济合作与发展组织国家中,有15个国家的政府会计已然在机构或部门层面上以权责发生制为计量基础,有12个国家在整个政府层面上采用了某种形式的权责发生制财务报告模式。联邦政府会计从1990年开始实行从现金制向权责发生制转变,国会通过《首席财务官法案》要求24个较大的部门采用权责发生制核算。2002年国会通过法案要求所有联邦部门全部实施权责发生制。

不少国家在政府会计改革上是循序改良式的。例如,初级阶段采用修正的收付实现制基础,即原则上采用收付实现制,对某些特定业务则偏向于采用权责发生制基础,如预算支出中的养老金,政府采购中的跨年度资本性支出、长期资产和长期负债等;改革中期,随着政府会计体系的完善和法律法规的不断健全、规范,逐步扩大权责发生制的会计基础范围,直到最后实行相对统一的权责发生制会计基础。

会计基础因各国操作的具体情况又细分为4种:完全的收付实现制、修正的收付实现制、修正的权责发生制和完全的权责发生制。[①] 这里的"修正"程度有一定的"弹性""变通"或改良,即从现金制到应计制之间存在着可移动的区间。对此选择的态度分为激进、务实、谨慎等,在改革的范围、深度和层次上选择了适合自己国家的道路。

权责发生制也有4种选择:一是"低度"权责发生制,只反映短期金融资产和短期负债;二是"中度"权责发生制,增加反映长期金融资产和长期负债;三是"强度"权责

---

① 楼继伟:《政府预算与会计的未来——权责发生制改革纵览与探索》,中国财政经济出版社2002年版。

发生制,在资产负债表中反映各类资本资产;四是"完全"权责发生制,把法律赋予的提供社会保障和福利的义务均反映为债务。权责发生制强度越高,风险可能越大,需要解决的计量问题就越多。

国外已经实施的权责发生制的范围分为 3 种情况:一是在所有政府会计科目上都实施权责发生制,如澳大利亚、新西兰、加拿大、芬兰、瑞典等。二是在主要会计科目上采用权责发生制,部分资产和负债科目仍采用收付实现制,如冰岛、意大利等。这些国家实行的是修正的权责发生制,除不计提折旧外,其他会计科目的核算均采用权责发生制。三是除特定的交易采用权责发生制外,均按收付实现制进行核算,如丹麦、法国、波兰等国家。在丹麦,利息费用和员工养老金按权责发生制核算,其他会计科目则采用收付实现制。在波兰,员工养老金也采用权责发生制。

国外实施权责发生制主要有两个层面:一是整个政府层面和各政府部门均采用权责发生制进行会计核算和编制财务报告,如美国、英国、澳大利亚、新西兰等。二是只在政府机构、部门的层面上采用权责发生制,而在整个政府层面上主要以收付实现制为核算基础,如比利时、德国、法国、荷兰、葡萄牙、瑞士等。这些国家在财政部门对各政府机构、部门拨付款项时,按收付实现制进行会计核算和编制财务报告,而在各政府机构、部门取得收入和发生支出时,则采用权责发生制进行会计核算和编制财务报告。[①]

(三)我国政府会计基础的改进

长期以来,我国预算会计基本实行收付实现制,虽有利于客观地反映和监督政府财政预算的执行情况,对政府加强财政管理起到了积极的作用,但无法全面准确地记录和反映政府的财务状况,难以真实准确地反映各政府部门和行政事业单位提供公共产品和公共服务的成本消耗与效率水平等。例如,除医院会计制度和其他少数行业事业单位会计制度外,我国原有的行政事业单位会计准则制度对单位计提固定资产折旧和无形资产摊销均规定了"虚提""虚摊"的做法,即在按期计提折旧或摊销时冲减非流动资产基金(或资产基金),而非计入支出或费用。这种规定兼顾了预算管理和财务管理的双重需要,在以收付实现制为主要核算基础的预算会计制度中具有一定的现实意义,但没有充分发挥折旧和摊销等会计信息在单位内部成本费用管理和资产管理中的作用。

从收付实现制转向权责发生制已成为政府会计改革的基本趋势。权责发生制的一个最大的好处就是能够增加透明度,揭示政府潜在风险,反映综合财政经济状况,提供更加真实、全面和广泛的信息。例如,我国政府会计准则制度确立了"实提""实摊"的政策,要求固定资产应计提的折旧或无形资产应摊销的金额根据用途计入当期

---

① 北京市预算会计研究会政府会计课题组:《关于建立中国政府会计准则的研究报告》。

费用或者相关资产成本,还引入应收账款坏账准备等减值概念,允许确认预计负债、待摊费用和预提费用等,从而有利于客观真实地反映资产价值,有利于推进政府成本会计核算与管理,有利于权责发生制政府财务报告的编制。

温馨提示:我国政府会计基础没有采用完全的权责发生制。例如,财政拨款收入、捐赠收入、利息收入、收到从财政专户返还的事业收入仍然按照实际收到的金额(而不是应收金额)入账;计提专用基金还是以预算收入(而不是以权责发生制核算的收入额)为依据;只对事业单位有关应收账款和其他应收款计提坏账准备,未全面引入减值准备会计;等等。

四、政府会计假设

面对变化不定的社会经济环境,会计人员对从事会计工作的先决条件所做出的合乎逻辑的判断从而形成的一系列构成会计思想基础的公理被称为会计假设。这些假设在会计实践中约定俗成后,既不需证明便为人们所接受,也成为研究会计既有问题的前置条件。会计核算的空间范围有多大? 时间跨度有多长? 如何对核算对象进行定期反映? 采用什么方式对经济业务进行计量记录? 等等。这些基本前提和制约条件变化了,会计原则与会计方法也会跟着发生变化。

政府会计的假设是整个政府会计概念框架构建的基础,是一种对会计活动的时、空、量进行限定的理论,是会计活动得以继续的基本前提和制约条件。

《基本准则》规定了4条会计基本假设,其所要设定的对象或所要回答的原则问题如图3-1所示。

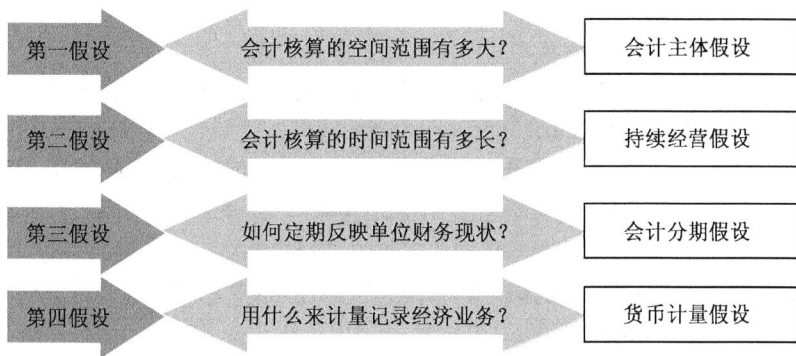

图3-1　政府会计的基本假设

(一)会计主体假设

1. 政府会计主体的含义

会计主体是指会计工作服务的特定单位,是会计确认、计量、记录和报告的空间范围。会计主体假设为会计人员在日常的会计核算中对各项交易或事项做出正确判断、对会计处理方法和会计处理程序做出正确选择提供了依据。

政府会计主体是政府会计为之服务的特定单位,是按机构或单位确定的,主要包括行政机关、事业单位等。

2. 政府会计主体的特征

(1)多层性。实行财政资金纵向分级管理体制,各级政府、各级政府的部门和各个政府单位都是会计主体,由此构成多层级的会计主体。

(2)复合性。政府单位横向资金来源多渠道且具体管理要求不尽相同,由此构成复合式的会计主体。例如,不同类型的基金(政务基金、权益基金、受托基金等)采用不同的确认基础,而基金又是独立的财务与会计主体,有自身独立的财务报表。

(3)双重性。政府会计主体分为记账主体和报告主体。记账主体(核算主体)是政府会计在进行会计记录时对各种来源的财务资源之间的范围的界定;报告主体是政府会计在提供财务报告时对报告对象的涵盖范围的界定。政府会计在提供单一层级、单一财务资源的财务报告时,记账主体和报告主体是一致的;政府会计在提供汇总报告和合并报表时,记账主体和报告主体并不完全重合。

任何单位首先必须按照会计主体假设进行会计核算。会计主体一般是独立的经济实体,是独立于财产所有者的会计核算单位。单位会计核算应当全面记录和反映本单位发生的各项业务活动,不能遗漏、不能例外,如不能将捐赠资产和无偿划拨资产放在账外或设置账外账,不能使基建会计、债务会计游离于政府会计体系之外单列基建会计、债务会计等。

3. 独立核算与非独立核算

独立核算一般是指具有完整的凭证、账簿和报表体系,全面地记录所发生的经济业务,并定期编制财务报表的单位所进行的会计核算。例如,事业单位是实行独立核算的单位,它拥有一定数额的资金,拥有经济自主权,独立开设银行账户、办理各项收支结算业务,设置的会计机构进行全面的会计核算,单独编制预算和计算收支结余;事业单位对外投资,该投资所形成的法人实体也是一个独立核算的单位。

非独立核算是指没有完整的凭证、账簿和报表体系,只记录部分经济业务的单位所进行的会计核算,又称报账单位,其财产物资由上级单位拨付,一般没有独立的银行账户,其一切收入均存入上级单位账户,一切支出也由上级单位审核支付。非独立核算单位通常不设置会计机构,仅配备会计人员进行原始凭证的填制、审核、整理和汇总,以及实物明细账的登记工作,不单独编制预算。例如,事业单位的经营收入就是指事业单位在专业业务活动及其辅助活动之外开展非独立核算经营活动取得的收入;同样,其经营支出也是事业单位在专业业务活动及其辅助活动之外开展非独立核算经营活动发生的支出。如果是独立核算的具有特定会计主体的经营活动收支,就不属于该事业单位经营收支的核算范畴。

独立核算与非独立核算并不等同于分别核算和未分别核算的概念,如对一个事业单位内部不同的经营业务是否需要分开核算就属于分别核算讨论的范畴。

【例3—2】　甲事业单位的经营业务存在两个非独立核算的书报亭和小卖部,均由甲事业单位统一管理、统一纳税申报,纳入甲事业单位的会计主体核算,但书报亭和小卖部之间又要分清职责,需要分别核算、分别报账,这属于分别核算与管理的内部的两个部门。如果甲事业单位还存在一个独立核算的经营部,这个经营部是销售货物的,属于增值税的纳税人,需要单独交纳增值税等,该经营部就是一个单独的会计主体和纳税主体,不应当将该经营部的收支等核算内容并入甲事业单位的账中一并核算。

(二)持续经营假设

持续经营是指在可以预见的将来,单位将会按当前的规模和状态继续经营下去,不会停业,也不会大规模削减业务。

政府会计核算以政府会计主体持续运行为前提,会计确认、计量、记录和报告也应当以持续正常的业务活动为前提,除非有充分的相反证明。

(三)会计分期假设

会计分期是指将一个单位持续经营的业务活动划分为一个个连续的、长短相同的期间,目的在于通过会计期间的划分,将持续不断的业务活动划分为连续、相等的期间,据以结算盈亏或结余并按期编报,从而提供相关财务状况、业务成果和现金流量等信息。

政府会计核算应当划分会计期间,分期结算账目,按规定编制决算报告和财务报告。会计期间至少分为年度和月度。会计年度、月度等会计期间的起讫日期采用公历日期。

(四)货币计量假设

货币计量是指会计主体在会计核算过程中采用货币作为计量单位,用以计量、记录和报告会计主体的业务活动。

政府会计核算应当以人民币作为记账本位币。发生外币业务时,应当将有关外币金额折算为人民币金额计量,同时登记外币金额。

记账本位币是指业务活动所处的主要经济环境中的货币。在会计核算过程中,之所以选择货币作为计量单位,是由货币的属性决定的。货币是商品的一般等价物,是衡量一般商品价值的共同尺度,具有价值尺度、流通手段、贮藏手段和支付手段等职能。其他计量单位,如重量、长度、容积、台、件等,只能从一个侧面反映企业的生产经营情况,无法在量上进行汇总和比较,不便于实物管理和会计计量。所以,为全面反映业务收支等情况,会计核算选择了货币作为计量单位。

上述 4 条基本假设之间的关系是:会计主体确立了会计核算的空间范围,持续经营与会计分期确立了会计核算的时间长度,货币计量为会计核算提供了必要的手段。任何单位的会计核算首先要确立与划分会计主体,然后在考虑持续经营和进行会计分期的前提下,采用货币计量进行会计核算与监督。

第二节　政府会计的构成要素

一、政府会计要素的划分方法

会计要素是会计对象的具体化,是会计核算和监督的具体内容,构成了会计报表的基本框架和会计理论研究的基石,更是会计准则建设的核心。

对会计要素的划分是否科学合理,直接影响会计信息质量的高低,因为不论单位业务活动如何纷繁复杂,会计核算的内容与方式如何千变万化,都应当包含在各项设定的会计要素之中,没有例外,也不能有例外。

概括起来,对政府会计要素有以下三种主要观点:

一是只包括收入、支出、结余 3 个会计要素。因为政府会计的本质是分配会计,而不是通过资产的运用获取收益,所以不需要计量负债。

二是规定资产、负债、净资产、收入、费用 5 个会计要素,如国际会计师联合会公立单位委员会发布的《国际公立单位会计准则第 1 号》。政府组织不以营利为目的,不需要设置类似于利润的结余要素,而应表现为基金余额或净资产的变动。由于没有明确的所有者权益,因此没有所有者权益要素,资产减去负债后的差额称为基金余额或净资产。

三是设置资产、负债、基金、收入、支出、结余 6 个会计要素。结余是收入与支出配比得出的结果,资产减去负债的差额称为基金。

二、我国对政府会计要素的分类

(一)我国政府会计"双要素"的鲜明特征

我国对会计要素的认识在不断变革中。1998 年以前,我国事业单位会计只规定资金来源、资金运用和资金结存 3 个会计要素,1998 年以后确定了资产、负债、净资产、收入和支出 5 个会计要素。会计平衡等式也由"资金来源=资金运用+资金结存"变为"资产=负债+净资产"。

《基本准则》汲取当今世界政府会计改革的精华,按照政府会计由财务会计和预算会计构成的思路,创造出"八要素",并分为两大部分:第一部分为政府财务会计要素,包括资产、负债、净资产、收入和费用 5 个要素;第二部分为政府预算会计要素,包括预算收入、预算支出和预算结余 3 个要素。其具体划分方法、反映内容及列报对象如表 3-1 所示。

表 3-1　　　　　政府会计要素的划分方法、反映内容与列报对象

要素分类方法	要素名称	要素反映的具体内容	列报对象
以权责发生制为核算基础	资产	反映单位财务状况的会计要素,是单位资金运动相对静止状态时的会计表现	列入资产负债表
	负债		
	净资产		
	收入	反映单位业务成果的会计要素,是单位资金运动处于变动状态时的会计表现	列入收入费用表
	费用		
以收付实现制为核算基础	预算收入	反映单位预算资金运动,是单位资金增减变动状态的会计表现	列入政府决算报表(预算会计报表)
	预算支出		
	预算结余		

(二)财务会计"五要素"要求以权责发生制作为核算基础

资产、负债、净资产 3 个要素属于反映单位财务状况的会计要素,是单位资金运动相对静止状态时的会计表现;收入、费用 2 个要素属于反映单位业务成果的会计要素,是单位资金运动处于变动状态时的会计表现。

5 个财务会计要素总括反映了单位资金运动的静态和动态两个方面,它们在数量上存在特定的平衡关系,用公式表示如下:

$$资产＝负债＋净资产　\Rightarrow　资产－负债＝净资产$$

$$盈余＝收入－费用　\Rightarrow　收入－费用＝当期净资产变动额(本期盈余)$$

〖**例 3-3**〗 某单位某会计年度期初、期末 5 个财务会计要素增减变动的情况及其结果如下所示,在不同的会计时点,会计等式会有不同的表现形式。

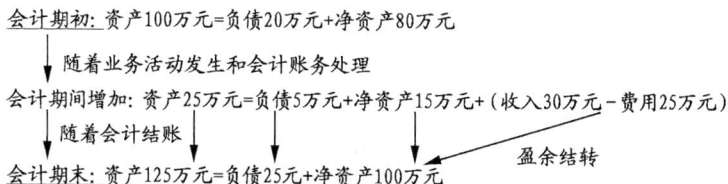

会计期初:资产100万元=负债20万元+净资产80万元

↓ 随着业务活动发生和会计账务处理

会计期间增加:资产25万元=负债5万元+净资产15万元+(收入30万元-费用25万元)

↓ 随着会计结账　　　　　　　　　　　　　　　盈余结转

会计期末:资产125万元=负债25元+净资产100万元

任何单位的资金运动都是静态、动态结合的统一体,上述会计五要素在资金运动中存在着有机联系,全面反映单位资金运动的静态和动态两个方面,它们在数量上存在特定的平衡关系,任何业务活动发生后的账务处理都不会破坏,也不应当破坏这种平衡关系,这是财务会计核算的理论基础。

(三)预算会计"三要素"要求以收付实现制作为核算基础

预算会计服从并服务于预算管理,与编制预决算报表相关,因而只要求核算预算收入、预算支出和预算结余"三要素",属于反映单位预算资金运动的会计要素,是预算资金增减变动状态的会计表现,它们在数量上的关系用公式表示如下:

$$预算收入-预算支出=当期预算结余$$

$$当年预算结余+上年末预算滚存结余=本年末预算滚存结余$$

预算结余包括结余资金和结转资金,是存量资金的两种表现形态。

第三节 政府会计科目与账户设置

一、政府会计科目

会计科目是对会计要素的具体分类,是设置账户的名称与基础,是复式记账的基础与前提,是确定会计分录、编制记账凭证的基础,从而可以为成本计算、财产清查和编制报表提供必要的条件。所以,会计科目及其主要账务处理是会计制度设计的重要组成部分。

《制度》共列出 103 个一级会计科目,其中,财务会计一级科目 77 个,预算会计一级科目 26 个。

《制度》对每个会计科目的用途、账户结构和主要账务处理方法分别做出具体规定,从而有助于会计人员自学自用。例如,对于"零余额账户用款额度",《制度》首先指明了其用途是"核算实行国库集中支付的单位根据财政部门批复用款计划收到和支用的零余额账户用款额度",然后通过主要经济业务的举例说明了"零余额账户用款额度"的借贷账户结构和主要账务处理方法,最后指明了该账户期末余额的经济含义——"本科目期末借方余额,反映单位尚未支用的零余额账户用款额度。年末注销单位零余额账户用款额度后,本科目应无余额。"

二、会计科目分类

会计科目的编号是根据会计科目的分类和排序确定的,一般采用四位数编号,第一位数字表示科目的大类,第二位数字表示科目的小类,第三、四位数字表示各小类之下科目的序号。例如,1002 号科目,从左至右第一位数字"1"代表资产类,第二位数字"0"代表货币资金小类,第三、四位数字"02"代表货币资金小类下的"银行存款"科目的序号。会计科目的编号除了表明它们的类别和具体名称外,还有助于填制会计凭证、登记账簿以及实现会计电算化。

(一)财务会计科目

财务会计科目按会计要素和管理要求分为资产类、负债类、净资产类、收入类、费用类共5类77个一级会计科目,其序号、编号与名称如表3-2所示。

表 3-2　　　　　　　　　　　　财务会计科目

		一、资产类会计科目	40	2201	应付职工薪酬
1	1001	库存现金	41	2301	应付票据
2	1002	银行存款	42	2302	应付账款
3	1011	零余额账户用款额度	43	2303	应付政府补贴款
4	1021	其他货币资金	44	2304	应付利息
5	1101	短期投资	45	2305	预收账款
6	1201	财政应返还额度	46	2307	其他应付款
7	1211	应收票据	47	2401	预提费用
8	1212	应收账款	48	2501	长期借款
9	1214	预付账款	49	2502	长期应付款
10	1215	应收股利	50	2601	预计负债
11	1216	应收利息	51	2901	受托代理负债
12	1218	其他应收款			三、净资产类会计科目
13	1219	坏账准备	52	3001	累计盈余
14	1301	在途物品	53	3101	专用基金
15	1302	库存物品	54	3201	权益法调整
16	1303	加工物品	55	3301	本期盈余
17	1401	待摊费用	56	3302	本年盈余分配
18	1501	长期股权投资	57	3401	无偿调拨净资产
19	1502	长期债券投资	58	3501	以前年度盈余调整
20	1601	固定资产			四、收入类会计科目
21	1602	固定资产累计折旧	59	4001	财政拨款收入
22	1611	工程物资	60	4101	事业收入
23	1613	在建工程	61	4201	上级补助收入

续表

24	1701	无形资产	62	4301	附属单位上缴收入
25	1702	无形资产累计摊销	63	4401	经营收入
26	1703	研发支出	64	4601	非同级财政拨款收入
27	1801	公共基础设施	65	4602	投资收益
28	1802	公共基础设施累计折旧(摊销)	66	4603	捐赠收入
29	1811	政府储备物资	67	4604	利息收入
30	1821	文物文化资产	68	4605	租金收入
31	1831	保障性住房	69	4609	其他收入
32	1832	保障性住房累计折旧	五、费用类会计科目		
33	1891	受托代理资产	70	5001	业务活动费用
34	1901	长期待摊费用	71	5101	单位管理费用
35	1902	待处理财产损溢	72	5201	经营费用
二、负债类会计科目			73	5301	资产处置费用
36	2001	短期借款	74	5401	上缴上级费用
37	2101	应交增值税	75	5501	对附属单位补助费用
38	2102	其他应交税费	76	5801	所得税费用
39	2103	应缴财政款	77	5901	其他费用

(二)预算会计科目

预算会计科目按预算管理要求分为预算收入类、预算支出类、预算结余类共 3 类 26 个一级会计科目,其序号、编号与名称如表 3—3 所示。

表 3—3　　　　　　　　　　预算会计科目

一、预算收入类会计科目			14	7501	对附属单位补助支出
1	6001	财政拨款预算收入	15	7601	投资支出
2	6101	事业预算收入	16	7701	债务还本支出
3	6201	上级补助预算收入	17	7901	其他支出
4	6301	附属单位上缴预算收入	三、预算结余类会计科目		
5	6401	经营预算收入	18	8001	资金结存

6	6501	债务预算收入	19	8101	财政拨款结转
7	6601	非同级财政拨款预算收入	20	8102	财政拨款结余
8	6602	投资预算收益	21	8201	非财政拨款结转
9	6609	其他预算收入	22	8202	非财政拨款结余
		二、预算支出类会计科目	23	8301	专用结余
10	7101	行政支出	24	8401	经营结余
11	7201	事业支出	25	8501	其他结余
12	7301	经营支出	26	8701	非财政拨款结余分配
13	7401	上缴上级支出			

三、会计科目设置与应用的基本原则

(一)统一性原则

单位设置会计科目应当符合政府会计制度的规定,包括执行统一规定的会计科目编号,以便于填制会计凭证、登记账簿、查阅账目、实行会计信息化管理。单位在填制会计凭证、登记会计账簿时,应当填列会计科目的名称,或者同时填列会计科目的名称和编号,不得只填列会计科目编号、不填列会计科目名称。

执行统一的会计科目与核算内容,可以为各级政府部门编制权责发生制政府综合财务报告,各部门、各单位编制财务报告及进行成本核算奠定坚实的会计核算基础。

(二)相关性原则

设置的会计科目应当为提供有关各方所需要的会计信息服务,满足对外报告与对内管理的要求。

考虑到行政机关、事业单位在部分业务内容上的差别,《制度》在部分科目说明中做出了必要的区分。例如,财务会计科目中的短期投资、长期股权投资、长期债券投资、投资收益、经营收入、经营费用、经营盈余、事业收入、上级补助收入、附属单位上缴收入、租金收入等,预算会计科目中的事业预算收入、上级补助预算收入、附属单位上缴预算收入、经营预算收入、债务预算收入、投资预算收益、事业支出、经营支出、上缴上级支出、对附属单位补助支出、投资支出、专用基金、经营结余、非财政拨款结余分配等会计科目,仅适用于事业单位。对于部分典型行业事业单位的特殊业务处理,财政部将视必要性在制度补充规定或新旧衔接规定中予以明确。

(三)实用性原则

设置的会计科目应符合单位自身特点,满足单位实际需要。在政府会计实务中,

会计科目设置的明细程度应当满足政府收支分类管理的具体需求,如财政部《2018年政府收支分类科目》(财预〔2017〕106号)的通知要求等。

政府财务会计与预算会计对明细科目设置的要求并不相同。例如,财务会计核算中设置的"财政拨款收入"科目只要求按照一般公共预算财政拨款、政府性基金预算财政拨款等拨款种类进行明细核算。而在预算会计中,"财政拨款预算收入"科目下应当设置"基本支出"和"项目支出"两个明细科目;同时,按照《政府收支分类科目》中"支出功能分类"的项级科目进行明细核算;在"基本支出"明细科目下按照"人员经费"和"日常公用经费"进行明细核算,在"项目支出"明细科目下按照具体项目进行明细核算;有公共财政预算拨款、政府性基金预算拨款等两种或两种以上财政拨款的单位,还应当按照财政拨款的种类进行明细核算。

(四)灵活性原则

在不影响会计核算要求和报表指标汇总,以及对外提供统一财务报告的前提下,可以根据本单位的具体情况、行业特征和业务特点,对统一规定的会计科目做必要的增设、删减或合并,有针对性地设置会计科目。

概念辨析:政府会计制度适用于所有行政机关和事业单位,不再区分行业事业单位,故在共性表述上统一为"单位"。但行政单位和事业单位的具体核算内容还是有区别的,所以,请注意《制度》选词造句时的差异,如"本科目核算行政单位……""本科目核算事业单位……""本科目核算单位……"三种提法的适用面是有区别的。举例说,"行政支出"科目就是用于核算行政单位履行其职责实际发生的各项现金流出,"事业支出"科目就是用于核算事业单位开展业务活动及其辅助活动实际发生的各项现金流出,而"其他支出"科目就是用于核算单位除……以外的各项现金流出。

凡是对事业单位和行政单位有特殊核算要求的,本书将分别指明事业单位或行政单位。例如,对于坏账准备的核算,事业单位采用减值准备法,而行政单位可以采用直接核销法;如此等等。

四、总分类科目和明细分类科目

由于单位在进行会计管理时,既需要总括的数据资料,也需要具体的数据资料,因此,在设置账户前,会计科目按其隶属关系可以分为总分类科目和明细分类科目两大类。

总分类科目又称总账科目或一级科目,是反映各种经济业务总括资料的会计科目,如库存现金、银行存款、零余额账户用款额度、应收账款、固定资产等,用以提供总括的核算资料。

明细分类科目又称子目,可以分为一级明细科目、二级明细科目等,是对某个总分类科目提供详细资料的会计科目。例如,为了反映"财政应返还额度"的具体情况,在该总分类科目下设置"财政直接支付"和"财政授权支付"两个明细科目。又如,《制度》规定,在"应收账款"和"应付账款"总分类科目下,应当按照债务债权单位(或个人)设置明细科目,从而详细、具体地反映应收应付账款的增减变动情况。

按照总分类账户进行的总括核算称为总分类核算。按照明细分类账户进行的具体核算称为明细分类核算。

总分类账户是其下属的各级明细账户的统驭账户,对其下属的各级明细分类账户起着控制的作用。它反映的期初余额、本期发生额和期末余额应与它下属的各级明细分类账户的期初余额、本期发生额和期末余额合计数相等。在复式记账法下,为了检查总分类账户的登记有无差错,可以根据各个总分类账户的期初余额、本期发生额和期末余额编制试算表,进行试算平衡。

明细分类账户是对某一总分类账户具体组成内容分户登记和反映其增减变动及结果的一种账户。明细分类账户按明细科目登记,除应用货币量度外,有时还应用实物量度。它们所提供的明细核算资料对它们所归属的总分类账户起着补充说明的作用。

五、设置明细分类科目的特殊要求

政府收支分类科目是反映政府收支活动的分类体系,是各级政府预算和部门预算编制、执行、决算的基础和重要工具,包括收入经济分类科目、支出功能分类科目和支出经济分类科目三个部分。

(一)收入经济分类科目

收入经济分类主要反映政府收入来源的经济性质,说明政府的钱从哪里来。从分类方法上看,将政府收入划分为税收收入、社会保险基金收入、非税收入、贷款转贷回收本金收入、债务收入以及转移性收入等。从分类结构上看,收入分设类、款、项、目四级,逐级细化,以满足不同层次的管理需求。对政府收入进行统一分类可以全面、规范、细致地反映政府各项收入。

(二)支出功能分类科目

支出功能分类主要反映政府的各项职能活动,说明政府究竟做了什么,如是用于社保还是办了教育。根据政府管理和部门预算的要求,统一按支出功能设置类、款、项三级科目。类级科目综合反映政府职能活动,如国防、外交、教育、科学技术、社会保障和就业、环境保护等;款级科目反映为完成某项政府职能所进行的某一方面的工作,如"教育"类下的"普通教育";项级科目反映为完成某一方面的工作所发生的具体支出事项,如"普通教育"款下的"小学教育"等。建立支出功能分类体系可以更加清晰地反映政府各项职能活动。

(三)支出经济分类科目

支出经济分类主要反映政府支出的具体用途,说明政府的钱究竟是怎样花出去的,如是支付了人员工资还是购买了办公设备。按照简便、实用的原则,支出经济分类科目设类、款两级,如部门预算类级科目具体包括工资福利支出、商品和服务支出、对个人和家庭的补助、债务利息及费用支出、资本性支出(基本建设)、资本性支出、对企业补助(基本建设)、对企业补助、对社会保障基金补助、其他支出等。款级科目是对类级科目的细化,如301为"工资福利支出"类,该类下所包括的款级科目有30101"基本工资"、30102"津贴补贴"、30103"奖金"、30106"伙食补助费"、30107"绩效工资"、30108"机关事业单位基本养老保险费"、30109"职业年金缴费"、30110"职工基本医疗保险缴费"……30199"其他工资福利支出"。支出经济分类主要体现部门预算编制和预算单位财务管理等有关方面的具体要求。建立支出经济分类体系可以全面、规范、明细地反映政府各项支出的具体用途。

明细科目的设置应当是多维的,尤其是在预算会计核算中,对于政府会计科目的明细核算,既要符合会计科目设置的一般要求,又要满足政府收支分类的具体要求。例如,在设置"事业支出"明细科目时,一是应当按照资金渠道(财政拨款支出、非财政专项资金支出、其他资金支出)和支出性质(基本支出、项目支出)进行明细核算,二是应当按照《政府收支分类科目》中"支出功能分类科目"的项级科目进行明细核算,三是应当在"基本支出"和"项目支出"明细科目下按照《政府收支分类科目》"部门预算支出经济分类科目"的款级科目进行明细核算。

〖**例3—4**〗 某小学(属于事业单位)发放基本工资的资金来源于财政拨款收入,根据规范的核算要求,应先记入"事业支出——基本支出——财政拨款支出"科目;同时,按照支出功能分类科目,又属于"教育——普通教育——小学教育"科目;按照支出经济分类科目,还属于"工资福利支出——基本工资"科目。这些明细科目的层次关系如图3—2所示。① 该小学会计正是通过运用不同层次的会计账户进行层层深入的明细核算,为政府收支两条线和预算管理等提供分门别类所需的管理信息。

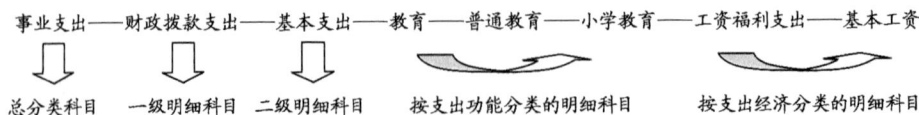

图3—2 会计明细科目设置层级

① 或是"事业支出——基本支出——财政补助支出——教育——普通教育——小学教育——工资福利支出——基本工资"科目。本书在以后各章的举例中所出现的示范性会计科目讲解一般列示到一级明细科目或二级明细科目。

六、账户的基本结构与记账方法

任何单位,只要有业务活动,就会不断地发生数量繁多的能用货币表现的经济业务。业务活动发生后会使单位的资产、负债、净资产、收入、费用等会计要素发生数量上的增减变动。对业务活动发生后所引起的各会计要素数量方面的增减变动进行记录,是会计核算与监督的前提。

设置和登记会计账户可以将每一项业务活动归集反映在特定的账户中,从而反映各会计要素在数量方面的增减变动。例如,单位从银行提取现金 800 元,该项经济业务发生后,使银行存款减少了 800 元,库存现金增加了 800 元;又如,收回应收账款 1 000 元存入银行,该项经济业务发生后使单位银行存款增加了 1 000 元,应收账款减少了 1 000 元。

为了连续、全面、系统、综合地核算和监督各项经济业务的发生情况及由此引起的各个会计要素具体内容的增减变动情况,就需要对各个要素所包括的具体内容做进一步的分类,并赋予每一类内容一个专门的名称(或称之为特定的名字),使具体核算对象更具有系统分类性和相对独立性。每个账户都应有自己的名称,账户名称就是会计科目。设置账户的主要依据就是会计科目及其分类。

账户是根据会计科目开设的、用来分类记录经济业务的、具有一定格式的账页。账户由账户名称(会计科目)和账户结构两部分组成。设置账户是会计的一种专门方法。

经济业务发生后所引起的各个会计要素在数量上的变化不外乎增加和减少两种情况,与之相适应,借贷记账法下,所有账户的结构都是左方为借方,右方为贷方,用以分别记录各个账户所反映的具体内容的增加额和减少额。借贷记账法指的是以会计等式作为记账原理,以"借""贷"作为记账符号来反映经济业务增减变化的一种复式记账方法。借贷记账法的记账规则可以概括为:有借必有贷,借贷必相等。

T 字形账户是教学上常用的账户的基本结构。财务会计中五大类账户的基本结构在借贷记账法下可归纳如图 3—3 所示。

资产类账户				负债、净资产账户			
账户名称				账户名称			
期初余额	×××					期初余额	×××
本期增加额	×××	本期减少额	×××	本期减少额	×××	本期增加额	×××
……		……		……		……	
本期发生额	×××	本期发生额	×××	本期发生额	×××	本期发生额	×××
期末余额	×××					期末余额	×××

费用类账户			收入类账户	
账户名称			账户名称	
本期增加额×××　……	本期减少或转销额　×××　……		本期减少或转销额　×××　……	本期增加额×××　……
本期发生额×××	本期发生额　　×××		本期发生额　　×××	本期发生额×××

图 3—3　账户基本结构

上述 T 字形账户除了教学上应用外,远远不能满足真正记账的要求,如业务活动发生的日期、记账的依据、经济内容的要点、金额等都应记录下来,所以在实务上一般有三栏式、数量金额三栏式及多栏式等账户格式。三栏式账户的基本格式如表 3—4 所示。

表 3—4　　　　　　　　　　　三栏式账户

账户名称(会计科目)

年		凭证号数	摘　要	√	借方	贷方	借或贷	余　额
月	日							

账户具有一定的格式,除列明"账户名称"外,通常设有"日期""凭证号数""摘要""借方""贷方"和"余额"栏。其中,账户的借方与贷方分别用来记录增加或减少的金额,增减金额相抵后的差额称为余额。余额又可分为期初余额和期末余额,还有借贷方向之分。通过账户记录,能够提供该账户的期初余额、本期增加额、本期减少额和期末余额 4 个指标。

期初余额是上期结转下来的数额,即上期期末余额。

本期增加额是在一定时期(月、季、年)内登记在账户中的增加金额之和,又称本期增加发生额。

本期减少额是在一定时期(月、季、年)内登记在账户中的减少金额之和,又称本期减少发生额。

期末余额,在没有期初余额时,是本期增加数与减少数相抵后的差额;在有期初余额时,期末余额的计算公式如下:

期末余额＝期初余额＋本期增加发生额－本期减少发生额

通过设置与登记账户,一方面可以把所有业务活动科学地加以分类和归集,据以记账编表;另一方面通过分门别类地记录和整理,可以提供各种有用的信息资料,以反映各项指标的增减变动情况,控制业务活动的变动趋势等。

综上所述,以会计目标为指南,从会计对象到会计记录和会计报告的演绎过程反映政府会计既严密又具体的逻辑思维。以财务会计为例,涉及的会计概念之间具有内在联系,可归纳如图3—4所示。

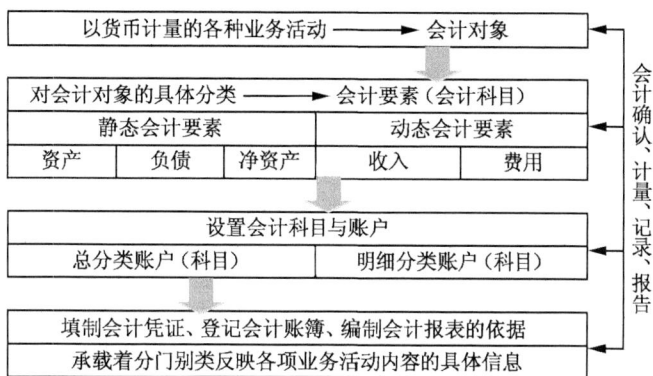

| 以货币计量的各种业务活动 ——→ 会计对象 |
| 对会计对象的具体分类 ——→ 会计要素(会计科目) |
| 静态会计要素 | 动态会计要素 |
| 资产 | 负债 | 净资产 | 收入 | 费用 |
| 设置会计科目与账户 |
| 总分类账户(科目) | 明细分类账户(科目) |
| 填制会计凭证、登记会计账簿、编制会计报表的依据 |
| 承载着分门别类反映各项业务活动内容的具体信息 |

(会计确认、计量、记录、报告)

图3—4　会计核算的逻辑思维过程

政府会计在处理各种信息和活动的过程中,必须以货币作为主要计量单位,以凭证作为记账依据,并采用会计特有的技术方法对特定会计主体的经济业务进行连续、系统、完整的核算和监督。

连续是指在会计核算时应按经济业务发生时间的先后顺序,不间断地进行确认、计量、记录与报告。

系统是指从开始记录经济业务到最后编制财务报告的整个核算过程,通过分类、汇总、加工、整理等会计方法,逐步使会计资料系统化,以取得综合性的指标。

完整是指对企业发生的能以货币计量的经济业务都要进行记录与计算,既不能遗漏,也不能任意取舍。

第四节　政府会计信息质量要求

一、会计信息质量的国际视野

会计信息质量要求是对会计核算工作提出的基本要求,是从事账务处理、编制报告时所依据的一般规则和准绳。会计信息质量的高低是评价会计工作成败的标准。

会计师国际联合会公立单位委员会制定的国际公立单位会计准则第 1 号——《财务报表的列报》的附录 2"财务报告的质量特征"指出,会计信息的"质量特征是使财务报表向使用者提供有用信息的属性",并且提出了 4 个主要质量特征——可理解性、相关性、可靠性和可比性;另外,还包括重要性、忠实表达、实质重于形式、中立性、审慎性、完整性、及时性、效益大于成本 8 个质量特征。

国际会计准则委员会于 1989 年 7 月公布的《编报财务报表的框架》中所指出的财务报表的 4 个主要质量特征也是可理解性、相关性、可靠性、可比性,并指出"本文所论述的信息质量,对于企业和非营利组织所报告的财务信息均适用"。

美国政府会计准则委员会于 1987 年 5 月发布的《政府会计准则委员会概念公告第 1 号——财务报告的目标》认为,政府财务报告提供的会计信息应当符合以下质量要求:可理解性、可靠性、相关性、及时性和一致性。

二、我国政府会计信息质量要求

《基本准则》第二章"政府会计信息质量要求"共 7 条,使用电子计算机进行会计核算的,其软件及其生成的会计凭证、会计账簿、财务报表和其他会计资料也必须符合会计信息质量的这 7 条规范要求。

(一)可靠性

可靠性就是应当以实际发生的交易或者事项为依据进行会计确认、计量、记录和报告,如实反映符合确认和计量要求的各项会计要素及其他相关会计信息,保证会计信息真实可靠、内容完整。

可靠性是政府会计首要的质量特征,包括真实反映、忠实表达、中立性、完整性等内涵。《基本准则》第十一条明确规定:"政府会计主体应当以实际发生的经济业务或者事项为依据进行会计核算,如实反映各项会计要素的情况和结果,保证会计信息真实可靠。"

会计信息的生命在于客观真实,这是对会计工作的基本要求。会计提供信息是为了满足会计信息使用者的决策需要,就应当做到内容真实、数据准确、资料可靠。在会计核算工作中坚持客观性原则,就应当在会计核算时客观地反映企业的财务状况、业务成果和现金流量,保证会计信息的真实性;会计工作应当正确运用会计原则和方法,准确反映企业的实际情况;会计信息应当能够经受验证,以核实其是否真实。

如果企业的会计核算不是以实际发生的交易或事项为依据,没有如实地反映企业的财务状况、业务成果和现金流量,会计工作就会失去存在的意义,甚至会误导会计信息使用者,导致决策失误。

没有经济业务事项,会计核算就失去了对象;以不真实甚至虚拟的经济业务事项为核算对象,会计核算就成了没有规范、没有约束可言的"魔术",据此提供的会计资料不仅没有可信度,反而会误导使用者,损害相关者的利益,扰乱社会经济秩序。对此,《会计法》做出了禁止性规定:"任何单位不得以虚假的经济业务事项或者资料进行会计核算。"以虚假的经济业务事项或资料为依据进行会计核算是严重的违法行为,将受到法律的严厉制裁。

(二)全面性

政府会计主体应当将发生的各项业务或事项统一纳入会计核算,确保会计信息能够全面反映政府会计主体的预算执行情况和财务状况、运行情况、现金流量等。例如,将基建账并入政府会计核算,就是为了符合全面反映会计主体全部核算信息的要求。

私设会计账簿登记和核算(包括"账外账"或"小金库")是指将规定应当纳入统一核算的经济业务事项不按照规定统一进行核算,而是将私自转移的资金或私下筹集的资金在法定会计账簿之外另设账簿登记、核算或者不登记入账而私自存放的行为。例如,违规收费、罚款及摊派设立"小金库";用资产处置、出租收入设立"小金库";以会议费、劳务费、培训费和咨询费等名义套取资金设立"小金库";经营收入未纳入规定账户核算设立"小金库";虚列支出转出资金设立"小金库";以假发票等非法票据骗取资金设立"小金库";转移资金设立"小金库";等等。

(三)相关性

相关性要求单位提供的会计信息应当与信息使用者的经济需要相关,有助于财务报告使用者对过去、现在或者未来的情况做出评价或者预测。所以,《基本准则》第十三条指出:"政府会计主体提供的会计信息,应当与反映政府会计主体公共受托责任履行情况以及报告使用者决策或者监督、管理的需要相关,有助于报告使用者对政府会计主体过去、现在或者未来的情况做出评价或者预测。"

会计信息的价值在于其与决策相关,并有助于决策。相关的会计信息能够有助于财务报告使用者评价过去的决策,证实或修正某些预测,从而具有反馈价值,有助于预测与决策。在会计核算工作中坚持相关性原则,就要求在收集、加工、处理和提供会计信息的过程中,充分考虑信息使用者的需求。对于特定用途的会计信息,也可以采用其他形式提供。

如果会计信息提供后没有满足信息使用者的需要,对财务报告使用者的决策没有什么作用,就不具有相关性。

(四)及时性

及时性要求单位对于已经发生的交易或者事项及时进行会计确认、计量和报告。《基本准则》第十四条指出:"政府会计主体对已经发生的经济业务或者事项,应当及时进行会计核算,不得提前或者延后。"

及时性主要体现在:一是要及时收集会计信息,在业务发生后及时收集整理各种原始单据;二是要及时处理会计信息,在准则制度规定的时限内及时编制财务报告;三是要及时传递会计信息,及时将编制出的财务报告传递给报告使用者。

即使信息客观、可比、相关,如果不及时提供,对于财务报告使用者也可能意义不大,甚至可能误导财务报告使用者。如果会计核算不能及时进行,会计信息不能及时提供,就无助于管理决策,就不符合及时性原则的要求。

(五)可比性

政府会计主体提供的会计信息应当具有可比性。可比性是指会计核算应当按照规定的会计处理方法进行,会计指标应当口径一致、相互可比。

同一政府会计主体不同时期发生的相同或者相似的经济业务或者事项,应当采用一致的会计政策,不得随意变更;确需变更的,应当将变更的内容、理由及其影响在附注中予以说明。这就是纵向可比的基本要求。

不同政府会计主体发生的相同或者相似的经济业务或者事项,应当采用一致的会计政策,确保政府会计信息口径一致、相互可比。这就是横向可比的基本要求。

如果对于相同或者相似的交易或者事项,不同的单位或者同一单位在不同的会计期间采用不同的会计政策,将不利于财务报告使用者对会计信息的理解,不利于会计信息作用的发挥。

(六)可理解性

提供会计信息的目的在于使用。只有明确的信息才是可理解的,才便于使用。所以,政府会计主体提供的会计信息应当清晰明了,便于报告使用者理解和使用。

可理解性要求会计记录应当准确、清晰,填制会计凭证、登记会计账簿必须做到依据合法、账户对应关系清楚、文字摘要完整;在编制财务报告时,必须项目勾稽关系清楚、项目完整、数据准确等。

如果会计核算的结果或编制的财务报告模糊不清或模棱两可,不便于理解和使用,就不符合会计信息质量的要求,就难以满足会计信息使用者的需求。

(七)实质重于形式

政府会计主体应当按照经济业务或者事项的经济实质进行会计核算,不限于以经济业务或者事项的法律形式为依据。

实质重于形式中的"实质"强调的是经济业务的经济实质,而"形式"强调的是经济业务的法律形式。一般情况下,经济实质与法律形式是一致的。但在实际工作中,交易或事项的外在法律形式或人为形式并不总能完全反映其实质内容,所以,会计信息要想反映其所拟反映的交易或事项,就必须根据交易或事项的实质和经济现实,而不能仅仅根据它们的法律形式进行核算和反映。

实质重于形式的作用在于防止在对经济活动或事项进行会计确认时只停留在事物表面而不深入事物内部,即防止会计信息只反映经济活动或事项的现象而不反映经济活动的本质,防止会计确认行为的非理性。因为会计确认如果仅仅按照交易或事项的法律形式或人为形式进行,一旦法律形式或人为形式没有反映其经济实质,则会计确认的结果将不仅不能帮助会计信息使用者做出最佳决策,甚至会误导其利用相关会计信息所做出的决策。

实质重于形式是对权责发生制基础和可靠性要求的补充。权责发生制是会计核算的基础,但由于各行各业处在纷繁复杂的经济环境中,如何确切地"落实权责"与"是否发生或完成"需要以"实质"为主进行"可靠性"的考量。

实质重于形式还是对一贯性的补充。一贯性要求采用的会计政策在前后各期保持一致,不得随意变更。但当某种会计政策更能反映经济实质,更能恰当地反映财务状况和业务成果时,可以恰当地变更,这正是实质重于形式的体现。例如,原先对固定资产不计提折旧,随着政府会计改革以后允许采用直线法计提折旧,又随着科学技术的进步,也许采用加速折旧法更能反映业务成果等,这时就不必拘泥于一贯性的形式,而应看其经济实质等。

实质重于形式与谨慎性要求相辅相成。例如,对于接受捐赠的资产,其成本可以依次按照相关凭据注明的金额、评估价值、市场价格和名义金额 4 个层次判断确定,包括允许按照名义金额 1 元入账,既重视经济实质,又出于谨慎考虑;又如,某些资产可能因为各种原因发生减值,在年度终了时,其实际价值与账面价值发生背离,账面价值已不能反映资产的真实状况,根据其发生时所做的会计记录也只能作为形式上的参考,只有对预计可能产生的损失计提减值准备,对原有的账面记录做出适当的调整,才能真实、恰当地反映资产的经济实质。

归根结底,实施实质重于形式的初衷是为了防止会计人员会计核算时忽视某些实质很重要而形式却并未显示其重要性或虽然形式很复杂而实质却不重要的经济活动可能造成的会计信息失真,它是对会计人员会计确认行为的引导与约束,强调了一种选择,是在形式与实质不统一时,偏重于实质进行修正的规范要求,以指导会计人员进行会计信息处理时应确认"实质",而不是确认"形式",或者说指导会计人员在进行会计信息处理时对相应经济活动如何确认、何时确认、何时不应该确认等。不仅如此,实质重于形式的本质在于保证会计信息能够如实反映经济活动或事项的本质,促使会计信息真实可靠。所以,"实质重于形式"应贯穿于会计核算的全过程。

会计信息质量特征中的可靠性是首要的,政府会计信息的合规性最重要,检验政府业务活动是否合规必须借助于真实可靠的信息来实现;全面性与相关性居于第二层次,与可靠性程度密切相关;及时性、可比性、可理解性为第三层次;实质重于形式成为会计信息质量的约束条件。

本次政府会计改革,通过确认折旧费用、摊销费用、坏账准备、预计负债等增强会计信息的可靠性、相关性和可比性;通过将基建账相关数据并入单位"大账",提升会计信息的全面性和可理解性;通过增加公共基础设施、政府储备物资、文物文化资产、受托代理资产和负债等核算内容,凸显会计信息的全面性和完整性;通过优化报表设计及填表说明、附注披露等着力提升会计信息的可理解性;等等。

提高会计职业判断能力与会计信息质量正相关。会计工作者需要在实践中不断总结、摸索会计信息质量的各种属性,更好地服务于会计目标。

思考与练习

1. 请分别说明我国编制决算报告和财务报告的具体目标。

2. 简述政府会计 4 项基本假设之间的联系。

3. 简述我国政府会计的核算对象及其组成内容。

4. 请举例说明权责发生制和收付实现制在处理收入或费用时的区别。

5. 简述政府会计科目分类的名称及其包括的主要内容。

6. 试举例说明政府会计核算对明细分类科目设置的具体要求。

7. 请归纳说明我国政府会计信息质量要求。

8. 某单位 2018 年 12 月 31 日拥有 3 000 万元资产,其中,库存现金 0.4 万元、银行存款 57.6 万元、应收账款 282 万元、存货 960 万元、固定资产 1 700 万元;应付职工薪酬 200 万元、应付账款 600 万元、专用基金 500 万元;累计盈余 1 700 万元。要求:将上述数据填入资产负债表,并说明经济业务的发生会不会破坏资产负债表的平衡关系,且给出理由。

第四章

资 产 类 财 务 会 计 核 算

第一节　资产要素概述

一、资产的定义与确认条件

资产是指政府会计主体过去的经济业务或者事项形成的,由政府会计主体控制的,预期能够产生服务潜力或者带来经济利益流入的经济资源。

政府会计认定的资产一般具有以下特征:

第一,应当由过去的交易或者事项形成,包括购买、生产、建造行为或其他交易或者事项形成的货币资产、结算资产、物品资产、固定资产等。预期在未来发生的交易或者事项不可以成为现时的资产。

第二,由政府会计主体控制,包括所有权和使用权。某些资源单位不享有所有权,但能被单位所控制,如公路、水利、市政设施等,这些公共基础设施就应当入账核算。

控制是指能够掌握住对象不使之任意活动或超出范围活动,或使其按控制者的意愿活动。"控制"的提法与《企业会计准则——基本准则》对资产的定义接近。凡是"可以被控制的"就应当构成单位的资产。

第三,一种经济资源,预期能够产生服务潜力或者带来经济利益流入。服务潜力是指政府会计主体利用资产提供公共产品和服务以履行政府职能的潜在能力。经济利益流入表现为现金及现金等价物的流入,或者现金及现金等价物流出的减少。

政府会计将符合资产定义的经济资源,在同时满足以下条件时确认为资产,列入资产负债表的资产项目中:一是与该经济资源相关的服务潜力很可能实现或者经济利益很可能流入政府会计主体;二是该经济资源的成本或者价值能够可靠计量。

二、资产的计量方法

政府会计主体在对资产进行计量时,一般应当采用历史成本。如果采用重置成本、现值、公允价值计量的,应当保证所确定的资产金额能够持续、可靠计量。

历史成本要求资产按照取得时支付的现金金额或者支付对价的公允价值计量。

重置成本要求资产按照现在购买相同或者相似资产所需支付的现金金额计量。

现值要求资产按照预计从其持续使用和最终处置中所产生的未来净现金流入量的折现金额计量。

公允价值要求资产按照市场参与者在计量日发生的有序交易中出售资产所能收到的价格计量。

如果无法采用上述计量属性的,在《制度》规定的范围内①,可以采用名义金额(即人民币1元)计量。单位的会计报表附注应披露以名义金额计量的资产名称、数量等情况,以及以名义金额计量的理由。

三、资产的具体分类

政府会计主体的资产按照流动性强弱(或变现能力大小)的特征分为流动资产和非流动资产。

流动资产是指预计在1年内(含1年)耗用或者可以变现的资产,包括货币资产、短期投资、应收及预付款项、物品、待摊费用等。

非流动资产(长期资产)是指流动资产以外的资产,包括长期投资、固定资产、工程物质、在建工程、无形资产、研发支出、经管资产、长期待摊费用、待处理财产损溢等。

资产核算的内容不仅面广量大,而且新旧变化较多,相对比较复杂,为了归类说明各类资产的特点并予以分别反映,本章在阐述资产类核算的具体内容时,将资产分为35个项目,与之对应的会计科目名称、特指用途、划分类别汇总如表4-1所示。

在表4-1中,经管资产是指由单位控制的,预期能够带来经济利益或者产生服务潜能的经济资源(不包括用于保证部门、单位和机构自身行政职能正常运转所配备的资产),包括公共基础设施、储备物资、文物文化资产、保障性住房等其他经管资产及受托代理资产。这些经管资产目前由单位直接负责管理,为社会提供特殊公共服务,具有特殊用途,被集中安排在本章第八节专题介绍。跨期摊配科目的设置和运用主要是为了使费用的确认建立在权责发生制的基础上,分清计入成本计算对象的时期界限,正确计算成本和盈亏,包括待摊费用、长期待摊费用、预提费用等,跨期摊配与费用核算密切相关,其内容安排在第七章第七节集中介绍。

---

① 可以按照名义金额计量的资产只包括接受捐赠的库存物资、固定资产、无形资产,以及无法确定成本的盘盈库存物品、固定资产和无形资产。

表 4-1   资产类会计科目分类一览表

编号	资产项目与会计科目名称	特指用途	资产分类	
1001	库存现金		货币资产	流动资产
1002	银行存款			
1011	零余额账户用款额度			
1021	其他货币资金			
1101	短期投资	事业单位	投资	
1201	财政应返还额度		应收及预付款项	
1211	应收票据	事业单位		
1212	应收账款	事业单位		
1214	预付账款			
1215	应收股利	事业单位		
1216	应收利息	事业单位		
1218	其他应收款			
1219	坏账准备	事业单位		
1301	在途物品		物品	
1302	库存物品			
1303	加工物品			
1401	待摊费用		跨期摊配	
1501	长期股权投资	事业单位	投资	非流动资产
1502	长期债券投资	事业单位		
1601	固定资产		固定资产	
1602	固定资产累计折旧			
1611	工程物资			
1613	在建工程			
1701	无形资产		无形资产	
1702	无形资产累计摊销			
1703	研发支出			
1801	公共基础设施		经管资产	
1802	公共基础设施累计折旧(摊销)			
1811	政府储备物资			
1821	文物文化资产			
1831	保障性住房			
1832	保障性住房累计折旧			
1891	受托代理资产			
1901	长期待摊费用		跨期摊配	
1902	待处理财产损溢		待处理财产	

四、资产的算管结合、算为管用

(一)实行资产分类核算与管理

各项资产应进一步按照资产类别/项目、资产种类/规格/保管地点、单位/个人等进行明细核算;应当建立健全各项资产的内部管理制度和岗位责任制,确保不相容岗位相互分离、授权批准制度严格执行、资产安全和有效使用。

(二)实施资产归口管理

应当明确资产使用和保管责任人,落实资产使用人在资产管理中的责任;贵重资产、危险资产、有保密等特殊要求的资产,应当指定专人保管、专人使用,并规定严格的接触限制条件和审批程序。

(三)遵循国有资产管理的相关规定

履行资产管理与预算管理相结合、资产管理与财务管理相结合、实物管理与价值管理相结合等原则,完善资产管理内部控制体系。

(四)健全资产管理信息化系统

运用信息化手段,对资产进行实时、动态、有效管理,做到账表、账账、账证、账实相符,并按照《行政事业单位国有资产年度报告管理办法》(财资〔2017〕3 号)等规定,健全报告国有资产管理情况制度,保证资产报告真实、准确、完整。

第二节　货币资产

一、货币资产概述

货币资产是指处于货币资金形态的支付手段和流通手段,包括库存现金、银行存款、零余额账户用款额度、其他货币资金(如外埠存款、银行本票存款、银行汇票存款、信用卡存款等),单位应当按照实际收入和支出的数额记账。

货币资金的流动性最强、控制风险较大,大多数贪污、挪用公款等违法乱纪的行为与货币资金有关,所以,单位应当加强对货币资金的核算与管理,建立健全货币资金内部控制,确保经营管理活动合法、有效。

单位应当合理设置会计工作岗位,不得由一人办理货币资金业务的全过程,确保不相容岗位相互分离,尤其是出纳,不得兼管稽核、会计档案保管和收入、支出、债权、债务账目的登记工作。

单位应当加强印鉴管理,严禁一人保管收付款项所需的全部印章。财务专用章应当由专人保管,个人名章应当由本人或其授权人员保管。负责保管印章的人员要配置单独的保管设备,并做到人走柜锁;应当由有关负责人签字或盖章的,应当严格履行签字或盖章手续。

单位应当加强货币资金的核查控制,指定不办理货币资金业务的会计人员定期和不定期抽查盘点库存现金,核对银行存款(包括网上银行)余额,抽查银行对账单、银行日记账及银行存款余额调节表,核对是否账实相符、账账相符。对调节不符、可能存在重大问题的未达账项应当及时查明原因,并按照相关规定处理。

二、货币资产的核算

(一)库存现金

库存现金是指单位持有的现金,包括人民币现金、外币现金和受托代理现金。

单位在办理有关现金收支业务时,至少应当遵守以下几项规定:

(1)全部现金收入应于当日送存开户银行;当日送存有困难的,由开户银行确定送存时间。

(2)支付现金,可以从本单位库存现金限额中支付或从开户银行提取,但不得从本单位的现金收入中直接支付,即不得"坐支"现金。

(3)从开户银行提取现金时,应如实写明提取现金的用途,由本单位财会部门负责人签字、盖章,并经开户银行审查批准后予以支付。

(4)因采购地点不确定、交通不便、抢险救灾以及其他特殊情况必须使用现金的单位,应向开户银行提出书面申请,由本单位财会部门负责人签字,并经由开户银行审查批准后予以支付。

(5)不得"白条顶库";不准谎报用途套取现金;不准用银行账户代替其他单位和个人存入或支取现金;不准用单位收入的现金以个人名义存入储蓄;不准保留账外公款,即不得"公款私存",不得设置"小金库"等。

单位应当设置"库存现金"科目,以核算单位的库存现金。增加库存现金,借记"库存现金"科目,贷记"银行存款"等科目;减少库存现金,做相反的会计分录。该科目期末借方余额反映单位实际持有的库存现金。

单位收到受托代理、代管的现金,按照实际收到的金额,借记"库存现金"科目(受托代理资产),贷记"受托代理负债"科目;支付受托代理、代管的现金,按照实际支付的金额,借记"受托代理负债"科目,贷记"库存现金"科目(受托代理资产)。

单位应当设置"库存现金日记账"①,由出纳人员根据收付款凭证,按照业务发生顺序逐笔登记。每日终了,应当计算当日的现金收入合计数、现金支出合计数和结余数,并将结余数与实际库存数核对,做到账款相符。每日账款核对中发现现金溢余或短缺的,应当及时进行处理。如发现现金溢余,应借记"库存现金"科目,贷记"待处理

---

① 单位有外币现金的,应当分别按照人民币、各种外币设置"库存现金日记账"进行明细核算。

财产损溢"科目;如发现现金短缺,应做相反的会计处理。

清查结果如为现金短缺,属于应由责任人赔偿或应向有关人员追回的,借记"其他应收款"科目;属于无法查明原因的,报经批准核销时,借记"资产处置费用"科目。如为现金溢余,属于应支付给有关人员或单位的,贷记"其他应付款"科目;属于无法查明原因的,报经批准后,贷记"其他收入"科目。

(二)银行存款

单位应当设置"银行存款"科目,核算存入银行或其他金融机构的各种款项,包括受托代理银行存款。将款项存入银行或其他金融机构,借记"银行存款"科目,贷记"库存现金""事业收入""经营收入""其他收入""应收账款"等有关科目。提取和支出存款时,借记有关科目,贷记"银行存款"科目。"银行存款"科目的期末借方余额反映单位存在银行或其他金融机构的各种款项。

"银行存款"科目下应当设置"受托代理资产"明细科目,核算单位受托代理、代管的银行存款。

单位应当按开户银行或其他金融机构、存款种类及币种等分别设置"银行存款日记账",由出纳人员根据收付款凭证,按照业务的发生顺序逐笔登记,每日终了应结出余额。"银行存款日记账"应定期与"银行对账单"核对,至少每月核对一次。月度终了,单位银行存款账面余额与银行对账单余额之间如有差额,必须逐笔查明原因并进行处理,按月编制"银行存款余额调节表"调节相符。

〖例4—1〗 某单位从工商银行提取现金2 000元,根据提现凭证填制"现金收款凭证",应进行财务会计核算如下:

借:库存现金	2 000.00
贷:银行存款	2 000.00

〖例4—2〗 以现金支付业务活动费用1 500元,根据经批准的报销单填制现金付款凭证,应进行财务会计核算如下:

借:业务活动费用	1 500.00
贷:库存现金	1 500.00

〖例4—3〗 经审核无误,支付某会务费用600元,填制现金付款凭证,应进行财务会计核算如下:

借:单位管理费用	600.00
贷:库存现金	600.00

三、零余额账户用款额度的核算

(一)零余额账户用款额度与财政授权支付

财政性资金的支付方式分为财政直接支付和财政授权支付。零余额账户用款额度的核算与财政授权支付方式相关。

财政授权支付是指预算单位按照财政部门的授权,自行向代理银行签发支付指令,代理银行根据支付指令,在财政部门批准的预算单位的用款额度内,通过国库单一账户体系将资金支付到收款人账户,其运作程序如图4—1所示。

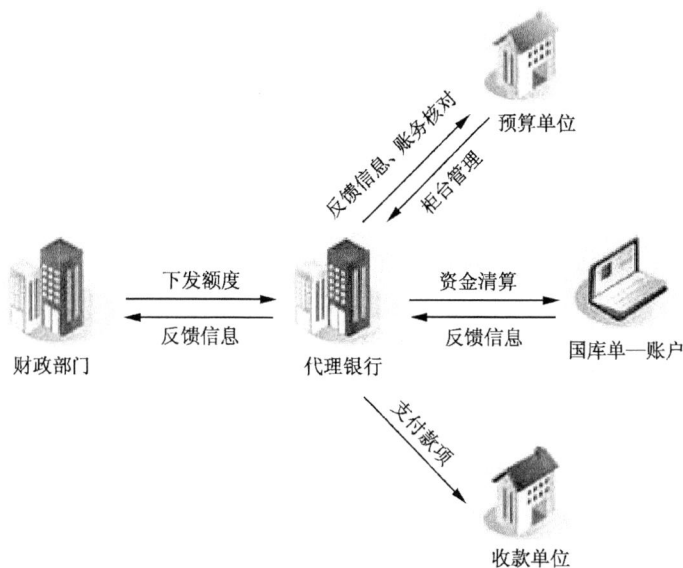

图4—1 财政授权支付运作程序

零余额账户是指单位经财政部门批准,在国库集中支付代理银行开立的,用于办理国库集中支付业务的银行结算账户。零余额账户的用款额度具有与人民币存款相同的支付结算功能。单位在当地商业银行开设零余额账户,用于财政授权支付,并与国库单一账户清算。该账户可办理提现、转账、汇兑、委托收款等支付结算业务。

单位应设置"零余额账户用款额度"科目,核算实行国库集中支付的单位根据财政部门批复的用款计划收到和支用的零余额账户用款额度。"零余额账户用款额度"科目的期末借方余额反映单位尚未支用的零余额账户用款额度。

由于"零余额账户用款额度"科目年末应无余额,故被称为"零余额账户"。

〖例4—4〗 某单位收到"财政授权支付到账通知书"后,根据通知书所列财政拨款收入数额256 000元确认收入。单位收到额度时应进行财务会计核算如下:

    借:零余额账户用款额度   256 000.00

        贷:财政拨款收入   256 000.00

〖例4—5〗 某单位购买某物品4件,价值1 000元。单位支用授权额度时,填制财政部门统一印制的"财政授权支付凭证"送代理银行,代理银行根据"财政授权支付凭证",通过零余额账户办理资金支付。单位支用额度时应进行财务会计核算如下:

借:库存物品   1 000.00

  贷:零余额账户用款额度   1 000.00

〖例4—6〗 从零余额账户提取现金500元时,单位应进行财务会计核算如下:

借:库存现金   500.00

  贷:零余额账户用款额度   500.00

(二)财政直接支付程序

财政直接支付是指由财政部门向中国人民银行和代理银行签发支付指令,代理银行根据支付指令通过国库单一账户体系将资金直接支付到收款人(即商品或劳务的供应商等)或用款单位(即具体申请和使用财政性资金的预算单位)账户。

单位实行财政直接支付的财政性资金包括工资支出、工程采购支出、物品和服务采购支出。财政直接支付的申请由一级预算单位汇总,填写"财政直接支付汇总申请书",报财政部门国库支付执行机构。

〖例4—7〗 财政直接支付某单位人员工资89 000元。单位应于收到财政国库支付执行机构委托代理银行转来的"财政直接支付入账通知书"时,按入账通知书中标明的金额确认收入,应进行财务会计核算如下:

借:业务活动费用   89 000.00

  贷:财政拨款收入   89 000.00

〖例4—8〗 由财政直接支付购买库存物品20 000元。收到"财政直接支付入账通知书"及相关原始凭证时,根据通知书所列数额,应进行财务会计核算如下:

借:库存物品   20 000.00

  贷:财政拨款收入   20 000.00

国库集中收付是指以国库单一账户体系为基础,将所有财政性资金都纳入国库单一账户体系管理,收入直接缴入国库和财政专户,支出通过国库单一账户体系支付到商品和劳务供应者或用款单位的一项国库管理制度。国家通过国库单一账户体系,可以促使收入环节直达化、支出环节简约化、业务处理电子化、信息系统自动化、资金管理高效化。

第三节 应收债权

一、应收债权概述

应收债权是指单位在开展业务活动过程中形成的各项债权,包括财政应返还额度、应收票据、应收账款、预付账款、应收股利、应收利息①、其他应收款等。

应收债权应当按照实际发生额入账,并按照往来户名等设置明细账,进行明细核算。

二、财政应返还额度核算

"财政应返还额度"科目的核算内容为预算结余资金的增减变动情况。预算结余资金是指实行国库集中支付的预算单位在预算年度内,按照财政部门批复的部门预算,当年尚未支用并按有关规定应留归预算单位继续使用的资金。

预算单位结余资金的数额＝按照财政部门批复的部门预算数额＋上年预算结余数额－当年财政国库已支付数额(包括财政直接支付数额和财政授权支付数额)－应缴回财政部门的数额

单位设置"财政应返还额度"科目,用以核算实行国库集中支付的单位可以使用的以前年度财政直接支付资金额度和财政应返还的财政授权资金额度,应当设置"财政直接支付""财政授权支付"两个明细科目分别进行明细核算。该科目的期末借方余额反映单位应收财政返还的资金额度。

(一)财政直接支付

年度终了,单位根据本年度财政直接支付预算指标数大于当年财政直接支付实际发生数的差额,借记"财政应返还额度(财政直接支付)"科目,贷记"财政拨款收入"科目。

下年度恢复财政直接支付额度后,单位以财政直接支付方式支付款项时,借记"业务活动费用""单位管理费用"等科目,贷记"财政应返还额度(财政直接支付)"科目。

〖例4—9〗　某单位某年度财政直接支付预算指标数为6 500 000元,当年实际直接支付6 000 000元,其中,采用直接支付方式购买不需安装设备5 150 000元,发生业务活动费用850 000元。

采用财政直接支付方式购买设备时:

借:固定资产　　　　　　　　　　　　　　　　5 150 000.00
　　贷:财政拨款收入　　　　　　　　　　　　　　　　5 150 000.00

采用财政直接支付方式支付业务活动费用850 000元,收到"财政直接支付入账通知书"及相关原始凭证时,应进行财务会计核算如下:

借:业务活动费用　　　　　　　　　　　　　　850 000.00
　　贷:财政拨款收入　　　　　　　　　　　　　　　　850 000.00

年度终了,单位根据本年度财政直接支付预算指标数与当年财政直接支付实际支出数的差额进行财务会计核算如下:

---

① 　关于应收股利和应收利息的核算内容详见本章投资核算中长期股权投资和长期债券投资的介绍。

借:财政应返还额度——财政直接支付	500 000.00	
贷:财政拨款收入		500 000.00

下年度恢复财政直接支付额度后,以财政直接支付方式支付业务活动费用时:

借:业务活动费用	500 000.00	
贷:财政应返还额度——财政直接支付		500 000.00

(二)财政授权支付

在国库集中支付下,年度终了,零余额账户用款额度必须清零。零余额账户用款额度到了年终如果还有结余额的,其额度要由财政收回,并于次年恢复,对这部分财政收回的额度在"财政应返还额度"科目做债权处理,即年终时,财政对已下达各预算单位但尚未使用的财政授权支付额度进行等额冲减。第二年对实行授权支付的结余资金,财政根据单位报送的结余资金使用计划,批复后下达授权支付额度。

年度终了,单位依据代理银行提供的对账单注销额度时,借记"财政应返还额度——财政授权支付"科目,贷记"零余额账户用款额度"科目;如果单位本年度财政授权支付预算指标数大于零余额账户用款额度下达数,根据两者的差额,借记"财政应返还额度——财政授权支付"科目,贷记"财政拨款收入"科目。

下年初,单位依据代理银行提供的额度恢复到账通知书,做相关恢复额度时的财务会计核算如下:

　　借:零余额账户用款额度
　　　贷:财政应返还额度——财政授权支付

三、应收票据核算

"应收票据"科目核算事业单位因开展经营活动销售产品、提供有偿服务等而收到的商业汇票,包括银行承兑汇票和商业承兑汇票,应当按照开出、承兑商业汇票的单位等进行明细核算。因销售产品、提供服务等收到商业汇票,按照商业汇票的票面金额,借记"应收票据"科目;收回应收票据,按照实际收到的商业汇票票面金额,贷记"应收票据"科目。"应收票据"科目的期末借方余额反映单位持有的商业汇票的票面金额。

〖例4—10〗　A单位销售一批产品给B公司,货已发出,货款为42 500元,增值税税额为6 800元。按合同约定3个月以后付款。B公司交给A单位一张不带息3个月到期的商业承兑汇票,面值为49 300元。A单位应编制会计分录如下:

借:应收票据	49 300.00	
贷:经营收入		42 500.00
应交税费——应交增值税(销项税额)		6 800.00

不带息票据的到期值即票据的面值,3个月后,应收票据到期收回款项存入银行,应编制会计分录如下:

借：银行存款　　　　　　　　　　　　　　　　　　49 300.00
　　贷：应收票据　　　　　　　　　　　　　　　　　　　49 300.00

带息票据到期收回时应计算票据到期值。按到期值收回票款时，借记"银行存款"科目，按票面金额贷记"应收票据"科目，按票据利息额贷记"财务费用"科目。

$$应收票据到期值＝票据面值×(1＋票面利率×票据期限)$$

单位应当设置"应收票据备查簿"，逐笔登记每一应收票据的种类、号数、出票日期、到期日、票面金额、交易合同号、付款人、承兑人、背书人姓名或单位名称、背书转让日、贴现日期、贴现率、贴现净额、收款日期、收回金额和退票情况等。应收票据到期结清票款或退票后，应当在备查簿内逐笔注销。

因付款人无力支付票款，收到银行退回的商业承兑汇票、委托收款凭证、未付票款通知书或拒付款证明等，按照商业汇票的票面金额，借记"应收账款"科目，贷记"应收票据"科目。

四、应收账款核算

"应收账款"科目核算事业单位提供服务、销售产品等应收取的款项，以及因出租资产、出售物资等应收取的款项，应当按照债务单位（或个人）进行明细核算。

发生应收账款时，应正确区分是否应当上缴财政。不需上缴财政的，按应收未收金额，借记"应收账款"科目；贷记相关收入科目（详见第六章的介绍）。如果应收账款收回后需上缴财政的，如出租资产的租金等，应贷记"应缴财政款"科目。

收回应收账款时，按照实际收到的金额，贷记"应收账款"科目。

"应收账款"科目的期末借方余额反映单位尚未收回的应收账款。

五、预付账款核算

"预付账款"科目核算单位按照购货、服务合同或协议规定预付给供应单位（或个人）的款项，以及按照合同规定向承包工程的施工企业预付的备料款和工程款。该科目应当按照供应单位（或个人）及具体项目进行明细核算；对于基本建设项目发生的预付账款，还应当在该科目所属基建项目明细科目下设置"预付备料款""预付工程款""其他预付款"等明细科目进行明细核算。

单位发生预付账款时，按照实际预付的金额，借记"预付账款"科目；收到所购物资或劳务，按照购入物资或劳务的成本，借记有关科目；按照相应预付账款金额，贷记"预付账款"科目；按照补付的款项，贷记"零余额账户用款额度""财政拨款收入""银行存款"等科目。

单位应当于每年度终了，对预付账款进行检查。如果有确凿证据表明预付账款并不符合预付款项性质，或者因供货单位破产、撤销等原因可能无法收到所购货物、服务的,应当先将其转入"其他应收款"科目,然后按规定进行处理。

"预付账款"科目的期末借方余额反映单位实际预付但尚未结算的款项。

六、其他应收款核算

"其他应收款"科目核算单位除财政应返还额度、应收票据、应收账款、预付账款、应收股利、应收利息以外的其他各项应收及暂付款项,如职工预借的差旅费、已经偿还银行尚未报销的本单位公务卡欠款、拨付给内部有关部门的备用金、应向职工收取的各种垫付款项、支付的可以收回的订金或押金、应收的上级补助和附属单位上缴款项等。该科目应当按照其他应收款的类别以及债务单位(或个人)进行明细核算。

发生其他各种应收及暂付款项时,借记"其他应收款"科目;收回或转销其他各种应收及暂付款项时,贷记"其他应收款"科目。"其他应收款"科目的期末借方余额反映单位尚未收回的其他应收款。

〖例4—11〗 职工刘涛因公出差,经批准预借差旅费3 000元。应编制会计分录如下:

借:其他应收款——刘涛   3 000.00
　　贷:库存现金   3 000.00

刘涛出差回来,报销差旅费3 800元,补付差额800元。应编制会计分录如下:

借:单位管理费用   3 800.00
　　贷:其他应收款——刘涛   3 000.00
　　　　库存现金   800.00

如果单位内部实行备用金制度,有关部门使用备用金以后应当及时到财务部门报销并补足备用金。财务部门核定并发放备用金时,借记"其他应收款"科目,贷记"库存现金"等科目。根据报销数用现金补足备用金定额时,借记有关科目,贷记"库存现金"等科目,报销数和拨补数都不再通过"其他应收款"科目核算。

公务卡是指单位指定工作人员持有,仅用于公务支出和财务报销,以单位为还款责任主体的信用卡。公务卡消费的资金范围主要包括差旅费、会议费、招待费和零星购买支出等费用。单位应当执行财政部中国人民银行关于印发《单位公务卡管理办法(试行)》的通知(财库〔2016〕8号)。单位先偿还尚未报销的本单位公务卡欠款时,按照偿还的款项,借记"其他应收款"科目,贷记"零余额账户用款额度""银行存款"等科目;公务卡持卡人办理报销时,按照报销金额,借记"业务活动费用""单位管理费用"等科目,贷记"其他应收款"科目。

七、坏账核算

坏账通常是指无法收回或收回的可能性极小的应收款项。坏账损失是由于实际发生坏账而产生的损失。事业单位如发生不能收回应收款项的迹象,应当按照谨慎要求计提坏账准备,而行政单位不要求计提坏账准备。

"坏账准备"科目专门用以核算事业单位对收回后不需上缴财政的应收账款和其他应收款提取的坏账准备。该科目应当分别应收账款和其他应收款进行明细核算。该科目的期末贷方余额反映事业单位提取的坏账准备金额。

对于坏账的处理应当分别事业单位与行政单位两种不同的会计核算方法。

(一)减值准备法——适用于事业单位的应收账款和其他应收款

事业单位坏账准备的计提基数并非应收账款和其他应收款的全部余额,所以,每年年末(计提时点),应当对应收账款和其他应收款的余额进行分析,对其中收回后需要上缴财政的应收账款和其他应收款不要计提坏账准备,只对收回后不需上缴财政的应收账款和其他应收款在全面检查的基础上,分析其可收回性,对预计可能产生的坏账损失计提坏账准备、确认坏账损失。

减值准备可以采用应收款项余额百分比法、账龄分析法、个别认定法等方法计提坏账准备。坏账准备计提方法一经确定,不得随意变更;如需变更,应当按照规定报经批准,并在财务报表附注中予以说明。

1. 应收款项余额百分比法

应收款项余额百分比法是按照期末应收账款余额的一定百分比估计坏账损失的方法。坏账百分比由单位根据以往的资料或经验确定。在余额百分比法下,事业单位应在每个会计期末根据本期末应收账款的余额和相应的坏账率估计出期末"坏账准备"账户应有的余额,它与调整前"坏账准备"账户已有的余额的差额就是当期应提的坏账准备金额。

首次计提坏账准备的计算公式如下:

当期应计提的坏账准备＝期末应收账款余额×坏账准备计提百分比

以后计提坏账准备的计算公式如下:

当期应补提或冲减的坏账准备＝当期按照期末应收账款和其他应收款计算应计提的坏账准备金额－"坏账准备"科目贷方余额(或＋"坏账准备"科目借方余额)

〖例4-12〗　GG单位"坏账准备"科目2018年年初余额为0。2018年年末应收账款余额为800 000元,均为不需要上缴财政的款项。根据风险特征估计坏账准备的提取比例为应收账款余额的0.4%。2019年发生坏账4 000元,该年年末应收账款余额为980 000元。2020年发生坏账损失3 000元,上年冲销的账款中有2 000元于本年度收回,2020年末应收账款余额为600 000元。

2018年应提坏账准备＝800 000×0.4%＝3 200(元)

根据上述计算结果,应编制如下会计分录:

借:其他费用 3 200.00
　　贷:坏账准备 3 200.00
2019 年发生坏账损失时,应编制如下会计分录:
借:坏账准备 4 000.00
　　贷:应收账款 4 000.00
2019 年年末计提坏账前"坏账准备"账户的余额＝4 000－3 200＝800(元)(借方)
要使坏账准备的余额为贷方 3 920 元(980 000×0.4％),则 2019 年应提坏账准备 4 720 元(3 920＋800)(贷方),应编制如下会计分录:
借:其他费用 4 720.00
　　贷:坏账准备 4 720.00
2020 年发生坏账损失时,应编制如下会计分录:
借:坏账准备 3 000.00
　　贷:应收账款 3 000.00
2020 年收回已冲销的应收账款时,应编制如下会计分录:
借:应收账款 2 000.00
　　贷:坏账准备 2 000.00
借:银行存款 2 000.00
　　贷:应收账款 2 000.00
2020 年年末计提坏账前坏账准备的金额＝－800＋4 720－3 000＋2 000
＝2 920(元)(贷方)

要使坏账准备的余额为贷方 2 400 元(600 000×0.4％),应冲销坏账准备 520 元(2 920－2 400),即 2020 年应调减坏账准备 520 元,应编制如下会计分录:
借:坏账准备 520.00
　　贷:其他费用 520.00

2. 账龄分析法

账龄分析法是根据应收账款账龄的长短来估计坏账损失的方法。通常,应收账款的账龄越长,发生坏账的可能性越大。为此,应将应收账款按账龄长短进行分组,分别确定不同的计提百分比以估算坏账损失,使坏账损失的计算结果更符合客观情况。

计提坏账准备的计算公式如下:

当期应计提的坏账准备＝∑期末各账龄组应收账款余额×各账龄组坏账准备计提百分比

以后计提坏账准备的计算公式如下:

当期应补提或冲减的坏账准备＝当期按照期末应收账款计算应计提的坏账准备金额－"坏账准备"科目贷方余额(或＋"坏账准备"科目借方余额)

3.个别认定法

个别认定法就是根据每一应收账款的情况来估计坏账损失,进而确定本期期末应计提的坏账准备金额的方法。

每年年末的应收账款和其他应收款并非都是计提坏账准备的对象,只有对收回后不需上缴财政的应收账款和其他应收款才考虑是否计提坏账准备。

采用个别认定法计提坏账准备的依据不再是赊销总额,而是客户的信用状况、偿还能力等;计提坏账准备的比率不再是所有欠款客户都用一个相同的比例,而是依据信用状况的不同适用不同的比率。只有调查清楚每个客户的信用状况、偿还能力等,再据此确定每个客户的计提比率和欠款数额,才能核算坏账准备。个别认定法计提坏账准备的比率与坏账可能产生的概率更加接近,使计提的坏账准备数额与其后可能产生的坏账损失更为相符,从而避免了单位在总体上或结构上"多提"和"少提"坏账准备,抑制了"坏账准备"变成一个变相的、合法而不合理的调节工具,有助于坏账准备产生的相关费用与其费用产生的期间和收入配比。

在同一会计期间运用个别认定法的应收账款和其他应收款应从其他方法计提坏账准备的相应余额中剔除。

事业单位提取坏账准备时,借记"其他费用"科目,贷记"坏账准备"科目。对于账龄超过规定年限、确认无法收回的应收款项,按规定报经批准予以核销后,借记"坏账准备"科目,贷记"应收账款"科目。核销的应收账款在备查簿中保留登记,做到账销案存。已核销的应收账款在以后期间又收回的,借记"应收账款"科目,贷记"坏账准备"科目;同时,借记"银行存款"等科目,贷记"应收账款"科目。

(二)直接核销法——适用于行政单位的其他应收款

行政单位应当于每年年末对其他应收款进行全面检查。对于超过规定年限、确认无法收回的其他应收款,应当按照有关规定报经批准后予以核销。核销的其他应收款应在备查簿中保留登记,做到账销案存。经批准核销其他应收款时,按照核销金额,借记"资产处置费用"科目,贷记"其他应收款"科目。

温馨提示:坏账准备的重点控制内容包括:一是是否建立了坏账准备金制度。采取直接核销法处理坏账损失的单位不应提取坏账准备金;二是坏账准备的计提是否严格遵守《制度》的相关规定,计提的范围、标准是否合理、合法;三是是否建立了坏账审批制度,包括坏账损失的处理是否经过必要的审批程序,坏账批复手续是否合规等。

第四节　物　品

一、物品概述

物品是指单位在开展业务活动及其他活动过程中为耗用而储存的资产,包括在途物资、库存物品、加工物品等。物品在取得时应当按照其实际成本入账。

单位应当设置下列三个总分类科目核算物品的增减变动情况:

(一)"在途物品"科目

"在途物品"科目核算单位采购材料等物资时货款已付或已开出商业汇票但尚未验收入库的在途物品的采购成本。该科目可按供应单位和物品种类进行明细核算。该科目的期末借方余额反映单位在途物资的采购成本。

(二)"库存物品"科目

"库存物品"科目核算单位在开展业务活动及其他活动过程中为耗用或出售而储存的各种材料、产品、包装物、低值易耗品,以及达不到固定资产标准的用具、装具、动植物,已完成测绘、地质勘查、设计成果等的成本。该科目应当按照库存物品的种类、规格、保管地点等进行明细核算。该科目的期末借方余额反映单位物品的实际成本。

单位储存的低值易耗品、包装物较多的,可以按照"在库""在用"和"摊销"等进行明细核算。

(三)"加工物品"科目

"加工物品"科目核算单位自制或委托外单位加工的各种物品的实际成本(包括未完成的测绘、地质勘查、设计成果的实际成本)。该科目应设置"自制物品""委托加工物品"两个一级明细科目,并按照物品类别或品种设置明细账,进行明细核算。

温馨提示:下列各项应当在发生时确认为当期费用,不计入物品(存货)成本:(1)非正常消耗的直接材料、直接人工和间接费用;(2)仓储费用(不包括在加工过程中为达到下一个加工阶段所必需的费用);(3)不能归属于使物品(存货)达到目前场所和状态所发生的其他支出;(4)单位随买随用的零星办公用品,可在购进时直接列作费用。

二、物品增减变动的核算

(一)外购物品的核算

购入物品的实际成本包括购买价款、相关税费、运输费、装卸费、保险费以及使物品达到目前场所和状态所发生的其他支出。

购入的物品验收入库,按确定的成本,借记"库存物品"科目,贷记"财政拨款收入""零余额账户用款额度""银行存款""应付账款"等科目。

【例4—13】　某单位为购买材料(非政府采购项目)向W公司预付货款2 000元(按照合同要求),开出财政授权支付凭证,通知代理银行付款,应进行财务会计核算如下:

借:预付账款　　　　　　　　　　　　　　　2 000.00
　　贷:零余额账户用款额度　　　　　　　　　　　　　2 000.00

前已预付货款的W公司材料到货,实际金额为6 500元,另付运费200元,开出授权支付凭证,通知代理银行补付差额,应进行财务会计核算如下:

借:在途物资　　　　　　　　　　　　　　　6 700.00
　　贷:预付账款　　　　　　　　　　　　　　　　　2 000.00
　　　　零余额账户用款额度　　　　　　　　　　　　4 700.00

上述材料经验收合格入库后,应进行财务会计核算如下:

借:库存物品　　　　　　　　　　　　　　　6 700.00
　　贷:在途物资　　　　　　　　　　　　　　　　　6 700.00

单位按照税法规定属于增值税一般纳税人的,其购进非自用(如用于生产对外销售的产品)物品所支付的增值税款不计入物品成本,按确定的成本(不含增值税进项税额),借记"库存物品"科目;按增值税专用发票上注明的增值税额,借记"应交税费——应交增值税(进项税额)"科目;按实际支付或应付的金额,贷记"零余额账户用款额度""银行存款""应付账款"等科目。

单位开展业务活动等领用或发出物品,按领用或发出物品的实际成本,借记"业务活动费用""单位管理费用""经营费用"等科目,贷记"库存物品"科目。

(二)自制物品的核算

自行加工物品的实际成本包括耗用的直接材料费用、发生的直接人工费用和按照一定方法分配的与物品加工有关的间接费用。在"加工物品"科目的"自制物品"一级明细科目下应当设置"直接材料""直接人工""其他直接费用"等二级明细科目归集自制物品发生的直接材料、直接人工(专门从事物品制造人员的人工费)等直接费用;对于自制物品发生的间接费用,应当在"自制物品"一级明细科目下单独设置"间接费用"二级明细科目予以归集,期末,再按照一定的分配标准和方法,分配计入有关物品的成本。

自制的库存物品加工完成并验收入库,按照确定的成本,借记"库存物品"科目,贷记"加工物品——自制物品"科目。

【例4—14】　某研究院自制一种复合材料,每制作该复合材料1单位,研究院需要领用库存材料3万元,另行外购材料2万元,需发生水电等能源费用1 000元、职工薪酬2 000元。某月共制作该复合材料10单位。

领用材料 30 万元时(3 万元×10 单位):

  借:加工物品——自制物品——直接材料   300 000.00

   贷:库存物品——原材料   300 000.00

外购材料 20 万元(2 万元×10 单位)验收入库并领用时:

  借:库存物品——原材料   200 000.00

   贷:银行存款   200 000.00

  借:加工物品——自制物品——直接材料   200 000.00

   贷:库存物品——原材料   200 000.00

支付水电费 1 万元(1 000 元×10 单位)时:

  借:加工物品——自制物品——其他直接费用   100 000.00

   贷:银行存款   100 000.00

结转需承担的职工薪酬 20 万元(2 000 元×10 单位)时:

  借:加工物品——自制物品——直接人工   200 000.00

   贷:应付职工薪酬   200 000.00

自制的库存物品加工完成并验收入库时:

  借:库存物品——原材料(复合材料)   800 000.00

   贷:加工物品——自制物品——直接材料   500 000.00

    加工物品——自制物品——直接人工   200 000.00

    加工物品——自制物品——其他直接费用 100 000.00

  如果是委托外单位加工,其收回的库存物品验收入库,应当按照确定的成本,借记"库存物品"科目,贷记"加工物品——委托加工物品"等科目。

  〖例 4—15〗 某医院自行研制一种试剂,已按照国家药品监督管理局的规定报经批准,并委托具备《药品生产质量管理规范》认证证书的药品生产企业负责加工,该制剂的加工周期为 30 天。根据双方签订的委托协议,加工所需原料由医院负责采购(财政直接支付),药品生产企业在加工完成后将制剂交付医院。该制剂的材料成本为每疗程 200 元,加工费为每疗程 50 元。医院共委托加工该制剂 500 疗程。医院验收合格后支付了全部加工费。

  加工所需原料直接交付药品生产企业(200×500)时:

  借:加工物品——委托加工物品   100 000.00

   贷:财政拨款收入   100 000.00

  支付加工费用(50×500)时:

  借:加工物品——委托加工物品   25 000.00

   贷:银行存款   25 000.00

  加工完成收回制剂并验收合格入库时:

借:库存物品——制剂　　　　　　　　　　　　　125 000.00
　　贷:加工物品——委托加工物品　　　　　　　　　　　　125 000.00

(三)捐赠物品的核算

接受捐赠的物品,其成本应当依次按照历史成本、评估价值、市场价格、名义金额四个层次判断确定。首先按照有关凭据注明的金额加上相关税费、运输费等确定;没有相关凭据可供取得,但按规定经过资产评估的,其成本按照评估价值加上相关税费、运输费等确定;没有相关凭据可供取得,也未经资产评估的,其成本比照同类或类似资产的市场价格加上相关税费、运输费等确定;没有相关凭据且未经资产评估、同类或类似资产的市场价格也无法可靠取得的,按照名义金额(即人民币 1 元)入账,相关税费、运输费等计入当期费用。

接受捐赠的库存物品验收入库,按照确定的成本,借记"库存物品"科目;按照发生的相关税费、运输费等,贷记"银行存款"等科目;按照其差额,贷记"捐赠收入"科目(无偿调入的差额,贷记"无偿调拨净资产"科目)。

在按照名义金额入账的情况下,按照名义金额,借记"库存物品"科目,贷记"捐赠收入"科目;按照发生的相关税费、运输费等,借记"其他费用"科目,贷记"银行存款""零余额账户用款额度"等科目。

经批准对外捐赠的库存物品发出时,按照库存物品的账面余额和对外捐赠过程中发生的归属于捐出方的相关费用合计数,借记"资产处置费用"科目;按照库存物品账面余额,贷记"库存物品"科目;按照对外捐赠过程中发生的归属于捐出方的相关费用,贷记"银行存款"等科目。

(四)无偿调拨物品的核算

无偿调入的物品,其成本按照调出方账面价值加上相关税费、运输费确定。按照确定的成本,借记"库存物品"科目;按照发生的相关税费、运输费等,贷记"银行存款"等科目;按照其差额,贷记"无偿调拨净资产"科目。

经批准无偿调出的库存物品发出时,按照库存物品的账面余额,借记"无偿调拨净资产"科目,贷记"库存物品"科目;同时,按照无偿调出过程中发生的归属于调出方的相关费用,借记"资产处置费用"科目,贷记"银行存款"等科目。

(五)置换物品的核算

通过置换取得的物品,其成本按照换出资产的评估价值,加上支付的补价或减去收到的补价,加上换入物品发生的其他相关支出确定。

1. 不涉及补价时编制的会计分录

　借:库存物品(换出资产的评估价＋其他相关支出)
　　　资产处置费用(借差)
　　　固定资产累计折旧/无形资产累计摊销

　　贷:库存物品/固定资产/无形资产
　　　银行存款(其他相关支出)
　　　其他收入(贷差)
　　2. 涉及支付补价时编制的会计分录
　　借:库存物品(换出资产的评估价＋其他相关支出＋支付的补价)
　　　资产处置费用(借差)
　　　固定资产累计折旧/无形资产累计摊销
　　　贷:库存物品/固定资产/无形资产
　　　　银行存款(其他相关支出＋支付的补价)
　　　　其他收入(贷差)
　　3. 涉及收到补价时编制的会计分录
　　借:库存物品(换出资产的评估价＋其他相关支出－收到的补价)
　　　资产处置费用(借差)
　　　银行存款(收到的补价)
　　　固定资产累计折旧/无形资产累计摊销
　　　贷:库存物品/固定资产/无形资产
　　　　银行存款(其他相关支出)
　　　　应缴财政款(收到的补价－其他相关支出)
　　　　其他收入(贷差)

(六)发出物品的核算

　　单位开展业务活动等领用、按照规定自主出售发出或加工发出库存物品,按照领用、出售等发出物品的实际成本,借记"业务活动费用""单位管理费用""经营费用""加工物品"等科目,贷记"库存物品"科目。

　　需要经过批准才能发出库存物品(不含可自主出售的库存物品)时,按照库存物品的账面余额,借记"资产处置费用"科目,贷记"库存物品"科目;同时,按照收到的价款,借记"银行存款"等科目;按照处置过程中发生的相关费用,贷记"银行存款"等科目;按照其差额,贷记"应缴财政款"科目。

　　三、物品的计价方法

　　在采用实际成本对物品计价时,由于期初的单位成本和本期内不同批次购入或生产出来的物品单位成本不一致,因此,在确定发出(减少)物品的价值和期末物品的价值时,必须选择一定的物品计价方法以解决发出(减少)物品和期末物品的计价问题。

　　物品在发出时,应当根据实际情况采用先进先出法、加权平均法、个别计价法等确定发出物品的实际成本。计价方法一经确定,不得随意变更。

(一)先进先出法

先进先出法是以先购入的物品应先发出(销售或耗用)这样一种实物流动假设为前提,对发出物品进行计价。采用这种方法,先购入的物品的成本在后购入的物品的成本之前转出,据此确定发出物品和期末物品的成本。

先进先出法的优点是期末库存物品的成本接近市价;缺点是一次发出物品涉及不同批次、不同单价的,需要按两个以上不同的单价计算物品的发出成本,计价比较复杂。

先进先出法计算发出物品成本举例如表4-2所示。

表 4-2　　　　　　　　　　　　**物品明细账**

(按先进先出法计价)

材料名称:甲物品　　　　　　　　　　　　　　　　　　　　　　　计量单位:千克

月	日	凭证及编号	摘要	收入			发出			结存		
				数量	单价	金额	数量	单价	金额	数量	单价	金额
6	1		期初余额							800	0.9	720
	1		领用				350	0.9	315	450	0.9	405
	4	(略)	购入	2 500	1	2 500				450	0.9	
										2 500	1	2 905
	5		领用				450	0.9	405	2 500	1	2 500
							200	1	200	2 300	1	2 300
	9		领用				100	1	100	2 200	1	2 200
	18		购入	400	0.95	380				2 200	1	
										400	0.95	2 580
	25		领用				500	1	500	1 700	1	
										400	0.95	2 080
	30		合计	2 900		2 880	1 600		1 520	1 700	1	
										400	0.95	2 080

采用这种计价方法,可以在发出物品时就进行计价,并及时登记发出物品的金额,这有利于均衡核算工作。但在收发业务频繁,特别是发出物品属于两批甚至几批收入时,要用两个甚至几个单价计价,核算工作比较烦琐。在物价持续上涨的情况下,采用该种方法会使发出物品的价值偏低,而结存的价值比较接近实际;在物价下跌的情况下,情况则相反。

(二)加权平均法

加权平均法是以当月全部进货数量加上月初物品数量作为权数去除当月全部进货物品加上月初物品成本,计算出物品的加权平均单位成本,以此为基础计算当月发出物品的成本和期末物品的成本的一种方法。其计算公式如下:

$$\frac{发出物品加}{权平均单价}=\frac{期初结存物品金额+本期收入物品金额合计}{期初结存物品数量+本期收入物品数量合计}$$

加权平均法计算发出物品成本举例如表4—3所示。

表4—3   物品明细账
(按加权平均法计价)

材料名称:甲物品   计量单位:千克

月	日	凭证及编号	摘要	收入			发出			结存		
				数量	单价	金额	数量	单价	金额	数量	单价	金额
6	1		期初余额							800	0.9	720
	1		领用				350			450		
	4	(略)	购入	2 500	1	2 500				2 950		
	5		领用				650			2 300		
	9		领用				100			2 200		
	18		购入	400	0.95	380				2 600		
	25		领用				500			2 100		
	30		合计	2 900		2 880	1 600	0.973 0	1 557	2 100	0.973 0	2 043

$$发出物品加权平均单价=\frac{720+2\,880}{800+2\,900}=0.973\,0(元/千克)$$

采用这种计价方法,由于每期发出物品的加权平均单价在期末一次计算,因此可以大大简化平时的核算工作,但月内发出物品和结存物品的单价及金额均不能及时计算、登记,只能在月末才计算、登记一次全月发出物品的单价和金额合计以及月末结存物品的单价和金额,平时账面不能及时反映物品的发出金额和结存金额,不利于物品的日常管理,也影响到物品核算工作的均衡性和及时性。采用加权平均法计算物品价值时,发出物品成本较为均衡,但与现价有一定差距。当市价上涨时,加权平均成本会小于现行市价;当市价下跌时,加权平均成本会大于现行市价。

(三)个别计价法

个别计价法又称个别认定法、具体辨认法、分批实际法,其特征是注重所发出物品具体项目的实物流转与成本流转之间的联系,逐一辨认各批发出物品和期末物品所属的购进批别或生产批别,分别按其购入或生产时所确定的单位成本计算各批发出物品和期末物品的成本,即把每一种物品的实际成本作为计算发出物品成本和期末物品成本的基础。对于不能替代使用的物品、为特定项目专门购入或制造的物品以及提供的劳务,通常采用个别计价法确定发出物品的成本。在采用计算机信息系统进行会计处理的情况下,个别计价法可以广泛应用于发出物品的计价,并且以个别计价法确定的物品成本最为准确。

采用个别计价法,应按物品购进批次设置物品明细账,业务部门应在发货单上注明批次,仓库部门应按物品购进批次分别堆放,标明单价,以便计价。

每批物品发出成本=该批物品发出数量×该批物品实际进货单价

(四)一次转销法或者五五摊销法

对于低值易耗品和包装物,应当采用一次转销法或者五五摊销法进行摊销,将其成本计入当期费用或者相关资产成本。

一次转销法就是在领用低值易耗品、包装物时一次摊销其全部价值;五五摊销法就是在领用低值易耗品、包装物时摊销其一半价值计入有关成本费用,在使用完时将账面余额转销计入有关成本费用。

第五节 投 资*

一、投资概述

投资是指政府会计主体按规定以货币资金、实物资产、无形资产等方式形成的债权或股权投资。

投资分为短期投资和长期投资。短期投资是指政府会计主体取得的持有时间不超过1年(含1年)的投资,长期投资是指政府会计主体取得的除短期投资以外的债权和股权性质的投资。

温馨提示:事业单位禁止使用财政拨款形成的资产(包括由财政拨款收入及结余资金形成的资产、由上级拨款收入及结余资金形成的资产、由拨入专款及结余资金形成的资产)对外投资,也不允许将维持事业单位正常发展、保证完成事业任务所必需的资产(如重要固定资产、知识产权等)用作对外投资;禁止投资于期货或股票、各种企业债券、各类投资基金、其他形式的金融衍生品等高风险金融产品(国家另有规定的除外)。凡权属关系不明确或者存在权属纠纷的资产,不得进行对外投资;应当严格控制对外投资行为,确保对外投资的可行性研究与评估、对外投资的决策与执行、对外投资处置的审批与执行等不相容岗位相互分离,并严格履行相关审批程序。

二、短期投资核算

事业单位设置"短期投资"科目,核算依法取得的、持有时间不超过1年(含1年)的投资。该科目应当按照投资的种类等进行明细核算。该科目的期末借方余额反映单位持有的短期投资成本。

【例4—16】 某单位经批准购入200 000元某种国债。持有期间收到利息2 000元。半年后,出售该国债收回投资款203 000元。

短期投资在取得时,应当以其实际成本(包括购买价款以及税金、手续费等相关税费)作为投资成本,进行财务会计核算如下:

```
借:短期投资                          200 000.00
    贷:银行存款                          200 000.00
```

短期投资持有期间收到利息时,按实际收到的金额入账,确认为投资收益,应进行财务会计核算如下:

```
借:银行存款                            2 000.00
    贷:投资收益                            2 000.00
```

出售短期投资或到期收回短期国债本息,按照实际收到的金额,借记"银行存款"科目;按照出售或收回短期国债的成本,贷记"短期投资"科目;按其差额(盈亏),贷记或借记"投资收益"科目。应进行财务会计核算如下:

```
借:银行存款                          203 000.00
    贷:短期投资                          200 000.00
        投资收益                            3 000.00
```

三、长期债券投资核算

事业单位设置"长期债券投资"科目,核算按规定取得的、持有时间超过1年(不含1年)的债券投资。该科目下设"成本"和"应收利息"明细科目,并应按债券投资的种类进行明细核算。该科目的期末借方余额反映单位持有的长期债券投资的价值。

(一)取得长期债券投资的核算

长期债券投资在取得时,应当以实际支付的价款(包括购买价款以及税金、手续费等相关税费)作为投资成本,借记"长期债券投资"科目(成本);按支付的价款中包含的已到付息期但尚未领取的利息,借记"应收利息"科目;按实际支付的金额,贷记"银行存款"等科目。

实际收到购买时已到付息期但尚未领取的利息时,借记"银行存款"科目,贷记"应收利息"科目。

(二)长期债券投资持有期间的核算

长期债券投资持有期间,资产负债表日应按债券票面价值与票面利率计算确认利息收入,如为到期一次还本付息的债券投资,借记"长期债券投资"科目(应收利息),贷记"投资收益"科目;如为分期付息、到期还本的债券投资,借记"应收利息"科目,贷记"投资收益"科目。收到利息时,按照实收的金额,借记"银行存款"等科目,贷记"应收利息"科目。

(三)到期收回长期债券投资的核算

到期收回长期债券投资,按照实际收到的金额,借记"银行存款"等科目;按照长期债券投资的账面余额,贷记"长期债券投资"科目(成本、应收利息);按照其差额,贷记"投资收益"科目。

〖例4—17〗 某单位以银行存款200 000元购入5年期国库券,年利率为5%,单利计息,5年后到期一次还本付息,若长期持有至到期,应进行财务会计核算如下:

借:长期债券投资——成本 200 000.00
　　贷:银行存款 200 000.00

5年持有期间,每个资产负债表日应进行财务会计核算如下:

借:长期债券投资——应收利息 10 000.00
　　贷:投资收益 10 000.00

5年后收回到期的本利和时,应进行财务会计核算如下:

借:银行存款 250 000.00
　　贷:长期债券投资——成本 200 000.00
　　　　长期债券投资——应收利息 50 000.00

四、长期股权投资核算

事业单位设置"长期股权投资"科目,核算按规定取得的、持有时间超过1年(不含1年)的股权性质的投资。该科目应当按照被投资单位等进行明细核算。该科目的期末借方余额反映单位持有的长期股权投资的价值。

(一)取得长期股权投资的核算

长期股权投资在取得时,应当以其实际成本作为投资成本。

第一,以现金取得的长期股权投资,以实际支付的价款(包括购买价款以及税金、手续费等相关税费)作为投资成本,借记"长期股权投资"科目(成本);按支付的价款中包含的已宣告但尚未发放的现金股利,借记"应收股利"科目;按实际支付的全部价款,贷记"银行存款"等科目。

实际收到购买时包含的已宣告但尚未发放的现金股利时,借记"银行存款"等科目,贷记"应收股利"科目。

【例4—18】 某单位经批准以银行存款100 000元对外投资,取得被投资企业25％的股权,应进行财务会计核算如下:

借:长期股权投资　　　　　　　　　　　　　　100 000.00
　　贷:银行存款　　　　　　　　　　　　　　　　100 000.00

第二,以现金以外的其他资产置换取得的长期股权投资,参照"库存物品"科目中置换取得库存物品的相关规定进行账务处理。

第三,以未入账的无形资产取得的长期股权投资,以评估价值加相关税费作为投资成本,借记"长期股权投资"科目;按照发生的相关税费,贷记"银行存款""其他应交税费"等科目;按其差额,贷记"其他收入"科目。

第四,接受捐赠的长期股权投资,其成本应当依次按照历史成本、评估价值、市场价格三个层次判断确定后,借记"长期股权投资"科目;按照发生的相关税费,贷记"银行存款"科目;按照其差额,贷记"捐赠收入"科目。

第五,无偿调入的长期股权投资,按照调出方账面价值加上相关税费,借记"长期股权投资"科目;按照发生的相关税费,贷记"银行存款"科目;按照其差额,贷记"无偿调拨净资产"科目。

【例4—19】 经财政主管部门批准,某单位无偿调入长期股权投资一项,其成本按照调出方账面价值170 000元入账,应进行财务会计核算如下:

借:长期股权投资　　　　　　　　　　　　　　170 000.00
　　贷:无偿调拨净资产　　　　　　　　　　　　　170 000.00

(二)长期股权投资持有期间的核算

为了加强政府资产管理,真实全面地反映政府长期股权投资及其变动情况,投资准则规定,长期股权投资持有期间通常采用权益法进行核算,即投资最初以投资成本计量,以后根据政府会计主体在被投资单位所享有的所有者权益份额的变动对投资的账面余额进行调整。但是,如果政府会计主体没有决定或参与被投资单位的财务和经营政策的权力,股权投资对政府会计主体的财务影响仅限于取得所分配的股利或利润,那么,这种情况下采用成本法核算。

1. 成本法核算方法

成本法是指投资按照投资成本计量的方法。在成本法下,长期股权投资的账面余额通常保持不变,但追加或收回投资时,应当相应调整其账面余额。

长期股权投资持有期间,被投资单位宣告分派的现金股利或利润,单位应当按照宣告分派的现金股利或利润中应享有的份额确认投资收益,按照应收的金额,借记"应收股利"科目,贷记"投资收益"科目;收到现金股利时,按照实际收到的金额,借记"银行存款"等科目,贷记"应收股利"科目。

【例4—20】 某单位以一台旧设备对外投资,固定资产账面原价620 000元,累计

折旧 220 000 元,确定的作价为 400 000 元。对外投资时,应进行财务会计核算如下:

借:长期股权投资	400 000.00
累计折旧	220 000.00
贷:固定资产	620 000.00

一年后,被投资单位宣告发放现金股利 30 000 元,按照应收金额确认投资收益时,应进行财务会计核算如下:

借:应收股利	30 000.00
贷:投资收益	30 000.00

收到现金股利 30 000 元,按照实际收到的金额进行财务会计核算如下:

借:银行存款	30 000.00
贷:应收股利	30 000.00

2. 权益法核算方法

权益法是指投资最初以投资成本计量,以后根据政府会计主体在被投资单位所享有的所有者权益份额的变动对投资的账面余额进行调整的方法。

长期股权投资采用权益法核算的,还应当分别"成本""损益调整""其他权益变动"进行明细核算。

采用权益法的,按照如下原则进行会计处理:

(1)单位取得长期股权投资后,对于被投资单位所有者权益的变动,应当按照下列规定处理:

①按照应享有被投资单位实现净利润的份额确认为投资损益,同时调整长期股权投资的账面余额,借记"长期股权投资"科目(损益调整),贷记"投资收益"科目,净亏损做相反的会计分录。

②按照被投资单位宣告分派的现金股利或利润计算应享有的份额确认为应收股利,同时减少长期股权投资的账面余额,借记"应收股利"科目,贷记"长期股权投资"科目(损益调整)。

③按照被投资单位除净损益和利润分配以外的所有者权益变动的份额确认为净资产,同时调整长期股权投资的账面余额,借记"权益法调整"科目,贷记"长期股权投资"科目(其他权益变动),或做相反的会计分录。

〖例 4—21〗　某单位经批准以货币资金对外投资 600 000 元,拥有被投资单位 60％的股权。被投资单位当年会计报表反映净利润为 100 000 元,经股东会决议,现金股利分配比例为当年净利润的 60％。第二年收到投资收益 36 000 元。

经批准对外投资时,应进行财务会计核算如下:

借:长期股权投资——成本	600 000.00
贷:银行存款	600 000.00

以应享有被投资单位实现净利润的份额(100 000×60%)确认投资损益时,应进行财务会计核算如下:

借:长期股权投资——损益调整　　　　　　　　　60 000.00

贷:投资收益　　　　　　　　　　　　　　　　　　60 000.00

按照被投资单位宣告分派的现金股利(60 000×60%)计算应享有的份额确认为应收股利时,应进行财务会计核算如下:

借:应收股利　　　　　　　　　　　　　　　　　　36 000.00

贷:长期股权投资——损益调整　　　　　　　　　36 000.00

第二年取得投资收益时,应进行财务会计核算如下:

借:银行存款　　　　　　　　　　　　　　　　　　36 000.00

贷:长期股权投资——损益调整　　　　　　　　　36 000.00

(2)单位确认被投资单位发生的净亏损,应当以长期股权投资的账面余额减记至零为限,政府会计主体负有承担额外损失义务的除外。

被投资单位发生净亏损,但以后年度又实现净利润的,政府会计主体应当在其收益分享额弥补未确认的亏损分担额等后,恢复确认投资收益。

因被投资单位破产清算等原因,有确凿证据表明长期股权投资发生损失,按规定报经批准后予以核销时,借记"资产处置费用"科目,贷记"长期股权投资"科目。

3. 成本法与权益法转换的核算

(1)权益法改按成本法的核算

单位因处置部分长期股权投资等原因而对处置后的剩余股权投资由权益法改按成本法核算的,应当以权益法下"长期股权投资"科目的账面余额作为成本法下"长期股权投资"科目的账面余额(成本)。其后,被投资单位宣告分派现金股利或利润时,属于单位已计入投资账面余额的部分,按照应分得的现金股利或利润份额,借记"应收股利"科目,贷记"长期股权投资"科目。

(2)成本法改按权益法的核算

单位因追加投资等原因对长期股权投资的核算从成本法改为权益法的,应当借记"长期股权投资"科目(成本);按照成本法下"长期股权投资"科目的账面余额,贷记"长期股权投资"科目;按照追加投资的成本,贷记"银行存款"等科目。

〖例4—22〗 某事业单位以银行存款200 000元进行一项长期股权投资,但无权决定被投资单位的财务和经营政策;经批准后追加投资600 000元,从而拥有被投资单位60%的份额,能够决定被投资单位的财务和经营政策,改用权益法核算。

以货币资金取得的长期股权投资,应进行会计处理如下:

借:长期股权投资　　　　　　　　　　　　　　　200 000.00

贷:银行存款　　　　　　　　　　　　　　　　　200 000.00

追加投资后成本法改为权益法，应进行会计处理如下：

借:长期股权投资——成本　　　　　　　　　　800 000.00
　　贷:银行存款　　　　　　　　　　　　　　　　600 000.00
　　　　长期股权投资(成本法下的投资成本)　　　200 000.00

单位应当以成本法下长期股权投资的账面余额加上追加投资的成本作为按照权益法核算的初始投资成本，其后按照权益法进行核算。

(三)处置长期股权投资的核算

处置以现金取得的长期股权投资，按照实际取得的价款，借记"银行存款"等科目;按照被处置长期股权投资的账面余额，贷记"长期股权投资"科目;按照尚未领取的现金股利或利润，贷记"应收股利"科目;按照发生的相关税费等支出，贷记"银行存款"等科目;按照借贷方差额，借记或贷记"投资收益"科目。

〖例4-23〗 某单位以银行存款200 000元进行一项长期股权投资后，由于无权决定被投资单位的财务和经营政策，经批准将拥有的全部股份转让，获得转让价款250 000元存入银行，应进行会计处理如下：

借:银行存款　　　　　　　　　　　　　　　　250 000.00
　　贷:长期股权投资——投资成本　　　　　　　　200 000.00
　　　　投资收益　　　　　　　　　　　　　　　　50 000.00

处置以现金以外的其他资产取得的长期股权投资，按照被处置长期股权投资的账面余额，借记"资产处置费用"科目，贷记"长期股权投资"科目;按照实际取得的价款，借记"银行存款"等科目;按照尚未领取的现金股利或利润，贷记"应收股利"科目;按照发生的相关税费等支出，贷记"银行存款"等科目;按照贷方差额，贷记"应缴财政款"科目。按照规定将处置时取得的投资收益纳入本单位预算管理的，应当按照所取得的价款大于被处置长期股权投资账面余额、应收股利账面余额和相关税费支出合计的差额，贷记"投资收益"科目。

因被投资单位破产清算等原因，有确凿证据表明长期股权投资发生损失，按照规定报经批准后予以核销时，按照予以核销的长期股权投资的账面余额，借记"资产处置费用"科目，贷记"长期股权投资"科目。

第六节　固定资产及其折旧

一、固定资产概述

(一)固定资产的概念与特征

固定资产是指政府会计主体为满足自身开展业务活动或其他活动的需要而控制

的、使用年限超过1年(不含1年)、单位价值在规定标准以上,并在使用过程中基本保持原有物质形态的资产。

固定资产一般具有以下三个方面的基本特征:

1. 使用价值较高

固定资产的单位价值标准历来都是由国家政策统一规定的。例如,2012年4月1日起实施的《事业单位财务规则》将固定资产的单位价值从原来的500元提高到1 000元,专用设备的单位价值从原来的800元提高到1 500元。

温馨提示:单位价值虽未达到规定标准,但使用年限超过1年(不含1年)的大批同类物资,如图书、家具、用具、装具等,应当确认为固定资产。

---

2. 具有持久耐用性

使用周期长、基本保持原有物质形态是固定资产的重要特征。流动资产的周转特点是在使用过程中会不断改变原有物质形态,且价值一次性消耗、转移或实现,而固定资产长期、多次作用于单位的业务活动过程,并能相对固定地保持其原有的实物形态,其价值是在不断的使用中随着有形和无形的磨损而逐渐消耗、转移或者实现的。

3. 以自用为目的

固定资产是本单位开展各项业务活动的重要物质基础,应以自用为目的,而不同于产品、商品是以出售为目的而持有。

(二)固定资产的确认条件

固定资产同时满足下列条件的,应当予以确认:一是与该固定资产相关的服务潜力很可能实现或者经济利益很可能流入政府会计主体,二是该固定资产的成本或者价值能够可靠地计量。

通常,购入、换入、接受捐赠、无偿调入不需安装的固定资产,在固定资产验收合格时确认;购入、换入、接受捐赠、无偿调入需要安装的固定资产,在固定资产安装完成交付使用时确认;自行建造、改建、扩建的固定资产,在建造完成交付使用时确认。

确认固定资产时,应当考虑以下情况:

第一,固定资产的各组成部分具有不同使用年限或者以不同方式为政府会计主体实现服务潜力或提供经济利益,适用不同折旧率或折旧方法且可以分别确定各自原价的,应当分别将各组成部分确认为单项固定资产。

第二,应用软件构成相关硬件不可缺少的组成部分的,应当将该软件的价值包括在所属的硬件价值中,一并确认为固定资产;不构成相关硬件不可缺少的组成部分的,应当将该软件确认为无形资产。

第三,购建房屋及构筑物时,不能分清购建成本中的房屋及构筑物部分与土地使用权部分的,应当全部确认为固定资产;能够分清购建成本中的房屋及构筑物部分与土地使用权部分的,应当将其中的房屋及构筑物部分确认为固定资产,将其中的土地使用权部分确认为无形资产。

第四,以一笔款项购入多项没有单独标价的固定资产,应当按照各项固定资产同类或类似资产市场价格的比例对总成本进行分配,分别确定各项固定资产的成本。

二、固定资产核算

单位设置"固定资产"科目,核算固定资产的原价。该科目应当按照固定资产的类别和项目设置明细科目(如表4—4所示)。该科目的期末借方余额反映单位固定资产的原价。

表4—4　　　　　　　　　　固定资产科目设置级次

总分类科目	一级明细科目	二级明细科目	
1601 固定资产	房屋及建筑物	按固定资产 项目设置	按固定资产 使用部门设置
	专用设备		
	通用设备		
	文物和陈列物		
	图书、档案		
	家具、用具、装具及动植物		

单位应当根据固定资产的定义、特点和确认条件,结合本单位的具体情况,制定适合本单位的固定资产目录、具体分类方法,作为进行固定资产核算的依据;还应当设置"固定资产登记簿""固定资产卡片"和"固定资产台账",按照固定资产的类别、项目和使用部门等进行明细核算。

(一)取得固定资产的核算

固定资产在取得时应当按照成本进行初始计量,具体情况分别如下:

1. 外购的固定资产

外购固定资产的成本包括购买价款、相关税费以及固定资产交付使用前所发生的可归属于该项资产的运输费、装卸费、安装费和专业人员服务费等。

购入不需安装固定资产验收合格时,按照确定的固定资产成本,借记"固定资产"科目,贷记"财政拨款收入""零余额账户用款额度""银行存款""应付账款"等科目。

〖例4—24〗　某单位经批准以财政资金直接支付方式购入办公设备一台,价值220 000元,安装费用2 000元,运输费3 000元。设备已安装使用,并验收合格,应进行财务会计核算如下:

借:固定资产	225 000.00
贷:财政拨款收入	225 000.00

购入需要安装的固定资产,先通过"在建工程"科目核算,安装完工交付使用后转入"固定资产"科目核算。

2. 接受捐赠的固定资产

接受捐赠固定资产的成本应当依次按照历史成本、评估价值、市场价格、名义金额4个层次判断确定(参见接受捐赠的库存物品)。如果受赠的是旧的固定资产,在确定其初始入账成本时应当考虑该项资产的新旧程度。

接受捐赠的固定资产,按照确定的固定资产成本,借记"固定资产"科目(不需安装)或"在建工程"科目(需安装);按照实际支付的相关税费、运输费等,贷记"应交增值税""零余额账户用款额度""银行存款"等科目;按差额,贷记"捐赠收入"科目。

3. 无偿调入的固定资产

无偿调入固定资产时,应当按照调出方账面价值加上相关税费、运输费等确定的固定资产成本,借记"固定资产"科目(不需安装)或"在建工程"科目(需安装);按照实际支付的相关费用等,贷记"银行存款"等科目;按差额,贷记"无偿调拨净资产"科目。

〖例4—25〗 某机关服务中心收到上级单位无偿调拨会议桌椅一批,资产调拨单上注明原值为6万元,以银行存款向搬场公司支付运费500元。

借:固定资产——家具	60 000.00
贷:无偿调拨净资产	60 000.00
借:固定资产——家具	500.00
贷:银行存款	500.00

4. 置换取得的固定资产

通过置换取得的固定资产的成本按照换出资产的评估价值加上支付的补价或减去收到的补价,加上换入固定资产发生的其他相关支出确定。

〖例4—26〗 某行政单位与某单位通过置换换入一批设备,换出库存物品账面价值4 800元,评估价为5 000元,银行授权支付补价800元;另外,银行授权支付运杂费500元。固定资产验收合格交付使用。

置换取得固定资产的成本＝5 000＋800＋500＝6 300(元)

置换换出资产评估增值＝5 000－4 800＝200(元)

应当记入"其他收入"科目,并进行财务会计核算如下:

借:固定资产	6 300.00
贷:库存物品	4 800.00
其他收入	200.00
零余额账户用款额度	1 300.00

5. 融资租赁的固定资产

以融资租赁方式租入固定资产的成本,应当按照租赁协议或者合同确定的租赁价款、相关税费以及固定资产交付使用前所发生的可归属于该项资产的运输费、途中保险费、安装调试费等确定,借记"固定资产"科目(不需安装)或"在建工程"科目(需安装);按照租赁协议或者合同确定的租赁价款,贷记"长期应付款"科目;按照支付的运输费、途中保险费、安装调试费等,贷记"财政拨款收入""零余额账户用款额度""银行存款"等科目。

定期支付租金时,按照支付的租金金额,借记"长期应付款"科目,贷记"财政拨款收入""零余额账户用款额度""银行存款"等科目。

〖例4—27〗 某科研院采用融资租赁方式向某租赁公司租赁设备一台,协议价是500 000元,每期租金是100 000元,分5期付清。租入该设备时发生运输费1 000元和安装费3 000元,以零余额账户支付。

采用融资租赁方式租赁设备时:

借:固定资产——不需安装　　　　　　　　　　　504 000.00

　　贷:长期应付款　　　　　　　　　　　　　　　　500 000.00

　　　　零余额账户用款额度　　　　　　　　　　　　4 000.00

每年支付租金时:

借:长期应付款　　　　　　　　　　　　　　　100 000.00

　　贷:零余额账户用款额度　　　　　　　　　　　100 000.00

(二)固定资产后续支出的核算

符合固定资产确认条件的后续支出,如为增加固定资产使用效能或延长其使用年限而发生的改建、扩建或修缮等后续支出,应当计入固定资产成本,通过"在建工程"科目核算,完工交付使用时转入"固定资产"科目。有关财务会计核算参见"在建工程"科目。将发生的固定资产后续支出计入固定资产成本的,应当同时从固定资产账面价值中扣除被替换部分的账面价值。

不符合固定资产确认条件的后续支出,如为维护固定资产的正常使用而发生的日常修理等后续支出,应当计入当期损益,借记"业务活动费用""单位管理费用"等科目,贷记"财政拨款收入""零余额账户用款额度""银行存款"等科目。

(三)处置固定资产的核算

报经批准出售、转让的固定资产,按照被出售、转让固定资产的账面价值,借记"资产处置费用"科目;按照固定资产已计提的折旧,借记"固定资产累计折旧"科目;按照固定资产账面余额,贷记"固定资产"科目;同时,按照收到的价款,借记"银行存款"等科目;按照处置过程中发生的相关费用,贷记"银行存款"等科目;按照其差额,贷记"应缴财政款"科目。

报经批准对外捐赠固定资产，按照固定资产已计提的折旧，借记"固定资产累计折旧"科目；按照被处置固定资产的账面余额，贷记"固定资产"科目；按照捐赠过程中发生的归属于捐出方的相关费用，贷记"银行存款"等科目；按照其差额，借记"资产处置费用"科目。

报经批准无偿调出固定资产，按照固定资产已计提的折旧，借记"固定资产累计折旧"科目；按照被处置固定资产的账面余额，贷记"固定资产"科目；按照其差额，借记"无偿调拨净资产"科目；同时，按照无偿调出过程中发生的归属于调出方的相关费用，借记"资产处置费用"科目，贷记"银行存款"等科目。

三、在建工程核算

以前的基本建设工程可以按照基建会计单独建账、单独"体外"核算。自 2013 年起，将基建账相关数据按月并入单位会计"大账"，实行"两套制度并轨核算"的"有分有合"做法。这次改革要求基本建设工程投资按照《制度》规定统一归入"在建工程"进行会计核算，从而体现会计信息的"全面完整性"。

单位设置"在建工程"科目，核算在建的建设项目工程的实际成本，并应当分别设置"建筑安装工程投资""设备投资""待摊投资""其他投资""待核销基建支出""基建转出投资"等明细科目，进行明细核算。该科目的期末借方余额反映单位尚未完工的建设工程发生的实际成本。

(一)建筑安装工程投资核算

"建筑安装工程投资"明细科目用以核算单位发生的构成建设项目实际支出的建筑工程和安装工程的实际成本，不包括被安装设备本身的价值以及按照合同规定支付给施工单位的预付备料款和预付工程款。其二级明细科目应当设置"建筑工程"和"安装工程"科目进行明细核算。

将固定资产等资产转入改建、扩建等时，按照固定资产等资产的账面价值，借记"在建工程"科目(建筑安装工程投资)；按照已计提的折旧或摊销，借记"固定资产累计折旧"等科目；按照固定资产等资产的原值，贷记"固定资产"等科目。

在原有固定资产基础上进行改建、扩建、修缮后的固定资产的成本按照原固定资产账面价值("固定资产"科目账面余额减去"固定资产累计折旧"科目账面余额后的净值)加上改建、扩建、修缮发生的费用，再扣除固定资产拆除部分的账面价值后的金额确定。

单位对于发包的建筑安装工程，根据建筑安装工程价款结算账单与施工企业结算工程价款时，按照应承付的工程价款，借记"在建工程"科目(建筑安装工程投资)；按照预付工程款余额，贷记"预付账款"科目；按照其差额，贷记"财政拨款收入""零余额账户用款额度""银行存款""应付账款"等科目。

〖例4－28〗 某单位建造一幢楼房,出包给某建筑企业,工程造价为1 600 000元。

根据出包合同,先预付工程总造价60%的款项时:

借:预付账款	960 000.00
贷:银行存款	960 000.00

工程完工,办理价款结算时:

借:在建工程——建筑安装工程投资	1 600 000.00
贷:预付账款	960 000.00
银行存款	640 000.00

工程验收合格交付使用,结转在建工程成本时:

借:固定资产	1 600 000.00
贷:在建工程——建筑安装工程投资	1 600 000.00

(二)设备投资工程核算

"设备投资"明细科目用以核算单位发生的构成建设项目实际支出的各种设备的实际成本。购入需要安装的设备,按照确定的成本,借记"在建工程(设备投资)"科目,贷记"财政拨款收入""零余额账户用款额度""银行存款"等科目。

单位应当设置"工程物资"科目,核算为在建工程准备的各种物资的成本,包括工程用材料、设备等。该科目可按工程物资类别进行明细核算。该科目的期末借方余额反映单位为在建工程准备的各种物资的成本。工程完工后将剩余的工程物资转作本单位物品的,借记"库存物品"等科目,贷记"工程物资"科目。

发生安装费用,借记"在建工程(设备投资)"科目,贷记"财政拨款收入""零余额账户用款额度""银行存款"等科目。

在建工程达到交付使用状态时,应当按照规定办理工程竣工财务决算和资产交付使用。

〖例4－29〗 某单位经批准自行安装设备一台,购入工程物资600 000元(财政直接支付),领出物资转入安装后发生安装费用5 000元,其核算过程如下:

购入工程物资时:

借:工程物资	600 000.00
贷:财政拨款收入	600 000.00

领用工程物资时:

借:在建工程——设备投资	600 000.00
贷:工程物资	600 000.00

发生安装费用时:

借:在建工程——设备投资	5 000.00

　　　　　贷:财政拨款收入/银行存款等　　　　　　　　　　5 000.00
　　　设备交付使用时:
　　　　借:固定资产　　　　　　　　　　　　　　　　605 000.00
　　　　　贷:在建工程——设备投资　　　　　　　　　605 000.00

(三)待摊投资核算

　　"待摊投资"明细科目用以核算单位发生的、构成建设项目实际支出的、按照规定应当分摊计入有关工程成本和设备成本的各项间接费用和税费支出,具体内容包括:勘查费、设计费、研究试验费、可行性研究费及项目其他前期费用,土地征用及迁移补偿费、土地复垦及补偿费、森林植被恢复费及其他为取得土地使用权、租用权而发生的费用,土地使用税、耕地占用税、契税、车船税、印花税及按照规定交纳的其他税费,项目建设管理费、代建管理费、临时设施费、监理费、招投标费、社会中介审计(审查)费及其他管理性质的费用,以及融资费用、检验检测费用等。

　　〚例4—30〛某单位以上级补助资金支付某工程监理费5万元,审计费3万元。

　　　借:在建工程——待摊投资　　　　　　　　　　80 000.00
　　　　贷:银行存款　　　　　　　　　　　　　　　　80 000.00

　　建设工程发生的、构成建设项目实际支出的、按照规定应当分摊计入有关工程成本和设备成本的各项间接费用和税费支出,先在"待摊投资"明细科目中归集;建设工程办妥竣工验收手续交付使用时,按照合理的分配方法(如实际分配率、概算分配率)摊入相关工程成本、在安装设备成本等。

(四)其他投资核算

　　"其他投资"明细科目用以核算单位发生的构成建设项目实际支出的房屋购置支出,基本畜禽、林木等购置、饲养、培育支出,办公生活用家具、器具购置支出,软件研发、不能计入设备投资的软件购置、为进行可行性研究而购置的固定资产,以及取得土地使用权支付的土地出让金等支出,应按照其他投资的类别进行明细核算。工程完成后将形成的房屋、基本畜禽、林木等各种财产以及无形资产交付使用时,按照其实际成本,借记"固定资产""无形资产"等科目,贷记"在建工程"科目(其他投资)。

(五)待核销基建支出核算

　　"待核销基建支出"明细科目用以核算建设项目发生的江河清障、航道清淤、飞播造林、补助群众造林、水土保持、城市绿化、取消项目的可行性研究费和项目整体报废等不能形成资产部分的基建投资支出,应按照待核销基建支出的类别进行明细核算。

　　取消的建设项目所发生的可行性研究费,按照实际发生金额,借记"在建工程"科目(待核销基建支出),贷记"在建工程"科目(待摊投资)。

　　由于自然灾害等原因发生的建设项目整体报废所形成的净损失,报经批准后转入待核销基建支出,借记"在建工程"科目(待核销基建支出);按照报废工程回收的残料变价收入、保险公司赔款等,借记"银行存款""其他应收款"等科目;按照报废的工程成本,贷记"在建工程"科目(建筑安装工程投资等)。

建设项目竣工验收交付使用时,对发生的待核销基建支出进行冲销,借记"资产处置费用"科目,贷记"在建工程"科目(待核销基建支出)。

(六)基建转出投资

"基建转出投资"明细科目用以核算为建设项目配套而建成的、产权不归属本单位的专用设施的实际成本。该明细科目应按照转出投资的类别进行明细核算。按照转出的专用设施的成本,借记"在建工程"科目(基建转出投资),贷记"在建工程"科目(建筑安装工程投资);同时,借记"无偿调拨净资产"科目,贷记"在建工程"科目(基建转出投资)。

四、固定资产折旧

(一)计提折旧的相关规定

以收付实现制为基础的预算会计以固定资产和固定基金同时反映固定资产的价值,不要求计提折旧,这一做法不符合会计核算的相关性原则,不利于建立价值补偿机制,不能准确反映政府资产价值信息和运行成本信息。

折旧是指在固定资产的预计使用年限内,按照确定的方法对应计折旧额进行系统分摊。《固定资产具体准则》及其应用指南基于权责发生制会计的要求,全面确立了固定资产"实提折旧"的政策,将固定资产计提的折旧根据用途计入当期费用或者相关资产成本。现行政府会计的折旧政策具体规定如下:

1. 不计提折旧的规定

下列各项固定资产不计提折旧:文物和陈列品,动植物,图书、档案,单独计价入账的土地,以名义金额计量的固定资产。

固定资产提足折旧后,无论能否继续使用,均不再计提折旧,提前报废的固定资产也不再补提折旧。已提足折旧的固定资产,可以继续使用的,应当继续使用,规范实物管理。

2. 应计折旧额的规定

固定资产应计的折旧额为其成本,计提固定资产折旧时不考虑预计净残值。对于暂估入账的固定资产也应当计提折旧,实际成本确定后不需调整原已计提的折旧额。固定资产因改建、扩建或修缮等原因而延长其使用年限的,应当按照重新确定的固定资产成本以及重新确定的折旧年限计算折旧额。

3. 折旧年限的规定

在确定固定资产使用年限时,应当考虑预计实现服务潜力或提供经济利益的期限、预计有形损耗和无形损耗、法律或者类似规定对资产使用的限制等。单位应当根据《政府会计准则第3号——固定资产应用指南》等相关规定以及固定资产的性质和使用情况,合理确定固定资产的使用年限。

固定资产按其类别确定折旧年限,详见表4-5所示。

表4-5 　　　　　　　　　　　　　　　政府固定资产折旧年限表

固定资产类别	内　　容		折旧年限(年)
房屋及构筑物	业务及管理用房	钢结构	不低于50
		钢筋混凝土结构	不低于50
		砖混结构	不低于30
		砖木结构	不低于30
	简易房		不低于8
	房屋附属设施		不低于8
	构筑物		不低于8
通用设备	计算机设备		不低于6
	办公设备		不低于6
	车辆		不低于8
	图书、档案设备		不低于5
	机械设备		不低于10
	电气设备		不低于5
	雷达、无线电和卫星导航设备		不低于10
	通信设备		不低于5
	广播、电视、电影设备		不低于5
	仪器仪表		不低于5
	电子和通信测量设备		不低于5
	计量标准器具及量具、衡器		不低于5
专用设备	探矿、采矿、选矿和造块设备		10~15
	石油天然气开采专用设备		10~15
	石油和化学工业专用设备		10~15
	炼焦和金属冶炼轧制设备		10~15
	电力工业专用设备		20~30
	非金属矿物制品工业专用设备		10~20
	核工业专用设备		20~30
	航空航天工业专用设备		20~30
	工程机械		10~15
	农业和林业机械		10~15
	木材采集和加工设备		10~15
	食品加工专用设备		10~15

续表

固定资产类别	内　容	折旧年限(年)
专用设备	饮料加工设备	10~15
	烟草加工设备	10~15
	粮油作物和饲料加工设备	10~15
	纺织设备	10~15
	缝纫、服饰、制革和毛皮加工设备	10~15
	造纸和印刷机械	10~20
	化学药品和中药专用设备	5~10
	医疗设备	5~10
	电工、电子专用生产设备	5~10
	安全生产设备	10~20
	邮政专用设备	10~15
	环境污染防治设备	10~20
	公安专用设备	3~10
	水工机械	10~20
	殡葬设备及用品	5~10
	铁路运输设备	10~20
	水上交通运输设备	10~20
	航空器及其配套设备	10~20
	专用仪器仪表	5~10
	文艺设备	5~15
	体育设备	5~15
	娱乐设备	5~15
家具、用具及装具	家具	不低于 15
	用具、装具	不低于 5

4. 折旧时点的规定

固定资产应当按月计提折旧,当月增加的固定资产,当月开始计提折旧;当月减少的固定资产,当月不再计提折旧。

5. 融资租入固定资产的折旧规定

单位计提融资租入固定资产折旧时,应当采用与自有固定资产一致的折旧政策。能够合理确定租赁期届满时将会取得租入固定资产所有权的,应当在租入固定资产尚可使用年限内计提折旧;无法合理确定租赁期届满时能够取得租入固定资产所有权的,应当在租赁期与租入固定资产尚可使用年限两者中较短的期间内计提折旧。

(二)固定资产折旧方法

1. 平均年限法

平均年限法是指按固定资产的使用年限平均计提折旧的一种方法,是最简单、最普遍的一种折旧方法。它以折旧是由于时间推移而不是使用关系为假设,适用于各个时期使用情况大致相同的固定资产折旧。采用这种方法,每年摊提的固定资产折旧额是相等的,故又称之为直线法。按这种方法计算固定资产折旧时,其折旧额和折旧率的计算公式如下:

$$\frac{固定资产}{年折旧率}=\frac{固定资产原值-预计净残值^{①}}{固定资产原值×使用年限}×100\%$$

$$=\frac{1-预计净残值率}{使用年限}×100\%$$

$$固定资产年折旧额=固定资产原值×年折旧率$$

$$固定资产月折旧率=固定资产年折旧率÷12$$

$$固定资产月折旧额=固定资产原值×月折旧率$$

【例4-31】 某项固定资产原值为 240 000 元,预计使用年限为 8 年。其月折旧率和月折旧额的计算如下:

$$年折旧率=\frac{240\ 000}{240\ 000×8}×100\%=12.5\%$$

$$月折旧率=12.5\%÷12=1.041\ 67\%$$

$$月折旧额=240\ 000×1.041\ 67\%=2\ 500(元)$$

2. 工作量法

工作量法是假定固定资产的使用年限是随着固定资产的使用程度而减少的一种折旧方法。固定资产有效的使用年限是使用这项资产所能生产的产品或劳务数量。工作量法适用于那些有形损耗是折旧的主要因素的专用设备,如货运汽车等,其每年产出量与计提的折旧成正比。按工作量法计提折旧率及折旧额的计算公式如下:

$$\frac{单位产出}{数量折旧率}=\frac{固定资产原值×(1-预计净残值率)}{生产总数量}$$

对于运输设备,则为:

$$单位里程折旧额=\frac{固定资产原值×(1-预计残值率)}{总行驶里程}$$

【例4-32】 某单位购置一台载重汽车,原价 180 000 元,在使用 5 年内预计载运货物 100 000 吨公里,则每吨公里折旧额为:

---

① 由于政府会计在计提固定资产折旧时不考虑预计净残值,因此,公式中的预计净残值和预计净残值率均为零。预计净残值=预计残值收入-预计清理费用,预计净残值率=预计净残值÷固定资产原价×100%。

每吨公里折旧额＝180 000÷100 000＝1.80(元/吨公里)

如果某月完成 2 000 吨公里,则该月折旧额计算如下:

某月折旧额＝2 000×1.8＝3 600(元)

工作量法的优点是按照实际使用过程中磨损的程度计算折旧,能正确反映设备的使用程度,把折旧费用与业务成果联系起来。

每工作小时折旧额的计算公式如下:

$$每工作小时折旧额＝\frac{固定资产原值×(1-预计净残值率)}{总工作小时}$$

〖例4-33〗　某设备原价 800 000 元,有效使用年限为 10 年,预估工作 20 000 小时,则:

每工作小时折旧额＝800 000÷20 000＝40(元/小时)

如某月份工作 150 小时,则该月的折旧额＝150×40＝6 000(元)

(三)固定资产折旧核算

单位设置“固定资产累计折旧”科目,核算固定资产计提的累计折旧,并作为“固定资产”的备抵科目。该科目应当按照所对应固定资产的类别、项目等进行明细核算。该科目的期末贷方余额反映单位计提的固定资产折旧累计数。

单位按月计提固定资产折旧时,按照应计提折旧金额,借记“业务活动费用”“单位管理费用”“经营费用”等科目,贷记“固定资产累计折旧”科目。

经批准处置或处理固定资产时,按照所处置或处理固定资产的账面价值,借记“资产处置费用”“无偿调拨净资产”“待处理财产损溢”等科目;按照已计提折旧,借记“固定资产累计折旧”科目;按照固定资产的账面余额,贷记“固定资产”科目。

〖例4-34〗　某事业单位按月计提固定资产折旧 200 000 元,其中,业务部门 100 000 元、管理部门 60 000 元、经营部门 40 000 元,应进行会计处理如下:

```
借:业务活动费用                        100 000.00
    单位管理费用                         60 000.00
    经营费用                             40 000.00
    贷:固定资产累计折旧                            200 000.00
```

单位增加固定资产时,借记“固定资产”科目;按月计提固定资产折旧时,贷记“固定资产累计折旧”科目。两者之间的对比结果可以反映经过计提折旧以后的固定资产的净额(账面实际余额)。例如,某固定资产原始价(又称原值)为 100 000 元,已提折旧 20 000 元,其固定资产净值为 80 000 元(100 000-20 000)。在资产负债表上,可以分别反映“固定资产原价”“累计折旧”和“固定资产净值”的价值,以揭示固定资产的新旧程度。只有通过“实提折旧”,才能在成本费用中体现固定资产的损耗程度及资产现有的营运能力。

第七节   无形资产及其摊销 *

一、无形资产概述

(一)无形资产的概念与特征

无形资产是指政府会计主体控制的没有实物形态的可辨认非货币性资产,如专利权、商标权、著作权、土地使用权、非专利技术等。

政府会计主体自创商誉及内部产生的品牌、报刊名等,不应确认为无形资产。

无形资产一般具有以下基本特征:

1. 不具有实物形态

无形资产作为一种长期资产,区别于固定资产最显著的特征就是不具有实物形态,而是一种特殊权利。其虽然不具有实物形态,但一经取得或形成,就可以为单位带来利益。

2. 属于可辨认的非货币性资产

资产满足下列条件之一的,属于符合无形资产定义中的可辨认性标准:一是能够从政府会计主体中分离或者划分出来,并能单独或者与相关合同、资产或负债一起用于出售、转移、授予许可、租赁或者交换;二是源自合同性权利或其他法定权利,无论这些权利是否可以从政府会计主体或其他权利和义务中转移或者分离。

3. 具有明显的排他性

这种排他性有时通过单位自身的保密措施来维护,如非专利技术等;有时则通过适当公开其内容作为代价以取得法律的保护,如专利权、著作权等;也可以通过社会信誉或公认的方式取得,如商誉等。

(二)无形资产的确认条件

无形资产同时满足下列条件的,应当予以确认:一是与该无形资产相关的服务潜力很可能实现或者经济利益很可能流入政府会计主体,二是该无形资产的成本或者价值能够可靠地计量。

单位在判断无形资产的服务潜力或经济利益是否很可能实现或流入时,应当对无形资产在预计使用年限内可能存在的各种社会、经济、科技因素做出合理估计,并且应当有确凿的证据支持。

与无形资产有关的后续支出,符合上述两条规定的确认条件的,应当计入无形资产成本;不符合规定的确认条件的,应当在发生时计入当期费用或者相关资产成本。

二、无形资产核算

单位设置"无形资产"科目,核算单位无形资产的原价。该科目应当按照无形资产的类别、项目等进行明细核算。该科目的期末借方余额反映单位无形资产的原价。

(一)取得无形资产的核算

1. 外购的无形资产

外购无形资产的成本包括购买价款、相关税费以及可归属于该项资产达到预定用途所发生的其他支出。单位购入的不构成相关硬件不可缺少组成部分的应用软件也应当作为无形资产核算。

非大批量购入、单价小于 1 000 元的无形资产,可以于购买的当期将其成本直接计入当期费用。

购入的无形资产,按照确定的无形资产成本,借记"无形资产"科目,贷记"财政拨款收入""零余额账户用款额度""银行存款""应付账款"等科目。

委托软件公司开发软件视同外购无形资产进行账务处理。当合同中约定预付开发费用时,可通过"预付账款"科目核算预付费用。

〖例 4—35〗　某单位委托新意软件开发公司设计开发成本会计应用软件,合同约定开发费用 8 万元,签订合约后授权预付 2 万元,应用软件验收合格交付使用后支付剩余开发费用,其核算过程如下:

发生预付款时:

借:预付账款——新意软件　　　　　　　　　　　　20 000.00
　　贷:零余额账户用款额度　　　　　　　　　　　　　　20 000.00

交付使用时:

借:无形资产　　　　　　　　　　　　　　　　　　80 000.00
　　贷:预付账款——新意软件　　　　　　　　　　　　　20 000.00
　　　　零余额账户用款额度　　　　　　　　　　　　　　60 000.00

2. 自行开发的无形资产

自行开发的无形资产的成本包括自该项目进入开发阶段后至达到预定用途前所发生的支出总额,其支出应当区分研究阶段支出与开发阶段支出。

研究是指为获取并理解新的科学或技术知识而进行的独创性的有计划调查。研究阶段的支出应当于发生时计入当期费用。

开发是指在进行生产或使用前,将研究成果或其他知识应用于某项计划或设计,以生产出新的或具有实质性改进的材料、装置、产品等。开发阶段的支出先按合理方法进行归集,如果最终形成无形资产的,应当确认为无形资产;如果最终未形成无形资产的,应当计入当期费用。

政府会计主体自行研究开发项目尚未进入开发阶段,或者确实无法区分研究阶段支出和开发阶段支出,但按法律程序已申请取得无形资产的,应当将依法取得时发生的注册费、聘请律师费等费用确认为无形资产,借记"无形资产"科目,贷记"财政拨款收入""零余额账户用款额度""银行存款"等科目。

单位应当设置"研发支出"科目,用以核算自行研究开发项目研究阶段和开发阶段发生的各项费用。该科目可按自行研究开发项目分别"研究支出""开发支出"进行明细核算。该科目的期末借方余额反映单位正在进行的自行研究开发项目开发阶段发生的费用。

〖例4—36〗 某单位自行开发设计管理会计应用软件,研究阶段发生差旅费、调研费2 000元,开发阶段发生人工费用5万元,支付咨询服务费用3万元,支付注册费、聘请律师费等费用2万元,该应用软件开发成功交付使用后支付剩余开发费用。

发生相关费用时:

借:研发支出——研究阶段支出	2 000.00
研发支出——开发阶段支出	100 000.00
贷:银行存款	52 000.00
应付职工薪酬	50 000.00

将归集的研究阶段的支出转入当期费用时:

借:业务活动费用	2 000.00
贷:研发支出——研究阶段支出	2 000.00

自行研究开发项目完成,达到预定用途形成无形资产时:

借:无形资产	100 000.00
贷:研发支出——开发阶段支出	100 000.00

单位应于每年年度终了评估研究开发项目是否能达到预定用途,如预计不能达到预定用途(如无法最终完成开发项目并形成无形资产),应当将已发生的开发支出金额全部转入当期费用,借记"业务活动费用"等科目,贷记"研发支出"科目(开发支出)。

3. 接受捐赠的无形资产

接受捐赠无形资产的成本应当依次按照历史成本、评估价值、市场价格、名义金额4个层次判断确定(参见接受捐赠的库存物品)。

在确定接受捐赠无形资产的初始入账成本时,应当考虑该项资产尚可为政府会计主体带来服务潜力或经济利益的能力。

接受捐赠的无形资产,按照确定的无形资产成本,借记"无形资产"科目;按照发生的相关税费等,贷记"零余额账户用款额度""银行存款"等科目;按其差额,贷记"捐赠收入"科目。

4. 无偿调入的无形资产

无偿调入无形资产的成本,按照确定的无形资产成本,借记"无形资产"科目;按照发生的相关税费等,贷记"零余额账户用款额度""银行存款"等科目;按其差额,贷记"无偿调拨净资产"科目。

5. 置换取得的无形资产

通过置换取得的无形资产的成本按照换出资产的评估价值加上支付的补价或减去收到的补价,加上换入无形资产发生的其他相关支出确定。

(二)无形资产后续支出的核算

符合无形资产确认条件的,如对软件进行升级改造或扩展其功能等所发生的费用,为增加无形资产的使用效能而发生的后续支出,应当计入无形资产成本,先通过"在建工程"科目核算,完工交付使用时转入"无形资产"科目。

〖**例 4—37**〗　某单位委托 ZY 软件开发公司对 OA 办公软件进行升级改造,合同约定开发费用为 8 万元,为期 2 个月,另支付用友软件公司技术维护费 2 000 元,其核算过程如下:

支付软件升级改造费用时:

借:在建工程——OA 办公软件　　　　　　　　　　　　80 000.00
　　贷:银行存款　　　　　　　　　　　　　　　　　　　　　80 000.00

支付用友软件技术维护费时:

借:单位管理费用　　　　　　　　　　　　　　　　　　　2 000.00
　　贷:银行存款　　　　　　　　　　　　　　　　　　　　　2 000.00

OA 办公软件交付使用时:

借:无形资产　　　　　　　　　　　　　　　　　　　　80 000.00
　　贷:在建工程——OA 办公软件　　　　　　　　　　　　　80 000.00

如果不符合无形资产确认条件,如对软件进行漏洞修补、技术维护等所发生的费用,为维护无形资产的正常使用而发生的后续支出,应当计入当期损益或者相关资产成本,不计入无形资产成本,借记"业务活动费用""单位管理费用"等科目,贷记"财政拨款收入"或"财政应返还额度""零余额账户用款额度""银行存款"等科目。

(三)无形资产摊销

摊销是指在无形资产使用年限内,按照确定的方法对应摊销金额进行系统分摊。无形资产准则基于权责发生制的要求,对于无形资产的摊销金额应当根据用途计入当期费用或者相关资产成本。这种"实摊"的做法有利于客观真实地反映资产价值。

为此,单位应当设置"累计摊销"科目,核算单位对使用年限确定的无形资产计提的累计摊销。该科目应当按照无形资产的类别、项目等进行明细核算。该科目的期末贷方余额反映单位计提的无形资产摊销累计数。

无形资产累计摊销有关政策规定如下:

第一,单位应当于取得或形成无形资产时合理确定其使用年限。无形资产的使用年限为有限的,应当估计该使用年限。无法预见无形资产为政府会计主体提供服务的潜力或者带来经济利益的期限的,应当视为使用年限不确定的无形资产。单位应当对使用年限有限的无形资产进行摊销,已摊销完毕仍继续使用的无形资产和以名义金额计量的无形资产除外。使用年限不确定的无形资产不应摊销。

单位应当按照以下原则确定无形资产的摊销年限:(1)法律规定了有效年限的,以法律规定的有效年限作为摊销年限;(2)法律没有规定有效年限的,以相关合同或单位申请书中的受益年限作为摊销年限;(3)法律没有规定有效年限、相关合同或单位申请书也没有规定受益年限的,应当根据无形资产为政府会计主体带来服务的潜力或经济利益的实际情况,预计其使用年限。

第二,单位应当采用直线法对无形资产进行摊销,应摊销金额为其成本,不考虑预计残值。摊销金额根据用途计入当期费用或者相关资产成本。

第三,单位应当自无形资产取得当月起,按月计提无形资产摊销;无形资产减少的当月,不再计提摊销。

第四,因发生后续支出而增加无形资产成本的,应当按照重新确定的无形资产成本以及重新确定的摊销年限计算摊销额。

单位按月计提无形资产摊销时,按照应计提摊销金额,借记"业务活动费用""单位管理费用""加工物品""在建工程"等科目,贷记"累计摊销"科目。"累计摊销"与"无形资产"之间的差额为无形资产摊余价值。例如,某项无形资产的原始价(又称原值)为800 000元,累计摊销100 000元,其无形资产净值为700 000元(800 000 - 100 000)。在资产负债表上,可以分别反映"无形资产原价""累计摊销"和"无形资产净值"的价值。

第八节　经管资产 *

一、公共基础设施

(一)公共基础设施的概念与特征

公共基础设施是指为公众设置的、公众可以共享、不允许某个人独占或排他的一些基础性设施,包括市政基础设施(如城市道路、桥梁、隧道、公交场站、路灯、广场、公园绿地、室外公共健身器材,以及环卫、排水、供水、供电、供气、供热、污水处理、垃圾处理系统等)、交通基础设施(如公路、航道、港口等)、水利基础设施(如大坝、堤防、水闸、泵站、渠道等),以及其他公共基础设施。公共基础设施为经济社会发展提供了强有力的基础支撑条件。

政府会计认定的公共基础设施是为满足社会公共需求而控制的,同时具有以下特征的有形资产:(1)是一个有形资产系统或网络的组成部分;(2)具有特定用途;

（3）一般不可移动。

（二）公共基础设施的确认

公共基础设施应当在同时满足下列条件时予以确认：一是与该公共基础设施相关的服务潜力很可能实现或者经济利益很可能流入政府会计主体，二是该公共基础设施的成本或者价值能够可靠地计量。通常情况下，符合这两条规定的公共基础设施，应当由按规定对其负有管理维护职责的政府会计主体予以确认，即"谁负责管理维护，谁入账"。

在特殊情况下，按照以下原则确认公共基础设施：

多个政府会计主体共同管理维护的公共基础设施，应当由对该资产负有主要管理维护职责或者承担后续主要支出责任的政府会计主体予以确认。

分为多个组成部分由不同政府会计主体分别管理维护的公共基础设施，应当由各个政府会计主体分别对其负责管理维护的公共基础设施的相应部分予以确认。

负有管理维护公共基础设施职责的政府会计主体通过政府购买服务方式委托企业或其他会计主体代为管理维护公共基础设施的，该公共基础设施应当由委托方予以确认。

单位应当根据行业主管部门对公共基础设施的分类规定，制定适合本单位管理的公共基础设施目录、分类方法，作为进行公共基础设施核算的依据。

温馨提示：与公共基础设施配套使用的修理设备、工具器具、车辆等动产，作为固定资产核算。与公共基础设施配套、供单位在公共基础设施管理中自行使用的房屋构筑物等，能够与公共基础设施分开核算的，作为固定资产核算。

（三）公共基础设施的核算

单位设置"公共基础设施"科目，核算由单位控制的公共基础设施资产。该科目应当按照公共基础设施的类别和项目进行明细核算。该科目的期末借方余额反映单位管理的公共基础设施的实际成本。

1. 公共基础设施初始计量

政府会计主体外购的公共基础设施的成本包括购买价款、相关税费以及公共基础设施交付使用前所发生的可归属于该项资产的运输费、装卸费、安装费和专业人员服务费等。

政府会计主体自行建造的公共基础设施的成本包括完成批准的建设内容所发生的全部必要支出，包括建筑安装工程投资支出、设备投资支出、待摊投资支出和其他投资支出。完工交付使用时，按照在建工程的成本，借记"公共基础设施"科目，贷记"在建工程"科目。

接受其他单位无偿调入的公共基础设施的成本按照该项公共基础设施在调出方的账面价值加上归属于调入方的相关费用确定,借记"公共基础设施"科目;按照发生的归属于调入方的相关费用,贷记"财政拨款收入""零余额账户用款额度""银行存款"等科目;按照其差额,贷记"无偿调拨净资产"科目。

无偿调入的公共基础设施成本无法可靠取得的,按照发生的相关税费、运输费等金额,借记"其他费用"科目,贷记"财政拨款收入""零余额账户用款额度""银行存款"等科目。

接受捐赠的资产的成本应当依次按照历史成本、评估价值、市场价格三个层次判断确定。如果受赠的是旧的公共基础设施,在确定其初始入账成本时应当考虑该项资产的新旧程度。

温馨提示:对于成本无法可靠取得的公共基础设施,单位应当设置备查簿进行登记,待成本能够可靠确定后按照规定及时入账,因为公共基础设施不能按照名义金额入账。

---

2. 公共基础设施后续支出

在原有公共基础设施基础上进行改建、扩建等建造活动后的公共基础设施的成本按照原公共基础设施账面价值加上改建、扩建等建造活动发生的支出,再扣除公共基础设施被替换部分的账面价值后的金额确定,通过"在建工程"科目核算,完工交付使用时转入"公共基础设施"科目。

为维护公共基础设施的正常使用而发生的日常修理等后续支出,应当计入当期费用,借记"业务活动费用""单位管理费用"等科目,贷记"财政拨款收入""零余额账户用款额度""银行存款"等科目。

3. 公共基础设施折旧

政府会计主体应当对公共基础设施计提折旧,但政府会计主体持续进行良好的维护使得其性能得到永久维持的公共基础设施和确认为公共基础设施的单独计价入账的土地使用权除外。

政府会计主体一般应当采用年限平均法或者工作量法计提公共基础设施折旧。计提公共基础设施折旧时不考虑预计净残值。

政府会计主体合理确定公共基础设施的折旧年限时,应当考虑下列因素:(1)设计使用年限或设计基准期;(2)预计实现服务潜力或提供经济利益的期限;(3)预计有形损耗和无形损耗;(4)法律或者类似规定对资产使用的限制。对于政府会计主体接受无偿调入、捐赠的公共基础设施,应当考虑该项资产的新旧程度,按照其尚可使用的年限计提折旧。

公共基础设施的折旧年限与折旧方法一经确定,不得随意变更。

公共基础设施应当按月计提折旧,并计入当期费用。当月增加的公共基础设施,当月开始计提折旧;当月减少的公共基础设施,当月不再计提折旧。

公共基础设施应计提的折旧总额为其成本。公共基础设施提足折旧后,无论能否继续使用,均不再计提折旧;已提足折旧的公共基础设施,可以继续使用的,应当继续使用,并规范实物管理。提前报废的公共基础设施不再补提折旧。

按月提取公共基础设施折旧时,按照应计提的折旧额,借记"业务活动费用"等科目,贷记"公共基础设施累计折旧"科目。

公共基础设施报经批准处置时,按照所处置公共基础设施的账面价值,借记"待处理财产损溢"等科目;按已提取的折旧,借记"公共基础设施累计折旧"科目;按公共基础设施账面余额,贷记"公共基础设施"科目。

温馨提示:处于改建、扩建等建造活动期间的公共基础设施,应当暂停计提折旧。因改建、扩建等原因而延长公共基础设施使用年限的,应当按照重新确定的公共基础设施的成本和折旧年限计算折旧额,不需调整原已计提的折旧额。对暂估入账的公共基础设施计提折旧,实际成本确定后不需调整原已计提的折旧额。

---

4. 公共基础设施的处置

报经批准对外捐赠公共基础设施,按照公共基础设施已计提的折旧或摊销,借记"公共基础设施累计折旧(摊销)"科目;按照被处置公共基础设施账面余额,贷记"公共基础设施"科目;按照捐赠过程中发生的归属于捐出方的相关费用,贷记"银行存款"等科目;按照其差额,借记"资产处置费用"科目。

报经批准无偿调出公共基础设施,按照公共基础设施已计提的折旧或摊销,借记"公共基础设施累计折旧(摊销)"科目;按照被处置公共基础设施账面余额,贷记"公共基础设施"科目;按照其差额,借记"无偿调拨净资产"科目;同时,按照无偿调出过程中发生的归属于调出方的相关费用,借记"资产处置费用"科目,贷记"银行存款"等科目。

〖例4-38〗　某城建局根据市政府统一规划,经批准将某广场移交市体育局,该广场的原值是8000 000元,已提折旧为3 000 000元。经批准移交公共基础设施时,其会计分录为:

借:无偿调拨净资产	5 000 000.00	
公共基础设施累计折旧	3 000 000.00	
贷:公共基础设施		8 000 000.00

单位应当定期对公共基础设施进行清查盘点。对于发生的公共基础设施盘盈、盘亏、毁损或报废,应当先记入"待处理财产损溢"科目,按照规定报经批准后及时进

行后续账务处理。

二、政府储备物资

(一)政府储备物资的概念与特征

政府储备物资是指政府会计主体为满足实施国家安全与发展战略、进行抗灾救灾、应对公共突发事件等特定公共需求而控制的,同时具有下列特征的有形资产:(1)只有在应对特定事件或情形时才能报经批准后动用;(2)其购入、存储保管、更新(轮换)、动用等由政府及相关部门发布的专门管理制度严格规范。

政府储备物资主要包括战略及能源物资、抢险抗灾救灾物资、农产品、医药物资和其他重要商品物资,对于保障国家安全、服务国计民生具有重要意义。其主要目的是进行"储备"以用于应对可能发生的特定事件或情况,从而与日常活动中为自身耗用或出售而储存的物品具有本质的区别。

对政府储备物资负有行政管理职责的政府会计主体[即提出或拟订收储计划、更新(轮换)计划、动用方案等的主体]为政府储备物资的确认主体。对政府储备物资不负有行政管理职责但接受委托负责执行其存储保管等工作的政府会计主体,应当将受托代储的政府储备物资作为受托代理资产核算。

(二)政府储备物资的计量

当政府储备物资同时满足下列条件时,应当予以确认:(1)与该政府储备物资相关的服务潜力很可能实现或者经济利益很可能流入政府会计主体;(2)该政府储备物资的成本或者价值能够可靠计量。

(三)政府储备物资的核算

单位设置"政府储备物资"科目,核算单位控制的政府储备物资的成本。该科目应当按照政府储备物资的种类、存放地点等进行明细核算。单位根据需要,可在该科目下设置"在库""发出"等明细科目进行明细核算。该科目的期末借方余额反映政府储备物资的成本。

1. 政府储备物资的初始计量

通过外购、委托加工等多种方式取得政府储备物资的,应当按照成本进行计量。例如,政府会计主体购入的政府储备物资,其成本包括购买价款和政府会计主体承担的相关税费、运输费、装卸费、保险费、检测费以及使政府储备物资达到目前场所和状态所发生的归属于政府储备物资成本的其他支出。购入的政府储备物资验收入库时,借记"政府储备物资"科目,贷记"财政拨款收入""零余额账户用款额度""银行存款"等科目。

接受捐赠或盘盈的政府储备物资的成本按照历史成本、评估价值、重置成本三个层次判断确定。

无偿调入的政府储备物资的成本按照调出方账面价值加上归属于政府会计主体的相关税费、运输费等确定。

下列各项不计入政府储备物资成本：(1)仓储费用；(2)日常维护费用；(3)不能归属于使政府储备物资达到目前场所和状态所发生的其他支出。

2. 政府储备物资的后续计量

政府会计主体应当根据实际情况采用先进先出法、加权平均法或者个别计价法确定政府储备物资发出的成本。计价方法一经确定，不得随意变更。

因动用而发出无须收回的政府储备物资的，政府会计主体应当在发出物资时将其账面余额予以转销，借记"业务活动费用"科目，贷记"政府储备物资"科目。

因动用而发出需要收回或者预期可能收回的政府储备物资的，在发出物资时，按照发出物资的账面余额，借记"政府储备物资"科目(发出)，贷记"政府储备物资"科目(在库)；按照规定的质量验收标准收回物资时，按照收回物资的原账面余额，借记"政府储备物资"科目(在库)；按照未收回物资的原账面余额，借记"业务活动费用"科目；按照物资发出时登记在"政府储备物资"科目所属"发出"明细科目中的余额，贷记"政府储备物资"科目(发出)。

因行政管理主体变动等原因而将政府储备物资调拨给其他主体的，政府会计主体应当在发出物资时将其账面余额予以转销，借记"无偿调拨净资产"科目，贷记"政府储备物资"科目。

政府会计主体对外销售政府储备物资的，按照发出物资的账面余额，借记"业务活动费用"科目，贷记"政府储备物资"科目；实现销售收入时，按照确认的收入金额，借记"银行存款""应收账款"等科目，贷记"事业收入"等科目。

对外销售政府储备物资并按照规定将销售净收入上缴财政的，发出物资时，按照发出物资的账面余额，借记"资产处置费用"科目，贷记"政府储备物资"科目；取得销售价款时，按照实际收到的款项金额，借记"银行存款"等科目；按照发生的相关税费，贷记"银行存款"等科目；按照销售价款大于所承担的相关税费后的差额，贷记"应缴财政款"科目。

〖例4—39〗　某局发生政府储备物资业务如下：

通过零余额账户购入一批抗震救灾政府储备物资，购买价款为 500 000 元，相关税费为 85 000 元，装卸费及保险费为 15 000 元，购入的政府储备物资验收入库，其会计分录为：

借：政府储备物资　　　　　　　　　　　　　　　600 000.00
　　贷：零余额账户用款额度　　　　　　　　　　　　600 000.00

经批准向灾区无偿调出政府储备物资，该批物资的实际成本是 250 000 元。其会计分录为：

借:业务活动费用   250 000.00
　　贷:政府储备物资   250 000.00

单位应当定期对政府储备物资进行清查盘点,每年至少盘点一次。对于发生的政府储备物资盘盈、盘亏或者报废、毁损,应当先记入"待处理财产损溢"科目,按照规定报经批准后及时进行后续账务处理。

三、文物文化资产

(一)文物文化资产的概念

文物文化资产是指用于展览、教育或研究等目的的历史文物、艺术品以及其他具有文化或者历史价值并做长期或者永久保存的典藏等。单位应当设置"文物文化资产"科目、文物文化资产登记簿和文物文化资产卡片,按文物文化资产类别等设置明细账,进行明细核算。

(二)文物文化资产的核算

单位设置"文物文化资产"科目,核算单位为满足社会公共需求而控制的文物文化资产的成本。该科目应当按照文物文化资产的类别、项目等进行明细核算。该科目的期末借方余额反映文物文化资产的成本。

单位为满足自身开展业务活动或其他活动的需要而控制的文物和陈列品,应当通过"固定资产"科目核算,不通过"文物文化资产"科目核算。

1. 外购的文物文化资产

外购的文物文化资产的成本包括购买价款、相关税费以及可归属于该项资产达到预定用途前所发生的其他支出(如运输费、安装费、装卸费等)。外购的文物文化资产按照确定的成本,借记"文物文化资产"科目,贷记"财政拨款收入""零余额账户用款额度""银行存款"等科目。

2. 接受其他单位无偿调入的文物文化资产

接受其他单位无偿调入的文物文化资产的成本按照该项资产在调出方的账面价值加上归属于调入方的相关费用确定。调入的文物文化资产按照确定的成本,借记"文物文化资产"科目;按照发生的归属于调入方的相关费用,贷记"零余额账户用款额度""银行存款"等科目;按照其差额,贷记"无偿调拨净资产"科目。

无偿调入的文物文化资产的成本无法可靠取得的,按照发生的归属于调入方的相关费用,借记"其他费用"科目,贷记"零余额账户用款额度""银行存款"等科目。

3. 接受捐赠的文物文化资产

接受捐赠的文物文化资产的成本应当依次按照历史成本、评估价值、市场价格三个层次判断确定,借记"文物文化资产"科目;按照发生的相关税费、运输费等金额,贷记"零余额账户用款额度""银行存款"等科目;按照其差额,贷记"捐赠收入"科目。

接受捐赠的文物文化资产的成本无法可靠取得的,按照发生的相关税费、运输费等金额,借记"其他费用"科目,贷记"零余额账户用款额度""银行存款"等科目。

4. 成本无法可靠取得的文物文化资产

对于成本无法可靠取得的文物文化资产,单位应当设置备查簿进行登记,待成本能够可靠确定后按照规定及时入账。

单位应当定期对文物文化资产进行清查盘点,每年至少盘点一次。对于发生的文物文化资产盘盈、盘亏、毁损或报废等,按照相关规定进行账务处理。

四、保障性住房

(一)保障性住房的概念

保障性住房是指政府在对中低收入家庭实行分类保障过程中所提供的限定供应对象、建设标准、销售价格或租金标准,具有社会保障性质的住房,一般由廉租住房、经济适用住房和政策性租赁住房构成。

(二)保障性住房的核算

单位设置"保障性住房"科目核算单位为满足社会公共需求而控制的保障性住房的原值。该科目应当按照保障性住房的类别、项目等进行明细核算。该科目的期末借方余额反映保障性住房的原值。

外购的保障性住房的成本包括购买价款、相关税费以及可归属于该项资产达到预定用途前所发生的其他支出。外购时,借记"保障性住房"科目,贷记"财政拨款收入""零余额账户用款额度""银行存款"等科目。

自行建造的保障性住房交付使用时,按照在建工程的成本,借记"保障性住房"科目,贷记"在建工程"科目。

接受其他单位无偿调入的保障性住房的成本按照该项资产在调出方的账面价值加上归属于调入方的相关费用确定。

接受捐赠、融资租赁取得的保障性住房,参照"固定资产"的相关规定进行处理。

与保障性住房有关的后续支出,参照"固定资产"科目的相关规定进行处理。

按月计提保障性住房折旧时,按照应计提的折旧额,借记"业务活动费用"科目,贷记"保障性住房累计折旧"科目。"保障性住房累计折旧"科目的期末贷方余额反映单位计提的保障性住房折旧累计数。

按照规定出租保障性住房并将出租收入上缴同级财政,按照收取的租金金额,借记"银行存款"等科目,贷记"应缴财政款"科目。

单位应当定期对保障性住房进行清查盘点。对于发生的保障性住房盘盈、盘亏、毁损或报废等,参照"固定资产"科目的相关规定进行账务处理。

五、受托代理资产

受托代理资产是指单位接受委托方委托管理的各项资产,包括受托指定转赠的物资、受托储存管理的物资和单位管理的罚没物资。单位设置"受托代理资产"科目,按照资产的种类和委托人进行明细核算;属于转赠资产的,还应当按照受赠人进行明细核算。该科目的期末借方余额反映单位受托代理实物资产的成本。

"受托代理资产"与"受托代理负债"如影相随、紧密相关,详见第五章第五节的具体介绍。

第九节　资产清查与资产处理 *

一、资产清查与资产处理概述

资产清查包括期末对财产物资的清查盘点,以及根据政府专项工作要求,或者特定经济行为的需要,按照规定的政策、工作程序和方法,对单位进行账务清理、财产清查、依法审核各项资产损益、真实反映单位国有资产占有和使用状况的工作。

资产核实是资产清查的基础性工作,通过对单位资产清查中的资产损益等进行认定和批复,对资产总额进行确认。资产处理是资产核实与资产清查的结果,包括各种资产盘盈、盘亏、报废、毁损。

在资产清查中,盘点实物存数或价值大于账面存数或价值就是盘盈,盘点实物存数或价值小于账面存数或价值就是盘亏。

报废是指按有关规定或经有关部门、专家鉴定,对已不能继续使用的资产进行产权注销的资产处置行为。

报损是指由于发生呆账损失、非正常损失等原因,按有关规定对资产损失进行产权注销的资产处置行为。

在资产清查中,处置收入是指在出售、出让、转让、置换、报废、报损和核销等处置国有资产过程中获得的收入,包括出售实物资产和无形资产的收入、置换差价收入、报废报损残值变价收入、保险理赔收入、转让土地使用权收益、核销对外投资收入等。事业单位国有资产处置收入,在扣除相关税金、评估费和拍卖佣金等费用后,应按照非税收入管理的规定,上缴市级财政国库,纳入一般公共预算管理。

财政部为了加强行政事业单位国有资产管理,规范行政事业单位资产清查核实工作,真实反映行政事业单位的资产及财务状况,保障行政事业单位国有资产的安全完整,先后发布了《行政单位国有资产管理暂行办法》(财政部令第 35 号)、《事业单位国有资产管理暂行办法》(财政部令第 36 号)和《行政事业单位资产清查核实管理办法》(财资〔2016〕1号)。资产清查工作的内容主要包括单位基本情况清理、账务清理、财产清查和完善制度等。

单位在申报各项资产盘盈、资产损失时,必须提供具有法律效力的外部证据、社会中介机构的经济鉴证证明和特定事项的单位内部证据。单位负责人对申报的资产清查工作结果的真实性、完整性承担责任。

二、待处理财产损溢的核算

单位应当定期进行清查盘点,每年至少盘点一次,确保账实相符。对于发生资产盘盈、盘亏或者报废、毁损,应当及时查明原因,按规定报经批准后及时进行账务处理。

对于资产盘盈、盘亏等,应及时填写有关盘点报告单(格式参见表4-6),于期末前查明原因,并根据管理权限办理报批手续,在期末结账前处理完毕;应当建立资产信息管理系统,做好资产统计、报告、分析工作,实现对资产的动态管理。

表4-6　　　　　　　　　　　　　　资产盘点报告表

资产编号	资产名称规格	计量单位	数量		单价	盘盈		盘亏		原因说明
			账存	实存		数量	金额	数量	金额	

单位应当设置"待处理财产损溢"科目,核算在资产清查过程中查明的各种资产盘盈、盘亏、报废、毁损的价值,并按照待处理资产项目进行明细核算;对于在资产处置过程中取得收入或发生相关费用的项目,还应当设置"待处理财产价值"和"处理净收入"明细科目,进行明细核算。

资产清查过程中查明的盘盈(其成本依次按照历史成本、评估价值、重置成本、名义金额4个层次判断确定)、盘亏、报废和毁损(账面价值),应先记入"待处理财产损溢"科目,按照规定报经批准后及时进行转账处理。

"待处理财产损溢"科目期末如为借方余额,反映尚未处置完毕的各种财产的价值及净损失;期末如为贷方余额,反映尚未处置完毕的各种财产净溢余。年度终了结账前一般应处理完毕,故报经批准处理后的该科目一般无余额。

下面以列表形式归纳说明"待处理财产损溢"中"待处理财产价值"和"处理净收入"明细核算的内容与借贷处理方法(如表4-7和表4-8所示)。

表 4—7　　　　　"待处理财产损溢——待处理财产价值"的财务会计核算

待处理项目	批准前,"待处理财产损溢——待处理财产价值"的对应科目	批准后,"待处理财产损溢——待处理财产价值"的对应科目
现金盘亏损失	贷记"库存现金"	借记"其他应收款""资产处置费用"
现金溢余	借记"库存现金"	贷记"其他收入"
盘盈物品	借记"库存物品"	事业单位贷记"单位管理费用"行政单位贷记"业务活动费用"
盘盈固定资产	借记"固定资产"	对于盘盈的非流动资产,如属于本年度取得的,按照当年新取得相关资产进行账务处理;如属于以前年度取得的,按照前期差错处理,贷记"以前年度盈余调整"科目
盘盈无形资产	借记"无形资产"	
盘盈公共基础设施	借记"公共基础设施"	
盘盈政府储备物资	借记"政府储备物资"	
盘盈文物文化资产	借记"文物文化资产"	
盘盈保障性住房	借记"保障性住房"	
盘亏或者毁损、报废各类资产	贷记"库存物品"等相关资产类科目	借记"资产处置费用"

属于增值税一般纳税人的单位,若因非正常原因导致的库存物品盘亏或毁损,还应将与该物品相关的增值税进项税额转出,按其增值税进项税额,借记"待处理财产损溢"科目,贷记"应交增值税(进项税额转出)"科目。

表 4—8　　　　　"待处理财产损溢——处理净收入"的财务会计核算

待处理净收入项目	残值变价收入、保险理赔和过失人赔偿	处置资产过程中发生的相关费用	处置完毕结转净损溢
物品等流动资产	借记"库存现金""银行存款"等	借记"待处理财产损溢"(处理净收入)	按照出售收入扣除相关税费后的净收入,贷记"应缴国库款"科目;如果出售收入小于相关税费的净支出,借记"资产处置费用"科目
固定资产等非流动资产	贷记"待处理财产损溢"(处理净收入)	贷记"库存现金""银行存款"等	

〖例 4—40〗 某事业单位在资产清查中盘盈微波炉 1 台、饮水机 2 台。经查,微波炉约五成新,系购买厨房设备时由厂家赠送,目前类似微波炉的市场单价为 800元;饮水机尚未开始使用,系随水票赠送,目前该型号饮水机的市场单价为 200 元。

盘盈微波炉的盘盈价值为 400 元(1 台×800 元×50%),饮水机盘盈价值为 560元(2 台×280 元)时:

借:低值易耗品　　　　　　　　　　　　　　　　　960.00

　　贷:待处理财产损溢　　　　　　　　　　　　　　　　960.00

经批准处理时：

借：待处理财产损溢　　　　　　　　　　　　　　　　　960.00

　　贷：单位管理费用　　　　　　　　　　　　　　　　　　　960.00

〖例4—41〗　某事业单位经批准报废计算机2台，每台计算机的账面原值为11 000元，净值为1 000元。以银行存款支付清理费用150元，残料收入200元存入银行。

批准前财务会计核算：

借：待处理财产损溢——待处理财产价值　　　　　　　2 000.00

　　固定资产累计折旧　　　　　　　　　　　　　　20 000.00

　　贷：固定资产　　　　　　　　　　　　　　　　　　　22 000.00

经批准后财务会计核算：

借：资产处置费用　　　　　　　　　　　　　　　　　2 000.00

　　贷：待处理财产损溢——待处理财产价值　　　　　　　2 000.00

支付处置费用的财务会计核算：

借：待处理财产损溢——处理净收入　　　　　　　　　　150.00

　　贷：银行存款　　　　　　　　　　　　　　　　　　　　150.00

收到处置收入的财务会计核算：

借：银行存款　　　　　　　　　　　　　　　　　　　　200.00

　　贷：待处理财产损溢——处理净收入　　　　　　　　　　200.00

处置收入扣除相关处置费用后的净收入上缴的财务会计核算：

借：待处理财产损溢——处理净收入　　　　　　　　　　　50.00

　　贷：应缴财政款　　　　　　　　　　　　　　　　　　　　50.00

　　温馨提示：以下几种情况不通过"待处理财产损溢"科目核算：一是物资在运输途中发生的非正常短缺与损耗，计入物资成本；二是短期投资、长期债券投资到期收回、出售转让的损益，通过"投资收益"科目核算；三是应收款项确定无法收回并批准核销时，事业单位通过"坏账准备"科目核算，行政单位通过"资产处置费用"科目核算；四是建设项目发生的不能形成资产的各类待核销基建支出，待竣工验收交付使用时，通过"资产处置费用"科目核算。

思 考与练习

1. 简述历史成本、重置成本、现值、公允价值计量的区别。

2. 简述事业单位、行政单位对于坏账处理方法的异同。

3. 简述物品采用先进先出法、加权平均法、个别计价法的特点。

4. 简述政府会计对不计提折旧和应计折旧额的具体规定。

5. 在什么情况下,取得的资产可以按照名义金额入账?

6. 简述财政性资金支付方式与零余额账户用款额度核算之间的关系。

7. 2018 年 6 月 30 日,W 单位与一家租赁公司签订一项协议,采用融资租赁方式租入一套网络设备,租期为 4 年,租金总额为 800 万元,从 2018 年 6 月 30 日起分 4 次等额支付,租赁期满设备的所有权归 W 单位所有。W 单位于 2018 年 7 月 1 日收到网络设备并办妥相关手续,同时增加"固定资产"和"无偿调拨净资产"800 万元。

请问:这样的会计处理是否正确? 为什么?

8. HK 单位对截至 2018 年年底的资产等进行清查,发现库存物资存在下列情况:(1)盘盈微波炉 2 台、饮水机 6 台;(2)盘亏立体声话筒 5 个,账面价值共计 2 000 元;(3)待报废座椅 80 把账面价值 6 000 元,消毒柜 3 台账面价值 1 800 元。

经进一步核查结果如下:(1)上述微波炉约六成新,系购买厨房设备时由厂家赠送,目前该型号已停产,类似全新设备的市场单价为 500 元;饮水机尚未开始使用,系随水票赠送,目前该型号饮水机的市场单价为 300 元。(2)盘亏的话筒购置于 2015 年 2 月,丢失原因不明,责任人无法确定。(3)经评估测算,座椅残值预计单价为 5 元,总价为 400 元;消毒柜残值预计单价为 25 元,总价为 75 元;两项合计为 475 元。

HK 单位按照规定提出了资产报废和报损申请,并于 2019 年 3 月 31 日获得批复同意后处置,其中,报废资产的处置收入为 460 元,支付资产评估费用 1 000 元。

要求:分别对盘盈、盘亏、报废的资产进行财务会计核算。

第五章

负债类财务会计核算

第一节　负债要素概述

一、负债的定义与确认条件

负债是指政府会计主体过去的经济业务或者事项形成的,预期会导致经济资源流出政府会计主体的现时义务。

政府会计认定的负债一般具有以下特征:

一是应当由过去的经济业务所发生的,需由现时承担的义务。现时义务是指政府会计主体在现行条件下已承担的义务,多以契约、合同、协议或者法律约束为前提,如借款、应付账款、应交税费等。现时义务也包括政府因承担担保责任而产生的预计负债;但未来发生的经济业务或者事项形成的义务不属于现时义务,不应当确认为当期负债。

二是各项负债都应有确定的金额,能够以货币计量;如果不能以货币计量,就不符合负债的特征。

三是负债是需要偿还的,因而有确切的债权人和偿付期,需以资产或者劳务偿还。偿还负债会导致经济利益流出,如借入款项、应付款项、暂存款项、应交款项等。如果属于非偿还资金,那就不是负债。负债与收入之间的划分界限就在于是不是债务及其是否需要偿还。凡是"需要偿还的"才构成单位的一项负债。

概念辨析:具有偿还性或按照规定具有上缴性的特征,可以成为鉴别负债的标志之一。例如,事业单位代政府职能收取的纳入预算管理的款项,以及按照规定收取的纳入财政专户管理的款项,就应当按照规定作为偿还性资金及时上缴,在应缴未缴之前纳入负债

核算。又如,单位依法取得的应当上缴财政的罚没收入、行政事业性收费、政府性基金、国有资产处置和出租出借收入等,也应当按照规定及时足额上缴。从最终结果看,收入的增加会导致净资产的增加,而负债的增加会导致净资产的减少。

政府会计将符合负债定义的现时义务在同时满足以下条件时确认为负债,列入资产负债表的负债项目中:(1)履行该义务很可能导致含有服务潜力或者经济利益的经济资源流出政府会计主体;(2)该义务的金额能够可靠计量。

二、负债的计量方法

政府会计主体在对负债进行计量时,一般应当采用历史成本。采用现值、公允价值计量的,应当保证所确定的负债金额能够持续、可靠计量。

在历史成本计量下,负债按照因承担现时义务而实际收到的款项或者资产的金额,或者承担现时义务的合同金额,或者按照为偿还负债预期需要支付的现金计量。

在现值计量下,负债按照预计期限内需要偿还的未来净现金流出量的折现金额计量。

在公允价值计量下,负债按照市场参与者在计量日发生的有序交易中转移负债所需支付的价格计量。

三、负债的具体分类

为了分别反映政府各项负债的风险特征,纳入政府会计主体的负债包括由融资活动形成的举借债务,由运营活动形成的应付及预收款项、暂收性负债,由或有事项形成的预计负债等。

政府会计主体的负债按照偿还期的长短可分为流动负债和非流动负债。

流动负债是指预计在 1 年内(含 1 年)偿还的负债,包括短期借款、应交增值税、其他应交税费、应缴财政款、应付职工薪酬、应付票据、应付账款、应付政府补贴款、应付利息、预收账款、其他应付款、预提费用等。

非流动负债(长期负债)是指流动负债以外的负债,包括长期借款、长期应付款、预计负债、受托代理负债等。

负债被分为 16 个项目,与之对应的会计科目名称、特指用途、划分类别汇总如表5—1 所示。

负债核算内容各异、特点不同,为归类反映,本章在阐述负债核算的具体内容时,将其分为应交款项、应付职工薪酬、应付及预收款项、借款和其他特殊负债(包括长期应付款、预计负债、受托代理负债等)。预提费用与费用核算密切相关,其内容安排在第七章第七节中集中介绍。

表 5-1　　　　　　　　　　　　负债类会计科目分类

编号	负债项目与会计科目名称	特指用途	负债分类	
2001	短期借款	事业单位	借款	流动负债
2101	应交增值税		应交款项	
2102	其他应交税费			
2103	应缴财政款			
2201	应付职工薪酬		应付职工薪酬	
2301	应付票据	事业单位	应付及预收款项	
2302	应付账款			
2303	应付政府补贴款	行政单位		
2304	应付利息	事业单位		
2305	预收账款	事业单位		
2307	其他应付款			
2401	预提费用		跨期摊配	非流动负债
2501	长期借款	事业单位	借款	
2502	长期应付款		其他特殊负债	
2601	预计负债			
2901	受托代理负债			

四、负债的"算管结合、算为管用"

(一)健全负债核算与管理制度

各项负债应进一步按照负债种类、类别、项目、单位、个人等进行明细核算;应当正确区分负债与收入的界限,不隐匿收入,也不将收入挂在负债账户中,更不随意通过往来账户核算收支、以收抵支或以支抵收等。

(二)加强债务管理

经批准可以举借债务的单位应当建立健全债务内部管理制度,明确债务管理岗位的职责权限,不得由一人办理债务业务的全过程。举借业务应当进行充分论证,由单位领导班子集体研究决定。

(三)做好债务清理工作

加强债务对账和检查控制,定期与债权人核对债务余额,及时进行债务清理、结算、档案保管工作。

(四)谨防债务风险,不能资不抵债

资不抵债是指单位的全部债务超过其资产规模以致不足以清偿债权人财务的状况,即债务人的实有资产不足以偿还全部债务。

第二节　应交款项

应交款项是指单位应交未交的各种债务,包括应交增值税、其他应交税费、应缴财政款等。

应交税费是单位依法应尽的义务,包括应交增值税和其他应交税费,在未上交之前就会形成单位的流动负债。

应缴财政款作为依法依规应当解缴的款项处理,不属于单位的收入,在未上缴之前构成单位的流动负债。

对于应交款项,单位应及时足额上交,不得隐瞒、滞留、截留、挪用和"坐支"。一般应在每月月底按月结清,年终必须将全年的应交款项结算清缴,不留余额。

一、应交增值税的核算

(一)增值税的显著特点

在我国境内销售货物或者加工、修理修配劳务(以下简称"劳务"),销售服务、无形资产、不动产以及进口货物的单位和个人,为增值税的纳税人,应当依法交纳增值税。

增值税是以商品价值中的增值额为课税依据所征收的一种流转税,即对商品生产和流通过程中各环节的新增价值进行征税,所以称为"增值税"。

〖例5—1〗　A单位为增值税一般纳税人,本期产品销售额为100万元,外购材料与劳务支出60万元,其增值额为40万元(100 — 60);增值税只是对本环节增值的40万元课税。由于适用增值税税率为16%,因此,其应纳税额为6.4万元(40×16%)。

增值税在实际操作中采用间接计算办法,即根据货物或应税劳务的销售额,按照规定的税率计算税款,然后从中扣除上一道环节已纳增值税税款,其余额为纳税人应交纳的增值税税款,即所谓的"税款抵扣制"。A单位购进材料与劳务应承担的税额为9.6万元(60×16%),其销售产品应收取的销项税额为16万元(100×16%),本期应纳税额就是6.4万元(16—9.6)。

我国增值税的主要特征可以归纳为以下几个方面:

1. 不重复征税

由于增值税是以增值额作为计税依据,只对销售额中本单位新创造的、未征过税的价值征税,因此,纳税人实际交纳的增值税是销项税额减去进项税额以后的差额,也就是只对货物或劳务销售额中没有征过税的那部分增值额征税,对销售额中属于转移过来的、以前环节已征过税的那部分销售额不再征税。

2. 税负转嫁

由于采用税款抵扣制,商品流通过程中各环节的纳税人购进货物时随同购进货物的价款向销售方支付进项税额,销售时随同销售产品的价款向购买方收取销项税额,再将销项税额扣除进项税额的差额作为应纳税额上交税务部门,于是,在流转过程中,纳税人本身并不负担增值税税款。税款抵扣环环相连,随着各环节交易活动的进行,增值税税负具有逐环节向后推移的特点,作为纳税人的生产经营者并不是增值税的真正负担者,只有最终消费者才是全部税款的负担者。

3. 凭票管理,凭票抵扣

为了保证税款抵扣制度的实施,税务部门必须通过增值税发票对纳税人的交易进行管理。根据税法的规定,发生交易行为时,销售方应该开具增值税发票给购买方,发票上注明货物的价款、税款及价税合计数,销售方凭发票上价税合计的金额收取货款,而购买方凭发票上注明的税款在计算当期应纳税额时进行抵扣。在实际操作中,税务部门对发票的开具和使用有严格的规定,购买方取得发票抵扣联应当经过税务部门的认证后才能进行抵扣。

4. 价外计税,价税分离

在商品交易过程中,销售方向购买方收取的款项应该包括两个部分:货物本身的价款和转移出去的税额(即销项税额),所以有"含税销售额"和"不含税销售额"之分。含税不含税主要是指含不含向购买方收取的增值税税额。增值税以不含税销售额为计税依据,即计税价格不包含其本身的税额,税收负担明确。开具的增值税专用发票都会分别标明货物的价款和增值税税款,但在商品零售环节,价款和税款未分开标明,这主要是考虑消费者的心理习惯,但并未改变增值税价外税的性质。

5. 税基广阔,具有征收的普遍性和连续性

从生产经营的横向关系看,无论工业、商业或者规定的劳务服务活动,只要有增值收入就要纳税;从生产经营的纵向关系看,每一货物无论经过多少生产经营环节,都要按各道环节发生的增值额逐次征税。对征税入库来说,增值税可以为国家取得稳定及时的财政收入。

6. 对不同经营规模的纳税人采取不同的计税方法

相对于其他税种来说,增值税一个很明显的特点是将纳税人分类管理。现行增值税按照销售额的大小和会计核算健全与否将纳税人划分为两类:一类为一般纳税人,采用购进扣税法计税;另一类为小规模纳税人,采用征收率的特殊办法征收。这样做既有利于增值税制度的推行,又有利于简化征收、强化征管。

(二)增值税税目与税率表

现行的增值税税目、税率及其适用范围的主要内容归纳如表5-2所示。

表 5—2 增值税税目税率一览表

纳税人	税率名称	税率	具体税目(征税范围)
一般纳税人	基本税率	16%	纳税人销售货物、劳务、有形动产租赁服务或者进口货物
	低税率	10%	纳税人销售交通运输、邮政、基础电信、建筑、不动产租赁服务,销售不动产,转让土地使用权,销售或者进口下列货物:①粮食等农产品、食用植物油、食用盐;②自来水、暖气、冷气、热水、煤气、石油液化气、天然气、二甲醚、沼气、居民用煤炭制品;③图书、报纸、杂志、音像制品、电子出版物;④饲料、化肥、农药、农机、农膜;⑤国务院规定的其他货物
		6%	纳税人销售服务、无形资产
	零税率	0%	纳税人出口货物(国务院另有规定的除外),境内单位和个人跨境销售国务院规定范围内的服务、无形资产
小规模纳税人	征收率	3%	小规模纳税人发生应税销售行为,实行按照销售额和征收率计算应纳税额的简易办法,且不得抵扣进项税额

从 2019 年 4 月 1 日起,将制造业等行业现行 16% 的税率降至 13%,将交通运输业、建筑业等行业现行 10% 的税率降至 9%,保持 6% 一档税率不变。

(三)一般纳税人核算

属于增值税一般纳税人的单位,应当设置"应交增值税"科目,下设"应交税金""未交税金""预交税金""待抵扣进项税额""待认证进项税额""待转销项税额""简易计税""转让金融商品应交增值税""代扣代交增值税"等明细科目。在"应交税金"明细账内还应当设置"进项税额""已交税金""转出未交增值税""减免税款""销项税额""进项税额转出"等专栏。

"应交增值税"科目的期末借方余额反映单位尚未抵扣或多交的增值税,期末贷方余额反映单位应交未交的增值税。

一般纳税人应纳增值税额的计算公式如下:

当期应纳增值税额=当期销项税额−当期进项税额

其中:

当期销项税额=当期销售额×适用税率
当期进项税额=当期购进货物支付的价款×适用税率

1. 一般纳税人购买资产或接受服务的核算

借:业务活动费用/在途物品/库存物品/固定资产/工程物资/在建工程等
应交增值税——应交税金——进项税额(当月已认证的可抵扣增值税)
应交增值税——待认证进项税额(当月未认证的可抵扣增值税)

贷:银行存款/零余额账户用款额度(实际支付的金额)

应付票据(开出并承兑的商业汇票)

应付账款(应付的金额)

发生退货的,如原增值税专用发票已做认证,应根据税务机关开具的红字增值税专用发票做相反的会计分录;如原增值税专用发票未做认证,应将发票退回并做相反的会计分录。

单位取得应税项目为不动产或者不动产在建工程,其进项税额自取得之日起分2年从销项税额中抵扣。

单位购进资产或服务等,用于简易计税方法计税项目、免征增值税项目、集体福利或个人消费等,其进项税额不得从销项税额中抵扣。

单位因发生非正常损失或改变用途等,原已计入进项税额、待抵扣进项税额或待认证进项税额的,不得从销项税额中抵扣。

2. 一般纳税人销售资产或提供服务的核算

借:银行存款/应收账款/应收票据(包括增值税的价税总额)

贷:事业收入/经营收入等(按扣除增值税销项税额后的价款金额)

应交增值税——应交税金(销项税额)

发生销售退回,应根据按规定开具的红字增值税专用发票做相反的会计分录。

3. 一般纳税人交纳增值税的核算

月度终了,单位应当将当月应交未交或多交的增值税自"应交税金"明细科目转入"未交税金"明细科目。对于当月应交未交的增值税,借记"应交增值税"科目(应交税金——转出未交增值税),贷记"应交增值税"科目(未交税金);对于当月多交的增值税,借记"应交增值税"科目(未交税金),贷记"应交增值税"科目(应交税金——转出多交增值税)。

单位交纳当月应交的增值税时,借记"应交增值税"科目(应交税金——已交税金),贷记"银行存款"等科目。

单位交纳以前期间未交的增值税,借记"应交增值税"科目(未交税金),贷记"银行存款"等科目。

(四)小规模纳税人核算

小规模纳税人实行简单的征收办法,按照3%的征收率征税。小规模纳税人应纳增值税额的计算公式如下:

应纳增值税额=销售额×3%

1. 小规模纳税人购入资产或接受服务的核算

借:业务活动费用/在途物品/库存物品/固定资产等(价税合计金额)

　　　　贷:银行存款/零余额账户用款额度(实际支付的金额)
　　　　　　应付票据(开出并承兑的商业汇票)
　　　　　　应付账款(应付的金额)
　　2. 小规模纳税人销售资产或提供服务的核算
　　　借:银行存款/应收账款/应收票据(包括增值税的价税总额)
　　　　贷:事业收入/经营收入等(按扣除增值税金额后的价款)
　　　　　　应交增值税(按应交增值税金额)
　　3. 小规模纳税人交纳增值税的核算
　　实际交纳增值税时,借记"应交增值税"科目,贷记"银行存款"等科目。
　　【例5—2】　B单位从事经营业务,适用小规模纳税人的增值税税率为3%。某月
B单位与W公司签订技术服务合同,约定:B单位于1月5日至30日向W公司提供
某项技术服务,W公司应于合同签订之日预付100 000元技术服务费,在完成技术服
务后再支付312 000万元技术服务费,价税合计412 000元。

　　5日,B单位收到预付的款项100 000元存入银行,会计分录为:增加"银行存款"
100 000元,同时增加"预收账款"100 000元。30日,完成技术服务后收到款项
312 000元,会计分录为:增加"银行存款"312 000元,增加经营收入312 000元,同时
增加经营费用和应交增值税9 360元。

　　经审核,5日核算正确,30日核算不正确。会计处理应当注意:增值税是价外税,
需要从价税合计中分离出价款400 000元和税款12 000元,所以,该项业务经营收入
的总数只能是400 000元,增值税应当是12 000元,而不是9 360元;增值税不能记
入"经营费用"科目。随着服务合同规定的事项全部完成,应当将预收款转出记入"经
营收入"科目核算。30日正确的会计处理如下:

　　　借:银行存款　　　　　　　　　　　　　　　　　　312 000.00
　　　　预收账款　　　　　　　　　　　　　　　　　　100 000.00
　　　　贷:经营收入　　　　　　　　　　　　　　　　　　400 000.00
　　　　　　应交增值税　　　　　　　　　　　　　　　　　12 000.00

　　上述编制的会计分录被称为多借多贷的复合会计分录,可以改为编制一借一贷、
一借多贷或一贷多借的简单会计分录:

　　　借:银行存款　　　　　　　　　　　　　　　　　　312 000.00
　　　　贷:经营收入　　　　　　　　　　　　　　　　　　300 000.00
　　　　　　应交增值税　　　　　　　　　　　　　　　　　12 000.00
　　　借:预收账款　　　　　　　　　　　　　　　　　　100 000.00
　　　　贷:经营收入　　　　　　　　　　　　　　　　　　100 000.00

二、其他应交税费的核算

"其他应交税费"科目核算单位按照税法等的规定计算应交纳的除增值税以外的各种税费,包括城市维护建设税、教育费附加、地方教育费附加、车船税、房产税、城镇土地使用税、企业所得税、代扣代交的个人所得税等。[①] 该科目应当按照应交纳的税费种类进行明细核算。该科目的期末贷方余额反映单位应交未交的除增值税以外的税费金额;期末如为借方余额,则反映单位多交纳的除增值税以外的税费金额。

(一)应交城市维护建设税和教育费附加等税费的核算

城市维护建设税以所交纳增值税、消费税的单位和个人为对象,其适用税率如下:纳税人所在地在城市市区的,税率为7%;纳税人所在地在县城、建制镇的,税率为5%;纳税人所在地不在城市市区、县城、建制镇的,税率为1%。

教育费附加纳入预算管理,作为教育专项资金,根据"先收后支、列收列支、收支平衡"的原则使用和管理。教育费附加征收率为实际交纳的增值税和消费税税额的3%。地方教育费附加征收率为实际交纳的增值税和消费税税额的2%。

发生城市维护建设税、教育费附加纳税义务的,按税法规定计算的应交税费金额,借记"业务活动费用""单位管理费用""经营费用"等科目,贷记"其他应交税费"科目。

〖例5-3〗　C单位属于小规模纳税人,某月经营业务开出增值税专用发票100 000元,适用增值税税率为3%,应纳增值税额为3 000元,款项收讫,应进行财务会计核算如下:

借:银行存款　　　　　　　　　　　　　　　　　103 000.00
　　贷:经营收入　　　　　　　　　　　　　　　　100 000.00
　　　　应交增值税　　　　　　　　　　　　　　　　3 000.00

按3 000元的7%计算应交城市维护建设税,应进行财务会计核算如下:

应纳城市维护建设税＝实际交纳的增值税、消费税×适用税率
＝3 000×7%＝210(元)

借:经营费用　　　　　　　　　　　　　　　　　　210.00
　　贷:其他应交税费——应交城市维护建设税　　　　210.00

按3 000元的2%和3%分别计算教育费附加和地方教育费附加,应进行财务会计核算如下:

应纳教育费附加＝实际交纳的增值税、消费税×附加费率
＝3 000×(2%＋3%)＝150(元)

---

① 单位发生企业所得税纳税业务详见本书第七章第五节的介绍。应纳的印花税不需要预提应交税费,可直接通过"业务活动费用""单位管理费用"等科目核算,不在"其他应交税费"科目核算。

借:经营费用　　　　　　　　　　　　　　　　　　150.00
　　贷:其他应交税费——教育费附加　　　　　　　　60.00
　　　　其他应交税费——地方教育费附加　　　　　　90.00

单位实际交纳时,借记"其他应交税费"科目,贷记"银行存款"科目。

(二)个人所得税的核算

个人所得税是以个人(自然人)取得的所得为征税对象的一种所得税。个人所得税以所得人为纳税义务人,以支付所得的单位或个人为扣税义务人。支付给职工的工资、薪金所得(包括工资、薪金、奖金、年终加薪、劳动分红、津贴、补贴,以及与任职或者受雇有关的其他所得)以每月收入额减去费用标准(起征点)后的余额(应纳税所得额),根据超额累进税率征税。

单位发生代扣代交个人所得税的,按税法的规定计算应代扣代交的个人所得税金额,借记"应付职工薪酬"科目,贷记"其他应交税费"(应交个人所得税)科目。实际交纳时,借记"其他应交税费"(应交个人所得税)科目,贷记"银行存款"科目。

三、应缴财政款

非税收入作为财政收入的重要组成部分,不仅应当纳入财政预算管理,而且应当全部上缴国库,任何部门、单位和个人不得截留、占用、挪用、"坐支"或者拖欠。

非税收入是指除税收以外,由各级国家机关、事业单位、代行政府职能的社会团体及其他组织依法利用国家权力、政府信誉、国有资源(资产)所有者权益等取得的各项收入,具体包括行政事业性收费收入、政府性基金收入、罚没收入、国有资源(资产)有偿使用收入、国有资本收益、彩票公益金收入、特许经营收入、中央银行收入、以政府名义接受的捐赠收入、主管部门集中收入、政府收入的利息收入和其他非税收入。

为了加强政府非税收入管理,规范"收支两条线"管理,财政部印发《政府非税收入管理办法》的通知(财税〔2016〕33号)。凡是有政府非税收入收缴职能的单位,都应当按照规定项目和标准征收政府非税收入,并按照规定开具财政票据。

非税收入票据包括非税收入通用票据、非税收入专用票据和非税收入一般缴款书,是征收非税收入的法定凭证和会计核算的原始凭证,是财政、审计等部门进行监督检查的重要依据。

上海市非税收入收缴管理信息系统(简称"非税系统")就是上海市各级非税收入收缴开票、对账、分成、入库、退付等业务实施的信息化服务平台,由市财政局统一管理,各区县财政局分级维护。非税收入账户体系包括国库单一账户、财政专户、执收单位收入汇缴专户(简称"汇缴专户")和非税收入退付备用金专户(简称"备用金专户")。

非税收入实行由缴款人将应缴款项通过商业银行营业网点缴入国库单一账户或财政专户的收缴分离管理制度,其收缴方式有集中汇缴、直接缴库等(如图5—1所示)。在直接缴库(无中间环节)的情况下,应缴款项一般不通过单位的"应缴财政款"科目核算。

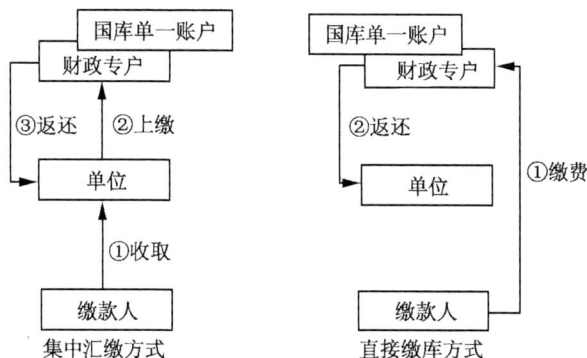

图5-1　集中汇缴和直接缴库的业务流程

单位应当设置"应缴财政款"科目,核算单位取得或应收的按照规定应当上缴财政的款项,包括应缴国库的款项和应缴财政专户的款项(应交税费除外)。该科目应当按照应缴财政款项的类别进行明细核算。该科目的期末贷方余额反映单位应当上缴财政但尚未缴纳的款项。年终清缴后,该科目一般无余额。

实现应上缴财政专户的事业收入时,按照实际收到或应收的金额,借记"银行存款""应收账款"等科目,贷记"应缴财政款"科目。

向财政专户上缴款项时,按照实际上缴的款项金额,借记"应缴财政款"科目,贷记"银行存款"等科目。

〖例5-4〗　D单位依法没收一批物资,已委托某拍卖行拍卖,取得拍卖收入500 000元。此项收入纳入预算管理的财政性资金,需要上缴国库。

收到款项时:

借:银行存款　　　　　　　　　　　　　　　500 000.00
　　贷:应缴财政款　　　　　　　　　　　　　　500 000.00

按规定上缴时:

借:应缴财政款　　　　　　　　　　　　　　500 000.00
　　贷:银行存款　　　　　　　　　　　　　　　500 000.00

〖例5-5〗　E单位经主管部门批复同意出租房屋,收取租金13 000元已存入银行;同时,填列"非税收入一般缴款书",将该款项上缴财政,应进行财务会计核算如下:

借:银行存款　　　　　　　　　　　　　　　13 000.00
　　贷:应缴财政款　　　　　　　　　　　　　　13 000.00

借:应缴财政款 13 000.00
　　贷:银行存款 13 000.00

第三节　应付职工薪酬

一、应付职工薪酬的科目设置

应付职工薪酬是指单位应付未付的工资、津贴、补贴等各种报酬。

单位应当设置"应付职工薪酬"科目,核算单位按有关规定应付给职工(含长期聘用人员)及为职工支付的各种薪酬,包括基本工资、国家统一规定的津贴补贴、规范津贴补贴(绩效工资)、改革性补贴、社会保险费(如职工基本养老保险费、职业年金、基本医疗保险费等)、住房公积金等。该科目应当根据国家有关规定按照"基本工资"(含离退休费)、"国家统一规定的津贴补贴""规范津贴补贴(绩效工资)""改革性补贴""社会保险费""住房公积金""其他个人收入"等进行明细核算。其中,"社会保险费""住房公积金"明细科目核算的内容包括单位从职工工资中代扣代交的社会保险费、住房公积金,以及单位为职工计算交纳的社会保险费、住房公积金。该科目的期末贷方余额反映单位应付未付的职工薪酬。

二、应付职工薪酬的核算内容

配合国库集中支付改革,工资实行财政直接支付的流程如图5－2所示。

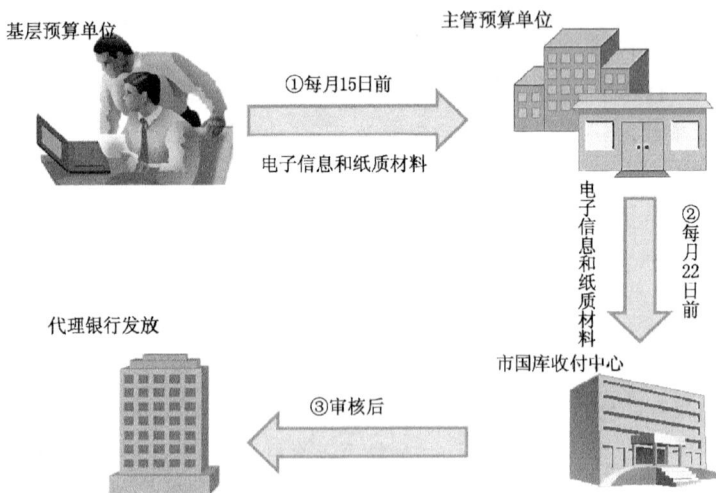

图5－2　工资实行财政直接支付流程内容

"应付职工薪酬"科目的借、贷方发生额及其核算的主要内容如图5-3所示。

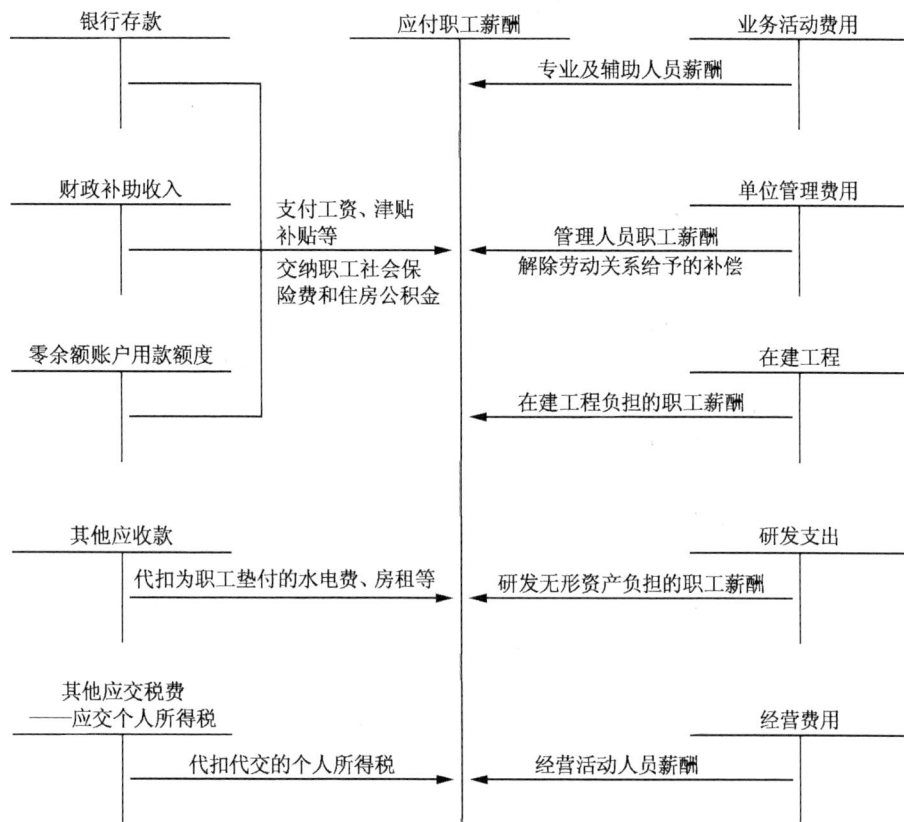

图5-3 应付职工薪酬借贷方发生额及其核算的内容

〖**例5-6**〗 F单位计算并发放本月管理人员报酬,由财政直接支付,应进行相关的财务会计核算如下:

计算确认当期基本工资110 000元,统一补贴50 000元,绩效工资40 000元,社会保险10 000元,住房公积金6 000元时:

借:单位管理费用	216 000.00
贷:应付职工薪酬——基本工资	110 000.00
应付职工薪酬——国家统一规定的津贴补贴	50 000.00
应付职工薪酬——规范津贴补贴(绩效工资)	40 000.00
应付职工薪酬——社会保险费	10 000.00

应付职工薪酬——住房公积金	6 000.00

发放工资时(其中,应代扣个人所得税2 000元):

借:应付职工薪酬——基本工资	108 000.00
应付职工薪酬——国家统一规定的津贴补贴	50 000.00
应付职工薪酬——规范津贴补贴(绩效工资)	40 000.00
贷:财政拨款收入	198 000.00

拨付职工的社会保险费和住房公积金时:

借:应付职工薪酬——社会保险费	10 000.00
应付职工薪酬——住房公积金	6 000.00
贷:财政拨款收入	16 000.00

按个人所得税法的规定结转并交纳个人所得税2 000元时:

借:应付职工薪酬——基本工资	2 000.00
贷:其他应交税费——应交个人所得税	2 000.00
借:其他应交税费——应交个人所得税	2 000.00
贷:财政拨款收入	2 000.00

从应付职工薪酬中代扣并支付按照国家规定应由职工个人承担的社会保险费20 000元和住房公积金12 000元时:

借:应付职工薪酬——基本工资	32 000.00
贷:应付职工薪酬——社会保险费	20 000.00
应付职工薪酬——住房公积金	12 000.00
借:应付职工薪酬——社会保险费	20 000.00
应付职工薪酬——住房公积金	12 000.00
贷:财政拨款收入	32 000.00

第四节　借　款*

一、借款概述

　　借款是指向银行等金融机构借入的资金,包括短期借款和长期借款。按照偿还方式的不同,分为定期一次性偿还和分期偿还借款;按照还本付息方式的不同,分为分期付息到期还本、到期一次还本付息、分期偿还本息借款;按照涉及货币种类的不同,分为人民币借款和外币借款。

　　行政事业单位都不是经营性营利组织,其资金来源主要依靠国家财政拨款,其费用主要是消耗性支出,所以,不应当也没有必要靠借债来发展事业。如果允许单位擅自举债,不仅与单位的性质相违背,而且一些单位会因债台高筑无力偿还而背上沉重的债务包袱,带来极大的财务风险,最终会严重影响单位正常业务工作的开展。例如,个别学校以未来财政投入和学费收入作为预期还贷来源,通过银行贷款解决扩招建设所需资金,随着还贷高峰的到来,债务负担沉重,每年用大量非财政拨款收入还本付息已难以支撑,存在着严重的财务风险,也严重制约了学校办学质量的提高和进一步发展。为此,一定要规范和加强单位借入款项的管理,不得违规举借债务。

二、短期借款核算

短期借款是指事业单位经批准向银行或其他金融机构等借入的期限在 1 年内(含 1 年)的各种借款。

单位应当设置"短期借款"科目,核算事业单位经批准向银行或其他金融机构等借入的期限在 1 年内(含 1 年)的各种借款。该科目的期末贷方余额反映单位尚未偿还的短期借款本金。

借入各种短期借款时,按照实际借入的金额,借记"银行存款"科目,贷记"短期借款"科目。

单位还应当设置"应付利息"科目,核算单位按照合同约定应支付的利息,包括短期借款、分期付息到期还本的长期借款等应支付的利息。该科目可按存款人或债权人进行明细核算。该科目的期末贷方余额反映单位应付未付的利息。

按期计提短期借款利息费用时,借记"其他费用"科目,贷记"应付利息"科目。

$$借款利息＝借款本金×利率×期限$$

实际支付短期借款利息时,借记"应付利息"科目,贷记"银行存款"科目。

归还短期借款时,借记"短期借款"科目,贷记"银行存款"科目。

〖例 5-7〗 G 单位经批准于某年 9 月 10 日向工商银行借入期限为 3 个月、年利率为 5％的借款 300 000 元,存入银行账户。应进行财务会计核算如下:

借:银行存款	300 000.00
贷:短期借款——工商银行	300 000.00

当年 12 月 10 日,以银行存款偿还上述已到期的短期借款及利息。

短期借款利息＝300 000×5％÷4＝3 750(元)

借:短期借款——工商银行	300 000.00
其他费用——利息支出	3 750.00
贷:银行存款	303 750.00

三、长期借款核算

事业单位应当设置"长期借款"科目,核算经批准向银行或其他金融机构借入的期限超过1年(不含1年)的各种借款。该科目下设"本金"和"应计利息"明细科目,并应当按照贷款单位和贷款种类进行明细核算。对于基建项目借款,还应按具体项目进行明细核算。该科目的期末贷方余额反映单位尚未偿还的长期借款本金。

(一)借入长期借款的核算

借入各项长期借款时,按照实际借入的金额,借记"银行存款"科目,贷记"长期借款(本金)"科目。

(二)专门借款利息的核算

为购建固定资产支付的专门借款利息有两种支付方式:一是分期付息、到期还本;二是到期一次还本付息,并分别情况处理(如表5—3所示)。

表5—3　　　　　　　　　　　　长期借款利息处理方式

借款费用发生期间	利息支付方式	借方科目	贷方科目
为建造固定资产、公共基础设施等借入的专门借款的利息,属于建设期间发生的利息,计入工程成本	分期付息、到期还本	在建工程	应付利息
	到期一次还本付息		长期借款——应计利息
不属于建设期间发生的、按期计提的利息费用,均计入当期费用	分期付息、到期还本	其他费用	应付利息
	到期一次还本付息		长期借款——应计利息

实际支付利息时,借记"应付利息"或"长期借款"科目(应计利息),贷记"银行存款"科目。

概念辨析:资产负债表日与合同约定付息日有区别。资产负债表日指的是结账日期,即结账和编制资产负债表的日期,一般是指会计年末。年度资产负债表日为每年的12月31日,中期资产负债表日为各会计中期期末,包括月末、季末和半年末。例如,第一季度的资产负债表日是3月31日,半年的资产负债表日是6月30日。借款合同中按期归还借款本金和利息的约定日期有时与资产负债表日一致,有时是不一致的。按照权责发生制的核算要求,事业单位在每个资产负债表日都应当按照制度的规定计算确定借款利息费用。

(三)归还长期借款的会计处理

归还长期借款时,借记"长期借款(本金、应计利息)"科目,贷记"银行存款"科目。

【例5—8】　2018年7月1日,H事业单位为建设某工程项目的需要,向建设银行借入款项200 000元,期限为2年,年利率为6%,每年付息。2020年6月30日归还借款本息。工程建设期为2年。应进行财务会计核算如下：

2018年7月1日借款时：

借:银行存款	200 000.00	
贷:长期借款——本金		200 000.00

2019年6月30日计提并支付利息时：

借:在建工程——利息支出	12 000.00	
贷:长期借款——应计利息		12 000.00
借:长期借款——应计利息	12 000.00	
贷:银行存款		12 000.00

2020年6月30日还本付息时：

借:在建工程——利息支出	12 000.00	
贷:长期借款——应计利息		12 000.00
借:长期借款——本金	200 000.00	
长期借款——利息支出	12 000.00	
贷:银行存款		212 000.00

第五节　应付及预收款项

任何单位在业务活动中都会与其他单位或个人发生往来,因而会存在各种应付及预收款项,包括应付票据、应付账款、应付政府补贴款、预收账款、其他应付款等。

一、应付票据

事业单位应当设置"应付票据"科目,核算因购买材料、物资等而开出、承兑的商业汇票,包括银行承兑汇票和商业承兑汇票。该科目应当按照债权人进行明细核算。该科目的期末贷方余额反映单位开出、承兑的尚未到期的商业汇票票面金额。

事业单位还应当设置"应付票据备查簿",详细登记每一应付票据的种类、号数、出票日期、到期日、票面金额、交易合同号、收款人姓名或单位名称,以及付款日期和金额等资料。应付票据到期结清票款后,应当在备查簿内逐笔注销。

应付票据财务会计核算的主要内容如下：

开出、承兑商业汇票时,借记"库存物品""固定资产"等科目,贷记"应付票据"科目;以承兑商业汇票抵付应付账款时,借记"应付账款"科目,贷记"应付票据"科目。

支付银行承兑汇票的手续费时,借记"业务活动费用""经营费用"等科目,贷记"银行存款""零余额账户用款额度"等科目。

商业汇票到期时,应当分别以下情况处理:(1)收到银行支付到期票据的付款通知时,借记"应付票据"科目,贷记"银行存款"科目;(2)银行承兑汇票到期,本单位无力支付票款的,按照汇票票面金额,借记"应付票据"科目,贷记"短期借款"科目;(3)商业承兑汇票到期,本单位无力支付票款的,按照汇票票面金额,借记"应付票据"科目,贷记"应付账款"科目。

二、应付账款

单位应当设置"应付账款"科目,核算因购买物资、接受服务、开展工程建设等而应付的偿还期限在1年内(含1年)的款项。该科目应当按照债权人进行明细核算。该科目的期末贷方余额反映单位尚未支付的应付账款。

应付账款财务会计核算的主要内容如下:

购入物资或服务、完成工程但货款尚未支付的,按照应付未付金额,借记"存货物品""固定资产""在建工程"等科目,贷记"应付账款"科目。

偿付应付账款时,按照实际支付的款项金额,借记"应付账款"科目,贷记"财政拨款收入""零余额账户用款额度""银行存款"等科目。

开出、承兑商业汇票抵付应付账款,借记"应付账款"科目,贷记"应付票据"科目。

三、应付政府补贴款

行政单位应当设置"应付政府补贴款"科目,核算按照规定应当支付给政府补贴接受者的各种政府补贴款。该科目应当按照应支付的政府补贴种类进行明细核算。单位还应当根据需要按照补贴接受者进行明细核算,或者建立备查簿对补贴接受者予以登记。该科目的期末贷方余额反映行政单位应付未付的政府补贴金额。

发生应付政府补贴时,按照依规定计算确定的应付政府补贴金额,借记"业务活动费用"科目,贷记"应付政府补贴款"科目。

支付应付政府补贴款时,按照支付金额,借记"应付政府补贴款"科目,贷记"零余额账户用款额度""银行存款"等科目。

四、预收账款

事业单位应当设置"预收账款"科目,核算按合同规定预先收取但尚未结算的款项,并应当按照债权人进行明细核算。该科目的期末贷方余额反映事业单位预收但尚未结算的款项金额。

预收账款财务会计核算的主要内容如下:

从付款方预收款项时,按照实际预收的金额,借记"银行存款"等科目,贷记"预收账款"科目。

确认有关收入时,借记"预收账款"科目;按照应确认的收入金额,贷记"事业收入""经营收入"等科目;按照付款方补付或退回付款方的金额,借记或贷记"银行存款"等科目。

〖例5—9〗 2018年9月,J事业单位开展经营活动,与M企业就一项技术攻关项目签订合同,合同约定J事业单位在1年内为M企业提供某项技术解决方案,总价款为400 000元,M企业预付50%的款项,待项目完成后再支付剩余款项。

收到预付款项时:

借:银行存款 200 000.00

贷:预收账款 200 000.00

项目完工,确认预付款项转为经营收入时:

借:预收账款 200 000.00

贷:经营收入 200 000.00

项目完工,收到剩余款项时:

借:银行存款 200 000.00

贷:经营收入 200 000.00

五、其他应付款

单位应当设置"其他应付款"科目,核算除应交增值税、其他应交税费、应缴财政款、应付职工薪酬、应付票据、应付账款、应付政府补贴款、应付利息、预收账款外,其他各项偿还期限在1年内(含1年)的应付及暂收款项,如收取的押金、存入保证金、已经报销但尚未偿还银行的本单位公务卡欠款等,还包括同级政府财政部门预拨的下期预算款、没有纳入预算的暂付款项,以及采用实拨资金方式通过本单位转拨给下属单位的财政拨款。该科目应当按照其他应付款的类别以及债权人进行明细核算。该科目的期末贷方余额反映单位尚未支付的其他应付款。

其他应付款财务会计核算的主要内容如下:

(一)暂收款项

由行政事业单位暂时收取,在经济活动结束后需退还原付款单位或个人,不构成本单位收入的款项,如押金、定金、保证金及其他暂时收取的各种款项等。

(二)代收款项

由行政事业单位代为收取,在经济活动结束后需付给其他收款单位或个人,不构成本单位收入的款项,如代收教材费、体检费、水电费、供暖费、电话费等。

发生各项应付及暂收款项时,借记"银行存款"等科目,贷记"其他应付款"科目。

支付其他应付款项时,借记"其他应付款"科目,贷记"银行存款"等科目。

(三)预拨款项

收到同级政府财政部门预拨的下期预算款和没有纳入预算的暂付款项,按照实际收到的金额,借记"银行存款"等科目,贷记"其他应付款"科目;待下一预算期或批准纳入预算时,借记"其他应付款"科目,贷记"财政拨款收入"科目。

(四)转拨资金

采用实拨资金方式通过本单位转拨给下属单位的财政拨款,按照实际收到的金额,借记"银行存款"科目,贷记"其他应付款"科目;向下属单位转拨财政拨款时,按照转拨的金额,借记"其他应付款"科目,贷记"银行存款"科目。

(五)公务卡先报销后偿还的核算

本单位公务卡持卡人报销时,按照审核报销的金额,借记"业务活动费用""单位管理费用"等科目,贷记"其他应付款"科目;偿还公务卡欠款时,借记"其他应付款"科目,贷记"零余额账户用款额度"等科目。

温馨提示: 当发生无法偿付或债权人豁免偿还的应付账款、预收账款、其他应付款项时,应当借记各该相关科目,贷记"其他收入"科目。核销的应付款项应当在备查簿中保留登记,即账销案存。

第六节 其他特殊负债*

一、长期应付款

长期应付款的特征是涉及多个会计年度,如融资租入固定资产所发生的应付租赁款、跨年度分期付款购入的固定资产价款等。

单位为此应当设置"长期应付款"科目,核算单位发生的偿还期限超过1年(不含1年)的应付款项。该科目应当按照长期应付款的类别以及债权单位(或个人)进行明细核算。该科目的期末贷方余额反映单位尚未支付的长期应付款。

发生长期应付款时,借记"固定资产""在建工程"等科目,贷记"长期应付款"科目。

支付长期应付款时,按照实际支付的金额,借记"长期应付款"科目,贷记"财政拨款收入""零余额账户用款额度""银行存款"科目。涉及增值税业务的,相关财务会计核算参照"应交增值税"科目。

无法偿付或债权人豁免偿还的长期应付款,经批准核销时,借记"长期应付款"科目,贷记"其他收入"等科目。核销的长期应付款应在备查簿中保留登记。

二、预计负债

为什么要预计负债? 因为存在或有事项。或有事项是指过去的交易或者事项形成的,其结果须由某些未来事件的发生或不发生才能决定的不确定事项,包括未决诉讼或仲裁、债务担保等。

与或有事项有关的义务符合什么条件时才能确认为负债? 会计准则认为,一是该义务是单位承担的现时义务,二是该义务的履行很可能导致经济利益流出单位,三是该义务的金额能够可靠计量。

〖例5—10〗　K单位与乙公司发生经济纠纷,经调解无效,乙公司遂于2017年12月10日向法院提起诉讼。至2017年12月31日法院尚未判决,但法庭调查表明,K单位的行为确实违法。这种情况表明,对K单位而言,一项现时义务已经产生。根据以往的审判案例推断,K单位很可能败诉,相关的赔偿金额也可以估算出一个范围。在这种情况下,可以认为K单位因未决诉讼承担的现时义务的金额能够可靠估计,从而应对未决诉讼确认为一项负债,因为该义务的履行很可能导致经济利益流出单位。

单位应当设置"预计负债"科目,核算因对或有事项所产生的现时义务而确认的负债,如未决诉讼等确认的负债。该科目按照预计负债的项目进行明细核算。该科目的期末贷方余额反映单位已预计尚未支付的预计负债。

确认预计负债时,按照预计的金额,借记"业务活动费用""经营费用""其他费用"等科目,贷记"预计负债"科目。

实际偿付预计负债时,借记"预计负债"科目,贷记"银行存款""零余额账户用款额度"等科目。

单位可以根据确凿的证据对已确认的预计负债账面余额进行调整。

三、受托代理负债

"受托代理负债"的特征是单位接受委托,取得受托管理资产时所形成的负债。没有接受委托,没有取得受托管理的资产,不会形成受托代理负债。

单位应当单独设置"受托代理负债"科目,核算单位接受委托,取得受托管理资产时形成的负债。该科目应当按照委托人等进行明细核算;属于指定转赠物资和资金的,还应当按照指定受赠人进行明细核算。该科目的期末贷方余额反映单位尚未交付或发出受托代理资产形成的受托代理负债金额。

"受托代理负债"与"受托代理资产"相关,两者的主要财务会计核算内容如下:

(一)受托转赠物资

接受委托人委托需要转赠给受赠人的物资的成本按照有关凭据注明的金额确定。接受委托转赠的物资验收入库,按照确定的成本,借记"受托代理资产"科目,贷记"受托代理负债"科目。受托协议约定由单位承担相关税费、运输费等的,还应当按照实际支付的相关税费、运输费等金额,借记"其他费用"等科目,贷记"银行存款"等科目。

将受托转赠物资交付受赠人时,按照转赠物资的成本,借记"受托代理负债"科目,贷记"受托代理资产"科目。

转赠物资的委托人取消了对捐赠物资的转赠要求,且不再收回捐赠物资的,应当将转赠物资转为存货或固定资产,按照转赠物资的成本,借记"受托代理负债"科目,贷记"受托代理资产"科目;同时,借记"库存物品""固定资产"等科目,贷记"其他收入"科目。

(二)受托储存保管物资

接受委托人委托储存保管的物资的成本按照有关凭据注明的金额确定。接受委托储存的物资验收入库,按照确定的成本,借记"受托代理资产"科目,贷记"受托代理负债"科目。

支付由受托单位承担的与受托储存保管的物资相关的运输费、保管费等费用时,按照实际支付的金额,借记"其他费用"科目,贷记"银行存款"等科目。

根据委托人的要求交付或发出受托储存保管的物资时,按照发出物资的成本,借记"受托代理负债"科目,贷记"受托代理资产"科目。

(三)罚没物资

取得罚没物资时,其成本按照有关凭据注明的金额确定。罚没物资验收(入库),按照确定的成本,借记"受托代理资产"科目,贷记"受托代理负债"科目。罚没物资成本无法可靠确定的,单位应当设置备查簿进行登记,不能以名义金额入账。

按照规定处置或移交罚没物资时,按照罚没物资的成本,借记"受托代理负债"科目,贷记"受托代理资产"科目。处置时取得款项的,按照实际取得的款项金额,借记"银行存款"等科目,贷记"应交财政款"等科目。

在资产负债表中,将"受托代理资产"和"受托代理负债"作为单独项目进行反映,以充分反映单位受托代理的资产和负债。

〔例5—11〕 某国土局发生受托代理资产业务如下:

接受甲公司受托转赠物资一批,实际成本为500 000元。接受委托的转赠物资验收入库时,应编制会计分录为:

借:受托代理资产		500 000.00
贷:受托代理负债		500 000.00

根据受托协议承担相关税费及运输费25 000元,通过财政授权方式支付该笔费用时,应编制会计分录为:

借:其他费用		25 000.00
贷:零余额账户用款额度		25 000.00

将受托转赠的物资交付受赠人,转赠物资成本为500 000元,应编制会计分录为:

借:受托代理负债		500 000.00
贷:受托代理资产		500 000.00

四、关注财务风险,有效管控债务

负债虽然是财务管理的重要内容,但并不意味着鼓励单位负债运转与经营。由于不同负债的偿还期长短不一、风险大小不等,单位应当实施分类管理。对于往来款中属于负债性质的款项,如应付款项、暂存款项等,应当及时组织清理,保证按时进行结算;对于应交税费等,要积极准备资金,保证按规定交纳;对于应交款项,应当严格按照国家相关规定执行,及时足额上交,不得无故拖欠、截留和"坐收""坐支";对于借入款项,要严格控制和管理,保证偿还。

单位要明确建立健全财务风险控制机制的重要性,尤其要规范和加强借入款项管理,严格执行审批程序,不得违反规定举借债务和提供担保。

温馨提示:单位提供担保,实际上是利用国有资产、国家信用进行担保,形成的是单位或有负债。根据《中华人民共和国担保法》的相关规定,学校、医院等以公益为目的的事业单位、社会团体不得为保证人。

在国外,政府破产并不鲜见,美国、日本、冰岛等国的地方政府都出现过破产案例,如美国加州的斯托克顿市、圣贝纳迪诺市、马麦斯湖等多个城市曾申请破产。底特律曾是美国第五大城市,也曾是世界汽车制造业的中心。20 世纪 50 年代,汽车制造业的发展使底特律人口数量大增,达到 180 万人。但在 2000 年到 2010 年间,为了躲避经济危机带来的严重影响和城区治安的恶化,底特律面临数十年来最严峻的人口下降,长期债务存量高达 180 亿美元。2013 年 3 月,密歇根州州长施耐德宣布底特律进入财政紧急状态,于该年 7 月 18 日向联邦法院申请破产保护。

2007 年的金融危机和"大衰退"被解释为一场明斯基式的危机。海曼·明斯基(Hyman Minsky)(美国经济学家)的观点主要是经济长时期稳定可能导致债务增加、杠杆比率上升,进而从内部滋生爆发金融危机和陷入漫长去杠杆化周期的风险。

截至 2017 年年末,我国政府债务余额为 29.95 万亿元,其中,中央财政国债余额13.48 万亿元,地方政府债务余额 16.47 万亿元。政府负债率(债务余额除以 GDP 所得出的比例)为 36.2%。[①]

我国政府高度重视政府债务管理工作,连续出台了一系列政策措施,覆盖了限额管理、预算管理、风险预警、应急处置以及日常监督等各个环节:一是健全法律和制度体系,《国务院关于加强地方政府性债务管理的意见》(国发〔2014〕43 号)从顶层设计层面构建了地方政府债务管理的法律制度框架;二是建立限额管理机制,要求地方政

---

① 2018 年 3 月 7 日财政部部长肖捷就"财税改革和财政工作"答问。

府举债不得突破批准的限额,依法设置地方政府债务的"天花板",建立起地方政府债务规模控制的长效机制;三是政府债务全部纳入预算管理,改变了以往政府债务游离于预算外的局面;四是开展风险评估和预警,综合运用债务率等指标,组织评估地方各级政府的债务风险情况,并将结果通报有关部门和各省级政府,督促高风险地区切实化解风险;五是发行地方政府债券置换存量债务,有效缓解地方政府偿债压力,降低地方政府利息负担;六是研究制定应急处置预案,国务院办公厅发出《关于印发地方政府性债务风险应急处置预案的通知》(国办函〔2016〕88号),及时实施风险评估和预警,做到风险早发现、早报告、早处置;七是制止违法违规担保融资行为,对违法违规的地方政府、金融机构,会同有关监管部门依法追究有关责任人的责任。

任何单位都应当按照内部控制的规范要求,建立风险定期评估机制,对经济活动存在的风险进行全面、系统和客观评估。风险评估至少每年一次;外部环境、经济活动或管理要求等发生重大变化的,应及时对经济活动风险进行重估。经济活动风险评估结果应当形成书面报告并及时提交单位领导班子,作为完善内部控制的依据。

思考与练习

1. 简述政府会计对于负债的定义、特点及其确认的条件。
2. 举例说明事业单位在什么情况下需要发生应交税费业务。
3. 简述"应缴财政款"与收支两条线管理的关系。
4. 举例说明非税收入与财政票据的管理要求。
5. 简述"应付职工薪酬"的核算范围与核算要求。
6. 简述事业单位长短期借款利息核算的特点。
7. 政府会计为什么要预计负债?它对于防范风险有什么积极意义?
8. 某单位工资实行财政直接支付方式。某月20日向在编管理人员发放基本工资420 000元(其中,应当代扣代交个人所得税15 000元),财务会计已经编制的下列会计分录是否正确?为什么?

　　(1)借:单位管理费用　　　　　　　　　　　　　　　　　420 000.00
　　　　　　贷:应付职工薪酬——基本工资　　　　　　　　　　　　420 000.00
　　(2)借:应付职工薪酬——基本工资　　　　　　　　　　　420 000.00
　　　　　　贷:其他应付款——代扣代交个人所得税　　　　　　　　15 000.00
　　　　　　　　银行存款　　　　　　　　　　　　　　　　　　405 000.00
　　(3)借:其他应付款——代扣代交个人所得税　　　　　　　15 000.00
　　　　　　贷:银行存款　　　　　　　　　　　　　　　　　　15 000.00

第六章

收 入 类 财 务 会 计 核 算

第一节 收入要素概述

一、收入的定义与确认条件

收入是指报告期内导致政府会计主体净资产增加的、含有服务潜力或者经济利益的经济资源的流入,是单位履行职能、完成工作任务和事业发展目标的保障。

政府会计认定的收入一般具有以下特征:

一是单位为了履行职能,完成工作任务依法取得的。单位取得收入是为了补偿支出,而不是为了营利,因而其所提供产品或劳务等活动的价格或收费标准不完全按照市场经济的价值规律来决定,甚至无偿提供或免费服务。例如财政拨款,一方面是为了其存续发展;另一方面含有补贴性质,即有些拨款属于对低价格、低收费服务的一种弥补。

二是取得的收入应当会导致本期净资产的增加。虽然行政事业的收入具有多种渠道取得、多种形式来源等特征,但都应当是经济资源的流入,不是经济资源的流入就不是收入;同时,流入的经济资源抵补自身费用后的差额就会导致政府会计主体净资产的增加。

三是经济资源的流入属于非偿还性资金。任何收入都是要按照规定的用途用于开展各种业务活动的。凡是"流入的、非偿还的"资金,均应当构成收入,从而有别于负债。所以,单位在取得资金时,应当正确划分非偿还性资金和偿还性资金的界限。

概念辨析:某单位科研人员从被服务单位取得一笔专业服务收入,服务期为半年。由于年初预算时没有考虑到这项服务等原因,该研究人员要求单位会计将这笔收入记入"其

他应付款"科目核算,以便列收列支。但该笔款项并不需要退还给原付款单位,因而计入负债核算是错误的。如果是暂收款项、代收款项,确实需要退还给原付款单位的,就不属于收入,而应当计入负债。

政府会计确认的收入应当同时满足以下条件:(1)与收入相关的含有服务潜力或者经济利益的经济资源很可能流入政府会计主体;(2)含有服务潜力或者经济利益的经济资源流入会导致政府会计主体资产增加或者负债减少;(3)流入金额能够可靠计量。

凡是符合收入定义及其确认条件的项目,都应当列入收入费用表的收入项目中。

二、收入的会计科目设置

原行政单位只有财政拨款收入和其他收入两项,原事业单位将收入划分为财政补助收入、事业收入、上级补助收入、附属单位上缴收入、经营收入和其他收入等。财务会计核算将收入具体分为11类,各项收入的名称、对应的会计科目特指用途、经济含义归纳如表6-1所示。采用账结法核算后,各项收入的期初期末均无余额。

表6-1 各项收入的划分及其基本解释

编号	收入项目与会计科目名称	特指用途	基本含义
4001	财政拨款收入		同级财政拨付的
4101	事业收入	事业单位	事业活动取得的
4201	上级补助收入	事业单位	上级拨付的
4301	附属单位上缴收入	事业单位	下级上缴的
4401	经营收入	事业单位	经营活动挣的
4601	非同级财政拨款收入		不是同级财政拨付的
4602	投资收益	事业单位	
4603	捐赠收入		
4604	利息收入		"望文生义"
4605	租金收入		
4609	其他收入		

收入核算的内容虽然面广量大,但为了归类说明各类收入的特点并予以分别反映,本章在阐述收入核算的具体内容时,将其分为财政拨款收入(包括财政拨款收入、非同级财政拨款收入)、事业收入、经营收入和其他各项收入(除了财政拨款收入、事

业收入、经营收入以外的收入)4 个方面。

三、收入的算管结合、算为管用

(一)健全收入核算与管理制度

各项收入由财会部门归口管理并进行会计核算,严禁设立账外账。单位的业务部门应当在涉及收入的合同/协议签订后及时将合同等有关材料提交财会部门作为账务处理依据,确保各项收入应收尽收、及时入账。财会部门应当定期检查收入金额是否与合同约定相符;对应收未收项目应当查明情况,明确责任主体,落实催收责任。应当明确收入岗位的职责权限,加强收入的内部控制,确保收款、会计核算等不相容岗位相互分离。

收入的财务会计核算主要以权责发生制为基础。事业收入、上级补助收入、附属单位上缴收入、非同级财政拨款收入、经营收入、投资收益、租金收入和其他收入在实现时(应收或实际收到时)确认收入,其中,确认应收时,事业收入、经营收入、租金收入通过"应收账款""应收票据""预收账款"科目核算,上级补助收入、附属单位上缴收入、非同级财政拨款收入、其他收入通过"其他应收款"科目核算,投资收益通过"应收股利""应收利息"科目核算。至于财政拨款收入、捐赠收入、利息收入,仍于实际收到时予以确认。期末,各项收入均转入"本期盈余"科目。

各项收入还应进一步按照收入类别、收入来源、对方单位等进行明细核算,以便于政府内部各主体之间经济业务事项抵销后编制合并财务报表。

(二)严格控制行政事业性收费

行政事业性收费是指国家机关、事业单位、代行政府职能的社会团体及其他组织根据法律、行政法规、地方性法规等有关规定,依照国务院规定的程序批准,在向公民、法人提供特定服务的过程中,按照成本补偿和非营利原则向特定服务对象收取的费用。收费单位应凭经合法程序批准的收费文件到价格主管部门办理收费许可证,实行亮证收费;同时,按收费公示制度的要求,在收费场所的醒目位置公示收费项目和收费标准。

(三)加强非税收入管理

凡是有政府非税收入收缴职能的单位,均应当按照规定项目和标准征收政府非税收入,按照规定开具财政票据,做到收缴分离、票款一致,并及时足额上缴国库或财政专户,不得以任何形式截留、挪用或者私分。

(四)建立健全票据管理制度

财政票据、发票等各类票据的申领、启用、核销、销毁均应履行规定手续。单位应当按照规定设置票据专管员,建立票据台账,做好票据的保管和序时登记工作。票据应当按照顺序号使用,不得拆本使用,做好废旧票据管理。负责保管票据的人员要配置单独的保险柜等保管设备,并做到人走柜锁。任何单位不得违反规定转让、出借、代开、买卖财政票据、发票等票据,不得擅自扩大票据适用范围。

(五)对收入实施监督检查

其内容主要有:收费项目的设立、收费标准和范围是否符合国家有关规定,有无擅自设立收费项目,扩大或缩小收费范围,提高或降低收费标准,乱收费问题;应缴入国库和财政专户的各项收入是否及时足额上缴,有无截留、坐支、挪用、拖欠等问题;是否按国家规定划清了各项收入的界限,对各项收入是否按规定进行管理和核算;各项收入是否都纳入了单位预算,是否存在私设"小金库"等问题。

第二节　财政拨款收入

一、财政拨款收入的内涵与外延

(一)财政拨款收入的内涵

财政拨款收入的内涵是指从同级财政部门取得的财政性资金,是单位收入的主要资金来源和存在形态,也是单位收入核算的重点与难点。

为了加强各项财政拨款的核算与管理,任何单位都应当按照是否来源于同级的财政资金,将财政拨款分为财政拨款收入和非同级财政拨款收入两类。

从同级财政部门取得是指单位直接或者按照部门预算隶属关系从同一级次财政部门取得的财政拨款。对于一级预算单位,一般是从同级财政部门直接取得;对于二级及二级以下预算单位,一般是按照部门预算隶属关系,通过一级预算单位从同级财政部门取得。

正确核算财政拨款收入,至少应当注意区分以下四个方面:

1. 财政拨款收入不是非同级财政拨款收入

将财政拨款收入界定为单位按照部门预算隶属关系从同级财政部门直接取得的各类财政拨款,可以避免财政拨款的重复计算。

如果单位从非同级财政部门取得的财政拨款在财务会计核算上作为"非同级财政拨款收入",应单独设置"非同级财政拨款收入"科目,专门用以核算包括从同级政府其他部门取得的转拨财政款(左右横向)、从上级或下级政府财政部门取得的经费拨款(上下纵向)。该科目应当按照本级横向转拨财政款和非本级财政拨款进行明细核算,并按照收入来源进行明细核算。

确认非同级财政拨款收入时,按照应收或实际收到的金额,借记"其他应收款""银行存款"等科目,贷记"非同级财政拨款收入"科目。

期末,将"非同级财政拨款收入"科目的本年发生额结转至盈余科目,借记"非同级财政拨款收入"科目,贷记"本年盈余"科目。期末结账后,该科目应无余额。

2. 财政拨款收入不是上级拨款收入

无论是基本支出的拨款收入,还是项目支出的拨款收入,只要是从同级财政部门取得的各类财政拨款,都应当纳入财政拨款收入的核算范围。强调财政拨款收入必须是从同级财政部门取得,排除了从上级单位取得的事业经费。

3. 财政拨款收入不是非财政拨款收入

非财政拨款收入是指除"财政拨款收入"和"非同级财政拨款收入"以外的各项收入,包括事业收入、上级补助收入、附属单位上缴收入、经营收入和各种其他收入。

4. 财政性资金不等于财政拨款收入

单位的各项收入可以按照是否具有财政资金的特性区分为财政性资金和非财政性资金。财政性资金主要是指财政拨入资金(包括非同级财政拨款收入)、从财政专户核拨给单位的资金和经核准不上缴国库或者财政专户的资金(计入事业收入的部分)。"财政拨款收入"和"非同级财政拨款收入"都是财政性资金。除财政性资金以外的收入都可以统称为非财政性资金。

关于财政性资金与非财政性资金、财政拨款与非财政拨款等资金属性的分类如表6—2所示。

表6—2　　　　　　　　　　收入资金来源属性的分类

财政性资金	财政拨款	(同级)财政拨款收入
		非同级财政拨款收入
	非财政拨款	事业收入(财政专户返还)
非财政性资金	事业收入(非财政性资金部分)、上级补助收入、附属单位上缴收入、经营收入和各种其他收入	

概念辨析:对某个具体的单位而言,从正确区分核算对象的角度出发,只有来源于同级财政性资金的收入才被称为财政拨款收入,而来源于非同级财政资金的收入是财政性资金,但并非财政拨款收入。

某事业单位以合同形式从某部门取得科研收入,虽然从追溯来源的最终归属分析,这笔资金还是来源于财政拨款,但由于不是通过部门预算隶属关系直接从同级财政或非同级财政获得的,在财务会计核算上应当作为"事业收入",而不能作为"财政拨款收入"或"非同级财政拨款收入"。

(二)财政拨款收入的外延

财政拨款收入的外延是指同级财政的各类财政拨款。

各类财政拨款是指单位从同级财政部门取得的所有财政拨款,既包括各类事业经费,如教育事业费、科学事业费、文化事业费等,也包括基本建设投资、社会保障、住房改革经费等。

财政拨款收入包括从同级财政部门取得的所有财政拨款,这个概念强调了财政拨款的全面性和完整性,核算时既不能例外,也不能遗漏,从而可以为财政拨款收支决算提供切实可靠的依据。在会计实务工作中,单位每年都应当主动与同级财政的拨款收入核对无误,这是正确进行财政拨款收支核算最主要的任务之一。

温馨提示:财政拨款收入都应当列入当年经批准的预算,都有专门的、特定的用途,既不能张冠李戴,也不得用于经营支出。会计核算要求严格区分财政拨款资金与其他各项资金收入的界限。至于同级政府财政部门预拨的下期预算款和没有纳入预算的暂付款项,以及采用实拨资金方式通过本单位转拨给下属单位的财政拨款,通过"其他应付款"科目核算,不属于财政拨款收入核算的内容。

二、财政拨款收入的核算

单位应设置"财政拨款收入"科目,核算从同级财政部门取得的各类财政拨款,包括基本支出拨款和项目支出拨款。该科目可按照一般公共预算财政拨款、政府性基金预算财政拨款等拨款种类进行明细核算。

(一)财政直接支付方式下财政拨款收入的核算

在财政直接支付方式下,根据收到的"财政直接支付入账通知书"及相关原始凭证,按照通知书中的直接支付入账金额,借记"库存物品""固定资产""业务活动费用""单位管理费用""应付职工薪酬"等科目,贷记"财政拨款收入"科目。涉及增值税业务的,相关财务会计核算参见"应交增值税"科目。

〖例6—1〗 A事业单位采用财政直接支付方式购置一套660 000元的专用设备。收到"财政直接支付入账通知书"及相关原始凭证时,根据通知书所列数额,应进行财务会计核算如下:

借:固定资产——专用设备　　　　　　　　　　660 000.00
　　贷:财政拨款收入——项目支出　　　　　　　　660 000.00

年末,根据本年度财政直接支付预算指标数与当年财政直接支付实际支出数的差额,借记"财政应返还额度——财政直接支付"科目,贷记"财政拨款收入"科目。

(二)财政授权支付方式下财政拨款收入的核算

在财政授权支付方式下,根据收到的"财政授权支付额度到账通知书",按照通知书中的授权支付额度,借记"零余额账户用款额度"科目,贷记"财政拨款收入"科目。

〖**例6—2**〗 B事业单位为某项目购入服务器和台式机一批共计250 000元,根据"财政授权支付到账通知书"等原始凭证,应进行财务会计核算如下:

确认财政拨款收入时:

借:零余额账户用款额度	250 000.00
贷:财政拨款收入	250 000.00

发生采购支出时:

借:固定资产——通用设备	250 000.00
贷:零余额账户用款额度	250 000.00

年末,本年度财政授权支付预算指标数大于零余额账户用款额度下达数的,根据未下达的用款额度,借记"财政应返还额度——财政授权支付"科目,贷记"财政拨款收入"科目。

(三)其他支付方式下财政拨款收入的核算

对于财政采用其他支付方式的,按照实际收到的金额,借记"银行存款"等科目,贷记"财政拨款收入"科目。

〖**例6—3**〗 C事业单位按核定的预算和经费领报关系从财政部门取得财政拨款700 000元,用于补充日常公用经费,应进行财务会计核算如下:

借:银行存款	700 000.00
贷:财政拨款收入	700 000.00

(四)差错更正或购货退回的核算

因差错更正或购货退回等发生国库直接支付款项退回的,属于本年度支付的款项的,按照退回金额,借记"财政拨款收入"科目,贷记"业务活动费用""库存物品"等有关科目;属于以前年度支付的款项,按照退回金额,借记"财政应返还额度——财政直接支付"科目,贷记"以前年度盈余调整""库存物品"等科目。

(五)期末财政拨款收入的核算

"财政拨款收入"属于收入类科目,应当按期采用账结法核算。期末,应将"财政拨款收入"科目的本期发生额转入本年盈余科目,借记"财政拨款收入"科目,贷记"本年盈余"科目。期末结账后,"财政拨款收入"科目应无余额。

温馨提示:《制度》在解说会计科目结转业务时所称"年末"是指每年的最后一天,即12月31日;而"期末"应当理解为包括月末(每月的最后一天)和年末。请注意"年末"和"期末"的区别。"年末"仅要求按年结账,"期末"却要求既按月末又按年末结账。《制度》在权责发生制下对收入与费用的结转要求,除了"所得税费用"外,均采用"期末"结转的提法。

第三节 事业收入

一、事业收入的主要来源

事业收入是指事业单位开展专业业务活动及其辅助活动取得的收入。

不同行业的事业收入核算内容会有差异，但归纳其来源渠道，其核算内容主要分为以下三个方面：

(一)专业业务活动取得的事业收入

专业业务活动取得的收入是指事业单位根据本单位专业特点所从事或开展的主要业务活动所取得的收入(也被称为主营业务收入)，如文化事业单位的演出活动、教育事业单位的教学活动、科学事业单位的科研活动、卫生事业单位的医疗保健活动、农业事业单位的技术推广活动、水利事业单位的排灌和抗旱活动等。通过开展上述活动取得的收入还可以进一步细分，如科研单位从事科研活动的收入可以分为科研收入、技术收入(包括技术转让收入、技术咨询收入、技术服务收入、技术培训收入、技术承包收入)、学术活动收入、科普活动收入、试制产品收入等，均作为事业收入处理。

(二)辅助活动取得的事业收入

辅助活动取得的收入是指与专业业务活动相关、直接为专业业务活动服务所取得的收入，如事业单位的行政管理活动、后勤服务活动及其他有关活动等。

事业单位开展上述活动所需资金，除了财政拨款收入外，一般可以按照规定向服务对象收取一定的费用，用于补偿一部分人力、物力和财力的耗费，通过开展上述活动所取得的收入均作为事业收入。

(三)采用财政专户返还方式管理的事业收入

从收支两条线分类管理的要求出发：一是应当上缴的资金按照国家有关规定，在取得时都作为应缴款项，不能计入事业收入；二是上缴后，从财政专户核拨给单位时，才能计入事业收入；三是经核准不上缴的资金，在取得时，可直接计入事业收入。

所以，上缴财政再从财政专户核拨给事业单位的资金和经核准不上缴国库或者财政专户的资金，都可以计入事业收入。这是针对事业收入中按照政府非税收入管理部分做出的特殊规定。

温馨提示：事业收入不包括从同级政府财政部门取得的各类财政拨款，对于因专业业务活动及其辅助活动从非同级政府财政部门取得的经费拨款，应当在"事业收入"科目下单设"非同级财政拨款"明细科目进行核算。

二、事业收入的核算

事业单位应当设置"事业收入"科目,核算事业单位开展专业业务活动及其辅助活动取得的收入。该科目应当按照事业收入类别、来源等进行明细核算。年末结账后,该科目应无余额。

(一)提供专业及其辅助服务形成的事业收入

因提供专业及其辅助服务确认或收到事业收入时,以依据规定的收费标准计算确定的金额,借记"银行存款""库存现金""应收账款"等科目,贷记"事业收入"科目。

〖例6—4〗　D事业单位开展专业业务活动取得专项资金收入600 000元,款项存入银行。应进行财务会计核算如下:

借:银行存款　　　　　　　　　　　　　　　　　600 000.00
　　贷:事业收入——专项资金收入　　　　　　　　　　600 000.00

(二)采用财政专户返还方式管理的事业收入

单位收到从财政专户返还的事业收入时,应当按照实际收到的返还金额,借记"银行存款"等科目,贷记"事业收入"科目。也就是说,政府会计制度中的财务会计核算原则上以权责发生制为基础,但也有例外,如对于财政专户返还款的核算,制度采用了实收实付的方法进行会计处理。

〖例6—5〗　E事业单位按照收支两条线核算,将收到的学费全额上缴360 000元,然后经核准全额返还给单位,应进行财务会计核算如下:

收到学费时:

借:银行存款　　　　　　　　　　　　　　　　　360 000.00
　　贷:应缴财政款　　　　　　　　　　　　　　　　360 000.00

上缴财政专户时:

借:应缴财政款　　　　　　　　　　　　　　　　360 000.00
　　贷:银行存款　　　　　　　　　　　　　　　　　360 000.00

收到财政专户返还时:

借:银行存款　　　　　　　　　　　　　　　　　360 000.00
　　贷:事业收入　　　　　　　　　　　　　　　　　360 000.00

(三)采用预收款方式确认的事业收入

实际收到款项时,借记"银行存款"等科目,贷记"预收账款"科目。

以合同完成进度确认事业收入时,按照基于合同完成进度的金额,借记"预收账款"科目,贷记"事业收入"科目。

(四)采用应收款方式确认的事业收入

根据合同完成进度计算本期应收的款项,借记"应收账款"等科目,贷记 "事业收入"科目;实际收到款项时,借记"银行存款"等科目,贷记"应收账款"等科目。

(五)期末事业收入的核算

"事业收入"属于收入类科目,应当按期采用账结法核算。期末,将"事业收入"科目的本期发生额结转"本期盈余"科目后,期末应无余额。

第四节　经营收入

一、经营收入的概念与确认方式

经营收入是指事业单位在专业业务活动及其辅助活动之外开展的非独立核算的营利性活动取得的收入。

确认事业单位的经营收入时,一般应当同时具备以下两个条件(特征):

(一)非专业

事业单位开展经营活动所取得的收入不应当是开展专业业务活动和辅助活动取得的收入。例如,学校向学生收取的学费和杂费,属于专业业务活动及其辅助活动取得的收入,只能作为事业收入,不能作为经营收入处理。与专业业务活动和辅助活动相比较,经营收入可以视为事业单位的"其他业务",如科研单位的产品(商品)销售收入、经营服务收入、工程承包收入等。

(二)非独立

经营活动是事业单位非独立核算取得的收入,而不是独立核算的经营活动取得的收入。事业单位下属独立核算单位上缴事业单位的收入,应作为"附属单位上缴收入"处理,投资返利应作为"投资收益"处理。

如果事业单位开展独立核算的经营活动,应当执行《企业会计准则》或《小企业会计准则》。独立核算的经营活动是指具有独立法人地位,有独立的财务会计组织体系,独立完整地进行会计核算的经济组织所开展的经营活动;反之,则称为非独立核算的经营活动。例如,事业单位从上级单位领取一定数额的物资、款项从事业务活动,不独立计算盈亏,把日常发生的经济业务资料报由上级集中进行会计核算。又如,学校的车队、食堂等后勤单位不是独立法人,不单独设置财会机构,不单独计算盈亏,如果他们对社会开展了有关服务活动,就属于非独立核算的经营活动,这部分收入和支出应当作为经营收入和经营支出处理。

事业收入与经营活动收入的主要区别如图6—1所示。

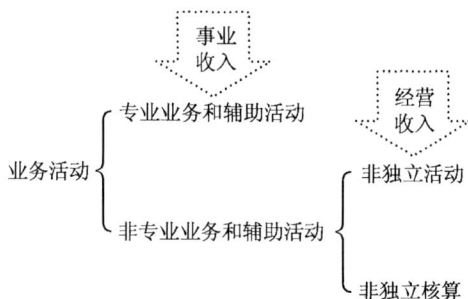

图 6－1　事业收入与经营活动收入的主要区别

二、经营行为审批与收费管理

事业单位对国有资产的占有与使用是为了满足和保障其履行职能、发展事业的需要,其资产一般不应当用于经营活动,除了履行必要的审批程序外。

事业单位按照自愿有偿原则提供的服务不属于政府行为,其收费应作为经营服务性收费由价格主管部门进行管理,收费标准除价格主管部门明确规定实行政府定价或政府指导价外,均由有关事业单位和社会团体等非企业组织自主确定或与委托人协商确定。收费时要按规定使用税务发票,不应使用行政事业性收费票据。

三、经营收入的核算

事业单位设置"经营收入"科目,核算事业单位在专业业务活动及其辅助活动之外开展非独立核算经营活动取得的收入。该科目应当按照经营活动类别、项目和收入来源等进行明细核算。

经营收入应当在提供服务或发出存货,同时收讫价款或者取得索取价款的凭据时,按照实际收到或应收的金额确认收入。

属于增值税小规模纳税人的事业单位实现经营收入,按实际出售价款,借记"银行存款""应收账款""应收票据"等科目;按出售价款扣除增值税额后的金额,贷记"经营收入"科目,按应交增值税金额,贷记"应交税费——应交增值税"科目。

属于增值税一般纳税人的事业单位实现经营收入,按包含增值税的价款总额,借记"银行存款""应收账款""应收票据"等科目;按扣除增值税销项税额后的价款金额,贷记"经营收入"科目;按增值税专用发票上注明的增值税金额,贷记"应交增值税(应交税金——销项税额)"科目。

"经营收入"属于收入类科目,应当按期采用账结法核算。期末,将"经营收入"科目的本期发生额转入"本期盈余"科目后,"经营收入"科目应无余额。

〖例6—6〗 F事业单位为一般纳税人,适用的增值税税率为16%。本期取得经营收入10 000元,应进行会计处理如下:

收到经营收入时:

借:银行存款 11 600.00

　贷:经营收入 10 000.00

　　应交增值税(应交税金——销项税额) 1 600.00

期末结转经营收入时:

借:经营收入 10 000.00

　贷:经营结余 10 000.00

第五节　其他各项收入*

一、上级补助收入

上级补助收入是指事业单位从主管部门和上级单位取得的非财政拨款收入,如事业单位的主管部门或上级单位用自身组织的收入和集中下级单位的收入拨给基层事业单位的资金等。所以,在《制度》中明确规定了"对附属单位补助费用"是事业单位用财政拨款收入之外的收入对附属单位进行补助所发生的费用。也就是说,对于收到上级补助收入的基层单位来说,该收入不是财政拨款。

事业单位应当设置"上级补助收入"科目,核算事业单位从主管部门和上级单位取得的非财政拨款收入。该科目应当按照发放补助单位、补助项目等进行明细核算。

确认上级补助收入时,按照应收或实际收到的金额,借记"其他应收款""银行存款"等科目,贷记"上级补助收入"科目。

收到上级补助收入款时,按照实际的金额,借记"银行存款"科目,贷记"上级补助收入"或"其他应收款"等科目。

"上级补助收入"属于收入类科目,应当按期采用账结法核算。期末,将"上级补助收入"科目的本期发生额结转"本期盈余"科目后,应无余额。

〖例6—7〗 G事业单位接银行通知,收到上级主管单位拨来的某项目专项补助款245 000元。

收到主管部门拨入专款时:

借:银行存款 245 000.00

　贷:上级补助收入 245 000.00

期末结转上级补助收入时:

借:上级补助收入　　　　　　　　　　　　　　245 000.00
　　贷:本期盈余　　　　　　　　　　　　　　　　　　245 000.00

二、附属单位上缴收入

附属单位上缴收入是指事业单位内部设立的、实行独立核算的下级单位按照有关规定上缴的收入,包括附属的事业单位和附属的企业等。

概念辨析:附属单位与事业单位之间的往来款项不能作为上缴收入处理,事业单位从附属企业获取属于对外投资收益性质的收入应当作为投资收益入账。

事业单位设置"附属单位上缴收入"科目,核算附属独立核算单位按照有关规定上缴的收入。该科目应当按照附属单位、缴款项目等进行明细核算。

确认附属单位上缴收入时,按照应收或收到的金额,借记"其他应收款""银行存款"等科目,贷记"附属单位上缴收入"科目。

实际收到应收附属单位上缴款时,按照实际收到的金额,借记"银行存款"科目,贷记"其他应收款"等科目。

"附属单位上缴收入"属于收入类科目,应当按期采用账结法核算。期末,将"附属单位上缴收入"科目的本期发生额结转"本期盈余"科目后,应无余额。

〖**例6-8**〗　H事业单位确认并收到附属单位缴来款项15 000元。

确认附属单位缴来款项时:

借:其他应收款　　　　　　　　　　　　　　15 000.00
　　贷:附属单位上缴收入　　　　　　　　　　　　15 000.00

收到附属单位缴来款项时:

借:银行存款　　　　　　　　　　　　　　　15 000.00
　　贷:其他应收款　　　　　　　　　　　　　　　15 000.00

期末结转附属单位缴来款项时:

借:附属单位上缴收入　　　　　　　　　　　15 000.00
　　贷:本期盈余　　　　　　　　　　　　　　　　15 000.00

三、投资收益

事业单位对国有资产的占有与使用是为了满足和保障其履行职能、发展事业的需要,其资产一般不应当用来对外投资。凡对外投资,必须履行审批程序。

事业单位应当设置"投资收益"科目,核算股权投资和债券投资所实现的收益或发生的损失。该科目应当按照投资的种类等进行明细核算(详见第四章)。

〖**例 6—9**〗 J 单位收到国债投资收益 30 000 元。凭进账单回单填记账凭证,应进行财务会计核算如下:

借:银行存款	30 000.00
贷:投资收益	30 000.00

"投资收益"属于收入类科目,应当按期采用账结法核算。期末,将"投资收益"科目的本期发生额结转"本期盈余"科目后应无余额。

四、租金收入

单位应当设置"租金收入"科目,核算单位经批准利用国有资产出租取得并按照规定纳入本单位预算管理的租金收入。该科目应当按照出租国有资产类别和收入来源等进行明细核算。

(一)预收租金方式

预收租金时,按照收到的金额,借记"银行存款"等科目,贷记"预收账款"科目;分期确认租金收入时,按照各期租金金额,借记"预收账款"科目,贷记"租金收入"科目。

(二)后付租金方式

每期确认租金收入时,按照各期租金金额,借记"应收账款"科目,贷记"租金收入"科目;收到租金时,按照实际收到的金额,借记"银行存款"等科目,贷记"应收账款"科目。

(三)分期收取租金方式

每期收取租金时,按照租金金额,借记"银行存款"等科目,贷记"租金收入"科目。

涉及增值税业务的,相关财务会计核算参见"应交增值税"科目。

期末,将"租金收入"科目的本期发生额转入本期盈余,借记本科目,贷记"本期盈余"科目,期末结转后应无余额。

五、捐赠收入

根据《中华人民共和国公益事业捐赠法》的规定,可以接受公益捐赠的主体包括:(1)公益性社会团体(指依法成立的,以发展公益事业为宗旨的基金会、慈善组织等社会团体);(2)公益性非营利的事业单位(指依法成立的,从事公益事业的不以营利为目的的教育机构、科学研究机构、医疗卫生机构、社会公共文化机构、社会公共体育机构和社会福利机构等);(3)县级以上人民政府及其部门(仅限于在发生自然灾害时或者境外捐赠人要求县级以上人民政府及其部门作为受赠人时)。

单位应当设置"捐赠收入"科目,核算接受其他单位或者个人捐赠取得的收入。该科目应当按照捐赠资产的用途和捐赠单位等进行明细核算。

接受捐赠的货币资金,按照实际收到的金额借记"银行存款"等科目,贷记"捐赠收入"科目。

〖例6-10〗　K单位收到华侨捐赠款项100 000美元,折合为人民币630 000元。凭进账单回单填记记账凭证,应进行财务会计核算如下:

借:银行存款　　　　　　　　　　　　　　　　630 000.00
　　贷:捐赠收入　　　　　　　　　　　　　　　　　630 000.00

接受捐赠的存货、固定资产等非现金资产,按照确定的成本,借记"库存物品""固定资产"等科目;按照发生的相关税费、运输费等,贷记"银行存款"等科目;按照其差额,贷记"捐赠收入"科目。

〖例6-11〗　L图书馆收到某国际组织捐赠图书一批,没有提供购买图书的发票,在进口时经海关认定的完税价格为10万元,在运输过程中发生运费1 200元。

借:固定资产——图书　　　　　　　　　　　101 200.00
　　贷:捐赠收入　　　　　　　　　　　　　　　　100 000.00
　　　　银行存款　　　　　　　　　　　　　　　　　1 200.00

在接受捐赠的资产按照名义金额入账的情况下,按照名义金额借记"库存物品""固定资产"等科目,贷记"捐赠收入"科目;按照发生的相关税费、运输费等,借记"其他费用"科目,贷记"银行存款"科目。

"捐赠收入"属于收入类科目,应当按期采用账结法核算。期末,将"捐赠收入"科目的本期发生额结转"本期盈余"科目后,应无余额。

六、利息收入

单位应当设置"利息收入"科目,核算取得的银行存款利息收入。

收到银行存款利息时,按照实际收到的金额,借记"银行存款"科目,贷记"利息收入"科目。

〖例6-12〗　M单位收到银行存款利息收入10 000元,财务会计核算如下:

借:银行存款　　　　　　　　　　　　　　　　10 000.00
　　贷:利息收入　　　　　　　　　　　　　　　　　10 000.00

"利息收入"属于收入类科目,应当按期采用账结法核算。期末,将"利息收入"科目的本期发生额结转"本期盈余"科目后,应无余额。

七、其他收入

其他收入是除上述收入规定外的收入,是一个兜底的条款。

单位应当设置"其他收入"科目,核算单位取得的除财政拨款收入、事业收入、上级补助收入、附属单位上缴收入、经营收入、非同级财政拨款收入、投资收益、捐赠收入、利息收入、租金收入以外的各项收入,包括现金盘盈收入、按照规定纳入单位预算管理的科技成果转化收入、行政单位收回已核销的其他应收款、无法偿付的应付及预收款项、置换换出资产评估增值等,并应当按照其他收入的类别、来源等进行明细核算。

每日现金账款核对中,如发现现金溢余,属于无法查明原因的部分,借记"待处理财产损溢"科目,贷记"其他收入"科目。

单位科技成果转化所取得的收入,按照规定留归本单位的,按照所取得收入扣除相关费用后的净收益,借记"银行存款"等科目,贷记"其他收入"科目。

已核销其他应收款在以后期间收回的,按照实际收回的金额,借记"银行存款"等科目,贷记"其他收入"科目。

对于无法偿付或债权人豁免偿还的应付账款、预收账款、其他应付款及长期应付款,借记"应付账款""预收账款""其他应付款""长期应付款"等科目,贷记"其他收入"科目。

"其他收入"属于收入类科目,应当按期采用账结法核算。期末,将该科目本期发生额结转"本期盈余"科目后,应无余额。

【例6—13】 N单位将"其他收入"科目本期发生额中的680 000元结转入本年盈余,应进行财务会计核算如下:

借:其他收入　　　　　　　　　　　　　　　　680 000.00
　　贷:本期盈余　　　　　　　　　　　　　　　　　680 000.00

思考与练习

1. 财政拨款收入与非财政拨款收入、财政资金与非财政资金有什么联系与区别?

2. 简述财政拨款收入的主要特点及其核算的关注点。

3. 请对比说明财政直接支付和财政授权支付方式下财政拨款收入核算的区别与联系。

4. 简述事业收入与经营收入核算的特点及其主要区别。

5. 为什么说业务收款和会计核算是不相容岗位?如何才能相互分离?

6. 非税收入如何做到收缴分离、票款一致?

7. 理论联系实际,谈谈如何加强收入内部控制。

8. 某事业单位2018年内应缴财政专户款20万元已全额上缴,至2018年12月31日共返还单位资金17万元,其余3万元于2019年返还。该单位将实际收到的17万元和未收到的3万元全部确认为事业收入,其中,其他应收款挂账3万元。

请问:这样的会计处理是否正确?为什么?

第七章

费用类财务会计核算

第一节　费用要素概述

一、费用的定义与确认条件

费用是指报告期内导致政府会计主体净资产减少的,含有服务潜力或者经济利益的经济资源的流出。

政府会计认定的费用一般具有以下特征:

一是费用属于开展业务及其他活动所发生的耗费,具有范围广、类型多等特征,不仅包括业务活动费用、单位管理费用、经营费用,而且包括资产处置费用、上缴上级费用、对附属单位补助费用、所得税费用和其他费用。

二是费用作为一种经济资源的流出,包括服务潜力的丧失或经济利益的损失。没有发生资金耗费和流出,就不应当是费用。凡是"已经耗费的"才构成单位的费用。

三是费用的发生最终会导致本期净资产的减少。因为耗费可能表现为资产的减少(损耗)或负债的增加,或者两者兼而有之,最终都会导致本期净资产的减少。或者说,因为经济资源的流出是对经济资源流入的抵扣,所以会导致净资产的减少。

政府会计确认的费用应当同时满足以下条件:(1)与费用相关的含有服务潜力或者经济利益的经济资源很可能流出政府会计主体;(2)含有服务潜力或者经济利益的经济资源流出会导致政府会计主体资产减少或者负债增加;(3)流出金额能够可靠计量。

凡是符合费用定义及其确认条件的项目,都应当列入收入费用表的费用项目中。

二、支出与费用的区别

支出不等于费用。原行政单位会计没有"费用"的概念,只是将支出划分为经费支出和拨出经费两个部分;原事业单位会计除经营支出核算时可以考虑使用"费用"的概念外,收付实现制下只有"支出"的概念。

财务会计为了正确计算成本和确定盈亏,核算的重点是费用而不是支出,但费用的确认却与支出核算相关。

(一)支出的概念与分类

支出是指单位在业务活动过程中发生的一切开支,分为资本性支出和收益性支出。

资本性支出是指该支出的发生不仅与本期收入有关,而且与其他会计期间的收入有关,主要是为以后各期的收入取得而发生的支出,如购建固定资产、无形资产、对外长期投资等。

收益性支出是指一项支出的发生仅与本期收益的取得有关,因而它可以直接抵减当期收益,如为单位活动而发生的支出、为处置资产而发生的税费等支出。收益性支出是成本会计核算的主要内容。

(二)费用的概念与分类

费用是指报告期内经济资源的流出,是对资产的耗费。

费用耗费了资产,但并不是所有资产耗费都是费用,因而就需要明确怎样的资产耗费才应当作为费用,至少应当注意以下几点基本要求:

1. 正确划分收益性支出与资本性支出

收益性支出是指受益期不超过 1 年的支出,即发生该项支出仅仅是为了取得本期收益,也称出费用化。对于收益性支出,应记入费用账户,作为当期损益列入收入费用表。

资本性支出是指受益期超过 1 年的支出,即发生该项支出不仅是为了取得本期收益,而且是为了取得以后各期收益,也称为支出资本化。对于资本性支出,应记入资产账户,作为资产列入资产负债表。资本化支出随着每期对资产的耗费,按照受益原则和耗费比例通过转移、折旧和摊销等方法,逐渐转化为费用。

由此看来,与取得本期收益相关的费用包括:一是直接记入费用账户的收益性支出,二是本期从资产账户转入费用账户的资本性支出。

2. 落实权责发生制核算基础

按照权责发生制,凡是本期已经发生或应当负担的费用,不论其款项是否已经收付,都应作为当期费用处理;凡是不属于当期的费用,即使款项已经在当期收付,也不应作为当期费用。权责发生制明确了费用确认与计量方面的要求,解决了费用何时予以确认及确认多少等问题。

概念辨析:支出与费用的确认基础不同。支出与收付实现制相适应,费用与权责发生

制相适应。预算会计核算"支出",财务会计核算"费用"。"费用"应当在其发生时予以确认(不一定已经支出),并按照实际发生额(而不是实际支出额)计量。正确核算成本的前提之一是注意划清支出与费用的界限。财务会计以权责发生制为核算基础,根据产品、项目、服务的特点和管理要求核算费用、结转成本。费用是成本的基础,并与绩效评价相关。

3. 贯彻配比原则

配比原则是指某个会计期间或某个会计对象所取得的收入应与为取得该收入所发生的费用、成本相匹配,以正确计算在该会计期间该会计主体所获得的净损益。配比原则以权责发生制为基础,最终受持续经营与会计分期两个前提的制约。

配比原则至少要求:一是某产品的收入与该产品的耗费相匹配,二是某会计期间的某项收入与该期间的该项耗费相匹配,三是某部门的收入与该部门的耗费相匹配。

收入与费用之间的配比方式主要有两种:一是根据收入与费用之间的因果关系进行直接配比,二是根据收入与费用项目之间存在的时间上的一致关系进行间接配比。例如,如果销售出去的商品是直接与所产生的经营收入相联系的,那么,该商品的成本就可以随同本期实现的经营收入而作为该期的费用;如果采用分期收款方式销售商品,则应按合同约定的收款日期分期确认收入,在这种情况下,按商品全部销售成本与全部销售收入的比率计算出本期应结转的营业成本,并与本期所确认的经营收入相配比。或者说,为产生当期收入所发生的费用应当确认为该期的费用,即当收入已经实现时,某些资产(如物料用品)已被消耗或已被出售(如商品)或劳务已经提供,已被耗用的这些资产和劳务的成本应当在确认有关收入的期间予以确认。如果收入要到未来期间实现,相应的费用应递延分配于未来的实际受益期间。费用的概念能够起到合理反映单位的运行成本和资产管理效率的作用。

某项费用发生后,其用途往往不止一个,生产的产品不止一种,成本计算对象也不止一个,这样,该项费用发生后,往往不能直接地、全部地记入反映某一个对象的明细账户,而需要把这项费用按系统、合理的分摊方式确认,在几个对象之间进行分配。

当然,单位的有些支出不能提供明确的未来经济利益,并且,如果对这些支出加以分摊也没有意义,这时,这些支出可以直接作为当期费用予以确认,如所得税费用、处置资产费用等。

三、费用的具体分类

费用是权责发生制核算条件下的一个各项"耗费"的集合概念。财务会计按照权责发生制的要求确立了"费用"的概念,并按照功能将费用划分为 8 个类别,其费用项目与会计科目名称、特指用途与经济含义归纳如表 7-1 所示。

表7—1　　　　　　　　　　　　　费用的划分及其基本解释

编号	费用项目与会计科目	特指用途	基本含义
5001	业务活动费用		专业业务活动及辅助活动发生的各项费用
5101	单位管理费用	事业单位	行政及后勤管理活动发生的各项费用
5201	经营费用	事业单位	非独立核算经营活动发生的各项费用
5301	资产处置费用		经批准处置资产时发生的费用
5401	上缴上级费用	事业单位	上缴上级单位款项发生的费用
5501	对附属单位补助费用	事业单位	对附属单位补助发生的费用
5801	所得税费用	事业单位	按规定交纳企业所得税所形成的费用
5901	其他费用		上述7项以外的费用

认真细致做好各项费用的分类核算是成本会计的基础工作。尤其是随着我国经济改革、财政改革的不断深入,社会各方面对费用透明度的要求越来越高,成本管理越来越重要,单位各项支出与费用的安排不但要符合实际需要、合法合规,而且要进行绩效评价,不断提高资金使用效益。财政绩效评价方法中的成本效益法、比较法、因素分析法、最低成本法、公众评判法等都涉及单位对各项费用的核算与管控水平。

四、费用的财务会计核算方式

第一,直接支付法,如差旅费、会务费、离退休费用、审计费、诉讼费、相关税费等。

第二,转账摊销法,如固定资产折旧、无形资产摊销、低值易耗品摊销等。

第三,预付待摊法,如一次支出数额较大的财产保险费、技术转让费、固定资产修理费、预付租入固定资产的租金等。

第四,预提应付法,如预提利息费用、预提固定资产修理费用、租金和保险费等。

五、费用的算管结合、算为管用

(一)健全费用核算与管理制度

各项费用应当由财会部门归口管理并进行会计核算,严禁设立账外账。应当合理设置费用管理岗位,明确相关岗位的职责权限,确保费用(支出)申请与内部审批、付款审批与付款执行、业务经办与会计核算等不相容岗位相互分离。

各项费用的核算以权责发生制为基础,在发生时(应付或实际支付时)予以确认。期末,各项费用均转入"本期盈余"科目(所得税费用年末结转)。

按照成本管理规范、合并财务报告和抵销分录编制等需求,各项费用应进一步按照项目、服务/业务/费用类别、支付对象等进行明细核算,并设置相关的成本项目。

(二)健全费用(支出)标准,明确支出报销流程

费用(支出)控制制度包括:一是综合性管理制度,如各项经费支出管理制度;二是单项管理制度,加强办公费、邮电费、差旅费、会议费、水电费、招待费、车辆维修费、设备购置费的管理制度;三是相关管理制度,如接待制度、车辆管理制度等。尤其要从严控制因公出国(境)费用、公务接待费、公务车辆购置及运行维护费支出(以下简称"三公"经费),采取切实有效措施减少行政成本。

(三)加强费用(支出)审批控制

行政事业单位要严格执行各项开支范围、标准,并按照批准的预算办理收支;不得以收抵支、以支列收、以领代报、以拨列支。要明确支出的内部审批权限、程序、责任和相关控制措施。审批人应当在授权范围内审批,不得越权审批。应全面审核各类单据来源是否合法,内容是否真实、完整,使用是否准确,是否符合预算,审批手续是否齐全。

(四)加强支付控制,按照规定办理资金支付手续

签发的支付凭证应当进行登记。使用公务卡结算的,应当按照公务卡使用和管理的有关规定办理业务。任何单位都应当量入为出,保障重点,兼顾一般,厉行节约,制止奢侈浪费,降低成本费用,注重资金使用效益。

(五)加强对各项费用的监督检查

其内容包括:各项支出是否都纳入单位预算,是否严格按照预算执行;是否执行国家有关财务规章制度规定的开支范围及开支标准,有无擅自扩大开支范围、提高开支标准以及铺张浪费等问题;是否执行国库集中支付制度和政府采购制度等有关规定;票据来源是否合法,内容是否真实,有无使用虚假票据的问题;等等。

(六)重视费用核算与绩效管理

费用(支出)核算与绩效管理是当前财政改革的一项重要内容。作为提供公共服务的单位,其提供公共服务的质量和效益如何,既关系到支出的效益,又关系到能否满足人民群众对公共服务的需要。因此,必须加强单位费用核算与绩效管理。单位的各项支出要有明确的目标,费用形成的结果要对照目标进行绩效评价,从而促进单位增强效益观念,加强费用(支出)管理,以合理的费用(支出)提供更多更好的公共服务,不断提高资金使用的有效性。

　　温馨提示:坚守节用裕民是执政为民的正道。节用,就是节省费用。《论语·学而》:"节用而爱人,使民以时。"节用裕民就是节约用度,使人民过富裕的生活。"足国之道,节用裕民,而善藏其余。"(《荀子·富国》)。

第二节　业务活动费用

一、业务活动费用的概念与特点

业务活动费用是指单位为了实现其业务活动目标、依法开展专业业务活动及其辅助活动所发生的各项费用,应当按照权责发生制进行核算。

单位按照业务范围是否涉及资质认可事项或执业许可事项,一般将业务活动分为以下几类:

一是监督管理类。具有行政执法、执法监督、行政管理等国家行政职能的事业单位,其费用发生情况与其执法主体文件或政府有关主管部门委托执法、授权书相关。

二是社会公益类。承担国家机关交办或鼓励的公益事业,面向社会提供公共服务的事业单位,如勘查设计监理类、医疗机构类、新闻出版发行类,其费用发生情况与其资质认可或执业许可的范围相关。

三是中介服务类。利用专业知识和技能,在社会经济活动中为社会提供有偿服务的事业单位,如法律援助服务中心、公证处等,其费用发生情况与其执业许可或资质认可的范围相关。

四是生产经营类。面向市场从事生产经营、服务活动的事业单位有经营项目的,其费用发生情况与工商行政管理局核发的经营执照的许可范围相关。

业务活动费用是行政事业单位完成事业计划和工作任务的重要条件,应重点予以保证。业务活动费用不仅与其收入相关,而且应当与业务部门的业务活动、与该单位的业务范围相关。例如,某普通高中的业务活动费用与其业务范围(高中学历教育,初中学历教育,举办培训班,开展勤工俭学等)应当相关;某医院的业务活动费用与其业务范围(医疗与护理、医学教学、医学研究、卫生医疗人员培训、妇幼保健与健康教育)应当相关;某卫生监督所的业务活动费用与其业务范围(卫生许可审核、受理卫生许可申请与组织审核、有关工程卫生监督、卫生监督管理、卫生法制宣传、卫生监督人员培训与管理、有关科学研究)应当相关;如此等等。

二、业务活动费用的核算

单位应当设置"业务活动费用"科目,核算单位为实现其职能目标,依法履职或开展专业业务活动及其辅助活动所发生的各项费用。该科目可按照项目、服务或者业务类别、支付对象等进行明细核算。为了满足成本核算需要,还可按照"工资福利费用""商品和服务费用""对个人和家庭的补助费用""对企业补助费用""固定资产折旧费""无形资产摊销费""公共基础设施折旧(摊销)费""保障性住房折旧费""计提专用基金"等成本项目设置明细科目,归集能够直接计入业务活动或采用一定方法计算后计入业务活动的费用。

在日常会计核算中,为履职或开展业务活动人员计提的薪酬,发生的外部人员劳务费,领用的库存物品,使用固定资产、无形资产、管理公共基础设施计提的折旧与摊销,应负担的税金及附加,按照规定从收入中提取的专用基金,发生其他各项业务活动费用,按照费用确认金额,借记"业务活动费用"科目,贷记"财政拨款收入""零余额账户用款额度""银行存款"等相关科目。

业务活动费用财务会计核算的主要内容可概括如图7-1所示。

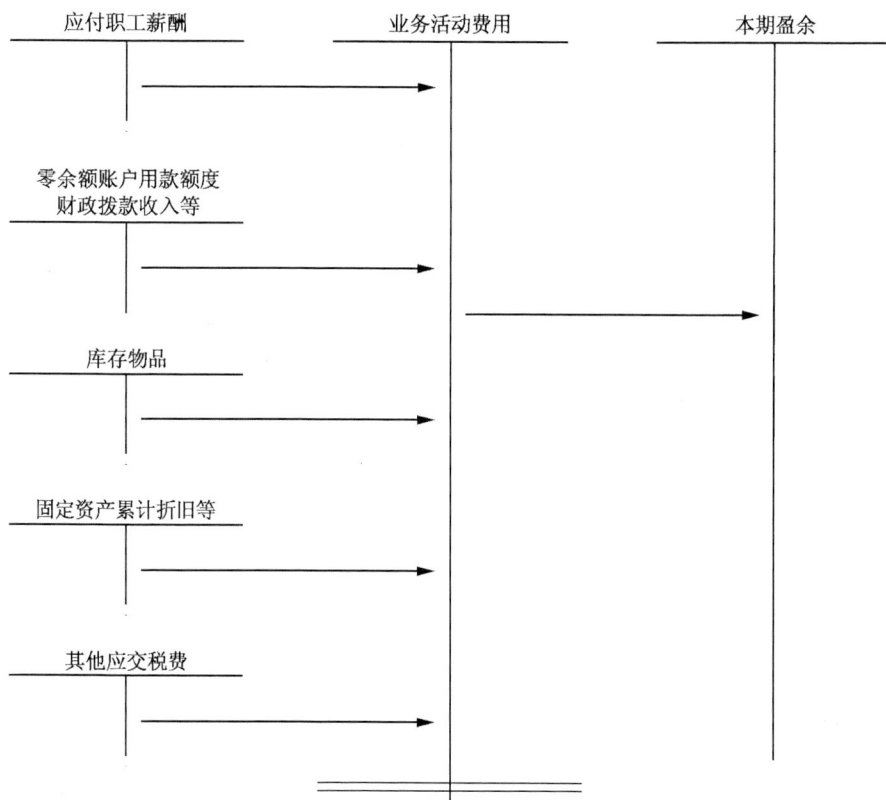

图7-1　业务活动费用的核算

如果因当年购货退回等业务,已计入本年费用的,应按照收回或应收的金额,借记"财政拨款收入""零余额账户用款额度""银行存款""其他应收款"等科目,贷记"业务活动费用"科目。

"业务活动费用"属于费用类科目,应当按期采用账结法核算。期末,将"业务活动费用"科目的本期发生额结转"本期盈余"科目后,"业务活动费用"科目借贷平衡,期末应无余额。

从完善成本核算的要求分析,如果单位组织从事的项目、提供的服务或者开展的业务活动比较单一,可以将相关费用全部归集在"业务活动费用"项目下进行核算和列报;如果单位组织从事的项目、提供的服务或者开展的业务种类较多,应当在"业务活动费用"项目下分项目、服务或者业务大类进行核算和列示。如果单位组织的某些费用属于业务活动、管理活动等共同发生的,而且不能直接归属于某一类活动,则应当将这些费用按照合理的方法在各项活动中进行分配,包括直接支付、转账摊销、预付待摊、预提应付等多种核算方法。

第三节 单位管理费用

一、单位管理费用的概念与特点

管理费用是指单位行政及后勤管理部门为组织和管理业务活动而发生的各项费用,应当按照权责发生制进行核算。

单位要建立健全各项费用管理的规章制度,审视费用是否符合预算规定和用款计划,要按照内部控制的规范要求办理审批、审核与报销手续,检查每笔费用是否具备合法的原始凭证和经办、验收、保管、领用、主管人员等的签名,对超越审批权限的开支坚决拒绝付款。

二、单位管理费用的核算

单位应当设置"单位管理费用"科目,核算单位本级行政及后勤管理部门开展活动发生的各项费用,包括单位行政及后勤管理部门发生的人员经费、公用经费、资产折旧(摊销)等费用,以及由单位统一负担的离退休人员经费、工会经费、诉讼费、中介费等。该科目应当按照项目、费用类别、支付对象等进行明细核算。为了满足成本核算的需要,还可按照"工资福利费用""商品和服务费用""对个人和家庭的补助费用""固定资产折旧费""无形资产摊销费"等成本项目设置明细科目,归集能够直接计入单位管理活动或采用一定方法计算后计入单位管理活动的费用。

在日常会计核算中,为管理活动人员计提的薪酬,支付外部人员的劳务费,管理活动内部领用物品,使用固定资产、无形资产计提的折旧与摊销,应负担的税金及附加,发生的其他各项管理活动费用等,按照费用确认金额,借记"单位管理费用"科目,贷记"财政拨款收入""零余额账户用款额度""银行存款"等相关科目。

单位管理费用财务会计核算的主要内容如图7－1所示,只需将该图的"业务活动费用"改为"单位管理费用"。

因当年购货退回等原因,应按照收回或应收的金额,借记"财政拨款收入""零余额账户用款额度""银行存款""其他应收款"等科目,贷记"单位管理费用"科目。

"单位管理费用"属于费用类科目,应当按期采用账结法核算。期末,将"单位管理费用"科目的本期发生额结转"本期盈余"科目后,"单位管理费用"科目借贷平衡,期末应无余额。

第四节　经营费用

一、经营费用的概念与特点

经营费用是单位开展非独立核算的经营活动所发生的费用,应当按照权责发生制进行核算。

经营费用核算一般具有以下三个方面的特点:

1. 非独立核算性

事业单位开展的经营活动,有的是独立核算的,有的是非独立核算的。事业单位对独立核算的经营活动,应当按照《企业会计准则》或《小企业会计准则》单独进行核算,不在"经营费用"科目中反映。只有非独立核算的经营活动发生的费用才纳入"经营费用"核算的范围。也就是说,正确区分独立核算经营活动与非独立核算经营活动的界限是经营费用核算的重要前提。

2. 费用经营性

列入"经营费用"科目核算范围的应当都是经营性的费用,所以,应当严格划分经营费用与业务活动(专业业务活动及其辅助活动)费用的界限。业务活动费用应当列入单位的"业务活动费用"和"单位管理费用"项目,不得列入经营费用;应当列入经营费用的项目也不得列入"业务活动费用"和"单位管理费用"项目。凡是直接用于经营活动的材料、人工等费用,直接计入"经营费用";由单位统一垫支的各项费用,应当按规定比例在"业务活动费用""单位管理费用""经营费用"之间合理分摊。

3. 收支配比性

事业单位开展非独立核算经营活动,主要是为了获得经济收益,用于补充事业发展所需资金。这就需要正确归集经营费用,与同期取得的经营收入对应计算,以获得单位开展非独立核算经营活动所取得的经营收益的真实情况;同时,经营费用必须与经营收入配比也是权责发生制核算的基本要求之一。对同一会计期间发生的各项经营支出,应按用途归集到经营费用的相关科目中。对于无法直接归集的,应按规定比例合理分摊。对经营活动占用单位的房屋、设备等固定资产,应当参照折旧制度的相关规定合理分摊折旧;对于发生的共同的修理费用,也应当进行合理分摊。

二、经营费用的核算

事业单位应当设置"经营费用"科目,核算在专业业务活动及其辅助活动之外开展非独立核算营利性活动发生的各项费用。该科目可按照经营活动类别、项目、支付对象等进行明细核算。为了满足成本核算需要,该科目下还可按照"工资福利费用""商品和服务费用""对个人和家庭的补助费用""固定资产折旧费""无形资产摊销费"等成本项目设置明细科目,归集能够直接计入单位经营活动或采用一定方法计算后计入单位经营活动的费用。

在日常会计核算中,为经营活动人员计提的薪酬,领用的物品,使用固定资产、无形资产计提的折旧与摊销,应负担的税金及附加,发生的其他各项经营费用等,按照费用确认金额,借记"经营费用"科目,贷记"财政拨款收入""零余额账户用款额度""银行存款"等相关科目。

经营费用财务会计核算的主要内容如图 7-1 所示,只需将该图的"业务活动费用"改为"经营费用"。

因当年购货退回,按照收回或应收的金额,借记"银行存款""其他应收款"等科目,贷记"经营费用"科目。

"经营费用"属于费用类科目,应当按期采用账结法核算。期末,将"经营费用"科目的本期发生额结转"本期盈余"科目后,"经营费用"科目借贷平衡,期末应无余额。

第五节 所得税费用

一、所得税费用的概念与特点

从事生产、经营的事业单位以及非专门从事生产经营而有应税收入的单位,应按照《中华人民共和国税收征收管理法》及其实施细则、《国家税务总局税务登记管理办法》的有关规定,依法办理税务登记。

企业所得税是指对一国境内的企业和其他经济组织在一定期间内的生产经营所得和其他所得等收入,在进行法定的生产成本、费用和损失等扣除后的余额(即应纳税所得额)所征收的一种税。

除国务院或财政部、国家税务总局规定免征企业所得税的项目外,事业单位依法计征企业所得税的计算公式如下:

$$应纳税收入总额＝收入总额－免征企业所得税的收入项目金额$$
$$应纳税所得额＝应纳税收入总额－准予扣除的支出项目金额$$

事业单位对与取得应纳税收入有关的支出项目和与免税收入有关的支出项目应分别核算。确实难以划分清楚的,经主管税务机关审核同意,纳税人可采取分摊比例法或其他合理的方法确定。核算方法一经确定,纳税年度中不得变更。核算方法应报主管税务机关备案。

$$所得税应纳税额＝应纳税所得额×适用税率$$

企业所得税的基本税率为 25％,适用于居民企业。居民企业应当就其来源于中国境内、境外的所得交纳企业所得税。

二、所得税费用的核算

单位应当设置"所得税费用"科目,核算有企业所得税交纳义务的事业单位按规定交纳企业所得税所形成的费用。

财务会计按照税法规定计算应交的所得税时,借记"所得税费用"科目,贷记"其他应交税费——单位应交所得税"科目。实际交纳所得税时,借记"其他应交税费——单位应交所得税"科目,贷记"银行存款"等科目。

〖例7－1〗　某事业单位年终与税务机关清算本年度应纳企业所得税,经过调整项目增减变动后的应纳所得税额被确认为 100 000 元,按税率 25％ 计算,全年应纳企业所得税为 25 000 元,当即填制纳税交款书。应进行相关的财务会计核算如下:

```
借:所得税费用                                    25 000.00
    贷:其他应交税费——单位应交所得税                    25 000.00
借:其他应交税费——单位应交所得税              25 000.00
    贷:银行存款                                        25 000.00
借:本年盈余                                      25 000.00
    贷:所得税费用                                      25 000.00
```

年末,将"所得税费用"科目的本年发生额转入"本年盈余"科目,借记"本年盈余"科目,贷记"所得税费用"科目。年终结账后,"所得税费用"科目应无余额。

第六节　其他各项费用*

一、资产处置费用的核算

资产处置的形式按照规定包括无偿调拨、出售、出让、转让、置换、对外捐赠、报废、毁损以及货币性资产损失核销等。单列核算资产处置费用,一方面可以正确划分资产处置费用与除此以外的费用,便于准确计算成本;另一方面也是为了正确核算资产处置的净收益,因为这部分净收益是应当上缴财政的。

单位应当设置"资产处置费用"科目,核算单位经批准处置资产时发生的费用,包括转销的被处置资产价值,以及在处置过程中发生的相关费用或者处置收入小于相关费用形成的净支出。该科目应当按照处置资产的类别、资产处置的形式等进行明细核算。

(一)不通过"待处理财产损溢"科目核算的资产处置

单位按照规定报经批准处置的库存物品、固定资产、无形资产、公共基础设施、政府储备物资、文物文化资产、保障性住房、其他应收款、在建工程等,不通过"待处理财产损溢"科目核算,分为以下三种情况:

1. 按照规定报经批准处置资产时,转销被处置资产的账面价值

借:资产处置费用(处置资产的账面余额)
　　贷:库存物品/其他应收款/在建工程/固定资产/无形资产等(账面价值)
　　　　固定资产累计折旧/无形资产累计摊销等

2. 处置资产过程中仅发生相关费用的

借:资产处置费用
　　贷:银行存款/库存现金等

3. 处置资产过程中取得收入的

借:库存现金/银行存款(取得的价款)
　　资产处置费用(借贷差额:处置净支出)
　　贷:银行存款/库存现金(处置资产过程中发生的相关费用)
　　　　应缴财政款(处置净收入)

(二)通过"待处理财产损溢"科目核算的资产处置

单位在资产清查过程中查明的资产盘亏、毁损以及资产报废等,应当先通过"待处理财产损溢"科目进行核算,再将处理资产价值和处理净支出记入"资产处置费用"科目。

1. 现金短缺属于无法查明原因,报经批准核销时

借:资产处置费用
　　贷:待处理财产损溢

2. 资产清查过程中盘亏、毁损、报废资产报经批准处理时

借:资产处置费用(按照处理资产价值)
　　贷:待处理财产损溢——待处理财产价值

处理收支结清时,处理过程中所取得的收入小于所发生的相关费用的,按照相关费用减去处理收入后的净支出:

借:资产处置费用

　　贷:待处理财产损溢——处理净收入

期末,将"资产处置费用"科目的本期发生额转入本期盈余,借记"本期盈余"科目,贷记"资产处置费用"科目。期末结转后,"资产处置费用"科目应无余额。

二、上缴上级费用的核算

(一)上缴上级费用的特点

事业单位按照财政部门和主管部门的规定上缴上级所发生的费用,应注意以下三个方面的特点:

1. 会同确定性

事业单位上缴上级费用必须由财政部门会同主管部门确定,也就是说,未经财政部门会同主管部门确定的,事业单位可以拒绝上缴。

2. 条件约定性

实行收入上缴办法是有条件约定的,不是所有事业单位都可以实行收入上缴办法。一般情况下,事业单位收入数量有限,而且不够稳定,其收入应当主要用于本单位的事业发展,通常不实行收入上缴办法。只有少数事业单位非财政补助收入较多,而且超过其正常支出比较多,对这类单位可以按照财政部门和主管部门的规定实行收入上缴办法,由此发生的支出就相应地反映在上缴上级支出中。

3. 支出调剂性

对于本单位,上缴上级支出不构成本单位的正常支出,具有调剂性支出的性质。

(二)上缴上级费用的核算

事业单位应当设置"上缴上级费用"科目,核算按照财政部门和主管部门的规定上缴上级单位款项发生的费用。该科目应当按照收缴款单位和项目等进行明细核算。

单位发生上缴上级支出的,按照实际上缴的金额或者按照规定计算出应当上缴上级单位的金额,借记"上缴上级费用"科目,贷记"银行存款""其他应付款"等科目。

期末,将"上缴上级费用"科目的本期发生额转入本期盈余,借记"本期盈余"科目,贷记"上缴上级费用"科目,结转后应无余额。

三、对附属单位补助费用的核算

(一)对附属单位补助费用的特点

事业单位用财政拨款收入之外的收入对附属单位进行补助所发生的费用,在核算与管理过程中应注意把握好以下几个方面:

1. 资金来源的限定性

事业单位用于对附属单位进行补助所发生的费用不能来源于财政拨款收入,只能是除此之外的收入,所以,在《制度》中明确规定"上级补助收入"科目的核算内容是从主管部门和上级单位取得的非财政拨款收入。

2. 补助对象的独立核算性

"对附属单位补助费用"列支的对象一般是指事业单位所属独立核算的事业单位,如高校附属的中学、小学,科学院附属的研究所等。

3. 支出的补助性

"对附属单位补助费用"的本质特征是具有补助性,而不是转拨性。实行国库集中收付制度后,财政预算资金一般由国库支付执行机构直接拨付到所属预算单位,上级预算单位不再承担转拨任务。

对附属单位进行补助所发生的费用一般不构成本单位的正常支出,而是一种具有调剂性的支出。

(二)对附属单位补助费用的核算

事业单位应当设置"对附属单位补助费用"科目,核算用财政拨款收入之外的收入对附属单位补助发生的费用。该科目应当按照接受补助单位、补助项目等进行明细核算。

单位发生对附属单位补助支出的,按照实际补助的金额或者按照规定计算出应当对附属单位补助的金额,借记"对附属单位补助费用"科目,贷记"银行存款""其他应付款"等科目。

期末,将"对附属单位补助费用"科目的本期发生额转入本期盈余,借记"本期盈余"科目,贷记"对附属单位补助费用"科目,期末结转后应无余额。

四、其他费用核算

事业单位应当设置"其他费用"科目,核算单位发生的除业务活动费用、单位管理费用、经营费用、资产处置费用、上缴上级费用、附属单位补助费用、所得税费用以外的各项费用,包括利息费用[①]、坏账损失、罚没支出、现金资产捐赠支出以及相关税费、运输费等。该科目应当按照其他费用的类别等进行明细核算。

按期计算确认借款利息费用时,按照计算确定的金额,借记"在建工程"或"其他费用"科目,贷记"应付利息""长期借款——应计利息"科目。

事业单位按照规定计提坏账准备时,按照计提金额,借记"其他费用"科目,贷记"坏账准备"科目;冲减多提的坏账准备时,按照冲减金额,借记"坏账准备"科目,贷记"其他费用"科目。

单位发生罚没支出的,按照实际缴纳或应当缴纳的金额,借记"其他费用"科目,

---

① 单位发生的利息费用较多的,可以单独设置"5701 利息费用"科目。

贷记"银行存款""库存现金""其他应付款"等科目。

单位对外捐赠现金资产的,按照实际捐赠的金额,借记"其他费用"科目,贷记"银行存款""库存现金"等科目。

单位接受捐赠(或无偿调入)以名义金额计量的存货、固定资产、无形资产,以及成本无法可靠取得的公共基础设施、文物文化资产等发生的相关税费、运输费等,按照实际支付的金额,借记"其他费用"科目,贷记"财政拨款收入""零余额账户用款额度""银行存款""库存现金"等科目。

单位发生的与受托代理资产相关的税费、运输费、保管费等,按照实际支付或应付的金额,借记"其他费用"科目,贷记"零余额账户用款额度""银行存款""库存现金""其他应付款"等科目。

期末,将"其他费用"科目的本期发生额转入本期盈余,借记"本期盈余"科目,贷记"其他费用"科目。期末结转后,"其他费用"科目应无余额。

【例7-2】 X事业单位根据《上海市民办非学历教育机构管理办法》的规定,经有关部门批准后,于本年1月2日利用非财政资金设立了一家非学历培训机构。该培训机构面向社会举办,不以营利为宗旨和目的,主要从事与单位业务范围有关的非学历教育培训,开办资金为60 000元,以货币形式全额出资。

非营利法人[①]包括事业单位、社会团体、基金会、社会服务机构等,是为公益目的或者其他非营利目的成立,不向出资人、设立人或者会员分配所取得利润的法人。培训机构属于非营利法人。《中华人民共和国民办教育促进法》(2016年11月7日修订,自2017年9月1日起施行)第五十九条明确了民办学校终止后的财产清偿顺序:首先应退还受教育者学费、杂费和其他费用;接着应发放教职工的工资及应交纳的社会保险费用,然后偿还其他债务;清偿上述债务后的剩余财产应继续用于其他非营利性学校办学,而非返还给举办人。

根据上述规定,X单位对该培训机构的出资款无法收回,也无法获得收益分配,不属于《政府会计准则第2号——投资》所定义的投资,实质上是X单位的对外捐赠,应在出资时按捐赠进行财务会计核算如下:

　　借:其他费用　　　　　　　　　　　　　　　　60 000.00
　　　　贷:银行存款　　　　　　　　　　　　　　　　　60 000.00

---

　　① 自2017年10月1日起实施的《民法总则》将从事民事活动的主体分为自然人、法人和非法人组织,将法人区分为营利法人、非营利法人和特别法人。营利法人包括有限责任公司、股份有限公司和其他企业法人等,是以取得利润并分配给股东等出资人为目的成立的法人;特别法人是指机关法人、农村集体经济组织法人、城镇农村的合作经济组织法人、基层群众性自治组织法人等特殊法人主体。

第七节　跨期摊配费用 *

一、跨期摊配账户

根据权责发生制,本期发生的耗费不一定都能与本期收入抵减。其中,一部分在本期收入中抵减,属于本期费用;另一部分要分摊给以后的会计期间,抵减以后会计期间的收入,这部分费用被称为跨期费用。

或者说,单位发生支出以后可以分为两类情况:一是发生的费用在本期发挥全部效益,效益不递延到下期,在这种情况下应把费用直接记入费用类账户。二是本期发生的费用支出不应由本期负担,又分为两种情况:一种是先支出、后分摊计入的成本费用,应设置"待摊费用"或"长期待摊费用"账户进行核算;另一种是先计入成本费用、后支出,应设置"预提费用""应付利息"(详见第五章内容)等账户进行核算。费用核算中的跨期摊配账户通常是指待摊费用、长期待摊费用、预提费用等。这样核算是为了正确划分各个月份的成本,从而正确计算各月的成本费用。

二、待摊费用

单位应当设置"待摊费用"科目,核算单位已经支出,但应当由本期和以后各期分别负担的分摊期在1年以内(含1年)的各项费用,如预付航空保险费、预付租金、预付报刊订阅费等。该科目应当按照摊销费用种类设置明细账,进行明细核算。该科目的期末借方余额反映单位各种已支出但尚未摊销的费用。

待摊费用应当在其受益期限内分期平均摊销,如预付航空保险费应在保险有效期内、预付租金应在租赁期内、预付报刊订阅费应在订阅期内平均摊销,计入当期费用。

待摊费用的核算特点是支付在前,受益、摊销在后。

发生待摊费用时,按照实际预付的金额,借记"待摊费用"科目,贷记"财政拨款收入"或"财政应返还额度""零余额账户用款额度""银行存款"等科目。

按照受益期限分期平均摊销时,借记"业务活动费用""单位管理费用""经营费用"等科目,贷记"待摊费用"科目。

〖例7—3〗 某单位1月份根据房屋租赁协议,一次付给物业管理公司1～6月的租赁费用30 000元,应进行财务会计核算如下:

发生支付租赁费用时:

借:待摊费用　　　　　　　　　　　　　　　　30 000.00

　　贷:银行存款　　　　　　　　　　　　　　　　　30 000.00

按月摊销租赁费用时:

借:单位管理费用 　　　　　　　　　　　　　　　　5 000.00
　　贷:待摊费用 　　　　　　　　　　　　　　　　　　5 000.00

三、长期待摊费用

单位应当设置"长期待摊费用"科目,核算单位已经发生但应由本期和以后各期负担的分摊期限在1年以上(不含1年)的各项费用,如以经营租赁方式租入的固定资产发生的改良支出等。该科目应当按照费用项目进行明细核算。该科目的期末借方余额反映单位尚未摊销完毕的长期待摊费用。

单位发生的长期待摊费用,借记"长期待摊费用"科目,贷记"银行存款"等科目。摊销长期待摊费用时,借记"业务活动费用""单位管理费用""经营费用"等科目,贷记"长期待摊费用"科目。

如果某项待摊费用已不能使单位受益,应将其摊余价值一次全部转入当期费用。

四、预提费用

单位应当设置"预提费用"科目,核算单位预先提取的已经发生但尚未支付的费用,如预提租金费用、按规定从科研项目收入中提取的项目间接费用或管理费等。该科目应当按照预提费用的种类设置明细账,进行明细核算。该科目的期末贷方余额反映已预提但尚未支付的各项费用。

预提费用的核算特点是受益、预提在前,支付在后。

按规定预提费用时,按照预提的金额,借记"业务活动费用""单位管理费用""经营费用"等科目,贷记"预提费用"科目。

实际支付款项时,借记"预提费用"科目,贷记"银行存款"等科目。

〖例7—4〗　某单位根据房屋租赁协议,从1月份开始每月预提租金5 000元后,6月份一次付给物业管理公司6个月的租赁费用30 000元,应进行财务会计核算如下:

按月发生预计租赁费用时:
　借:单位管理费用 　　　　　　　　　　　　　　　　5 000.00
　　贷:预提费用 　　　　　　　　　　　　　　　　　　5 000.00
6个月后一次支付租赁费用时:
　借:预提费用 　　　　　　　　　　　　　　　　　　30 000.00
　　贷:银行存款 　　　　　　　　　　　　　　　　　　30 000.00

温馨提示:事业单位计提的借款利息费用,通过"应付利息""长期借款"科目核算,不通过"预提费用"科目核算。

第八节　成本会计基础*

一、推行政府成本会计势在必行

长期以来,行政事业单位不要求实行成本核算,即使有成本核算,也是内部不完全、不严格的成本核算,而社会大众却很关注诸如医疗成本、教育成本、管理或服务成本等成本会计信息。随着政府会计准则的实施与完善,推行成本会计或成本管理会计势在必行。《财政部关于全面推进管理会计体系建设的指导意见》(财会〔2014〕27号)提出,管理会计主要服务于包括行政事业单位在内的内部管理需要,是通过利用相关信息,有机融合财务与业务活动,在单位规划、决策、控制和评价等方面发挥重要作用的管理活动。在《会计改革与发展"十三五"规划纲要》(财会〔2016〕19号)中,财政部明确提出要"研究制定政府成本会计制度"。

财务会计与成本会计相结合,与管理会计相融合是大势所趋。政府成本核算就是政府会计主体运用会计程序和会计方法,按照确定的成本计算对象计算出产品或服务成本的过程。

成本与费用休戚相关。为一定种类、一定数量的产品或劳务所发生的各种费用之和就是这些产品或劳务的生产成本,简称"成本"。费用是产品成本的基础,产品成本则是对象化的费用。

二、成本核算的基本程序

(一)确定成本计算对象

进行成本计算,首先必须确定成本计算对象,即为了计算成本而确定的归集费用的各个对象(产出物或受益物),它是费用的承担客体。

各单位由于业务活动内容广泛,成本计算对象也就多种多样,可以是生产的产品、研究的课题、服务的项目、专项工程或工作,还可以是一种产品、一项服务、一位顾客、一张订单、一纸合同、一个作业等。例如,科学事业单位的成本核算可以研究室、业务部或课题组为成本核算单位,也可以科研课题、项目、产品、研究对象等作为成本核算对象。

任何单位都可以按照多维度、多层次的内部管理需要,确定多元化成本核算对象。

多维度,是指以产品的最小生产步骤或作业为基础,按照有关部门的生产流程及其相应的成本管理要求,利用现代信息技术,组合出产品维度、工序维度、车间班组维度、生产设备维度、客户订单维度、变动成本维度和固定成本维度等不同的成本核算对象。

多层次,是指根据成本管理的需要,划分为单位管理部门、工厂、车间、班组、课题组等成本管控层次。

不同的核算目的需要不同的成本信息,一个特定的成本计算系统应尽可能同时满足多方面的需要。

(二)正确划分成本项目

成本项目是指对成本费用按照用途进行的具体分类。

有的单位将"业务活动费用""单位管理费用""经营费用"等科目参照成本会计的核算要求设置"直接费用(直接材料、直接工资、其他直接支出)""制造费用""管理费用"或"成本费用""间接费用"二级明细科目,然后在其科目下按照经济支出用途列示工资福利支出、商品和服务支出、对个人和家庭的补助等项目。这样做既能满足单位内部成本核算的需要,又能与相关费用科目设计的要求相衔接。需要注意的是,在编制财务报告时,应把有关成本费用明细科目还原到相关的费用类科目中,并按照政府会计制度的规定统一编制财务报表。

(三)合理确定成本计算期

成本计算期是指成本计算的起止日期。一个单位的某项成本计算可以是定期的,也可以是不定期的。通常情况下,产品成本计算以月为成本计算期,分批核算可以批别为成本计算期,课题研究一般以课题周期为成本计算期。

(四)进行费用归集与分配

凡是能够直接用于产品生产的费用,应当直接计入并构成产品成本,如直接材料、直接人工等耗费。直接费用(直接成本)是指与某一特定产品之间有直接联系、能够既经济又方便地直接计入该产品的成本。

凡是不能分清为哪种产品所耗用、不能直接计入某种产品成本,而必须按照一定标准分配计入(间接计入)有关的各种产品成本的费用,被称为间接费用(间接成本)。间接成本是指与某一特定产品之间没有直接联系或者虽有联系但不能经济而又方便地计入该种产品的成本。

费用的分配原则是"谁耗费,谁负担"或者"谁受益,谁负担"。例如,材料费用一般可以按产品的重量、体积或定额消耗量进行分配,人工费用可以按工时进行分配等。费用要素的分配就是将各种费用要素的发生额合理分配给各个成本计算对象。在选择适当的分配方法时,既要考虑分配标准与分配费用的关联度,又要考虑分配标准资料取得的难易程度,这样才能保证分配结果的合理性和计算的简便性。

成本分配方法有直接追溯法、动因追溯法和分摊法之分。直接追溯法依赖于可实际观察的因果关系,因而其结果最准确;动因追溯法依赖于成本动因将成本分配至各个成本对象,其准确性次之;分摊法具有操作简单性和低成本等优点,但准确程度不高。

费用常用的分配标准有：一是成果类，如产品的重量、体积、产量、产值；二是消耗类，如生产工时、生产工人工资、机器工时、原材料消耗量等；三是定额类，如原材料定额消耗量、定额费用等；四是成本动因类，如批次、机器台时、检验时间等。成本动因是指引起成本发生的原因，是采用作业成本法的前提。

间接费用分配的公式如下：

$$费用分配率＝待分配费用总额÷分配标准总额$$
$$某分配对象应分配的费用＝该对象分配标准额×费用分配率$$

选择分配标准存在一定的主观性，所以应该选择比较客观、科学的标准来对费用进行分配，用以比较真实地反映一定对象所实际发生的消耗情况。某一种标准一旦被选定，不要轻易变更，否则就违反了一致性原则，因为分配标准的不同会人为地造成计算出来的成本不一样。

(五)选择成本计算方法，正确计算成本

某一期间发生的生产费用与归属产品的期间并不完全一致，即归属于当期产品成本中的费用一部分是当期发生的，另一部分则可能是以前会计期间发生的；归属于本期间的费用也不一定就归属于当期产品成本，可能会由以后期间的产品来负担。所以，某一会计期间实际发生的费用总和不一定等于该期间产品成本的总和。

不同的单位由于工艺过程、生产组织以及成本管理要求不同，其成本计算方法的选用也不一样。不同成本计算方法的区别主要表现在以下三个方面：(1)成本计算对象不同；(2)成本计算期不同；(3)生产费用在完工产品和在产品(或半成品)之间的分配情况不同。也就是说，只有根据生产的特点和成本管理的不同要求选择不同的成本计算方法，才能正确地计算产品成本。

最常用的成本计算基本方法是品种法、分批法和分步法；还有不少与管理要求相结合的成本计算方法，如分类法、标准成本法、变动成本法、作业成本法等。这些方法有其各自的适用范围与特定作用。

综上所述，费用是成本的基础，没有发生费用就不会形成成本。但费用、收益性费用、计入本月产品成本的费用、完工产品成本、在产品成本等既有联系又有区别。经过对费用的层层划分，费用与成本的分布情况如表7-2所示。

表7-2　　　　　　　　　费用与成本的分布情况

费　用

续表

费　用						
收益性费用						资本化费用
计入本月产品成本的费用				期间费用	跨期摊配费用	
甲产品成本	乙产品成本	丙产品成本		直接计入当月损益的费用：资产处置费用、上缴上级费用、对附属单位补助费用、所得税费用、其他费用	摊入本月和以后各月的费用	预提计入本月的费用
完工产品成本（全部完工）	在产品成本（全部未完工）	完工产品成本	在产品成本			

三、改进政府成本核算方法

成本核算一定要从管理的要求出发,做到"算管结合,算为管用"。"算管结合"是指费用核算应该与单位的成本管理密切结合。"算为管用"是指费用核算要从成本管理的要求出发,提供的费用成本信息应当满足业务管理的需要。

以医院成本核算为例,医院成本按照核算口径的不同,可分为医疗业务成本、医疗成本、医疗全成本和医院全成本;根据服务对象的不同,可分为直接成本核算单元和间接成本核算单元;根据核算对象的不同,可分为科室成本核算、医疗服务项目成本核算、病种成本核算、床日和诊次成本核算等。

根据《上海市医院成本管理暂行办法》(沪财社〔2014〕49 号)的规定,医院成本核算的范围一般包括医疗业务成本、管理费用、财政项目补助支出形成的固定资产折旧和无形资产摊销、科教项目支出形成的固定资产折旧和无形资产摊销四大类。其中:医疗业务成本是指医院开展医疗服务及其辅助活动发生的各项费用,包括人员经费、卫生材料费、药品费、固定资产折旧、无形资产摊销、提取医疗风险基金、其他费用等,其成本计算如表 7—3 所示;管理费用是指医院行政及后勤管理部门为组织、管理医

表 7—3　　　　　医院各科室直接成本表(医疗成本口径)

成本 01 表

编制单位：　　　　　　　　　　 _____ 年 _____ 月　　　　　　　　　　单位:元

成本项目 科室名称	人员经费 ①	卫生材料费 ②	药品费 ③	固定资产折旧费 ④	无形资产摊销费 ⑤	提取医疗风险基金 ⑥	其他费用 ⑦	合计⑧=①+②+③+④+⑤+⑥+⑦
呼吸内科								
普通外科								
……								
临床科室小计								
医学检验科								
医学影像科								

续表

成本项目 科室名称	人员经费 ①	卫生材料费 ②	药品费 ③	固定资产 折旧费 ④	无形资产 摊销费 ⑤	提取医疗 风险基金 ⑥	其他费用 ⑦	合计⑧=①+② +③+④+⑤ +⑥+⑦
……								
医技科室小计								
动力科								
洗衣房								
……								
医辅科室小计								
医疗业务成本合计								
管理费用								
本月总计								

疗、科研、教学业务活动所发生的各项费用,包括医院行政及后勤管理部门发生的人员经费、公用经费、固定资产折旧和无形资产摊销等费用,以及医院统一负担的离退休人员经费、坏账损失、银行借款利息支出、银行手续费支出、汇兑损益、聘请中介机构费、印花税、房产税、车船使用税等。

医院成本核算的主要流程:一是各核算科室按照医疗业务成本的七类核算范围进行明细核算,归集各临床、医技、医辅科室发生的、能够直接计入各科室或采用一定方法计算后计入各科室的直接成本,形成医疗业务成本;二是按照分项逐级分步结转的三级分摊方法,依次对行政后勤科室、医辅科室、医技科室耗费进行结转,形成临床科室医疗成本;三是根据核算需要,对财政项目补助支出形成的固定资产折旧和无形资产摊销、科教项目支出形成的固定资产折旧和无形资产摊销进行归集和分摊,分别形成临床科室医疗全成本、临床科室医院全成本;最后在此基础上,通过归集和分摊,计算项目成本、病种成本、诊次和床日成本等。医院成本核算流程如图7-2所示。

四、作业成本法在政府会计中的应用

作业成本法是以作业为核算对象,通过成本动因的确认、计量与分析,正确反映成本的一种成本管理方法。

业务活动由一系列作业活动组成,精细化的成本核算对象可以细化到相关作业,各个作业所耗费的生产资源就是各个作业的成本,然后按各最终产品所耗用的作业数量将各作业的成本分配计入各最终产品,从而计算出各种最终产品的总成本和单位成本。

由于生产导致作业发生,产品耗用作业,作业耗用资源,从而导致成本发生,因

此,作业成本计算的基本原理是将资源成本通过资源成本动因追溯到作业,再将作业成本通过作业成本动因追溯到产品、服务和用户等成本对象。在作业成本法下,作业是资源和成本对象之间的重要"纽带"或"桥梁"(如图 7-3 所示)。

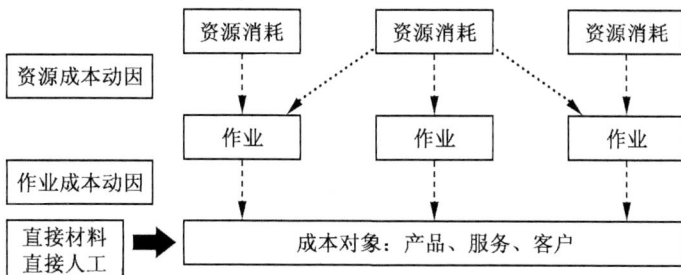

图 7-3 作业成本法的基本模型

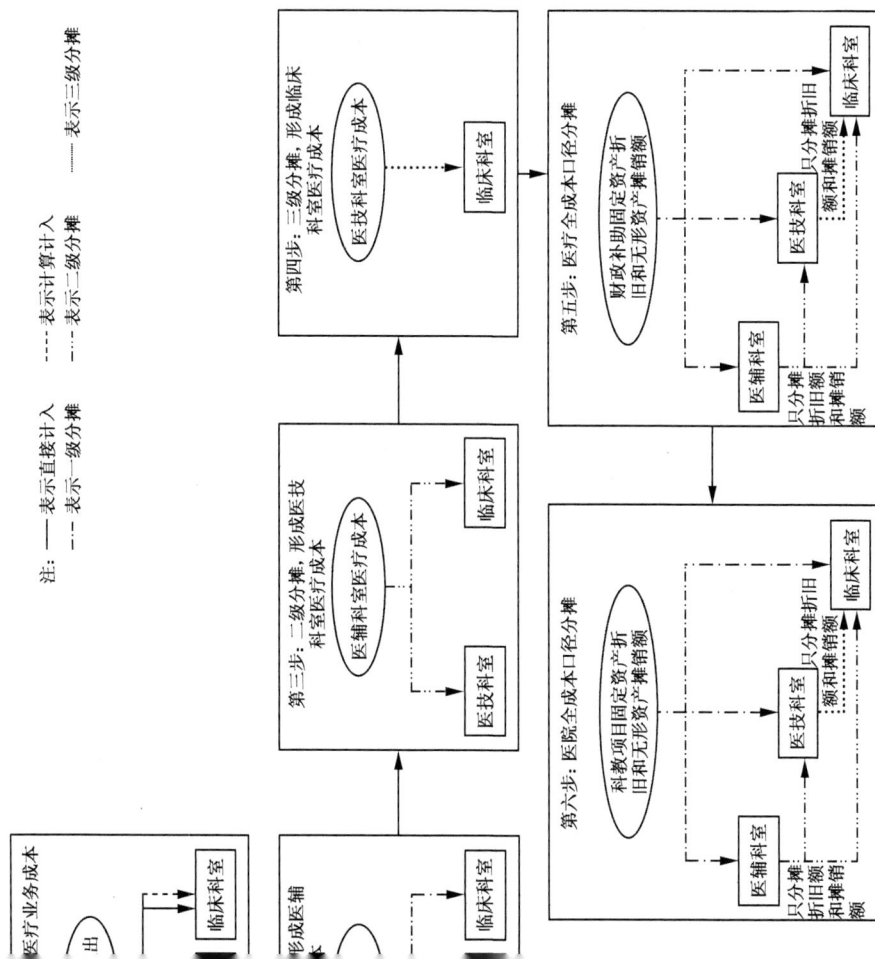

图 7-2 医院成本核算流程

【**例7—5**】 某医院以手术室医疗成本为研究对象,揭示作业成本法对手术室医疗费用降低的积极作用。

(1)划分手术室作业。手术室作业可依据手术室流程及岗位职责划分为移动作业、准备作业、手术作业、管理作业。

(2)确定手术室资源库类别和资源动因。手术室资源类别包括:手术室人员支出、材料费、折旧、其他费用和次要作业成本,并确定各自的资源动因。

(3)分配各资源库成本至各作业。根据作业成本法理论,计算各作业消耗的资源动因量分配资源库成本,人员成本按各作业花费的时间分配,材料费按实际消耗计入各作业,折旧按设备价值、使用时间分配至各作业,其他费用和次要作业成本按各作业时间分摊。

通过上述方法,计算结果如表7—4所示。

表7—4　　　　　　　　　手术室各作业中心的成本计算表　　　　　　　单位:万元

项　　目	移动作业	准备作业	手术作业	管理作业	合　计
人员支出	635	582	1 464	182	2 863
材料支出			18 842	385	19 227
折旧	419	384	966	120	1 889
其他费用	352	256	591	60	1 259
次要作业	221	161	371	38	791
总成本	1 627	1 383	22 234	785	26 029

(4)实施手术室作业成本管理。手术室是医院医用耗材使用大户,通过作业成本管理,可以有效控制成本,降低病人医疗费用,主要途径有:

①作业消除,即消除无附加值的作业,减少非增值成本,包括在手术室成本管理中对作业是否有效进行分析,努力降低人力资源在重复性作业和移动作业上的成本。

②作业选择,即从多个作业中选择最佳作业链。在手术作业中会产生不同的作业成本。例如,病人开刀的手术缝线,进口缝线要几十元甚至上百元成本,而普通的缝线仅几角钱,如果该病人使用普通缝线,既可以降低手术成本,也可以减少病人负担。因此,可以在保证医疗质量的前提下选择成本较低、病人负担较轻的品种。

③作业减少(降低),即通过改善方式降低作业所耗费的时间和资源。手术室可以通过改善流程再造降低消毒准备时间,提高设备的使用效率,减少甚至剔除

闲置的手术设备等,实现成本的降低。

④作业共享(分享),即利用规模经济提高必要作业的效率,如手术中手术包的使用,可以通过供应室统一消毒配备,集中管理,既保证医疗质量,又降低手术包的直接成本,节约能源并减少耗材的浪费。

为了进一步简化与推广作业成本法的应用,罗伯特·S. 卡普兰[①]和史蒂文·R. 安德烈编著了《估时作业成本法——简单有效的获利方法》(哈佛经管图书简体中文版,商务印书馆 2010 年版),向人们介绍了一种利用 ERP 系统能够更简单、更有效地进行作业成本核算的方法。

对每一个资源、作业,估时作业成本法只需要考虑两个参数:一是掌握每个业务流程的资源产能成本;二是掌握每项业务、每位顾客、每个产品所耗费的时间,或者说,单位时间内将资源供给到生产作业中去的成本费用是多少,每一单项作业所花费的时间是多少。该方法的重点是将收集成本信息的精力集中在这两个问题上,就可以让管理人员腾出更多精力来管理估时作业成本所暴露出来的各种问题。为此,管理人员只需要顾及每一生产环节的资源需求、产品及顾客,而不需要耗费大量时间进行员工生产时间调查,从而可以简化作业成本计算。

估时作业成本法将"时间"作为分配资源成本的依据,统一了资源成本动因和作业成本动因,把具体作业时间总额作为成本动因,利用"时间动因"计算每个项目所花费的资源成本,从而省却传统作业成本法先将成本归集到作业,再分配到各项业务的复杂过程。

估时作业成本法的基本步骤:估计部门实际有效工作时间→计算单位时间消耗的资源成本→估计单位作业时间消耗→计算单位作业资源成本(成本动因率)→根据作业量计算各成本对象的成本。运用估时作业成本法需要用到如下参数:

单位时间资源成本=部门消耗的资源成本÷部门实际有效工作时间

单位作业成本(成本动因率)=单位时间资源成本×单位作业消耗时间

各成本对象成本=单位作业成本(成本动因率)×各成本对象的作业量

其中,部门实际有效工作时间、单位作业消耗时间可以由工作人员凭借经验或者观察分析后得到。

〖**例 7—6**〗　某医院的体检中心试行估时作业成本法的应用,并要求计算分析出相关检查项目的毛利水平。

该体检中心某年 1 月的总费用为 264 000 元(包括人力成本、房屋及设备折旧、办

---

①　罗伯特·S. 卡普兰(1940 年～),平衡计分卡(Balance Scorecard)和作业成本法(Activity-based Costing)的创始人之一,自 1984 年以来一直在哈佛商学院任教。卡普兰关注的重点是如何通过成本管理和绩效管理系统成功实施战略和实现卓越运营。

公用品、水电耗用及其他杂项费用)。该部门每天平均有 8 名员工上班,工作时间为每天 7 个小时,则部门实际有效工作时间为 59 136 分钟(8×7×22×60×80%,该部门周末休息,平均每月工作时间为 22 天,工作能力的实际提供量以占理论值的 80%测算①),则每单位时间资源成本为 4.46 元/分钟(264 000÷59 136)。该体检中心做各项检查的所需时间为:血常规检查 3 分钟/次、心电图检查 3 分钟/次、肺功能检查3.5 分钟/次、电测听检查 5 分钟/次。该体检中心作业成本计算结果如表 7—5 所示。

表7—5 体检中心成本计算表

作业名称	单位作业消耗时间	单位时间资源成本(元/分钟)	单位作业成本(元)	作业量	总时间(分钟)	总成本
血常规检查	3 分钟	4.46	13.38	7 700	23 100	103 026.00
心电图检查	3 分钟	4.46	13.38	5 500	16 500	73 590.00
肺功能检查	3.5 分钟	4.46	15.61	1 760	6 160	27 473.60
电测听检查	5 分钟	4.46	22.30	1 540	7 700	34 342.00
有效工时合计					53 460	238 431.60
实耗工时合计					59 136	264 000.00
未用工时合计					5 676	25 568.40

实施估时作业成本应根据不同行业的作业特点及其资源耗用情况等,把成本分割为不同的作业库及其具体的作业,然后由管理人员对各作业的单位时间资源成本(这个数据通常可以用一个部门的总费用除以员工的工作时间得到)和单位作业消耗时间(即产品、服务和客户在消耗资源时所占用的单位时间)等进行估计,将两者相乘得到成本动因率(单位作业成本),再根据作业量得出成本对象总成本。

通过表 7—5 的计算,可以对有效工时、未用工时的相对数进行分析。该月体检中心员工未用总工时为 5 676 分钟,占有效工时的 9.60%,说明员工的有效工时中还有一部分未被充分利用,这也正是可以挖潜增盈之所在。

以前采用作业成本计算时往往用资源在各项活动中投入的时间比例来分摊成本。这个方法的弊端是,员工们报告的时间比例加起来总是会等于 100%,基本上没有人会报告说自己有相当一部分时间无所事事。而在估时作业成本系统中,管理者能够很清楚地看到自己的产能利用率与理想的利用率到底有多大的差距,这方面的信息对提高流程的效率具有重要意义。

① 实际有效工作时间占用的比例往往具有一定的波动性,需要根据自身情况和外部情况的改变适当调整百分比,所以需要正确估算实际有效工作时间占理论工作时间的百分比。

根据表7—5还可以通过对各作业收入、成本的对比,找出4种检查项目的毛利额、毛利率(如表7—6所示)。

表7—6　　　　　　　　　单位作业毛利情况分析

作业名称	单位作业 收入(元)	单位作业 成本(元)	毛利额 (元)	毛利率 (%)
血常规检查	18	13.38	4.62	25.67
心电图检查	20	13.38	6.62	33.10
肺功能检查	18	15.61	2.39	13.28
电测听检查	30	22.30	7.70	25.67

根据表7—6中所计算出的毛利率可知,每次心电图检查的毛利率较高,而肺功能检查的毛利率较低。

估时作业成本将资源动因及作业动因融合在一起得出单位作业成本,具有程序简单、易于建立计算模型并有效维护等特点。当一个部门增加若干新业务时,仅需对新增业务的单位时间作业消耗量补充做出估测,即可更新成本动因率。尤其是在医院现代化建设的过程中对效率的要求较高的情况下,估时作业成本法能较精确地分析医护人员的工作效率,同时可将此与绩效管理挂钩,能起到提升工作效率的目的。

应用估时作业成本法,在结合实际情况审视相关成本细化与完善的过程中有助于单位重新审视其业务流程和资源的分配过程,有的放矢推行流程再造,调整管理策略,可谓一举多得。其优势还在于可以适应现代生活中各种业务的复杂性,为确定流程成本提供简便实用的方法。

作业成本法作为一种先进的成本计算和管理方法,可以在提供相对准确的成本信息的基础上,达到增加单位价值的目的。

五、成本核算方法的理性选择

理性选择成本类型及其相应的算管方法相当重要,因为不同的成本可以服务于不同的目的,所以不存在最好的成本,关键是如何恰当地运用成本的概念,采用恰当的成本计算方法,得出有用的成本核算结论,从而为决策服务。在计算投入、产出和成果类指标,或对经济性、效率性和有效性指标的权重赋值时,成本费用及其相关的投入产出指标永远是最重要的。尤其是在无法取得有关项目预期收益时,分析比较项目的费用或成本最低即为最优。

(一)直接成本和间接成本

成本按支出的追溯性,分为直接成本和间接成本。直接成本可直接进入成本核算,如业务人员工资、水电费、维修费等;间接成本则通过分配进入成本核算,如管理费用等,按照"谁受益、谁负担"的分配原则和分配标准分摊至该成本核算单元。

(二)制造成本和非制造成本

成本按经济用途,分为制造成本和非制造成本。制造成本是在产品制造和服务过程中发生的,包括直接材料、直接工资、制造费用等;非制造成本是指销售与行政管理方面发生的费用,如广告费、保险费等。

(三)固定成本、变动成本、半变动成本

成本按性态,分为固定成本、变动成本、半变动成本。固定成本的特点是在一定时期、一定范围内固定不变,随着生产产品和服务量的增加,单位成本减少,如固定资产折旧及无形资产摊销,人员经费中对个人和家庭的补助支出以及工资福利支出中的基本工资、津贴补贴、社会保障缴费、伙食补助费等;变动成本的单位成本是固定不变的,随着产品和服务量的增加,总成本增加,如业务人员的工资、奖金、绩效工资和其他工资福利支出,水电费、维修费、劳务费等;半变动成本的变化一般与产品及服务量的增减没有严格的关系比例,如通讯费等。

(四)可控成本和不可控成本

成本按可控性,分为可控成本和不可控成本。可控成本在本部门范围内是可以控制的,如业务人员工资、专用材料支出、招待费等;不可控成本是本部门无法控制的,如折旧费、摊销额等。

(五)财务成本和管理成本

成本按管理中的作用,分为财务成本和管理成本。财务成本是指根据会计准则制度核算出来的,用于编制财务报表的成本,也称法定成本或制度成本;管理成本是用于单位内部经营管理的各种成本的总称,是根据财务成本和其他有关资料进行不同的归类、分析和调整后计算出来的,是对财务成本的进一步深化和发展。例如,机会成本是指由于选择最优方案而放弃的次优方案的收益,不是企业实际的支出。财务会计系统的特征是记录成本或支出而不记录机会成本。但是,管理者为了保证所做的决策是最优的,在进行决策时应当考虑机会成本。

管理成本主要包括决策成本(如差别成本、机会成本、边际成本、相关成本、沉没成本和重置成本等)、控制与考核成本(如标准成本、定额成本、责任成本、可控成本、计划成本和可比成本等)等。

实施目标成本的核算与管理是一种行之有效的方法。单位首先可以根据预算确定目标与收入。收入标准不得超过国家相关部门的最高指导价。接着将该目标下发生的所有费用分为直接成本和间接成本,直接成本直接计入成本,间接成本通过分配计入。费用项目金额不得超过预算的最高限额,超支单列,并寻求增减变动的原因。然后对收支进行决算,哪些是做得好的,哪些是还需要改进的,只有不断总结分析,才能不断降低成本,提高质量及效率。最后考核目标的完成情况,审核其执行情况。目标考核促使按目标执行并力求节约,审核的主要目的是促进成本管理精益求精等。

综上所述,成本计算具有双重性,它既是财务会计的重要组成部分,也是管理会计的重要组成部分。从管理会计角度看,成本计算为最优决策、有效经营和成本控制服务。为了实现有效经营与正确决策,往往要从许多方案中选取最优方案。"优"的标准主要是经济效果,而各种形式的"成本"正是经济效果的重要表现形式。①

实施成本核算的单位应当结合业务运行等相关信息,定期编制成本报表,开展对成本核算结果的分析(包括成本变动、成本差异及其变动原因等),努力把握成本变动规律,寻找成本控制的途径和潜力,运用成本控制和管理会计的思想方法,提出有效管理和控制成本的合理化建议,降低运营成本,提高单位的经济效益和社会效益。

思考与练习

1. 简述政府会计认定费用的基本特点。

2. 请归纳说明支出、费用、成本三者之间的联系与区别。

3. 请举例说明费用的财务会计核算方式。

4. 简述待摊费用与预提费用的特征,并举例说明。

5. 理论联系实际,谈谈对政府会计开展内部成本核算的建议。

6. 如何将财务会计、成本会计、管理会计融合起来,做到"算为管用、算管结合"呢?

7. 如何才能正确划分各种费用核算的界限,有效加强各项费用的控制?

8. A 单位经营业务适用的增值税税率为 3%。某月与 B 公司签订技术服务合同,合同约定服务税费总计 50 万元,合同签订之日先预付 10 万元技术服务费,完成验收后再支付 40 万元。

A 单位收到预付款项 10 万元存入银行的会计分录为:

借:银行存款　　　　　10 万元

　　贷:预收账款　　　　　10 万元

完成技术服务收到款项 40 万元后的会计分录为:

借:银行存款　　　　　40 万元

　　贷:经营收入　　　　　40 万元

同时:

借:经营费用　　　　1.2 万元

　　贷:应交增值税　　　　　1.2 万元

以上会计处理是否正确? 为什么?

---

① 关于作业成本乃至成本会计和管理会计的具体内容,请进一步阅读李敏主编的《成本会计学》和《管理会计学》,上海财经大学出版社出版。

第八章

净资产类财务会计核算

第一节 净资产要素概述

一、净资产的定义及其计量

政府会计核算的净资产是指资产总额减去负债总额后的净额,其金额取决于资产和负债的计量,其计量方法也应当取决于资产和负债的计量。

净资产与资产最本质的差异就是多了一个"净"字,其主要特征就是"资产扣除负债以后最终还剩多少"。

二、财务会计要素变动与净资产的内在关系

政府会计中的盈余一般是指资产大于负债、收入大于费用的差量,因而与会计要素紧密相关。

(一)资产、负债与净资产的变动关系

资产的增加会导致经济利益的流入,最终增加净资产;反之则反是。

负债的减少会导致经济利益的流入,最终增加净资产;反之则反是。

资产增多,负债减少,净资产势必增加;反之,资产减少,负债增多,净资产势必减少。

(二)收入、费用与净资产的变动关系

收入的增加是一种经济利益的流入,会导致净资产的增加;反之则反是。

费用的增加是一种经济利益的流出,会导致净资产的减少;反之则反是。

收入增多,费用减少,净资产势必增加;反之,收入减少,费用增多,净资产势必减少。

本年收入＞费用的结果是产生本年盈余,导致净资产增加。

本年收入＜费用的结果是产生本年亏损,导致净资产减少。

本年收入＝费用的结果是产生盈亏平衡,不影响净资产。

三、净资产的具体分类

政府会计立足于分类核算净资产的需要,将净资产按照主要来源分为盈余类、基金类和调整类,包括"累计盈余""专用基金""权益法调整""本期盈余""本年盈余分配""无偿调拨净资产"和"以前年度盈余调整"7个会计科目,其分类情况、会计科目和报表项目之间的关系等内容如表8—1所示。

表 8—1　　　　　　　　　　净资产类会计科目分类

编号	净资产项目与会计科目	特指用途	报表项目	净资产分类
3301	本期盈余		月报	盈余类
3302	本年盈余分配		中转科目	
3001	累计盈余		月报、年报	
3101	专用基金	事业单位	月报、年报	基金类
3201	权益法调整	事业单位	月报、年报	
3401	无偿调拨净资产		月报、中转	调整类
3501	以前年度盈余调整		中转科目	

上述反映净资产的7个科目的余额增减变动与资产负债表中净资产项目存在着一定的勾稽关系。其中,"以前年度盈余调整"属于过渡性科目(中转科目),调整以后无余额;"本年盈余分配"只有年末才能使用。所以,月度资产负债表的净资产一般包括累计盈余、专用基金、权益法调整、无偿调拨净资产和本期盈余5个项目。年末,将"本期盈余"科目余额转入"本年盈余分配"科目,将"本年盈余分配"和"无偿调拨净资产"科目(中转科目)余额转入"累计盈余"科目后,年度资产负债表的净资产项目只剩下累计盈余、专用基金、权益法调整3个(终点科目)。

净资产来源渠道各异,核算特点不同,为了分别归类阐述,本章在说明净资产核算的具体内容时,将其分为盈余类核算、基金类核算和调整类核算三个方面。

四、净资产的"算管结合、算为管用"

第一,一个单位净资产的核算正确与否,既与资产、负债核算相关,也与收入、费用核算相连。明确各个要素的概念、确认条件、核算范围与规范要求,是正确核算净资产的前提条件。

第二,政府会计主体没有"所有者权益"的概念,原因是缺乏明确的、现实的、像企业一样的投资者。对政府会计主体的拨款或补助如同捐赠一样,其捐赠者是名义所有者。例如,事业单位的出资者(拨款人)只是其净资产名义上的所有者,他们不要求出售、转让或索偿其所提供的资财,也不要求凭借其所提供的资财获得经济上的利益,即使单位清算也不存在退还原始投资的问题。

第三,净资产主要来源于盈余,"累计盈余"是净资产核算的核心内容。在政府会计制度的首次执行日,行政单位的累计盈余来源于"财政拨款结转""财政拨款结余""其他资金结转结余""资产基金""待偿债净资产"余额的转入;事业单位的累计盈余来源于"事业基金""非流动资产基金""财政补助结转""财政补助结余""非财政补助结转""经营结余"科目的余额;对于按照《制度》规定新入账的公共基础设施、政府储备物资、文物文化资产、保障性住房等,按照确定的初始入账成本,分别借记"公共基础设施""政府储备物资""文物文化资产""保障性住房"科目,贷记"累计盈余"科目;对于盘盈资产、预计负债、补提折旧、补提摊销、计提坏账准备、按照权益法调整长期股权投资、确认利息等也是分别调整"累计盈余"科目。[①]

第四,净资产有外部注入和内部形成之分,存在限定用途和非限定用途的区别,如专用基金就是内部形成的具有限定用途的净资产。

第二节　盈余类核算

一、本期盈余

(一)本期盈余的特点

本期盈余是指本会计年度内收入大于成本(费用)的剩余额。

单位应当设置"本期盈余"科目,核算单位各项收入费用相抵后的余额。年末结账后,本科目应无余额。

(二)本期盈余的核算

期末,将各类收入科目的本期发生额转入本期盈余:

借:财政拨款收入/事业收入/上级补助收入/附属单位上缴收入/经营收入/非同级财政拨款收入/投资收益/捐赠收入/利息收入/租金收入/其他收入

贷:本期盈余

---

① 关于印发《政府会计制度——行政事业单位会计科目和报表》与《行政单位会计制度》《事业单位会计制度》有关衔接问题处理规定的通知(财会〔2018〕3 号)。

期末,将各类费用科目的本期发生额转入本期盈余:

借:本期盈余

　　贷:业务活动费用/单位管理费用/经营费用/所得税费用/资产处置费用/

　　　上缴上级费用/对附属单位补助费用/其他费用

年末,在完成上述结转后,将"本期盈余"科目余额结转入"本年盈余分配"科目:

借或贷:本期盈余

　　贷或借:本年盈余分配

"本期盈余"科目期末如为贷方余额,反映单位自年初至当期期末累计实现的盈余;如为借方余额,反映单位自年初至当期期末累计发生的亏损。年末完成上述结账后,"本期盈余"科目应无余额。

二、本年盈余分配

(一)本年盈余分配的特点

在行政事业单位,本年盈余分配是在本期盈余的基础上,考虑对专用基金计提的情况。单位设置"本年盈余分配"科目,核算本年度盈余分配的情况和结果。

(二)本年盈余分配的核算

年末,将"本期盈余"科目的余额转入本科目,借记或贷记"本期盈余"科目,贷记或借记"本年盈余分配"科目。

年末,根据有关规定从本年度非财政拨款结余或经营结余中提取专用基金的,按照预算会计下计算的提取金额,借记"本年盈余分配"科目,贷记"专用基金"科目。

年末,按照规定完成上述处理后,将"本年盈余分配"科目余额转入累计盈余,借记或贷记"本年盈余分配"科目,贷记或借记"累计盈余"科目。年末结账后,"本年盈余分配"科目应无余额。

三、累计盈余

(一)累计盈余的特点

资产及其相关业务是连续不断的,收支结转与盈亏结果也是连续不断、连年滚动、不断累计的。累计盈余是净资产核算的核心内容。

"累计盈余"科目就是用以核算单位历年实现的盈余扣除盈余分配后滚存的金额,以及因无偿调入调出资产产生的净资产变动额。按照规定上缴、缴回、单位间调剂结转结余资金产生的净资产变动额,以及对以前年度盈余的调整金额,也通过"累计盈余"科目核算。"累计盈余"科目的年末余额反映单位未分配盈余(或未弥补亏损)以及无偿调拨净资产变动的累计数。

(二)累计盈余的核算

年末,将"本年盈余分配"/"无偿调拨净资产"科目的余额转入累计盈余,借记或贷记"本年盈余分配"/"无偿调拨净资产"科目,贷记或借记"累计盈余"科目。

按照规定上缴财政拨款结转结余、缴回非财政拨款结转资金、向其他单位调出财政拨款结转资金时,按照实际上缴、缴回、调出金额,借记"累计盈余"科目,贷记"财政应返还额度""零余额账户用款额度""银行存款"等科目。

按照规定从其他单位调入财政拨款结转资金时,按照实际调入金额,借记"零余额账户用款额度""银行存款"等科目,贷记"累计盈余"科目。

将"以前年度盈余调整"科目的余额转入"累计盈余"科目,借记或贷记"以前年度盈余调整"科目,贷记或借记"累计盈余"科目。

使用专用基金购置固定资产、无形资产的,按照固定资产、无形资产成本金额,借记"固定资产""无形资产"科目,贷记"银行存款"等科目;同时,按照专用基金使用金额,借记"专用基金"科目,贷记"累计盈余"科目。

上述累计盈余年末核算的主要内容可概括如图8-1所示。

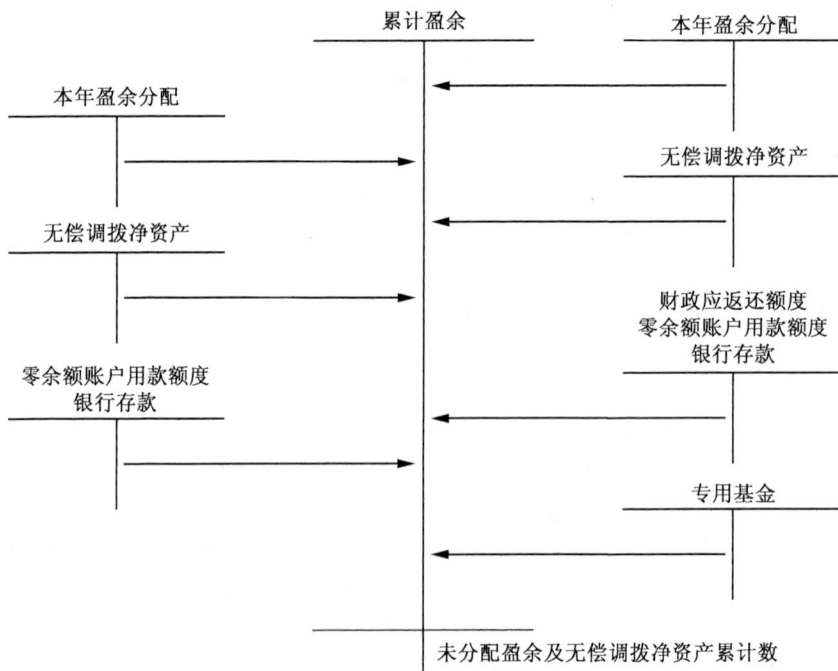

图8-1 累计盈余年末核算流程

第三节　基金类核算

一、专用基金的特点与管理要求

专用基金是指事业单位按照规定提取或者设置的有专门用途的资金,主要有职工福利基金、科技成果转换基金等。

专用基金是事业单位拥有的有限定用途的净资产,是事业单位按照国家有关规定积累和使用的资金,其运动过程具有相对独立的特点,如专用基金的使用均属一次性消耗,没有循环周转,不可能通过专用基金支出直接取得补偿等。

为了规范专用基金管理,发挥其在促进事业发展中的独特作用,事业单位专用基金的管理应遵循先提后用、收支平衡、专款专用的原则,支出不得超出基金规模。

(一)先提后用

专用基金作为净资产,必须按照规定的渠道和比例提取后方可安排使用。事业单位各项基金的提取比例和管理办法,国家有统一规定的,按照统一规定执行;没有统一规定的,由主管部门会同同级财政部门确定。

(二)收支平衡

事业单位提取专用基金后,要严格按照规定的开支范围和标准支出,支出不得超出基金规模。

(三)专款专用

为了保证资金使用的合理、有效,各项专用基金都有规定的支出用途和使用范围,事业单位要对各项专用基金单独进行管理和核算。专用基金一般不得互相占用、挪用,并且支出不得超出基金规模。

设置专用基金有利于正确处理国家、单位和个人三者之间的利益关系,对事业单位的发展具有积极的促进作用。事业单位对各项专用基金要编制收支预算或计划,收支计划不能出现赤字。事业单位要根据专用基金的额度安排支出,量入为出,有多少钱办多少事,并注意专用基金的积累。

二、专用基金的核算

事业单位应当设置"专用基金"科目,核算事业单位按照规定提取或设置的具有专门用途的净资产,主要包括职工福利基金、科技成果转换基金等。该科目应当按照专用基金的类别进行明细核算。该科目的期末贷方余额反映事业单位累计提取或设置的尚未使用的专用基金。

(一)专用基金提取的核算

1. 职工福利基金

《财政部关于事业单位提取专用基金比例问题的通知》(财教〔2012〕32 号)规定，事业单位职工福利基金的提取比例，在单位年度非财政拨款结余的 40％以内确定；国家另有规定的，从其规定。中央级事业单位职工福利基金的提取比例由主管部门会同财政部在单位年度非财政拨款结余的 40％以内核定；国家另有规定的，从其规定。

年末，根据有关规定从本年度非财政拨款结余或经营结余中提取专用基金的，按照预算会计(而不是财务会计)下计算的提取金额，借记"本年盈余分配"科目，贷记"专用基金"科目。提取专用基金是对盈余的重分类调整，涉及净资产的两个会计科目，此增彼减，增减相等。

【例 8-1】　某事业单位某年度非财政拨款结余 200 万元，若职工福利基金提取比例为 30％，计算职工福利基金提取额并编制会计分录如下：

职工福利基金提取额＝非财政拨款结余×提取比例

$$＝200×30％＝60(万元)$$

　　借：本年盈余分配　　　　　　　　　　　　　　　　600 000.00

　　　　贷：专用基金——职工福利基金　　　　　　　　　　600 000.00

2. 提取其他专用基金

各行各业专用基金的计提范围和计提标准并不相同。例如，科学事业单位允许计提科技成果转化基金，高等学校可以计提留本基金、学生奖助基金，医院可以计提医疗风险基金等。

根据有关规定从收入中提取专用基金并计入费用的，一般按照预算会计(而不是财务会计)下基于预算收入计算提取的金额，借记"业务活动费用"等科目，贷记"专用基金"科目；国家另有规定的，从其规定。

3. 收到其他专用基金

根据有关规定设置的其他专用基金，按照实际收到的基金金额，借记"银行存款"等科目，贷记"专用基金"科目。

(二)专用基金使用的核算

专用基金的使用政策性很强，如职工福利基金支出主要用于集体福利设施建设支出，包括职工食堂、职工浴室、理发室等职工福利设施的补助，以及按照国家规定可由职工福利基金开支的其他支出。因为职工福利基金的使用直接涉及单位职工的切实利益，所以，应根据职工福利基金结存数、当期提取数和相应的预算，量入为出，做好计划。对于一些重大的职工福利支出项目，应充分发扬民主精神，公开项目计划、开支内容和支出决算，接受职工的监督。

使用专用基金时应当注意分别以下两种情况进行核算：

使用专用基金的结果是费用化的,应编制单笔会计分录如下:

借:专用基金

　　贷:银行存款等

使用专用基金的结果是资本化的,如购置固定资产、无形资产等,应编制双分录如下:

借:固定资产/无形资产

　　贷:银行存款

同时,解除该专用基金的限定性用途:

借:专用基金

　　贷:累计盈余

【例8—2】　某单位以银行存款购入食堂的专用设备10万元,该业务一方面反映出"银行存款"减少的原因是增加了"固定资产";另一方面,"专用基金"支出的结果导致资产的增加从而引起"累计盈余"增加,应编制会计分录如下:

借:固定资产　　　　　　　　　　　　　　100 000.00

　　贷:银行存款　　　　　　　　　　　　　　100 000.00

同时,

借:专用基金　　　　　　　　　　　　　　100 000.00

　　贷:累计盈余　　　　　　　　　　　　　　100 000.00

温馨提示:事业单位某些特殊业务的会计核算需要对净资产进行重分类,应当特别予以关注。如上例第二笔会计分录,"专用基金"和"累计盈余"都是净资产科目,一增一减,增减额相等,属于对净资产的重分类。一方面,提取专用基金和使用专用基金都是净资产之间的此增彼减;另一方面,固定资产的增加会导致净资产的增加,固定资产的减少(包括计提折旧)也将导致净资产的减少。"固定资产"与"累计盈余"存在着内在联系,即固定资产的增加将导致经济利益的流入,最终将影响净资产的增加;反之则反是。

如果上例第二笔会计分录没有编制,固定资产增加对应的专用基金的用途——职工福利基金的减少——就没有被确切反映出来;如果只编制借记"专用基金——职工福利基金"科目、贷记"银行存款"科目的会计分录,就会造成账实不符或账外资产的存在,这是不允许的。

三、盈余类与基金类的核算

盈余表示有富余。盈,多而充足;余,多而有剩余。收入中除去费用后有剩余才可以进行盈余分配,扣除盈余分配以后的余额就属于累计盈余。

【例8—3】　XYZ事业单位于2019年度首次执行《政府会计准则》和《政府会计制

度》，该年度按照权责发生制计算的各项收入与费用的相关资料汇总如下：

财政拨款收入500万元(其中,专项100万元),事业收入1 000万元(其中,科研事业收入200万元),上级补助收入10万元,附属单位上缴收入10万元,经营收入30万元,其他收入5万元。

业务活动费用1 000万元(其中,科研项目中已列支费用但尚未支付20万元),单位管理费用220万元,经营费用20万元,上缴上级费用5万元,对附属单位补助费用10万元。

按照非财政拨款结余150万元的20%提取职工福利基金。

要求:计算收入总额、费用总额、本期盈余、提取职工福利基金、累计盈余,并进行相关结转的财务会计核算。

收入总额＝财政拨款收入＋事业收入＋上级补助收入＋附属单位缴款收入＋经营收入＋其他收入
　　　　＝500＋1 000＋10＋10＋30＋5＝1 555(万元)

费用总额＝业务活动费用＋单位管理费用＋上缴上级费用＋经营费用＋对附属单位补助费用
　　　　＝1 000＋220＋5＋20＋10＝1 255(万元)

本期盈余＝收入总额－费用总额＝1 555－1 255＝300(万元)

借:财政拨款收入	5 000 000.00	
事业收入	10 000 000.00	
上级补助收入	100 000.00	
附属单位缴款收入	100 000.00	
经营收入	300 000.00	
其他收入	50 000.00	
贷:本期盈余		15 550 000.00
借:本期盈余	12 550 000.00	
贷:业务活动费用		10 000 000.00
单位管理费用		2 200 000.00
上缴上级费用		50 000.00
经营费用		200 000.00
对附属单位补助费用		100 000.00
借:本期盈余	3 000 000.00	
贷:本年盈余分配		3 000 000.00

职工福利基金提取额＝非财政拨款结余×提取比例
　　　　　　　　　＝150×20%＝30(万元)

借:本年盈余分配　　　　　　　　　　　　　　　　　300 000.00
　　贷:专用基金　　　　　　　　　　　　　　　　　　　　300 000.00
累计盈余＝300－30＝270(万元)
借:本年盈余分配　　　　　　　　　　　　　　　　2 700 000.00
　　贷:累计盈余　　　　　　　　　　　　　　　　　　　2 700 000.00

第四节　调整类核算*

一、权益法调整

(一)权益法调整的特点

权益法是指投资以初始投资成本计量后,在投资持有期间根据投资单位享有被投资单位所有者权益份额的变动对投资的账面价值进行调整的方法。

采用长期股权投资权益法核算的经济实质是体现投资的本质,核心内容是将长期股权投资理解为投资方在被投资单位拥有的净资产量,被投资方实现净利润、出现亏损、分派现金股利、资产的公允价值变动都会引起投资方净资产量的相应变动。

(二)权益法调整的核算

单位应当设置"权益法调整"科目,核算事业单位持有的长期股权投资。采用权益法核算时,按照被投资单位除净损益和利润分配以外的所有者权益变动份额调整长期股权投资账面余额而计入净资产的金额。该科目应当按照被投资单位进行明细核算。该科目的年末余额反映事业单位在被投资单位除净损益和利润分配以外的所有者权益变动中累积享有(或分担)的份额。

年末,按照被投资单位除净损益和利润分配以外的所有者权益变动应享有(或应分担)的份额,借记或贷记"长期股权投资——其他权益变动"科目,贷记或借记"权益法调整"科目。

采用权益法核算的长期股权投资,因被投资单位除净损益和利润分配以外的所有者权益变动而将应享有(或应分担)的份额计入单位净资产的,处置该项投资时,按照原计入净资产的相应部分,借记或贷记"权益法调整"科目,贷记或借记"投资收益"科目。

二、无偿调拨净资产

(一)无偿调拨净资产的特点

无偿调拨(划转)是指在不改变国有资产性质的前提下,以无偿转让的方式变更国有资产占有、使用权的行为。无偿调拨(划转)主要包括事业单位之间、事业单位与行政单位之间、事业单位与国有独资企业之间国有资产的无偿转移。

有偿与无偿都是单位取得资产的途径,其共同点都会引起资产从而最终导致净资产的增加。有偿取得资产会通过收支核算增减净资产,无偿取得资产通过增加"无偿调拨净资产"后最终也会导致"累计盈余"的增加。

单位应当设置"无偿调拨净资产"科目,核算单位无偿调入或调出非现金资产所引起的净资产变动金额。年末结账后,本科目应无余额。

(二)无偿调拨净资产的核算

按照规定取得无偿调入的各项资产:

借:库存物品/长期股权投资/固定资产/无形资产/公共基础设施/政府储备物资/文物文化资产/保障性住房

　　贷:零余额账户用款额度/银行存款(归属于调入方的相关费用)

　　　无偿调拨净资产(借贷科目的差额)

按照规定经批准无偿调出的各项资产:

借:无偿调拨净资产(调出资产账面余额或账面价值)

　　固定资产累计折旧/无形资产累计摊销

　　贷:库存物品/长期股权投资/固定资产/无形资产(调出资产账面余额)

借:资产处置费用(归属于调出方的相关费用)

　　贷:零余额账户用款额度/银行存款

年末,将"无偿调拨净资产"科目的余额转入累计盈余:

借或贷:无偿调拨净资产

　　贷或借:累计盈余

三、以前年度盈余调整

(一)以前年度盈余调整的特点

按照会计分期假设,任何单位都应当划分会计期间据以结算账目、编制财务报表,从而向有关方面提供会计信息,满足各方人员决策的需要。

我国政府会计采用当期调整法来处理前期调整事项。当期调整法是将前期损益调整的数额全部列入当期报表,不追溯调整前期会计报表,因而简单易处理。

单位应当设置"以前年度盈余调整"科目,核算单位本年度发生的调整以前年度盈余的事项,包括本年度发生的重要前期差错更正涉及调整以前年度盈余的事项,调整增加以前年度收入、费用以及盘盈非流动资产等。

以前年度盈余调整是指对以前年度多计或少计的盈亏数额所进行的调整。以前年度由于某种原因多计、少计费用或多计、少计收益时,应通过"以前年度盈余调整"科目来代替原相关损益科目,对方科目不变,然后把"以前年度盈余调整"科目金额结转到"累计盈余"科目,最终不影响本期盈余。

(二)以前年度盈余调整的核算

调整增加以前年度收入时,按照调整增加的金额,借记有关资产或负债科目,贷记"以前年度盈余调整"科目;调整减少的,做相反会计分录。

调整增加以前年度费用时,按照调整增加的金额,借记"以前年度盈余调整"科目,贷记有关资产或负债科目;调整减少的,做相反会计分录。

盘盈的各种非流动资产报经批准后处理时,借记"待处理财产损溢"科目,贷记"以前年度盈余调整"科目。

〖例8—4〗　某年3月,审计机关对某单位进行审计检查时发现,该单位上年度误将购入的一批已达到固定资产标准的办公设备记入"单位管理费用"科目,金额为3万元。

根据下达的审计意见书,单位进行账务调整如下:

借:固定资产　　　　　　　　　　　　　　　　　　　30 000.00
　　贷:以前年度盈余调整　　　　　　　　　　　　　　　　30 000.00

单位将"以前年度盈余调整"科目的余额转入"累计盈余"科目,应进行账务处理如下:

借:以前年度盈余调整　　　　　　　　　　　　　　　　30 000.00
　　贷:累计盈余　　　　　　　　　　　　　　　　　　　30 000.00

年末结账后,"以前年度盈余调整"科目应无余额。

会计调整,是指政府会计主体因按照法律、行政法规和政府会计准则制度的要求,或者在特定情况下对其原采用的会计政策、会计估计,以及发现的会计差错、发生的报告日后事项等所做的调整,应当执行《政府会计准则第7号——会计调整》。

思 考与练习

1. 简述资产、负债、收入、费用与净资产的变动关系。
2. 简述"本期盈余"科目的用途与借贷结构。
3. 请归纳说明"本期盈余""本年盈余分配""累计盈余"的内在联系。
4. 简述财务会计下成本法与权益法核算的异同。
5. 简述单位有偿与无偿取得资产核算与"累计盈余"核算的关系。
6. 资产有偿与无偿调拨、资产的捐赠与受赠是否与净资产的增减变动相关?
7. 简述以前年度盈余调整的核算特点。
8. 为什么说净资产核算正确与否与各项收入、费用界限的划分情况、与相关会计科目核算的正确与否密切相关?请举例说明。

第九章

政 府 财 务 报 表

第一节　政府财务报告概述

一、政府财务报告的生成过程

政府财务报告以权责发生制为基础,以财务会计核算生成的数据为准,它的整个编制与信息产生的过程是一个不断进行会计确认的过程,其质量的高低与现行会计政策、会计环境、会计人员的认知水平休戚相关。

任何单位对于日常发生的各项业务活动,通过填制和审核会计凭证(包括原始凭证和记账凭证)进行初次确认与计量,用以证实业务活动的发生或完成。然而一个单位一定时期的会计凭证数量很多,且每张凭证只反映某项业务活动,只能是分散的、零星的、片段的,而不能全面、连续、分类地反映同类和全部经济业务的发生情况,也不便于日后查阅,所以就必须设置会计账簿,把会计凭证所提供的大量而分散的核算资料加以归类整理,经过再次确认与记录,生成分门别类的会计信息,最终经过对账、试算、结账等审核程序的确认,编制出财务报告。从业务活动发生开始到编制财务报告为止的会计核算流程如图 9—1 所示。

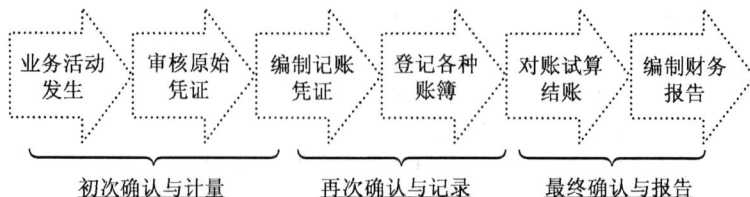

图 9—1　会计确认过程与财务报告产生

上述会计核算流程反映出财务报告编制的一般规律和"算""管"控制的重点,其中,会计凭证怎样编制、审核和传递,各种账簿根据什么来登记,财务报告又根据什么来编制,应当成为最重要的三个环节和信息质量控制点。三次确认过程有利于保证会计信息质量环环紧扣,最终的会计确认情况体现在财务报告中。

政府财务报表应当符合《政府会计准则第9号——财务报表编制和列报》的规范要求。

二、政府财务报告体系

政府财务报告是指为信息需求者编制的以财务信息为主要内容、以财务报表为主要形式、全面系统地反映政府财务受托责任的综合报告,包括财务报表和其他应当在财务报告中披露的相关信息和资料。

本章重点阐述政府财务报表。财务报表是对政府会计主体财务状况、运行情况和现金流量等信息的结构性表述,由会计报表及其附注构成。其中,会计报表一般包括资产负债表、收入费用表和净资产变动表,单位可以根据实际情况自行选择编制现金流量表;附注是对会计报表中列示项目所做的进一步说明,以及对未能在这些报表中列示项目的说明。

财务情况说明书主要说明单位各项收入与费用变动、资产与负债变动、盈余与净资产变动、对外投资、资产出租、资产处置、主要指标完成与绩效考评的情况,对本期或者下期财务状况产生重大影响的事项,以及需要说明的其他应当在财务报告中披露的相关信息和资料。

政府财务报告体系如表9—1所示。

表 9—1 政府财务报告体系

财务报告(又称财务会计报告)					
财务报表					其他应当在财务报告中披露的相关信息和资料
会计报表				附注	
资产负债表	收入费用表	净资产变动表	现金流量表		
月度、年度	月度、年度	年度	年度	年度	年度

各国的政府财务报告通常由财务报表和文字说明两大部分构成。国际公共部门会计准则规定,一套完整的公共部门主体财务报表应当包括财务状况表、财务业绩表、净资产/权益变动表、现金流量表和财务报表附注。美国联邦政府层面的财务报告包括5张表:资产负债表、净成本表、营运和净额变动表、统一预算和其他业务现金余额变动表、净营运成本与统一预算盈余(或赤字)调整表。澳大利亚地方政府财务

报表主要包括 4 张表:运营表、财务状况表、权益变动表和现金流量表。[①] 日本政府"公会计"规定的"财务四表"是指资产负债表、行政成本核算表、资金收支核算表和纯资产变动表。[②]

政府财务报告是政府会计信息的载体,也是披露政府会计综合信息的一种规范化方式。任何国家的政府会计改革都是围绕政府财务报告这一核心进行的,我国实行政府会计改革也不例外。

三、编报政府财务报告的基本步骤

第一,清查资产负债,如实反映核实后的财务状况信息。

第二,编制财务报告,符合会计准则制度的规范要求。

第三,开展财务报告审计,确保会计信息真实可靠。

第四,报送并公开相关信息,健全政府财务报告公开机制。

第五,加强部门财务分析,评价政府受托责任的履行情况。

第二节　资产负债表

一、资产负债表的概念与基本格式

资产负债表是反映政府会计主体在某一特定日期的财务状况的报表。资产负债表的编制基础主要是各资产、负债和净资产类科目的余额及其增减变动情况。

〖例 9-1〗　SG 事业单位于 2019 年 12 月 31 日结账后各资产、负债和净资产类会计科目的余额汇总如表 9-2 所示。

表 9-2　　　　　　　　　资产、负债和净资产科目余额表

2019 年 12 月 31 日　　　　　　　　　　　　单位:元

资　　产	借方余额	负债和净资产	贷方余额
库存现金	2 500	短期借款	0
银行存款	262 500	应交税费	0
零余额账户用款额度	0	应缴国库款	0
短期投资	22 500	应缴财政专户款	0

---

① 李定清:《我国政府财务报告模式的构建》,《会计之友》2008 年第 26 期。

② 杨华、肖鹏:《日本政府会计制度改革的经验与启示》,《中国行政管理》2012 年第 4 期。

续表

资 产	借方余额	负债和净资产	贷方余额
财政应返还额度	36 000	应付职工应酬	0
应收票据	12 000	应付票据	0
应收账款	40 000	应付账款	128 000
预付账款	13 000	预付账款	1 000
其他应收款	4 500	其他应付款	2 000
存货	331 000	长期借款	320 000
待摊费用	40 000	长期应付款	0
长期投资	121 000	累计盈余	2 174 000
固定资产	1 957 000	专用基金	60 000
在建工程	86 000	权益法调整	15 000
无形资产	266 000	固定资产累计折旧	507 000
政府储备物资	66 000	无形资产累计摊销	53 000
合 计	3 260 000	合 计	3 260 000

一张完整的资产负债表应当包括表头和表身两个部分。其中,表头包括报表名称、编制单位、编制日期、报表编号、货币单位等元素。表身采用账户式结构,按照具体项目分项分类列示期末余额和年初余额,并采用会计基本等式的平衡公式分列左右两方,左方列示资产项目,右方列示负债和净资产项目。SG 单位根据表 9—2 的科目余额等相关资料编制完成的年度资产负债表如表 9—3 所示。

表 9—3 资产负债表

会政财 01 表

编制单位:SG 事业单位 2019 年 12 月 31 日 单位:元

资 产	期末余额	年初余额	负债和净资产	期末余额	年初余额
流动资产:			流动负债:		
货币资金	265 000	142 000	短期借款	0	0
短期投资	22 500	19 500	应交增值税	0	0
财政应返还额度	36 000	21 000	其他应交税费	0	0
应收票据	12 000	10 000	应缴财政款	0	0

资　产	期末余额	年初余额	负债和净资产	期末余额	年初余额
应收账款净额	40 000	60 000	应付职工薪酬	0	0
预付账款	13 000	6 000	应付票据	0	1 000
应收股利	0	0	应付账款	128 000	55 000
应收利息			应付政府补贴款		
其他应收款净额	4 500	3 000	应付利息		
存货	331 000	323 500	预收账款	1 000	0
待摊费用	40 000	0	其他应付款	2 000	3 000
一年内到期的非流动资产			预提费用		
其他流动资产			一年内到期的非流动负债	85 000	0
流动资产合计	764 000	585 000	其他流动负债		
非流动资产：			流动负债合计	216 000	59 000
长期股权投资	121 000	100 000	非流动负债：		
长期债券投资			长期借款	235 000	320 000
固定资产原值	1 957 000	1 512 000	长期应付款		
减:固定资产累计折旧	507 000	392 000	预计负债		
固定资产净值	1 450 000	1 120 000	其他非流动负债		
工程物资	0	0	非流动负债合计	235 000	320 000
在建工程	86 000	164 000	受托代理负债		
无形资产原值	266 000	266 000	负债合计	451 000	379 000
减:无形资产累计摊销	53 000	50 000			
无形资产净值	213 000	216 000			
研发支出					
公共基础设施原值					
减:公共基础设施累计折旧(摊销)					
公共基础设施净值					
政府储备物资	66 000				
文物文化资产					
保障性住房原值					

续表

资　产	期末余额	年初余额	负债和净资产	期末余额	年初余额
减:保障性住房累计折旧			净资产:		
保障性住房净值			累计盈余	2 174 000	1 746 000
长期待摊费用			专用基金	60 000	50 000
待处置财产损溢			权益法调整	15 000	10 000
其他非流动资产			无偿调拨净资产*	0	0
非流动资产合计	1 936 000	1 600 000	本期盈余*	0	0
受托代理资产			净资产合计	2 249 000	1 806 000
资产总计	2 700 000	2 185 000	负债和净资产总计	2 700 000	2 185 000

二、资产负债表的编制方法

资产负债表的"年初余额"栏内各项数据,应当根据上年年末资产负债表"期末余额"栏内的数据填列。如果本年度资产负债表规定的各个项目的名称和内容与上年度不一致,应对上年年末资产负债表各项目的名称和数据按照本年度的规定进行调整,填入本表"年初余额"栏内。如果本年度单位发生了因前期差错更正、会计政策变更等调整以前年度盈余的事项,还应当对"年初余额"栏中的有关项目金额进行相应调整。

资产负债表"期末余额"栏各项目的内容可以根据相关科目的数据直接填列、合并填列或分析填列。SG事业单位的填列方法摘要说明如下:

第一,货币资金项目的数额为库存现金、银行存款和零余额账户用款额度的合计数。

货币资金＝2 500＋262 500＋0＝265 000(元)

第二,固定资产和无形资产的净值项目按扣除累计折旧、累计摊销后的数额填列。

固定资产＝1 957 000－507 000＝1 450 000(元)

无形资产＝266 000－53 000＝213 000(元)

第三,长期借款中,对于1年内(含1年)偿还的借款85 000元,应列入"一年内到期的非流动负债"项目。

长期借款＝320 000－85 000＝235 000(元)

第四,本例中的其他项目,一般可根据各该账户的期末余额填列。资产总计、负债合计、净资产合计等项目的数额按其内容汇总后填列。

第五,按照编制时间的不同,资产负债表可分为月报和年报两种。表中带"＊"号的项目为月报项目,年报中不需要列示,因为到了年末,将"本年盈余分配"和"无偿调拨净资产"科目余额转入"累计盈余"科目核算。

下面以列表方式具体说明资产负债表中各个项目的编制方法,请注意"单位"与"事业单位"适用性的区别,并关注哪些项目在什么情况下可以"—"号填列等。

表9—4　　　　　　　　　　　　资产类各项目的具体编制方法

报表项目	反映内容	编制方法
货币资金	单位期末库存现金、银行存款、零余额账户用款额度、其他货币资金的合计数	根据"库存现金""银行存款""零余额账户用款额度""其他货币资金"科目的期末余额合计数填列①
短期投资	事业单位期末持有的短期投资账面余额	根据"短期投资"科目的期末余额填列
财政应返还额度	单位期末财政应返还额度的金额	根据"财政应返还额度"科目的期末余额填列
应收票据	事业单位期末持有的应收票据的票面金额	根据"应收票据"科目的期末余额填列
应收账款净额	单位期末尚未收回的应收账款减去已计提的坏账准备后的净额	根据"应收账款"科目的期末余额减去"坏账准备"科目中对应收账款计提的坏账准备的期末余额后的金额填列
预付账款	单位期末预付给商品或者劳务供应单位的款项	根据"预付账款"科目的期末余额填列
应收股利	事业单位期末因股权投资而应收取的现金股利或应当分得的利润	根据"应收股利"科目的期末余额填列
应收利息	事业单位期末因债券投资等而应收取的利息	根据"应收利息"科目的期末余额填列
其他应收款净额	单位期末尚未收回的其他应收款减去已计提的坏账准备后的净额	根据"其他应收款"科目的期末余额减去"坏账准备"科目中对其他应收款计提的坏账准备的期末余额后的金额填列
存货	单位期末存储的存货的实际成本	根据"在途物品""库存物品""加工物品"科目的期末余额的合计数填列

---

①　若单位存在通过"库存现金""银行存款"科目核算的受托代理资产,还应当按照前述合计数扣减"库存现金""银行存款"科目下"受托代理资产"明细科目的期末余额后的金额填列。

报表项目	反映内容	编制方法
待摊费用	单位期末已经支出,但应由本期和以后各期负担的分摊期在1年以内(含1年)的各项费用	应当根据"待摊费用"科目的期末余额填列
一年内到期的非流动资产	单位期末非流动资产项目中将在1年内(含1年)到期的金额	根据"长期债券投资"等科目的明细科目的期末余额分析填列
其他流动资产	单位期末除本表中上述各项之外的其他流动资产的合计金额	根据有关科目期末余额的合计数填列
流动资产合计	单位期末流动资产的合计数	根据表中上述流动资产项目金额的合计数填列
长期股权投资	事业单位期末持有的长期股权投资的账面余额	根据"长期股权投资"科目的期末余额填列
长期债券投资	事业单位期末持有的长期债券投资的账面余额	根据"长期债券投资"科目的期末余额减去其中将于1年内(含1年)到期的长期债券投资余额后的金额填列
固定资产原值	单位期末固定资产的原值	根据"固定资产"科目的期末余额填列
固定资产累计折旧	单位期末固定资产已计提的累计折旧金额	根据"固定资产累计折旧"科目的期末余额填列
固定资产净值	单位期末固定资产的账面价值	根据"固定资产"科目期末余额减去"固定资产累计折旧"科目期末余额后的金额填列
工程物资	单位期末为在建工程准备的各种物资的实际成本	根据"工程物资"科目的期末余额填列
在建工程	单位期末所有建设项目工程的实际成本	根据"在建工程"科目的期末余额填列
无形资产原值	单位期末无形资产的原值	根据"无形资产"科目的期末余额填列
无形资产累计摊销	单位期末无形资产已计提的累计摊销金额	根据"无形资产累计摊销"科目的期末余额填列
无形资产净值	单位期末无形资产的账面价值	根据"无形资产"科目期末余额减去"无形资产累计摊销"科目期末余额后的金额填列

报表项目	反映内容	编制方法
研发支出	单位期末正在进行的无形资产开发项目开发阶段发生的累计支出数	根据"研发支出"科目的期末余额填列
公共基础设施原值	单位期末控制的公共基础设施的原值	根据"公共基础设施"科目的期末余额填列
公共基础设施累计折旧（摊销）	单位期末控制的公共基础设施已计提的累计折旧和累计摊销金额	根据"公共基础设施累计折旧（摊销）"科目的期末余额填列
公共基础设施净值	单位期末控制的公共基础设施的账面价值	根据"公共基础设施"科目期末余额减去"公共基础设施累计折旧（摊销）"科目期末余额后的金额填列
政府储备物资	单位期末控制的政府储备物资的实际成本	根据"政府储备物资"科目的期末余额填列
文物文化资产	单位期末控制的文物文化资产的成本	根据"文物文化资产"科目的期末余额填列
保障性住房原值	单位期末控制的保障性住房的原值	根据"保障性住房"科目的期末余额填列
保障性住房累计折旧	单位期末控制的保障性住房已计提的累计折旧金额	根据"保障性住房累计折旧"科目的期末余额填列
保障性住房净值	单位期末控制的保障性住房的账面价值	根据"保障性住房"科目期末余额减去"保障性住房累计折旧"科目期末余额后的金额填列
长期待摊费用	单位期末已经支出，但应由本期和以后各期负担的分摊期限在1年以上（不含1年）的各项费用	根据"长期待摊费用"科目的期末余额填列
待处理财产损溢	单位期末尚未处理完毕的各种资产的净损失或净溢余	根据"待处理财产损溢"科目的期末借方余额填列；如"待处理财产损溢"科目期末为贷方余额，以"—"号填列
其他非流动资产	单位期末除本表中上述各项之外的其他非流动资产的合计数	根据有关科目的期末余额合计数填列
非流动资产合计	单位期末非流动资产的合计数	根据本表非流动资产项目金额的合计数填列

续表

报表项目	反映内容	编制方法
受托代理资产	单位期末受托代理资产的价值	根据"受托代理资产"科目的期末余额与"库存现金""银行存款"科目下"受托代理资产"明细科目的期末余额的合计数填列
资产总计	单位期末资产的合计数	根据本表中"流动资产合计""非流动资产合计""受托代理资产"项目金额的合计数填列

表 9—5 负债类各项目的具体编制方法

报表项目	反映内容	编制方法
短期借款	事业单位期末短期借款的余额	根据"短期借款"科目的期末余额填列
应交增值税	单位期末应交未交的增值税税额	根据"应交增值税"科目的期末余额填列;如"应交增值税"科目期末为借方余额,以"—"号填列
其他应交税费	单位期末应交未交的除增值税以外的税费金额	根据"其他应交税费"科目的期末余额填列;如"其他应交税费"科目期末为借方余额,以"—"号填列
应缴财政款	单位期末应当上缴财政但尚未缴纳的款项	根据"应缴财政款"科目的期末余额填列
应付职工薪酬	单位期末按有关规定应付给职工及为职工支付的各种薪酬	根据"应付职工薪酬"科目的期末余额填列
应付票据	事业单位期末应付票据的金额	根据"应付票据"科目的期末余额填列
应付账款	单位期末应当支付但尚未支付的偿还期限在 1 年内(含 1 年)的应付账款的金额	根据"应付账款"科目的期末余额填列
应付政府补贴款	负责发放政府补贴的行政单位期末按照规定应当支付给政府补贴接受者的各种政府补贴款余额	根据"应付政府补贴款"科目的期末余额填列
应付利息	事业单位期末按照合同约定应支付的借款利息	根据"应付利息"科目的期末余额填列

报表项目	反映内容	编制方法
预收账款	事业单位期末预先收取但尚未确认收入和实际结算的款项余额	根据"预收账款"科目的期末余额填列
其他应付款	单位期末其他各项偿还期限在1年内(含1年)的应付及暂收款项余额	根据"其他应付款"科目的期末余额填列
预提费用	单位期末已预先提取的已经发生但尚未支付的各项费用	根据"预提费用"科目的期末余额填列
一年内到期的非流动负债	单位期末将于1年内(含1年)偿还的非流动负债的余额	根据"长期应付款""长期借款"等科目的明细科目的期末余额分析填列
其他流动负债	单位期末除本表中上述各项之外的其他流动负债的合计数	根据有关科目期末余额的合计数填列
流动负债合计	单位期末流动负债合计数	根据本表流动负债项目金额的合计数填列
长期借款	事业单位期末长期借款的余额	根据"长期借款"科目的期末余额减去其中将于1年内(含1年)到期的长期借款余额后的金额填列
长期应付款	单位期末长期应付款的余额	根据"长期应付款"科目的期末余额减去其中将于1年内(含1年)到期的长期应付款余额后的金额填列
预计负债	单位期末已确认但尚未偿付的预计负债的余额	根据"预计负债"科目的期末余额填列
其他非流动负债	单位期末各项其他非流动负债的合计数	根据有关科目的期末余额合计数填列
非流动负债合计	单位期末非流动负债合计数	根据本表中"长期借款""长期应付款""预计负债""其他非流动负债"项目金额的合计数填列
受托代理负债	单位期末受托代理负债的金额	根据"受托代理负债"科目的期末余额填列
负债合计	单位期末负债的合计数	根据本表中"流动负债合计""非流动负债合计""受托代理负债"项目金额的合计数填列

表 9—6   净资产类各项目的具体编制方法

报表项目	反映内容	编制方法
累计盈余	单位期末未分配盈余(或未弥补亏损)以及无偿调拨净资产变动的累计数	根据"累计盈余"科目的期末余额填列
专用基金	事业单位期末累计提取或设置但尚未使用的专用基金余额	根据"专用基金"科目的期末余额填列
权益法调整	事业单位期末在被投资单位除净损益和利润分配以外的所有者权益变动中累计享有的份额	根据"权益法调整"科目的期末余额填列;如期末为借方余额,以"—"号填列
无偿调拨净资产	单位本年度截至报告期期末无偿调入的非现金资产价值扣减无偿调出的非现金资产价值后的净值	月度报表根据"无偿调拨净资产"科目的期末余额填列;如期末为借方余额,以"—"号填列
本期盈余	单位本年度截至报告期期末实现的累计盈余或亏损	月度报表根据、"本期盈余"科目的期末余额填列;如期末为借方余额,以"—"号填列
净资产合计	单位期末净资产合计数	根据本表中"累计盈余""专用基金""权益法调整""无偿调拨净资产"(月度报表)、"本期盈余"(月度报表)项目金额的合计数填列
负债和净资产总计	单位期末负债和净资产的合计数	按照本表中"负债合计""净资产合计"项目金额的合计数填列

三、资产负债表的主要特点

(一)资产负债表是采用账户平衡式结构分类列报的财务会计报表

资产负债表通常采用账户式结构的形式,左方反映各类资产的数额及其总计;右方反映各类负债、净资产的数额及其总计。其中:

资产按其流动性的大小列报,流动性大的排在前,流动性小的排在后,分别为流动资产和非流动资产等。

负债按其到期日的远近列报,到期日近的排在前,到期日远的排在后,分别为流动负债和非流动负债(长期负债)等。

净资产按来源分类列报,分别包括盈余类、基金类和调整类。

上述会计要素中,资产、负债和净资产三个要素构成一组,是单位财务状况的静态反映,被称为资产负债表的要素,由此形成了反映特定日期财务状况的平衡公式:

$$资产＝负债＋净资产$$

这是一个会计衡等式,也是复式记账的理论基础和会计学的理论基石。

(二)资产负债表是按照权责发生制编制的静态会计报表

反映在资产负债表中的数据是采用应计制编制的某一特定日期的财务状况,具体反映的是一个时点的情况,如一年中最后一天的情况,所以属于静态报表。具体来说,它反映的是某一单位某一特定时点资产、负债、净资产的总体规模和结构,即资产有多少、负债有多少、净资产有多少;在资产中,货币资金有多少、应收款项有多少、存货有多少;如此等等。

(三)资产负债表是分析资产负债及其净资产情况的比较会计报表

资产负债表除了提供期末数外,还应当包括年初数,以便于进行期初期末的对比。提供两个或两个以上时点或期间数据的报表称为比较财务报表,其目的是通过不同时点或时期数据的对比,掌握单位某一方面的发展趋势。例如,固定资产一般占资产的比重较大,与单位规模和资产质量休戚相关,分析期末数和期初数,对比固定资产的增减变动情况,有助于掌握固定资产的变动趋势等。

四、资产负债表的主要作用

第一,提供某一日期资产的总额及其结构,表明单位所控制的资源及其分布情况,使报表使用者可以一目了然地从资产负债表上了解一个单位在某一特定日期所拥有的资产总量及其结构分布。

第二,提供某一日期的负债总额及其结构,表明单位未来需要用多少资产或劳务清偿债务以及清偿时间。

第三,反映净资产的总额及其构成,了解盈余和基金等分别在净资产中所占的份额,据以判断资金来源的情况以及对负债的保障程度。

第四,提供进行财务分析的基本资料。例如,将流动资产与流动负债进行比较,计算出流动比率等,通过财务分析,可以表明单位的变现能力、偿债能力和资金周转能力,从而有助于报表使用者做出经济决策等。

第三节 收入费用表

一、收入费用表的概念与基本格式

收入费用表是反映政府会计主体在一定会计期间内发生的收入、费用及当期盈余的情况。收入费用表的编制基础主要是收入类、费用类科目的本期发生额。

〖例9—2〗 SG事业单位2019年收入类、费用类科目发生额汇总如表9—7所示。

表 9—7   **收入费用类科目发生额汇总表**

2019 年   单位:元

费用类	本年累计数	收入类	本年累计数
业务活动费用	1 000 000	财政拨款收入	1 200 000
单位管理费用	500 000	上级补助收入	1 82400
对附属单位补助支出	151 200	事业收入	418 000
上缴上级支出	97 200	附属单位上缴收入	30 000
经营费用	15 600	经营收入	25 200
其他费用	6 000	捐赠收入	7 500
		其他收入	6 900
支出合计	1 770 000	收入合计	1 870 000

收入费用表采用多步式结构,按照本期收入、本期费用和本期盈余的具体内容分项分类列示。SG 事业单位根据表 9—7 编制的 2019 年收入费用表如表 9—8 所示。

表 9—8   **收入费用表**

会政财 02 表

编制单位:SG 事业单位   2019 年   单位:元

项 目	上年数	本年数
一、本期收入	(略)	1 870 000
（一）财政拨款收入		1 200 000
其中:政府性基金收入		
（二）事业收入		418 000
（三）上级补助收入		182 400
（四）附属单位上缴收入		30 000
（五）经营收入		25 200
（六）非同级财政拨款收入		
（七）投资收益		
（八）捐赠收入		7 500
（九）利息收入		

续表

项　目	上年数	本年数
（十）租金收入		
（十一）其他收入		6 900
二、本期费用		1 770 000
（一）业务活动费用		1 000 000
（二）单位管理费用		500 000
（三）经营费用		15 600
（四）资产处置费用		
（五）上缴上级费用		97 200
（六）对附属单位补助费用		151 200
（七）所得税费用		
（八）其他费用		6 000
三、本期盈余		100 000

二、收入费用表的编制方法

收入费用表的"本年数"栏反映各项目的本年实际发生数，"上年数"栏反映上年度各项目的实际发生数，应当根据上年收入费用表中"本年数"栏内所列数据填列。

如果本年度收入费用表规定的各个项目的名称和内容与上年度不一致，应对上年度收入费用表各项目的名称和数据按照本年度的规定进行调整，将调整后的金额填入本年度收入费用表的"上年数"栏内。

如果本年度单位发生了因前期差错更正、会计政策变更等调整以前年度盈余的事项，还应当对年度收入费用表中"上年数"栏中的有关项目金额进行相应调整。

下面以列表方式具体说明收入费用表中各个项目的编制方法，请注意"单位"与"事业单位"适用性的区别，并关注哪些项目在什么情况下可以"—"号填列等。

表9—9　　　　　　　　　**本期收入类各项目的具体编制方法**

报表项目	反映内容	编制方法
本期收入	单位本期收入总额	根据本表中以下各项收入金额的合计数填列

续表

报表项目	反映内容	编制方法
财政拨款收入	单位本期从同级政府财政部门取得的各类财政拨款	根据"财政拨款收入"科目的本期发生额填列
政府性基金收入	单位本期取得的财政拨款收入中属于政府性基金预算拨款的金额	根据"财政拨款收入"相关明细科目的本期发生额填列
事业收入	事业单位本期开展专业业务活动及其辅助活动实现的收入	根据"事业收入"科目的本期发生额填列
上级补助收入	事业单位本期从主管部门和上级单位收到或应收的非财政拨款收入	根据"上级补助收入"科目的本期发生额填列
附属单位上缴收入	事业单位本期收到或应收的独立核算的附属单位按照有关规定上缴的收入	根据"附属单位上缴收入"科目的本期发生额填列
经营收入	事业单位本期在专业业务活动及其辅助活动之外开展非独立核算经营活动实现的收入	根据"经营收入"科目的本期发生额填列
非同级财政拨款收入	单位本期从非同级政府财政部门取得的财政拨款,不包括事业单位因开展科研及其辅助活动从非同级财政部门取得的经费拨款	根据"非同级财政拨款收入"科目的本期发生额填列
投资收益	事业单位本期股权投资和债券投资所实现的收益或发生的损失	根据"投资收益"科目的本期发生额填列;如为投资净损失,以"一"号填列
捐赠收入	单位本期接受捐赠取得的收入	根据"捐赠收入"科目的本期发生额填列
利息收入	单位本期取得的银行存款利息收入	根据"利息收入"科目的本期发生额填列
租金收入	单位本期经批准利用国有资产出租取得并按规定纳入本单位预算管理的租金收入	根据"租金收入"科目的本期发生额填列
其他收入	单位本期取得的除以上收入项目外的其他收入的总额	根据"其他收入"科目的本期发生额填列

表 9—10   本期费用类各项目的具体编制方法

报表项目	反映内容	编制方法
本期费用	单位本期费用总额	根据本表中以下各项费用金额的合计数填列
业务活动费用	单位本期为实现其职能目标,依法履职或开展专业业务活动及其辅助活动所发生的各项费用	根据"业务活动费用"科目本期发生额填列
单位管理费用	事业单位本期本级行政及后勤管理部门开展管理活动发生的各项费用,以及由单位统一负担的离退休人员经费、工会经费、诉讼费、中介费等	根据"单位管理费用"科目的本期发生额填列
经营费用	事业单位本期在专业业务活动及其辅助活动之外开展非独立核算经营活动发生的各项费用	根据"经营费用"科目的本期发生额填列
资产处置费用	单位本期经批准处置资产时转销的资产价值以及在处置过程中发生的相关费用或者处置收入小于处置费用形成的净支出	根据"资产处置费用"科目的本期发生额填列
上缴上级费用	事业单位按照规定上缴上级单位款项发生的费用	根据"上缴上级费用"科目的本期发生额填列
对附属单位补助费用	事业单位用财政拨款收入之外的收入对附属单位补助发生的费用	根据"对附属单位补助费用"科目的本期发生额填列
所得税费用	有企业所得税交纳义务的事业单位本期计算应交纳的企业所得税	根据"所得税费用"科目的本期发生额填列
其他费用	单位本期发生的除以上费用项目外的其他费用的总额	根据"其他费用"科目的本期发生额填列

收入费用表中的最后一行"本期盈余"项目反映单位本期收入扣除本期费用后的净额,应当根据本表中"本期收入"项目金额减去"本期费用"项目金额后的金额填列;如为负数,以"一"号填列。

三、收入费用表的主要特点

(一)收入费用表是采用多步式结构列报的财务会计报表

收入、费用、盈余三个要素构成一组,从动态方面反映单位的业务成果,被称为收入费用表的要素,并由此形成了反映一定期间业务成果的基本公式,即:

收入－费用＝盈余

所以,该表分三步计算:第一步,通过计算各项具体收入,汇总得出本期收入总额;第二步,通过计算各项具体费用,汇总得出本期费用总额;第三步,通过计算收入与费用相抵后的差额,得出本期盈余。

(二)收入费用表是按照权责发生制编制的动态会计报表

反映在收入费用表中的数据是按照权责发生制编制的、自年初起至报告期末全部收入、费用及其盈余的增减变动情况,所以被称为动态表,如收入费用表中的"本年数"栏反映了各项目该年内从年初开始到报告期末为止的累计实际发生额。

(三)收入费用表是分析收入费用及其盈亏情况的比较会计报表

从分项来看,收入费用表分项列示了单位在一定期间内所有收入、费用的具体数额,将这些收入、费用进行比较,从而反映出本期收支及其盈余数额的来龙去脉等,为衡量单位业务活动成果提供依据。

四、收入费用表的主要作用

第一,通过收入费用表可以了解各项收入、费用的增减变动及其构成情况;同时,通过分析收入费用提供的不同时期的比较数据(本年数、上年数),可以掌握单位的收入、费用能力及发展趋势,为单位分析、预测在未来一定期间内的盈亏情况提供依据。

第二,分析收入费用表的明细项目有助于掌握单位收入和费用的具体情况,分析其增减变动的原因,寻找增收节支的途径。

第三,将单位的实际收支情况与预算(或计划)相比较,可以考核有关指标的完成情况,评价完成进度,找出存在的不足,促进单位业务目标不断完善。

第四,将收入费用表提供的信息与资产负债表提供的信息结合起来进行分析,将会使收入费用表在评价单位业务成果、营运能力及其变化趋势方面发挥重要作用,为财务分析和绩效评价提供基础资料。

第四节 净资产变动表*

一、净资产变动表的概念与基本格式

净资产变动表是反映单位某一会计期间净资产变动情况的报表。净资产变动表的编制基础主要是净资产类科目的本期发生额及其余额。

〖**例 9—3**〗 根据 SG 事业单位 2019 年净资产类科目及其发生额增减变动情况,SG 事业单位编制 2019 年收入费用表如表 9—11 所示。

表 9-11　　　　　　　　　　　　净资产变动表

会政财 03 表

编制单位:SG 事业单位　　　　　　　2019 年　　　　　　　单位:元

项　　目	本年数				上年数			
	累计盈余	专用基金	权益法调整	净资产合计	累计盈余	专用基金	权益法调整	净资产合计
一、上年年末余额	1746 000	50 000	10 000	1806 000	1000 000	45 000	7 000	1052 000
二、以前年度盈余调整(减少以"—"号填列)		—	—			—		
三、本年年初余额	1 746 000	50 000	10 000	1 806 000	1 000 000	45 000	7 000	1 052 000
四、本年变动金额(减少以"—"号填列)	428 000	10 000	5 000	443 000	746 000	5 000	3 000	754 000
(一)本年盈余	100 000	—	—	100 000	80 000	—	—	80 000
(二)无偿调拨净资产	328 000			328 000	666 000			666 000
(三)归集调整预算结转结余								
(四)提取或设置专用基金		10 000	—	10 000		5 000		5 000
其中:从预算收入中提取	—		—			—		
从预算结余中提取		10 000	—	10 000		5 000		5 000
设置的专用基金		—				—		
(五)使用专用基金								
(六)权益法调整	—	—	5 000	5 000	—	—	3 000	3 000
五、本年年末余额	2 174 000	60 000	15 000	2 249 000	1 746 000	50 000	10 000	1 806 000

注:"—"标识单元格不需填列。

二、净资产变动表的编制方法

净资产变动表"本年数"栏反映本年度各项目的实际变动数,"上年数"栏反映上年度各项目的实际变动数,应当根据上年度净资产变动表中"本年数"栏内所列数据填列。

如果上年度净资产变动表规定的项目的名称和内容与本年度不一致,应对上年度净资产变动表项目的名称和数据按照本年度的规定进行调整,将调整后的金额填入本年度净资产变动表"上年数"栏内。

下面以列表方式具体说明净资产变动表中各个项目的编制方法,请注意"—"号填列的具体应用情况(如表 9-12 所示)。

表 9—12   净资产变动表各项目的具体编制方法

报表项目	反映内容	编制方法
上年年末余额	净资产各项目上年年末余额	根据"累计盈余""专用基金""权益法调整"科目上年年末余额填列
以前年度盈余调整	本年度调整以前年度盈余的事项对累计盈余进行调整的金额	"累计盈余"项目应当根据本年度"以前年度盈余调整"科目转入"累计盈余"科目的金额填列;如调整减少累计盈余,以"一"号填列
本年年初余额	经过以前年度盈余调整后,净资产各项目的本年年初余额	"累计盈余""专用基金""权益法调整"项目应当根据其各自在"上年年末余额"和"以前年度盈余调整"行对应项目金额的合计数填列
本年变动金额	净资产各项目本年变动总金额	"累计盈余""专用基金""权益法调整"项目应当根据其各自在"本年盈余""无偿调拨净资产""归集调整预算结转结余""提取或设置专用基金""使用专用基金""权益法调整"行对应项目金额的合计数填列
本年盈余	本年发生的收入、费用对净资产的影响	"累计盈余"项目应当根据年末由"本期盈余"科目转入"本年盈余分配"科目的金额填列;如转入时借记"本年盈余分配"科目,则以"一"号填列
无偿调拨净资产	本年无偿调入、调出非现金资产事项对净资产的影响	"累计盈余"项目应当根据年末由"无偿调拨净资产"科目转入"累计盈余"科目的金额填列;如转入时借记"累计盈余"科目,则以"一"号填列
归集调整预算结转结余	本年财政拨款结转结余资金归集调入、归集上缴或调出,以及非财政拨款结转资金缴回对净资产的影响	"累计盈余"项目应当根据"累计盈余"科目明细账记录分析填列;如归集调整减少预算结转结余,则以"一"号填列
提取或设置专用基金	本年提取或设置专用基金对净资产的影响	"累计盈余"项目应当根据"从预算结余中提取"行"累计盈余"项目的金额填列;本行"专用基金"项目应当根据"从预算收入中提取""从预算结余中提取""设置的专用基金"行"专用基金"项目金额的合计数填列
从预算收入中提取	本年从预算收入中提取专用基金对净资产的影响	"专用基金"项目应当通过对"专用基金"科目明细账记录的分析,根据本年按有关规定从预算收入中提取基金的金额填列
从预算结余中提取	本年根据有关规定从本年度非财政拨款结余或经营结余中提取专用基金对净资产的影响	"累计盈余""专用基金"项目应当通过对"专用基金"科目明细账记录的分析,根据本年按有关规定从本年度非财政拨款结余或经营结余中提取专用基金的金额填列;本行"累计盈余"项目以"一"号填列

续表

报表项目	反映内容	编制方法
设置的专用基金	本年根据有关规定设置的其他专用基金对净资产的影响	"专用基金"项目应当通过对"专用基金"科目明细账记录的分析,根据本年按有关规定设置的其他专用基金的金额填列
使用专用基金	本年按规定使用专用基金对净资产的影响	"累计盈余""专用基金"项目应当通过对"专用基金"科目明细账记录的分析,根据本年按规定使用专用基金的金额,以"—"号填列
权益法调整	本年按照被投资单位除净损益和利润分配以外的所有者权益变动份额而调整长期股权投资账面余额对净资产的影响	"权益法调整"项目应当根据"权益法调整"科目本年发生额填列;若本年净发生额为借方,以"—"号填列
本年年末余额	本年各净资产项目的年末余额	"累计盈余""专用基金""权益法调整"项目应当根据其各自在"本年年初余额""本年变动金额"行对应项目金额的合计数填列
净资产合计	本表各行的"净资产合计"	根据所在行"累计盈余""专用基金""权益法调整"项目金额的合计数填列

三、净资产变动表的主要特点

(一)净资产变动表是采用棋盘式结构列报的财务会计报表

净资产变动表分以下5步进行计算与调整:第一步,填列上年年末的净资产余额;第二步,填列以前年度盈余调整对净资产的影响额;第三步,填列本年年初的净资产余额;第四步,填列本年变动的净资产数额;第五步,填列本年年末的净资产余额。通过纵横多步骤的计算与分析,多层次全方位反映净资产的构成及其增减变动结果。

(二)净资产变动表是按照权责发生制编制的动态报表

净资产变动表中的数据反映在一定会计期间全部净资产增减变动的情况,故净资产变动表又称动态表,如净资产变动表中的"本年数"栏和"上年数"栏反映某项净资产该年内从年初开始到年末为止的增减变动发生额。

(三)净资产变动表是分析净资产项目的比较会计报表

净资产变动表按照净资产项目分项分类列示了一定会计期间内构成各项净资产的具体数额,将这些净资产项目两年的数据进行比较,从而反映本期净资产的来龙去脉等,为衡量单位业务活动成果提供依据。

四、净资产变动表的主要作用

第一，分析净资产组成的明细项目有助于掌握单位净资产的具体情况，分析其增减变动的原因，寻找增收节支的途径。

第二，通过净资产变动表可以掌握单位净资产的增减变动及其构成情况，分析净资产变动及其发展趋势，为单位分析、预测未来一定期间净资产的执行情况提供依据。

第三，将净资产变动表与收入费用表、资产负债表提供的信息结合起来进行分析，会在评价单位业务成果、营运能力及其变化趋势方面发挥重要作用，从而为财务分析和绩效评价提供重要信息。

第五节　现金流量表*

一、现金流量表的概念与基本格式

现金流量表是反映政府会计主体在一定会计期间现金及现金等价物流入和流出信息的报表，其编制基础主要是现金类科目本期发生额的增减变动情况。

现金流量表中的现金，是指单位的库存现金以及其他可以随时用于支付的款项，包括库存现金、可以随时用于支付的银行存款、其他货币资金、零余额账户用款额度、财政应返还额度，以及通过财政直接支付方式支付的款项。

现金流量表中的现金流量，是指现金流入与现金流出，并主要按照日常活动、投资活动、筹资活动的现金流量分别分类分项列示（如图 9-2 所示）。

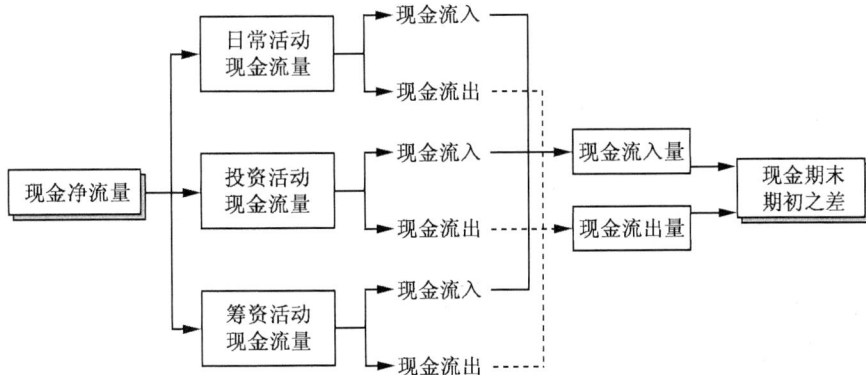

图 9-2　现金流量表的基本结构

【例9-4】 SG 事业单位 2019 年依据相关科目及其发生额增减变动情况编制 2019 年现金流量表如表9-13 所示。

表 9-13　　　　　　　　　　　现金流量表

会政财 04 表

编制单位:SG 事业单位　　　　　　2019 年　　　　　　　　单位:元

项　目	本年金额	上年金额
一、日常活动产生的现金流量		（略）
财政基本支出拨款收到的现金	850 000	
财政非资本性项目拨款收到的现金	150 000	
事业活动收到的除财政拨款以外的现金	418 000	
收到的其他与日常活动有关的现金	202 000	
日常活动的现金流入小计	1 620 000	
购买商品、接受劳务支付的现金	300 000	
支付给职工以及为职工支付的现金	850 000	
支付的各项税费	20 000	
支付的其他与日常活动有关的现金	212 000	
日常活动的现金流出小计	1 382 000	
日常活动产生的现金流量净额	238 000	
二、投资活动产生的现金流量		
收回投资收到的现金		
取得投资收益收到的现金		
处置固定资产、无形资产、公共基础设施等收回的现金净额		
收到的其他与投资活动有关的现金		
投资活动的现金流入小计		
购建固定资产、无形资产、公共基础设施等支付的现金	324 000	
对外投资支付的现金	21 000	
上缴处置固定资产、无形资产、公共基础设施等净收入支付的现金		

项 目	本年金额	上年金额
支付的其他与投资活动有关的现金		
投资活动的现金流出小计	345 000	
投资活动产生的现金流量净额	−345 000	
三、筹资活动产生的现金流量		
财政资本性项目拨款收到的现金	200 000	
取得借款收到的现金	50 000	
收到的其他与筹资活动有关的现金		
筹资活动的现金流入小计	250 000	
偿还借款支付的现金		
偿付利息支付的现金	20 000	
支付的其他与筹资活动有关的现金		
筹资活动的现金流出小计	20 000	
筹资活动产生的现金流量净额	230 000	
四、汇率变动对现金的影响额		
五、现金净增加额	123 000	

二、现金流量表的编制方法

现金流量表"上年金额"栏反映各项目的上年实际发生数,应当根据上年现金流量表中"本年金额"栏内所列数据填列。现金流量表"本年金额"栏反映各项目的本年实际发生数,应当根据表9—14、表9—15、表9—16中说明的各个项目的具体编制方法填列,请注意哪些项目在什么情况下可以"—"号填列等。

表9—14 日常活动产生现金流量各项目的具体编制方法

报表项目	反映内容	编制方法
财政基本支出拨款收到的现金	单位本年接受财政基本支出拨款取得的现金	根据"零余额账户用款额度""财政拨款收入""银行存款"等科目及其所属明细科目的记录分析填列

报表项目	反映内容	编制方法
财政非资本性项目拨款收到的现金	单位本年接受除用于购建固定资产、无形资产、公共基础设施等资本性项目以外的财政项目拨款取得的现金	根据"银行存款""零余额账户用款额度""财政拨款收入"等科目及其所属明细科目的记录分析填列
事业活动收到的除财政拨款以外的现金	事业单位本年开展专业业务活动及其辅助活动取得的除财政拨款以外的现金	根据"库存现金""银行存款""其他货币资金""应收账款""应收票据""预收账款""事业收入"等科目及其所属明细科目的记录分析填列
收到的其他与日常活动有关的现金	单位本年收到的除以上项目外的与日常活动有关的现金	根据"库存现金""银行存款""其他货币资金""上级补助收入""附属单位上缴收入""经营收入""非同级财政拨款收入""捐赠收入""利息收入""租金收入""其他收入"等科目及其所属明细科目的记录分析填列
日常活动的现金流入小计	单位本年日常活动产生的现金流入的合计数	根据本表中收到现金的项目金额的合计数填列
购买商品、接受劳务支付的现金	单位本年在日常活动中用于购买商品、接受劳务支付的现金	根据"库存现金""银行存款""财政拨款收入""零余额账户用款额度""预付账款""在途物品""库存物品""应付账款""应付票据""业务活动费用""单位管理费用""经营费用"等科目及其所属明细科目的记录分析填列
支付给职工以及为职工支付的现金	单位本年支付给职工以及为职工支付的现金	根据"库存现金""银行存款""零余额账户用款额度""财政拨款收入""应付职工薪酬""业务活动费用""单位管理费用""经营费用"等科目及其所属明细科目的记录分析填列
支付的各项税费	单位本年用于交纳日常活动相关税费而支付的现金	根据"库存现金""银行存款""零余额账户用款额度""应交增值税""其他应交税费""业务活动费用""单位管理费用""经营费用""所得税费用"等科目及其所属明细科目的记录分析填列
支付的其他与日常活动有关的现金	单位本年支付的除上述项目外与日常活动有关的现金,如融资租入固定资产所支付的租赁费	根据"库存现金""银行存款""零余额账户用款额度""财政拨款收入""其他应付款""业务活动费用""单位管理费用""经营费用""其他费用"等科目及其所属明细科目的记录分析填列

续表

报表项目	反映内容	编制方法
日常活动的现金流出小计	单位本年日常活动产生的现金流出的合计数	根据本表中支付现金项目金额的合计数填列
日常活动产生的现金流量净额	单位日常活动净现金流量	按照本表中"日常活动的现金流入小计"项目金额减去"日常活动的现金流出小计"项目金额后的金额填列;如为负数,以"－"号填列

表9－15　　　　　　　投资活动产生现金流量各项目的具体编制方法

报表项目	反映内容	编制方法
收回投资收到的现金	单位本年出售、转让或者收回投资收到的现金	根据"库存现金""银行存款""短期投资""长期股权投资""长期债券投资"等科目的记录分析填列
取得投资收益收到的现金	单位本年因对外投资而收到被投资单位分配的股利或利润,以及收到投资利息而取得的现金	根据"库存现金""银行存款""应收股利""应收利息""投资收益"等科目的记录分析填列
处置固定资产、无形资产、公共基础设施等收回的现金净额	单位本年处置非流动资产所取得的现金减去为处置这些资产而支付的有关费用后的净额	根据"库存现金""银行存款""待处理财产损溢"等科目的记录分析填列
收到的其他与投资活动有关的现金	单位本年收到的除上述项目外与投资活动有关的现金	根据"库存现金""银行存款"等有关科目的记录分析填列
投资活动的现金流入小计	单位本年投资活动产生的现金流入的合计数	根据本表投资活动收到现金项目金额的合计数填列
购建固定资产、无形资产、公共基础设施等支付的现金	单位本年购买和建造固定资产、无形资产、公共基础设施等非流动资产所支付的现金	根据"库存现金""银行存款""固定资产""工程物资""在建工程""无形资产""研发支出""公共基础设施""保障性住房"等科目的记录分析填列
对外投资支付的现金	单位本年为取得短期投资、长期股权投资、长期债券投资而支付的现金	根据"库存现金""银行存款""短期投资""长期股权投资""长期债券投资"等科目的记录分析填列

续表

报表项目	反映内容	编制方法
上缴处置固定资产、无形资产、公共基础设施等净收入支付的现金	本年单位将处置固定资产、无形资产、公共基础设施等非流动资产所收回的现金净额上缴财政所支付的现金	根据"库存现金""银行存款""应缴财政款"等科目的记录分析填列
支付的其他与投资活动有关的现金	单位本年支付的除上述项目外与投资活动有关的现金	根据"库存现金""银行存款"等有关科目的记录分析填列
投资活动的现金流出小计	单位本年投资活动产生的现金流出的合计数	根据本表中投资活动支付现金项目金额的合计数填列
投资活动产生的现金流量净额	单位投资活动净现金流量	按照本表中"投资活动的现金流入小计"项目金额减去"投资活动的现金流出小计"项目金额后的金额填列;如为负数,以"—"号填列

表 9—16   **筹资活动产生现金流量各项目的具体编制方法**

报表项目	反映内容	编制方法
财政资本性项目拨款收到的现金	单位本年接受用于购建固定资产、无形资产、公共基础设施等资本性项目的财政项目拨款取得的现金	根据"银行存款""零余额账户用款额度""财政拨款收入"等科目及其所属明细科目的记录分析填列
取得借款收到的现金	事业单位本年举借短期、长期借款所收到的现金	根据"库存现金""银行存款""短期借款""长期借款"等科目的记录分析填列
收到的其他与筹资活动有关的现金	单位本年收到的除上述项目外与筹资活动有关的现金	根据"库存现金""银行存款"等有关科目的记录分析填列
筹资活动的现金流入小计	单位本年筹资活动产生的现金流入的合计数	根据本表中筹资活动收到现金项目金额的合计数填列
偿还借款支付的现金	事业单位本年偿还借款本金所支付的现金	根据"库存现金""银行存款""短期借款""长期借款"等科目的记录分析填列
偿付利息支付的现金	事业单位本年支付的借款利息等	根据"库存现金""银行存款""应付利息""长期借款"等科目的记录分析填列

续表

报表项目	反映内容	编制方法
支付的其他与筹资活动有关的现金	单位本年支付的除上述项目外与筹资活动有关的现金	根据"库存现金""银行存款""长期应付款"等科目的记录分析填列
筹资活动的现金流出小计	单位本年筹资活动产生的现金流出的合计数	根据本表中筹资活动支付现金项目金额的合计数填列
筹资活动产生的现金流量净额	单位筹资活动净现金流量	按照本表中"筹资活动的现金流入小计"项目金额减去"筹资活动的现金流出小计"项目金额后的金额填列;如为负数,以"—"号填列

此外,"汇率变动对现金的影响额"项目反映单位本年外币现金流量折算为人民币时所采用的现金流量发生日的汇率折算的人民币金额与外币现金流量净额按期末汇率折算的人民币金额之间的差额。

现金流量表最后的"现金净增加额"项目反映单位本年现金变动的净额。该项目应当根据本表中"日常活动产生的现金流量净额""投资活动产生的现金流量净额""筹资活动产生的现金流量净额"和"汇率变动对现金的影响额"项目金额的合计数填列;如为负数,以"—"号填列。

三、现金流量表的主要特点

(一)现金流量表是采用直接法编制的财务会计报表

编制现金流量表的方法分为直接法和间接法。

直接法直接确定每笔涉及现金收支的业务的属性,归入按现金流动属性分类形成的日常业务、投资、筹资三部分的现金收支项目,汇总三者的现金流入流出净额合计就得到一个单位整个会计期间的现金净流量。

间接法是将直接法中的一部分现金流通过间接的方法倒推出来,以分析这部分现金流在会计核算上的来龙去脉,即将直接法下的业务活动现金流量单独拿出来,以当期的净盈余为起点根据不同的调整项目倒推出当期的业务活动现金净流量。

(二)现金流量表是按照收付实现制编制的动态会计报表

现金流量表全面反映了收付实现制下的现金流量信息,便于信息使用者了解单位盈余的质量。现金流量表经历了很长时间才被会计准则所肯定,它实际上是对资产负债表和收入费用表的有益补充,是连通资产负债表和收入费用表的"桥梁"。

(三)现金流量表是一种用于分段分类分析的比较会计报表

从内容上看,现金流量表主要被划分为经营活动、投资活动和筹资活动三个部分,每个部分又分为流入与流出两类,类中又有具体项目,从不同层面反映业务活动的现金流入及流出,弥补了资产负债表和收入费用表提供信息的不足。

现金流量表分段分项列示了在一定期间内现金流入与流出的具体数额,将这些数据进行动态比较,既可以反映本期全部或每段每类收支的来龙去脉,又能为衡量各段各类现金流量活动成果提供依据。

四、现金流量表的主要作用

第一,可以说明单位一定期间内现金流入和流出的增减变动情况及其原因。现金流量表将现金流量划分为业务活动所产生的现金流量、投资活动所产生的现金流量和筹资活动所产生的现金流量,并按照流入现金和流出现金项目的两年数据分别反映,能够反映现金流入和流出的原因,即现金从哪里来、流到哪里去、增减变动情况如何等。

第二,可以客观分析单位获取现金的能力。现金流量表完全以现金的收支为基础,排除了会计估计、应计差异等因素。由于商业信用的存在等原因,应计收入与现金流入会有一定的差异。例如,收入费用表中确认的 SG 事业单位全年全部收入为1 870 000 元,但业务活动现金流入加上财政购买固定资产专项流入合计为 1 820 000元(1 620 000+200 000),存在差异 50 000 元;全部费用为 1 770 000 元,但支出为1 747 000 元(1 382 000+345 000+20 000),存在差异 23 000 元。通过具体分析单位现金流量的状况,并与相关数据进行比较,有助于掌控单位的收现能力,从而评价单位资金运用的绩效。

第三,可以分析单位活动对财务状况和业务成果的影响。按照权责发生制编制的报表并不能反映资产负债、收入费用与现金流量的关系,而现金流量表提供的一定时期内现金流入和流出的动态财务信息能够补充说明财务状况变动的内在原因,对资产负债表和收入费用表起到补充说明的作用。例如,SG 事业单位本期全部现金流入 1 870 000 元,全部现金流出 1 747 000 元,全部现金净增加额 123 000 元,大于本期盈余 100 000 元,两者比较可以反映一个单位净收益的质量。通常,若该比率大于1,则表明单位的收现能力较强,盈余质量较高;若小于1(尤其是远小于 1),则表明单位的盈余质量较差,变现能力较弱,可能存在大量应收账项或盈余管理现象。如果操纵账面盈余,将缺乏相应的现金流量。

第六节　财务报表附注*

一、财务报表附注的概念与作用

附注是对报表列示项目的进一步说明,包括文字描述、表格列示、明细资料,以及对未能在报表中列示项目的说明等。

附注是财务报表的重要组成部分,所以被称为财务报表附注。凡对报表使用者的决策有重要影响的会计信息,不论《制度》是否有明确规定,单位均应当充分披露,包括为了满足编制合并报表抵销事项的需要,对内部往来等事项应当予以披露等。

附注是阅读和分析财务报表的重要基础之一,它将有助于管理者以及政府有关部门等更充分地了解事业单位的财务状况、业务成果和绩效状况,有利于报表使用者做出正确的决策。

二、财务报表附注的主要内容

(一)单位的基本情况

单位应当简要披露其基本情况,包括单位主要职能、主要业务活动、所在地、预算管理关系等。

(二)会计报表编制基础

单位财务报告编制要求以持续经营为前提,以权责发生制为基础,报表项目各个会计期间保持一致,不得随意变更等。

(三)遵循政府会计准则、制度的声明

单位应当根据实际发生的交易和事项,按照《基本准则》和《制度》的相关规定进行确认、计量、记录和报告,如实反映符合确认和计量要求的各项会计要素及其他相关会计信息,保证会计信息真实可靠、内容完整。

(四)重要会计政策和会计估计

单位应当采用与其业务特点相适应的具体会计政策,并充分披露报告期内采用的重要会计政策和会计估计,主要包括以下内容:(1)会计期间;(2)记账本位币,外币折算汇率;(3)坏账准备的计提方法;(4)存货类别、发出存货的计价方法、存货的盘存制度,以及低值易耗品和包装物的摊销方法;(5)长期股权投资的核算方法;(6)固定资产分类、折旧方法、折旧年限和年折旧率,融资租入固定资产的计价和折旧方法;(7)无形资产的计价方法,使用寿命有限的无形资产的使用寿命估计情况,使用寿命不确定的无形资产的使用寿命不确定的判断依据,单位内部研究开发项目划分研究阶段和开发阶段的具体标准;(8)公共基础设施的分类、折旧(摊销)方法、折旧(摊销)年限及其确定依据;(9)政府储备物资分类,以及确定其发出成本所采用的方法;(10)保障性住房的分类、折旧方法、折旧年限;(11)其他重要的会计政策和会计估计;(12)本期发生重要会计政策和会计估计变更的,变更的内容和原因、受其重要影响的报表项目的名称和金额、相关审批程序,以及会计估计变更开始适用的时点。

(五)会计报表重要项目说明

单位应当按照资产负债表和收入费用表项目的列示顺序,采用文字与数据描述相结合的方式披露重要项目的明细信息。报表重要项目的明细金额合计应当与报表项目金额相衔接。报表重要项目说明应包括但不限于下列内容：

1. 货币资金的披露

货币资金的披露格式如表9—17所示。

表9—17　　　　　　　　　　货币资金的披露　　　　　　　　单位:元

项　目	期末余额	年初余额
库存现金		
银行存款		
其他货币资金		
合　计		

2. 应收账款的披露

应收账款按照债务人类别披露的格式如表9—18所示。

表9—18　　　　　　　　　　应收账款的披露　　　　　　　　单位:元

债务人类别	期末余额	年初余额
政府会计主体:		
部门内部单位		
单位1		
……		
其他:		
单位1		
……		
合　计		

注:"部门内部单位"是指纳入单位所属部门财务报告合并范围的单位(下同);有应收票据、预付账款、其他应收款的,可比照应收账款进行披露。

3. 存货的披露

存货的披露格式如表9—19所示。

表 9－19　　　　　　　　　　　　　　**存货的披露**　　　　　　　　　　　　　单位:元

存货种类	期末余额	年初余额
1.		
……		
合　计		

4. 其他流动资产的披露

其他流动资产的披露格式如表 9－20 所示。

表 9－20　　　　　　　　　　　　**其他流动资产的披露**　　　　　　　　　　　单位:元

项　目	期末余额	年初余额
1.		
……		
合　计		

注:有长期待摊费用、其他非流动资产的,可比照其他流动资产进行披露。

5. 长期投资的披露

(1)长期债券投资的披露格式如表 9－21 所示。

表 9－21　　　　　　　　　　　　　**长期债券投资**　　　　　　　　　　　　单位:元

债券发行主体	年初余额	本期增加额	本期减少额	期末余额
1.				
……				
合　计				

注:有短期投资的,可比照长期债券投资进行披露。

(2)长期股权投资的披露格式如表 9－22 所示。

表 9－22　　　　　　　　　　　**长期股权投资的披露**　　　　　　　　　　单位:元

被投资单位	核算方法	年初余额	本期增加额	本期减少额	期末余额
1.					
……					
合　计					

(3)当期发生的重大投资净损益项目、金额及原因。

6. 固定资产的披露

(1)固定资产的披露格式如表 9—23 所示。

表 9—23　　　　　　　　　　　固定资产的披露　　　　　　　　　　单位:元

项　　目	年初余额	本期增加额	本期减少额	期末余额
一、原值合计				
其中:房屋及构筑物				
通用设备				
专用设备				
文物和陈列品				
图书、档案				
家具、用具、装具及动植物				
二、累计折旧合计				
其中:房屋及构筑物				
通用设备				
专用设备				
家具、用具、装具				
三、账面价值合计				
其中:房屋及构筑物				
通用设备				
专用设备				
文物和陈列品				
图书、档案				
家具、用具、装具及动植物				

(2)已提足折旧的固定资产名称、数量等情况。

(3)出租、出借固定资产以及固定资产对外投资等情况。

7. 在建工程的披露

在建工程的披露格式如表 9—24 所示。

表 9－24　　　　　　　　　　　在建工程的披露　　　　　　　　　　　单位:元

项　　目	年初余额	本期增加额	本期减少额	期末余额
1.				
……				
合　计				

8. 无形资产的披露

(1)各类无形资产的披露格式如表 9－25 所示。

表 9－25　　　　　　　　　　　无形资产的披露　　　　　　　　　　　单位:元

项　　　目	年初余额	本期增加额	本期减少额	期末余额
一、原值合计				
1.				
……				
二、累计摊销合计				
1.				
……				
三、账面价值合计				
1.				
……				

(2)计入当期损益的研发支出金额、确认为无形资产的研发支出金额。

(3)无形资产出售、对外投资等处置情况。

9. 公共基础设施的披露

(1)公共基础设施的披露格式如表 9－26 所示。

表 9－26　　　　　　　　　　　公共基础设施的披露　　　　　　　　　　　单位:元

项　　目	年初余额	本期增加额	本期减少额	期末余额
原值合计				
1.				
……				

续表

项　目	年初余额	本期增加额	本期减少额	期末余额
累计折旧合计				
1.				
……				
账面价值合计				
1.				
……				

　　(2)确认为公共基础设施的单独计价入账的土地使用权的账面余额、累计摊销额及其变动情况。

　　(3)已提取折旧继续使用的公共基础设施的名称、数量等。

　　10. 政府储备物资的披露

　　政府储备物资的披露格式如表9—27所示。

表 9—27 　　　　　　　　　　政府储备物资的披露 　　　　　　　　　　单位:元

物资类别	年初余额	本期增加额	本期减少额	期末余额
1.				
……				
合　计				

　　注:如单位有因动用而发出需要收回或者预期可能收回但期末尚未收回的政府储备物资的,应当单独披露其期末账面余额。

　　11. 受托代理资产的披露

　　受托代理资产的披露格式如表9—28所示。

表 9—28 　　　　　　　　　　受托代理资产的披露 　　　　　　　　　　单位:元

资产类别	年初余额	本期增加额	本期减少额	期末余额
货币资金				
受托转赠物资				
受托存储保管物资				
罚没物资				

续表

资产类别	年初余额	本期增加额	本期减少额	期末余额
其他				
合　计				

12. 应付账款的披露

应付账款按照债权人类别披露的格式如表9－29所示。

表9－29　　　　　　　　　　　应付账款的披露　　　　　　　　　　　单位:元

债权人类别	期末余额	年初余额
政府会计主体:		
部门内部单位		
单位1		
……		
其他:		
单位1		
……		
合　计		

注:有应付票据、预收账款、其他应付款、长期应付款的,可比照应付账款进行披露。

13. 其他流动负债的披露

其他流动负债的披露格式如表9－30所示。

表9－30　　　　　　　　　　　其他流动负债的披露　　　　　　　　　　　单位:元

项　目	期末余额	年初余额
1.		
……		
合　计		

注:有预计负债、其他非流动负债的,可比照其他流动负债进行披露。

14. 长期借款的披露

(1)长期借款按照债权人披露的格式如表9－31所示。

表 9－31   长期借款的披露   单位:元

债权人	期末余额	年初余额
1.		
......		
合　计		

注:有短期借款的,可比照长期借款进行披露。

（2）单位有基建借款的,应当分基建项目披露长期借款年初数、本年变动数、年末数及到期期限。

15. 事业收入的披露

事业收入按照收入来源的披露格式如表9－32所示。

表 9－32   事业收入的披露   单位:元

收入来源	本期发生额	上期发生额
来自财政专户管理资金		
本部门内部单位		
单位1		
......		
本部门以外同级政府单位		
单位1		
......		
其他		
单位1		
......		
合　计		

16. 非同级财政拨款收入的披露

非同级财政拨款收入按收入来源的披露格式如表9－33所示。

表 9－33   非同级财政拨款收入的披露   单位:元

收入来源	本期发生额	上期发生额
本部门以外同级政府单位		

收入来源	本期发生额	上期发生额
单位 1		
……		
本部门以外非同级政府单位		
单位 1		
……		
合　计		

17. 其他收入的披露

其他收入按照收入来源的披露格式如表 9—34 所示。

表 9—34　　　　　　　　　　　　　其他收入的披露　　　　　　　　　　　　单位:元

收入来源	本期发生额	上期发生额
本部门内部单位		
单位 1		
……		
本部门以外同级政府单位		
单位 1		
……		
本部门以外非同级政府单位		
单位 1		
……		
其他		
单位 1		
……		
合　计		

18. 业务活动费用的披露

(1)按经济分类的披露格式如表 9—35 所示。

表 9—35　　　　　　　　　　　**业务活动费用的披露(1)**　　　　　　　单位:元

项　目	本期发生额	上期发生额
工资福利费用		
商品和服务费用		
对个人和家庭的补助费用		
对企业补助费用		
固定资产折旧费		
无形资产摊销费		
公共基础设施折旧(摊销)费		
保障性住房折旧费		
计提专用基金		
……		
合　计		

注:有单位管理费用、经营费用的,可比照业务活动费用的表式进行披露。

(2)按支付对象的披露格式如表 9—36 所示。

表 9—36　　　　　　　　　　　**业务活动费用的披露(2)**　　　　　　　单位:元

支付对象	本期发生额	上期发生额
本部门内部单位		
单位 1		
……		
本部门以外同级政府单位		
单位 1		
……		
其他		
单位 1		
……		
合　计		

注:有单位管理费用、经营费用的,可比照业务活动费用的表式进行披露。

19. 其他费用的披露

其他费用按照类别披露的格式如表9－37所示。

表 9－37　　　　　　　　　　　其他费用的披露　　　　　　　　　　单位:元

费用类别	本期发生额	上期发生额
利息费用		
坏账损失		
罚没支出		
……		
合　计		

20. 本期费用的披露

本期费用按照经济分类的披露格式如表9－38所示。

表 9－38　　　　　　　　　　　本期费用的披露　　　　　　　　　　单位:元

费用类别	本期发生额	上期发生额
工资福利费用		
商品和服务费用		
对个人和家庭的补助费用		
对企业补助费用		
固定资产折旧费		
无形资产摊销费		
公共基础设施折旧(摊销)费		
保障性住房折旧费		
计提专用基金		
所得税费用		
资产处置费用		
上缴上级费用		
对附属单位补助费用		
其他费用		
本期费用合计		

(六)本年盈余与预算结余的差异情况说明

为了反映单位财务会计与预算会计因核算基础和核算范围不同所产生的本年盈余数与本年预算结余数之间的差异,单位应当按照重要性原则,对本年度发生的各类影响收入(预算收入)和费用(预算支出)的业务进行适度归并及分析,披露将年度预算收入支出表中"本年预算收支差额"调节为年度收入费用表中"本期盈余"的信息。有关披露格式如表9—39所示。

表9—39 本年盈余与预算结余的差异 单位:元

项 目	金 额
一、本年预算结余(本年预算收支差额)	
二、差异调节	
(一)重要事项差异	
加:1. 当期确认为收入但没有确认为预算收入	
(1)应收款项、预收账款确认的收入	
(2)接受非货币性资产捐赠确认的收入	
2. 当期确认为预算支出但没有确认为费用	
(1)支付应付款项、预付账款的支出	
(2)为取得存货、政府储备物资等计入物资成本的支出	
(3)为购建固定资产等的资本性支出	
(4)偿还借款本息支出	
减:1. 当期确认为预算收入但没有确认为收入	
(1)收到应收款项、预收账款确认的预算收入	
(2)取得借款确认的预算收入	
2. 当期确认为费用但没有确认为预算支出	
(1)发出存货、政府储备物资等确认的费用	
(2)计提的折旧费用和摊销费用	
(3)确认的资产处置费用(处置资产价值)	
(4)应付款项、预付账款确认的费用	
(二)其他事项差异	
三、本年盈余(本年收入与费用的差额)	

(七)其他重要事项说明

第一,资产负债表日存在的重要或有事项说明;没有重要或有事项的,也应说明。

第二,以名义金额计量的资产名称、数量等情况,及以名义金额计量理由的说明。

第三,通过债务资金形成的固定资产、公共基础设施、保障性住房等资产的账面价值、使用情况、收益情况及与此相关的债务偿还情况等的说明。

第四,重要资产置换、无偿调入(出)、捐入(出)、报废、重大毁损等情况的说明。

第五,事业单位将单位内部独立核算单位的会计信息纳入本单位财务报表情况的说明。

第六,政府会计具体准则中要求附注披露的其他内容。

第七,有助于理解和分析单位财务报表需要说明的其他事项。

思考与练习

1. 简述财务报告、财务报表和会计报表三者之间的联系与区别。

2. 简述资产负债表的概念、特点及其作用。

3. 某行政单位某月末有关账户期末余额如表9—40所示。

表9—40　　　　　　　　某行政单位某月末有关账户余额　　　　　单位:元

账户名称	金额	账户名称	金额
库存现金	1 200	应缴财政款	50 000
银行存款	210 800	应付账款	10 000
零余额账户用款额度	2 000	其他应付款	2 000
应收账款	22 000	应付职工薪酬	10 000
存货	( )	累计盈余	100 000
固定资产净值	340 000	无偿调拨净资产	( )
公共基础设施净值	140 000	本期盈余	9 000
合计	881 000	合计	881 000

要求:填列表中括号内的数据,并按照资产负债表的编制规定计算货币资金和净资产的数值。

4. 简述收入费用表和净资产变动表的内在联系及其各自的编制依据。

5. 简述现金流量表中现金流量的含义及其分类。

6. 理论联系实际,谈谈政府会计编制现金流量表的作用,并举例说明。

7. 简述报表附注的重要作用及其编制要求。

8. 简述政府财务报告与会计确认的关系,并举例说明会计信息质量高低与单位会计政策、会计环境、会计人员的认知水平休戚相关。

第十章

预算收入类的核算

第一节 预算收入要素概述

一、预算收入要素

预算收入是指政府会计主体在预算年度内依法取得并纳入预算管理的现金流入。

政府会计认定的预算收入一般具有以下特征：

一是应当纳入预算管理。预算是国家机关、行政事业单位等对于未来一定时期内的收入和支出的计划,是经法定程序审核批准的年度集中性的财政收支计划。它规定了国家财政收入的来源和数量、财政支出的各项用途和数量,反映整个国家政策、政府活动的范围和方向。政府会计主体核算的收入应当是纳入预算管理的收入。

二是按照收付实现制核算的已经收到的现金流入,并以实际收到的金额计量。

三是在预算年度内依法取得。预算会计对于纳入本预算年度范围的收入应当符合会计准则制度的规范要求。只有依法收入,才能保证合法合规支出。

在预算会计实务中,判断是否属于预算收入,一看是否与预算管理相关,二看是否有现金流入,三看是否纳入本预算年度。凡是符合预算收入定义及其确认条件的项目,均应当列入政府决算报表。

二、预算收入分类与科目设置

预算收入核算应当凸显预算管理的思想,对各种预算收入应当分门别类,归类说明各收入的特点并予以分别反映。核算时,应当注意厘清各项预算收入来源的渠道和相应核算口径的界定。

政府会计将全部预算收入分为 9 个项目,其对应的会计科目与特指用途如表

10—1所示。为了区别财务会计的收入与预算会计的收入,在预算收入各科目名称中均凸现"预算"两个字。

表 10—1　　　　　　　　预算收入科目设置

序号	编　号	预算收入项目与会计科目名称	特指用途
1	6001	财政拨款预算收入	
2	6101	事业预算收入	事业单位
3	6201	上级补助预算收入	事业单位
4	6301	附属单位上缴预算收入	事业单位
5	6401	经营预算收入	事业单位
6	6501	债务预算收入	事业单位
7	6601	非同级财政拨款预算收入	
8	6602	投资预算收益	事业单位
9	6609	其他预算收入	

三、预算收入的进一步分类

(一)拨款性收入、业务活动性收入和其他各项收入

预算收入按照内容性质分为拨款性收入(包括财政拨款预算收入、非同级财政拨款预算收入)、业务活动性收入(包括事业预算收入、经营预算收入)和其他各项收入。

拨款性收入是一项非交换交易性收入,单位取得该项收入时不需要向对方支付资金、提供商品或服务,而是以向社会提供公益性服务或其他成果为代价。

业务活动性收入通常是一项交换交易性收入,是单位按照成本补偿或等价交换的原则取得的收入。其中,事业活动具有公益属性,但为了补偿其耗费,可以按照国家规定的价格收取一定数额的费用;经营活动所提供的商品或服务可以按照市场价格收费以弥补经营不足。

其他各项收入包括上级补助预算收入、附属单位上缴预算收入、债务预算收入、投资预算收益、其他预算收入等。

(二)财政性资金和非财政性资金

预算收入按照是否具有财政资金的特性,可以分为财政性资金和非财政性资金。

财政性资金主要是指财政拨款预算收入、非同级财政拨款预算收入、从财政专户核拨给事业单位的资金和经核准不上缴国库或者财政专户的资金(计入事业预算收入的部分)。

非财政性资金主要是指事业预算收入(非财政性资金)、经营预算收入和各项其他预算收入(包括上级补助预算收入、附属单位上缴预算收入、债务预算收入、投资预算收益、其他预算收入)等。

各项预算收入的分类汇总如表10-2所示。

表 10-2 各项预算收入的分类

各项预算收入					
财政性资金			非财政性资金		
财政拨款预算收入	非同级财政拨款预算收入	事业预算收入(财政性资金)	事业预算收入(非财政性资金)	经营预算收入	上级补助预算收入、附属单位上缴预算收入、债务预算收入、投资预算收益、其他预算收入
拨款性收入		业务活动性收入			其他各项收入

(三)基本支出拨款、项目支出拨款、专项资金收入和非专项资金收入

各项预算收入按照限定性要求,可以分为基本支出拨款、项目支出拨款、专项资金收入和非专项资金收入等。

基本支出拨款主要用于单位为保障其机构正常运转、完成日常工作任务而编制的年度基本支出计划,内容包括人员经费和日常公用经费两个部分。

项目支出拨款主要用于单位为完成特定的工作任务或事业发展目标,在基本预算支出以外,财政预算专款安排的支出。

专项资金收入是主管部门或上级单位拨入的用于完成特定任务的款项,应当单独核算,专款专用,并按照规定向主管部门或上级单位报送专项资金使用情况。

非专项资金收入是主管部门或上级单位拨入的用于维持正常运行和完成日常工作任务的款项,无限定用途。

综上所述,科学划分各项收入并予以恰当的归类是分类核算预算收入的前提。各项预算收入的分类应当重在划清资金来源的渠道并体现“分类核算,分别管理”的要求。对于预算收入界限的划分与明细科目的设置要求可归纳如表10-3所示。

本章为了归类说明各类预算收入的特点且有助于说明平行记账的方法,并考虑与第六章按照财务会计阐述的收入分类口径相对应,将预算收入的具体核算内容分为财政拨款预算收入(包括非同级财政拨款预算收入)核算、事业预算收入核算、经营预算收入核算、其他各项预算收入核算(除了财政拨款预算收入、事业预算收入、经营预算收入以外的收入)4个方面。请注意,预算会计对纳入部门预算管理(而不是财务管理)的现金收支(而不是全部收支)在财务会计账务处理的基础上进行预算会计的账务处理。

表 10-3　　　　　　　　　各项预算收入界限与科目设置要求

预算收入划分界限	财政拨款预算收入（非同级财政拨款预算收入）	基本支出	人员经费	按《政府收支分类科目》中"支出功能分类科目"、项级科目进行明细核算
			日常公用经费	
		项目分类	按照具体项目	
	非财政拨款预算收入	事业预算收入、上级补助预算收入、附属单位上缴预算收入、经营预算收入、债务预算收入、投资预算收益、其他预算收入，可按收入类别、项目、来源设置明细科目	非财政专项资金收入（简称专项资金收入）	
			非财政非专项资金收入（其他资金收入）	

四、预算收入的"算管结合、算为管用"

第一，单位取得各项收入都应当符合预算管理的要求，并按照《制度》要求分类分项分别进行明细核算。在明细科目的设置上，首先应当注意区分财政拨款资金、非财政拨款专项资金、非财政拨款非专项资金的界限；接着，对财政拨款预算收入应当划清基本支出拨款和项目支出拨款的界限、人员经费和日常公用经费的界限、各具体项目支出的界限；在非财政拨款收入中，应当注意划分各专项资金收支与其他资金收支的界限等。除了财政拨款收入外，其他各项预算收入都可能涉及专项资金与非专项资金的区别。

第二，各项收入应当全部纳入单位预算，统一核算，统一管理。任何单位预算都应当自求收支平衡，不得编制赤字预算。

第三，积极贯彻收支两条线的核算与管理，不得隐匿收入或收支轧抵。凡属本年的各项收入，都应当及时入账，本年的各项应缴财政款应当在年终前全部上缴。

第二节　财政拨款预算收入

一、财政拨款预算收入的特点

财政拨款预算收入是指从同级财政部门取得财政性资金。财政拨款预算收入应当列入经过批准的预算，有特定的用途（包括基本支出和项目支出），既不能张冠李戴，更不得用于经营支出。

财政拨款预算收入不是非同级财政拨款预算收入，也不是上级部门的预算拨款收入。将财政拨款预算收入界定为单位按照部门预算隶属关系从同级财政部门直接取得的各类财政拨款,可以避免财政拨款的重复计算。

单位从非同级财政取得的拨款在预算会计账务处理上作为"非同级财政拨款预算收入"处理。该科目专门用以核算单位从非同级财政部门取得的各项经费拨款。

单位从上级主管部门取得的财政拨款在预算会计的账务处理上作为"上级补助预算收入"处理。该科目专门用以核算单位从主管部门取得的各项经费拨款。

二、财政拨款预算收入的科目设置

(一)总分类科目

单位应当设置"财政拨款预算收入"科目,核算从同级财政部门取得的各类财政拨款。

(二)明细分类科目

在"财政拨款预算收入"科目下应当设置"基本支出"和"项目支出"两个明细科目;同时,按照《政府收支分类科目》中"支出功能分类"的项级科目进行明细核算。

在"基本支出"明细科目下按照"人员经费"和"日常公用经费"进行明细核算,在"项目支出"明细科目下按照具体项目进行明细核算。

有公共财政预算拨款、政府性基金预算拨款等两种或两种以上财政拨款的单位,应当按照财政拨款的种类进行明细核算。

三、财政拨款预算收入的核算内容

(一)财政直接支付

在财政直接支付方式下,各单位根据财政国库支付执行机构委托代理银行转来的财政直接支付入账通知书及相关原始凭证,按照通知书中的直接支付入账金额,借记"行政支出""事业支出"等有关科目,贷记"财政拨款预算收入"科目。

〖例10—1〗　A事业单位采用财政直接支付方式购置专用设备一套660 000元,收到"财政直接支付入账通知书"及相关原始凭证时,根据通知书所列数额,应进行预算会计核算如下(请对照例6—1):

借:事业支出——专用设备　　　　　　　　　　660 000.00
　　贷:财政拨款预算收入——项目支出　　　　　　660 000.00

年度终了,根据本年度财政直接支付预算指标数与当年财政直接支付实际支出数的差额,借记"资金结存——财政应返还额度(财政直接支付)"科目,贷记本科目。

(二)财政授权支付

在财政授权支付方式下,各单位根据代理银行转来的财政授权支付额度到账通知书,按照通知书中的授权支付额度,借记"资金结存——零余额账户用款额度"科目,贷记"财政拨款预算收入"科目。

〖例10—2〗　B事业单位为某项目购入服务器和台式机一批共计250 000元,根据"财政授权支付到账通知书"等原始凭证,B事业单位应进行预算会计核算如下(请对照例6—2):

确认财政拨款收入时:

借:资金结存——零余额账户用款额度　　　　　　　250 000.00

　　贷:财政预算拨款收入——项目支出　　　　　　　　　250 000.00

发生采购支出时:

借:固定资产——通用设备　　　　　　　　　　　　250 000.00

　　贷:资金结存——零余额账户用款额度　　　　　　　　250 000.00

年末,单位本年度财政授权支付预算指标数大于零余额账户用款额度下达数的,借记"资金结存——财政应返还额度(财政授权支付)"科目,贷记"财政拨款预算收入"科目。

(三)其他方式

在其他方式下收到财政拨款预算收入时,按照实际收到的金额,借记"资金结存——货币资金"科目,贷记"财政拨款预算收入"科目。

〖例10—3〗　C事业单位按核定的预算和经费领报关系从财政部门取得财政拨款700 000元,用于补充日常公用经费,应进行预算会计核算如下(请对照例6—3):

借:资金结存——货币资金　　　　　　　　　　　　700 000.00

　　贷:财政拨款预算收入——基本支出　　　　　　　　　700 000.00

为了满足在一个会计信息系统中同时进行财务会计和预算会计"平行记账"的需要,对同级财政性拨款资金,财务会计收入和预算收入在确认时点上应尽可能保持一致,以便单位与同级财政对账。

现将上述三种预算会计对收到拨款的核算方法与财务会计核算方法的对比情况说明如表10—4所示。

表10—4　　　　　　财务会计与预算会计对收到拨款核算的区别

收到拨款方式	财务会计核算方法	预算会计核算方法
财政直接支付方式	借:库存物品/固定资产/业务活动费用/单位管理费用/应付职工薪酬等 　贷:财政拨款收入	借:行政支出/事业支出等 　贷:财政拨款预算收入
财政授权支付方式	借:零余额账户用款额度 　贷:财政拨款收入	借:资金结存——零余额账户用款额度 　贷:财政拨款预算收入
其他支付方式	借:银行存款等 　贷:财政拨款收入	借:资金结存——货币资金 　贷:财政拨款预算收入

从表10—4中可以看出,在财政拨款收入方面,财务会计和预算会计的处理可能一一对应,但所选用的会计科目并不相同,两者之间既有联系又有区别。

到了年末,单位应将"财政拨款预算收入"科目本年发生额结转至"财政拨款结转——本年收支结转"科目,借记"财政拨款预算收入"科目,贷记"财政拨款结转——本年收支结转"科目。年末结账后,该科目无余额。

温馨提示:《制度》在解说结转预算收入类、预算支出类、预算结余类会计科目时所用的词语都是"年末",即要求按年结账。其中,预算收入类与预算支出类科目年初年末均无余额。

四、非同级财政拨款预算收入

单位应当设置"非同级财政拨款预算收入"科目,核算单位从非同级政府财政部门取得的财政拨款,包括本级横向转拨财政款和非本级财政拨款。[①] 该科目应当按照非同级财政拨款预算收入的类别、来源、《政府收支分类科目》中"支出功能分类科目"的项级科目等进行明细核算。非同级财政拨款预算收入中如有专项资金收入,还应按具体项目进行明细核算。

对于因开展专业业务活动及其辅助活动等从非同级财政部门取得的经费拨款,在"事业预算收入——非同级财政拨款"科目进行核算。

取得非同级财政拨款预算收入时,按照实际取得的金额,借记"资金结存——货币资金"科目,贷记"非同级财政拨款预算收入"科目。

日常核算过程中应当区分专项资金收入与非专项资金收入的界限。到了年末,将"非同级财政拨款预算收入"科目本年发生额中的专项资金收入结转入非财政拨款结转,借记"非同级财政拨款预算收入"科目下各专项资金收入明细科目,贷记"非财政拨款结转——本年收支结转"科目;将"非同级财政拨款预算收入"科目本年发生额中的非专项资金收入结转入其他结余,借记"非同级财政拨款预算收入"科目下各非专项资金收入明细科目,贷记"其他结余"科目。年末结账后,"非同级财政拨款预算收入"科目应无余额。

---

① 本级横向转拨财政款是指从本级财政部门以外的"同级单位"取得的财政拨款,如单位收到人力资源和社会保障部门拨入的"政府特殊津贴"。非本级财政拨款就是一级财政拨给非本级预算单位的拨款,如县级财政拨款给税务等垂直管理单位。

第三节　事业预算收入

一、事业预算收入的特点

政府会计制度中的"事业预算收入"一是专指事业单位的事业活动,二是指已经纳入预算管理范围的,三是开展专业业务活动及其辅助活动取得的收入。

从资金来源渠道分析,事业预算收入既不是同级财政拨款预算收入,也不是上级拨入的预算收入。

从事业预算收入来源的组成内容分析,还应当注意划清专项资金收入与非专项资金收入的界限。首先,事业收入中的专项资金收入应当是指非财政拨款所取得的专项资金,因而其全称应当是非财政专项资金收入,简称专项资金收入;其次,各该专项资金收入应按具体项目进行明细核算;再次,各该专项资金收入的结转与非财政补助结转对应,不能转入"其他结余";最后,专项资金收入以外的是非专项资金收入,即非财政非专项资金收入,也就是其他资金收入,应当结转记入"其他结余"科目。

二、事业预算收入的科目设置

(一)总分类科目

事业单位应当设置"事业预算收入"科目,核算开展专业业务活动及其辅助活动取得的现金流入。

(二)明细分类科目

在"事业预算收入"科目下应当按照事业预算收入类别、项目、来源、《政府收支分类科目》中"支出功能分类科目"项级科目等进行明细核算。

对于因开展专业业务活动及其辅助活动从非同级政府财政部门取得的经费拨款,应当在"事业预算收入"科目下单设"非同级财政拨款"明细科目进行明细核算。

事业预算收入中有专项资金收入的,还应按具体项目进行明细核算。

三、事业预算收入的核算内容

收到事业预算收入时,按照实际收到的款项金额,借记"资金结存——货币资金"科目,贷记"事业预算收入"科目。

〖例10—4〗　D事业单位开展专业业务活动取得专项资金收入600 000元,款项存入银行。应进行预算会计核算如下(请对照例6—4):

借:资金结存——货币资金　　　　　　　　　　　　600 000.00

　　贷:事业预算收入——专项资金收入　　　　　　　　　600 000.00

采用财政专户返还方式管理的事业预算收入,收到从财政专户返还的事业预算收入时,按照实际收到的返还金额,借记"资金结存"科目,贷记"事业预算收入"科目。

【例10—5】 E事业单位按照收支两条线核算,将收到的学费全额上缴360 000元,然后经核准全额返还给单位(请对照例6—5)。

收到学费结转上缴财政专户时,由于不属于预算收支范围,预算会计不做核算。收到财政专户返还时,应进行预算会计核算如下:

借:资金结存——货币资金   360 000.00
  贷:事业预算收入   360 000.00

预算会计采用收付实现制,对于结转上缴、预收款项和预付款项等业务,在发生现金流入流出时才进行会计处理。现结合事业收入方式,将财务会计与预算会计的核算方式对比情况说明如表10—5所示。

表10—5   财务会计与预算会计对事业收入核算方式的区别

	事业收入核算方式	财务会计核算方式	预算会计核算方式
采用财政专户返还方式	实际收到或应收应上缴财政户的事业收入时	借:银行存款、应收账款等 贷:应缴财政款	
	向财政专户上缴款项时	借:应缴财政款 贷:银行存款等	
	收到财政专户返还时	借:银行存款 贷:事业收入	借:资金结存——货币资金 贷:事业预算收入
采用预收款方式	实际收到款项时	借:银行存款等 贷:预收账款	借:资金结存——货币资金 贷:事业预算收入
	以合同完成进度确认收入时	借:预收账款 贷:事业收入	
采用应收款方式	根据合同完成进度计算本期应收的款项	借:应收账款 贷:事业收入	
	实际收到款项时	借:银行存款等 贷:应收账款等	借:资金结存——货币资金 贷:事业预算收入

温馨提示:在一个会计信息系统中同时进行财务会计核算和预算会计核算,两者之间并非一一对应关系。对于不属于预算范围内的现金收支,如应当上缴国库或财政专户的款项、应当转拨其他单位的款项、受托代理的款项等,在单位收到或支付时仅做财务会计核算,不进行预算会计核算。对于不涉及现金流入与流出的业务,仅涉及财务会计核算,不涉及预算会计核算。

在日常核算过程中,应当区分专项资金收入与非专项资金收入的界限。到了年末,将"事业预算收入"科目本年发生额中的专项资金收入结转入非财政拨款结转,借记"事业预算收入"科目下各专项资金收入明细科目,贷记"非财政拨款结转——本年收支结转"科目;将"事业预算收入"科目本年发生额中的非专项资金收入结转入其他结余,借记"事业预算收入"科目下各非专项资金收入明细科目,贷记"其他结余"科目。年末结账后,"事业预算收入"科目应无余额。

第四节　经营预算收入

一、经营预算收入的特点

经营预算收入是指事业单位在专业业务活动及其辅助活动之外开展非独立核算营利性活动取得的收入,具有非专业活动、非独立核算的特点。

开展专业活动所取得的收入只能作为事业收入,不得作为经营收入。

由独立核算的附属单位取得的收入不纳入本单位经营收入。

经营收入与事业收入均是事业单位向社会提供了商品或服务而应获取的收入。不同之处是:经营活动体现了保本获利原则,只能是从商品或服务的接受方取得收入;事业收入体现了事业活动的公益性原则,可能从商品或服务的接受方取得了补偿性收入,也可能从财政取得了补偿性资金。

二、经营预算收入的科目设置

(一)总分类科目

事业单位应当设置"经营预算收入"科目,核算在专业业务活动及其辅助活动之外开展非独立核算营利性活动取得的现金流入。

(二)明细分类科目

"经营预算收入"科目应当按照经营获得类别、项目、《政府收支分类科目》中"支出功能分类科目"的项级科目等进行明细核算。

三、经营预算收入的核算内容

经营预算收入提供非增值税服务或发生非增值税业务时,应当按照实际收到的金额,借记"资金结存——货币资金"科目,贷记"经营预算收入"科目。

增值税小规模纳税人在确认经营预算收入时,按照实际出售价款扣除增值税额后的金额,借记"资金结存——货币资金"科目,贷记"经营预算收入"科目。

增值税一般纳税人在确认经营预算收入时,按照扣除增值税销项税额后的价款金额,借记"资金结存——货币资金"科目,贷记"经营预算收入"科目。

到了年末,将"经营预算收入"科目本年发生额结转至"经营结余——本年经营收支结余"科目,借记"经营预算收入"科目,贷记"经营结余——本年经营收支结余"科目。年末结账后,"经营预算收入"科目应无余额。

【例10-6】 F事业单位本期取得经营收入8 000元(请对照例6-6)。

收到经营收入时:

借:资金结存——货币资金　　　　　　　　　　　　　8 000.00
　　贷:经营预算收入　　　　　　　　　　　　　　　　　　8 000.00

期末结转经营收入时:

借:经营预算收入　　　　　　　　　　　　　　　　　8 000.00
　　贷:经营结余——本年经营收支结余　　　　　　　　　　8 000.00

概念辨析:以收付实现制为基础的预算收入与以权责发生制为基础的收入在确认时点等方面存在不同之处。例如,本月售出产品6 000元,可能存在以下三种情况:一是本月货款已收存银行,针对这项经济业务,不管采用权责发生制还是收付实现制核算,6 000元货款都可作为本月收入,预算会计确认"经营预算收入",财务会计确认"经营收入",因为这项业务一方面发票已经开出,另一方面现款已收到,这时两者确认收入的时点是一致的。二是待到下月才收到货款,这时以现金收付为基础,应当确认为下月的"经营预算收入",因为现款是下月收到的;以权责发生制为基础,此项收入确认为本月的"经营收入",因为它是本月售出的,两者确认收入的时点并不一致。三是上月已从付款方预收货款,在这种情况下,采用现金收付核算,应当确认为上月的"经营预算收入",因为现款是上月收到的;采用权责发生制核算,由于是本月售出的产品,因此,应当确认为本月的"经营收入",两者确认收入的时点不一致。

现将财务会计与预算会计对经营收入核算方法的对比情况说明如表10-6所示。

表10-6　　　　　　　　　　**财务会计与预算会计对经营收入核算的区别**

经营收入	财务会计核算方法	预算会计核算方法
确认收入	借:应收账款/应收票据等 　　贷:经营收入	
收取价款	借:银行存款 　　贷:应收账款/应收票据等	借:资金结存——货币资金 　　贷:经营预算收入
年末结账	借:经营收入 　　贷:本年盈余	借:经营预算收入 　　贷:经营结余

【例10—7】　MZ研究院除完成某类科学研究事业活动外,还从事技术转让、技术咨询与培训等经营性业务。某月1日,该院与新发公司签订技术培训合同,双方约定:MZ科研院于2日至30日向新发公司提供技术培训服务,新发公司应于合同签订之日起3日内向MZ科研院预付10万元技术培训服务费,在30日完成技术培训服务后,新发公司向MZ科研院再支付20万元技术培训服务费(不含应交增值税3%)。

4日,MZ科研院收到新发公司预付款项10万元,存入银行,财务会计核算如下:

借:银行存款　　　　　　　　　　　　　　　　　　100 000.00
　　贷:预收账款　　　　　　　　　　　　　　　　　　100 000.00

预算会计核算如下:

借:资金结存——货币资金　　　　　　　　　　　　100 000.00
　　贷:经营预算收入——项目支出　　　　　　　　　　100 000.00

30日,MZ科研院完成新发公司技术培训服务,收到新发公司支付款项20万元和应交增值税0.9万元,MZ科研院增加银行存款20.9万元,财务会计核算如下:

借:银行存款　　　　　　　　　　　　　　　　　　209 000.00
　　预收账款　　　　　　　　　　　　　　　　　　100 000.00
　　贷:经营收入　　　　　　　　　　　　　　　　　　300 000.00
　　　　应交增值税　　　　　　　　　　　　　　　　　　9 000.00

预算会计核算(以收到付款方的补付款为依据)如下:

借:资金结存——货币资金　　　　　　　　　　　　209 000.00
　　贷:经营预算收入——项目支出　　　　　　　　　　200 000.00
　　　　应交增值税　　　　　　　　　　　　　　　　　　9 000.00

第五节　其他各项预算收入 *

一、上级补助预算收入

事业单位应当设置"上级补助预算收入"科目,核算从主管部门和上级单位取得的非财政补助收入。该科目应当按照发放补助单位、补助项目、《政府收支分类科目》中"支出功能分类科目"的项级科目等进行明细核算。上级补助预算收入中如有专项资金收入的,还应按具体项目进行明细核算。

收到上级补助预算收入时,按照实际收到的金额,借记"资金结存——货币资金"科目,贷记"上级补助预算收入"科目。

在日常核算过程中,应当区分专项资金收入与非专项资金收入的界限。到了年末,将"上级补助预算收入"科目本年发生额中的专项资金收入结转入非财政拨款结转,借记"上级补助预算收入"科目下各专项资金收入明细科目,贷记"非财政拨款结转——本年收支结转"科目;将"上级补助预算收入"科目本年发生额中的非专项资金收入结转入其他结余,借记"上级补助预算收入"科目下各非专项资金收入明细科目,贷记"其他结余"科目。年末结账后,该科目应无余额。

现将财务会计与预算会计对上级补助预算收入核算方法的对比情况说明如表 10—7 所示。

表 10—7　　　　　财务会计与预算会计对上级补助预算收入核算的对比

上级补助预算收入 比较项目		财务会计核算方法	预算会计核算方法
日常核算	确认时,按照应收或实际收到的金额	借:其他应收款/银行存款 　贷:上级补助收入	
	收到应收的上级补助收入时	借:银行存款等 　贷:其他应收款	借:资金结存——货币资金(按照实际收到的金额) 　贷:上级补助预算收入
期末/年末结转	专项资金收入	借:上级补助收入 　贷:本期盈余	借:上级补助预算收入 　贷:非财政拨款结转——本年收支结转
	非专项资金收入		借:上级补助预算收入 　贷:其他结余

二、附属单位上缴预算收入

事业单位应当设置"附属单位上缴预算收入"科目,核算附属独立核算单位根据有关规定上缴的现金流入。该科目应当按照附属单位、缴款项目、《政府收支分类科目》中"支出功能分类科目"的项级科目等进行明细核算。附属单位上缴预算收入中如有专项资金收入的,还应按具体项目进行明细核算。

收到附属单位缴来款项时,按照实际收到的金额,借记"资金结存——货币资金"科目,贷记"附属单位上缴预算收入"科目。

在日常核算过程中,应当区分专项资金收入与非专项资金收入的界限。到了年末,将"附属单位上缴预算收入"科目本年发生额中的专项资金收入结转入非财政拨款结转,借记"附属单位上缴预算收入"科目下各专项资金收入明细科目,贷记"非财政拨款结转——本年收支结转"科目;将"附属单位上缴预算收入"科目本年发生额中的非专项资金收入结转入其他结余,借记"附属单位上缴预算收入"科目下各非专项资金收入明细科目,贷记"其他结余"科目。年末结账后,该科目应无余额。

现将财务会计与预算会计对附属单位上缴预算收入核算方法的对比情况说明如

表 10—8 所示。

表 10—8　　　　财务会计与预算会计对附属单位上缴预算收入核算的对比

	附属单位上缴预算收入比较项目	财务会计核算方法	预算会计核算方法
日常核算	确认时,按照应收或实际收到的金额	借:其他应收款/银行存款 贷:附属单位上缴收入	
	实际收到应收附属单位上缴预算收入时	借:银行存款等 贷:其他应收款	借:资金结存——货币资金(按照实际收到的金额) 贷:附属单位上缴预算收入
期末/年末结转	专项资金收入	借:附属单位上缴收入 贷:本期盈余	借:附属单位上缴预算收入 贷:非财政拨款结转——本年收支结转
	非专项资金收入		借:附属单位上缴预算收入 贷:其他结余

三、债务预算收入

事业单位应当设置"债务预算收入"科目,核算按照规定从银行和其他金融机构等借入的、不以财政资金作为偿还来源的债务本金。该科目应当按照贷款单位、贷款种类、《政府收支分类科目》中"支出功能分类科目"的项级科目等进行明细核算。债务预算收入中如有专项资金收入的,还应按照具体项目进行明细核算。

概念辨析:在预算会计中,根据债务预算管理、预算收支平衡等要求,事业单位发生的债务不计入负债(预算会计并没有设置负债类科目),而作为"债务预算收入"处理。

借入各项短期或长期借款时,按照实际借入的金额,借记"资金结存——货币资金"科目,贷记"债务预算收入"科目。

归还各项借款时,按照借款本金,借记"债务预算收入"科目,贷记"资金结存——货币资金"科目。

在日常核算过程中,应当区分专项资金收入与非专项资金收入的界限。到了年末,将"债务预算收入"科目本年发生额中的专项资金收入转入非财政拨款结转,借记"债务预算收入"科目下各专项资金收入明细科目,贷记"非财政拨款结转——本年收支结转"科目;将"债务预算收入"科目本年发生额中的非专项资金收入转入其他结余,借记"债务预算收入"科目下各非专项资金收入明细科目,贷记"其他结余"科目。年末结账后,该科目应无余额。

四、投资预算收益

事业单位应当设置"投资预算收入"科目,核算未取得的按照规定纳入部门预算管理的属于投资收益性质的现金流入,包括股权投资收益、出售或收回债券投资所取得的收益和债券投资利息收入。该科目应当按照《政府收支分类科目》中"支出功能分类科目"的项级科目等进行明细核算。

投资预算收益的主要核算内容如下:

第一,出售或到期收回本年度取得的短期、长期债券,按照实际取得的价款或实际收到的本息金额,借记"资金结存——货币资金"科目;按照取得债券时"投资支出"科目的发生额,贷记"投资支出"科目;按照其差额,贷记或借记"投资预算收益"科目。

出售或到期收回以前年度取得的短期、长期债券,按照实际取得的价款或实际收到的本息金额,借记"资金结存——货币资金"科目;按照取得债券时"投资支出"科目的发生额,贷记"其他结余"科目;按照其差额,贷记或借记"投资预算收益"科目。

出售、转让以货币资金取得的长期股权投资的,其预算会计核算参照出售或到期收回债券投资。

第二,持有的短期投资以及分期付息、一次还本的长期债券投资收到利息时,按实际收到的金额,借记"资金结存——货币资金"科目,贷记"投资预算收益"科目。

第三,持有长期股权投资取得被投资单位分派的现金股利或利润时,按照实际取得的数额,借记"资金结存——货币资金"科目,贷记"投资预算收益"科目。

第四,出售、转让以非货币性资产取得的长期股权投资时,按照实际取得的价款扣减支付的相关费用和应缴财政款后的余额(按照规定纳入单位预算管理的),借记或贷记"资金结存——货币资金"科目,贷记或借记"投资预算收益"科目。

第五,年末,将"投资预算收益"科目本年发生额结转至其他结余科目,借记"投资预算收益"科目,贷记"其他结余"科目。年末结账后,该科目应无余额。

【例10—8】 某单位对外投资资料参见例4—21,请注意比较财务会计与预算会计核算的区别。

经批准对外投资 600 000 元时,应进行预算会计核算如下:

借:投资支出   600 000.00

    贷:资金结存——货币资金   600 000.00

按照应享有被投资单位实现净利润 100 000 元的份额,确认为投资损益和应分派的现金股利时,预算会计不进行账务处理。

第二年取得投资收益 36 000 元时,应进行预算会计核算如下:

借:资金结存——货币资金   36 000.00

    贷:投资预算收益   36 000.00

五、其他预算收入

单位应当设置"其他预算收入"科目,核算单位除财政拨款预算收入、事业预算收入、上级补助预算收入、附属单位上缴预算收入、经营预算收入、债务预算收入、非同级财政拨款预算收入、投资预算收益外的纳入部门预算管理的现金流入,包括捐赠预算收入、利息预算收入、租金预算收入、现金盘盈收入等。[①] 该科目应当按照其他收入类别、《政府收支分类科目》中"支出功能分类科目"的项级科目等进行明细核算。其他预算收入中如有专项资金收入的,还应按具体项目进行明细核算。

每日现金账款核对中如发现现金溢余,按照溢余的现金金额,借记"资金结存——货币资金"科目,贷记"其他预算收入"科目。经核实,属于应支付给有关个人和单位的部分,按照实际支付的金额,借记"其他预算收入"科目,贷记"资金结存——货币资金"科目。

接受捐赠现金资产、收到银行存款利息、收到资产承租人支付的租金、收到其他预算收入时,按照实际收到的金额,借记"资金结存——货币资金"科目,贷记"其他预算收入"科目。

〖例10—9〗　L图书馆收到某国际组织捐赠图书一批,资料参见例6—11。由于是实物捐赠,预算会计不需要进行处理,但需要对发生的运费编制会计分录如下:

借:事业支出　　　　　　　　　　　　　　　1 200.00
　　贷:资金结存——银行存款　　　　　　　　　　1 200.00

温馨提示: 不同的受赠业务,预算会计与财务会计的核算范围会存在一致或不一致的情况。《制度》规定,接受货币资金捐赠需要实行平行记账,分别增加"其他预算收入"科目和"捐赠收入"科目,两者核算范围一致;取得实物捐赠,由于没有纳入预算,也没有资金收付,预算会计不需要进行捐赠收入核算,如果发生了相关税费,只核算这部分支付的业务;而采用权责发生制,财务会计还应当确认"捐赠收入",两者核算的范围并不一致,由此,受赠业务涉及期末结转的核算也会产生量上的差异(如表10—9所示)。

---

① 单位发生的捐赠预算收入、利息预算收入、租金预算收入金额较大或业务较多的,可单独设置"6603捐赠预算收入""6604利息预算收入""6605租金预算收入"等科目。

表 10－9   捐赠收入平行记账举例

经济业务		财务会计账务处理	预算会计账务处理
接受货币资产捐赠		借:银行存款/库存现金 　　贷:捐赠收入	借:资金结存——货币资金 　　贷:其他预算收入——捐赠收入
接受实物资产捐赠	按照确定成本入账	借:库存物品/固定资产等 　　贷:银行存款等(相关税费支出)捐赠收入	借:其他支出(支付相关税费等) 　　贷:资金结存
	按照名义金额入账	借:库存物品/固定资产等(名义金额) 　　贷:捐赠收入 借:其他费用 　　贷:银行存款等(相关税费支出)	借:其他支出(支付的相关税费等) 　　贷:资金结存
期末/年末结转	专项资金	借:捐赠收入 　　贷:本期盈余	借:其他预算收入——捐赠收入 　　贷:非财政拨款结转——本年收支结转
	非专项资金		借:其他预算收入——捐赠收入 　　贷:其他结余

　　"其他预算收入"在日常核算过程中,应当区分专项资金收入与非专项资金收入的界限。到了年末,将该科目本年发生额中的专项资金收入结转入非财政拨款结转,借记"其他预算收入"科目,贷记"非财政拨款结转——本年收支结转"科目;将该科目本年发生额中的非专项资金收入结转入其他结余,借记"其他预算收入"科目下各非专项资金收入明细科目,贷记"其他结余"科目。年末结账后,该科目应无余额。

思考与练习

1. 简述预算收入的概念、特征与确认条件。

2. 简述预算收入按照内容性质的具体分类。

3. 收入按照权责发生制和收付实现制核算有什么异同?

4. 简述财政拨款预算收入与非财政拨款预算收入的区别。

5. 简述财政拨款预算收入会计科目设置的基本要求。

6. 在日常会计核算过程中,为什么要区分专项资金收入与非专项资金收入的界限? 应当如何区分?

7. 为什么在一个会计信息系统中同时进行财务会计核算和预算会计核算,两者之间并非一一对应关系? 请举例说明。

8. 请归纳说明预算收入的划分界限和明细科目的设置要求。

第十一章

预 算 支 出 类 的 核 算

第一节　预算支出要素概述

一、预算支出要素

预算支出是指政府会计主体在预算年度内依法发生并纳入预算管理的现金流出,包括费用化支出、资本化支出、往来支出和跨期支出等。

政府会计认定的预算支出一般具有以下特征:

一是应当纳入预算管理的,即政府会计主体核算的支出都应当是纳入预算管理的支出。

二是按照收付实现制核算的已经发生的现金流出,并以实际支付的金额计量。

三是在预算年度内依法发生的支出。这里的依法支出是指符合会计准则制度规范要求的,而不是违法违规支出。

概念辨析:财务会计的费用以权责发生制为基础,对象只是当期可以费用化的;预算会计的支出以收付实现制为基础,是个大概念。两者不仅名称与内容不同、核算基础与列支的会计期间也有差异。例如,财务会计可以预计利息并计入费用,而预算会计只能在利息支付时列入支出。又如,某月以银行存款支付业务活动费用 30 000 元,不管采用权责发生制还是收付实现制核算,都可作为本月支出,因为这笔业务一方面已经发生并完成,另一方面钱已经付出,这时就表现为两者核算的一致性。但如果本月支付上月的该项支出,则采用现金收付基础,这笔支出应当作为本月的"事业支出",因为钱是本月付出的;而采用权责发生制核算,此项支出就不能作为本月的"业务活动费用",因为它不是本月发生的,而是上月发生并完成的,应当计入上月的"业务活动费用",两者计入的会计期间不一致。

在预算会计实务中,判断是否属于预算支出,一看是否与预算管理相关,二看是否有现金流出,三看是否纳入本预算年度。凡是符合预算支出定义及其确认条件的项目,均应当列入政府决算报表。

二、预算支出分类与科目设置

根源于收付实现制的核算基础,政府会计将全部预算支出分为 8 个项目,其对应的会计科目和特指用途如表 11—1 所示,既满足了预算管理的需求,又有别于权责发生制的费用科目设置。

表 11—1　　　　　　　　　　预算支出科目设置

序号	编　号	预算支出项目与会计科目名称	特指用途
10	7101	行政支出	行政单位
11	7201	事业支出	事业单位
12	7301	经营支出	事业单位
13	7401	上缴上级支出	事业单位
14	7501	对附属单位补助支出	事业单位
15	7601	投资支出	事业单位
16	7701	债务还本支出	事业单位
17	7901	其他支出	

三、预算支出的进一步分类

收入的来源渠道与支出用途并不相同,即使财政资金,既有同级与非同级之分,又有日常经费与专项经费之别,专项经费又因行政事业任务不同而需要单独核算、单独管理。对于名目繁多的各项支出进行科学合理分类,成为单位支出核算与管理的重要基础。

按照支出发生的环节分类,各类预算支出可以分为业务活动支出(包括行政单位的行政支出、事业单位的专业业务活动支出和经营业务活动支出)和其他活动支出。

按照支出资金的性质分类,各类预算支出可以分为财政拨款支出和非财政拨款支出。

按照支出资金的限定性分类,各类预算支出可以分为限定性支出(一般包括财政拨款支出中的基本支出、项目支出、专项资金支出等)和非限定性支出(如非专项资金支出)。

上述关于预算支出的分类可汇总如表11—2所示。

表 11—2   预算支出分类

业务类型	会计科目	限定性要求	资金性质
业务活动支出	行政支出事业支出	基本支出	财政拨款支出非财政拨款支出
		项目支出	
		专项资金支出	
		非专项资金支出	
	经营支出	非专项资金支出	非财政拨款支出
其他活动支出	上缴上级支出、对附属单位补助支出、投资支出、债务还本支出	专项资金支出	
		非专项资金支出	
	其他支出	专项资金支出	财政拨款支出非财政拨款支出
		非专项资金支出	

四、基本支出与项目支出的辨析

(一)分析支出的概念与特点

1. 基本支出

基本支出是指单位为保障机构正常运转、完成日常工作任务而发生的各项支出，主要是"养人"的支出，具有日常性、公用性和需求共性等特点，保障程度较强。

凡属部门(单位)自身开支的、每年相对固定的、日常工作需要的、提供基本工作条件和工作环境的、部门(单位)之间有共性的支出项目，均作为基本支出，统一纳入基本支出预算。单位预算资金的安排首先保障基本支出的合理需要，以保证其机构正常运转和完成日常工作任务，一般列为基本支出的就不容易变动。

基本支出预算管理的主要原则是：

(1)综合预算原则。在编制基本支出预算时，各项资金要统筹考虑、合理安排。

(2)优先保障原则。预算资金的安排首先保障单位基本支出的合理需要，以维持日常工作的正常运转。

(3)定员定额管理原则。基本支出预算实行定员定额管理，在对单位进行分类分档的基础上，根据历年收支情况和保证正常运转的需要，测算制定基本支出定员定额标准，按照定额标准，核定单位的基本支出预算。

2. 项目支出

项目支出是单位保证完成特定的工作任务或事业发展目标，在基本预算支出外，财政预算专款安排的支出，主要是"做事"的支出，具有计划性、可变性和"一事一议"等特点。各单位应当结合当年财力状况进行安排，在财政资金支出紧缩时，可以暂停、暂缓列支等。

项目支出预算管理的主要原则是：

（1）综合预算、政策导向原则。项目支出预算要体现资金统筹安排要求，优先保障重点项目。

（2）科学论证、合理排序原则。在对申报项目进行充分的可行性论证和严格审核的基础上，结合当年财力状况，按照轻重缓急排序，优先安排急需、可行的项目。

（3）规范管理、追责问效原则。项目单位对项目支出实施全程监控与绩效管理。

（二）分析支出的对象与内容

1. 基本支出

基本支出的对象按其性质，分为人员经费和日常公用经费两个部分。

人员经费支出是指直接用于职工个人部分的支出，包括基本工资、津贴、奖金、福利费、社会保障费等。按照支付的对象还可以分为在职人员经费、临时工工资、退休人员补贴等。

公用经费支出是指单位为了完成事业活动、用于公共服务方面（如日常办公、业务活动等）的开支，包括办公费、印刷费、咨询费、手续费、水费、电费、邮电费、差旅费、出国费、维修（护）费、租赁费、会议费、培训费、公务接待费、专用材料费等。

预算单位一般按照公用经费定额管理方式核定。公用经费实行综合定额和单项定额相结合的预算管理方式的单位，其公用经费预算数等于按综合定额计算安排数加按单项定额计算安排数的合计数。全额事业单位公用经费目前试行"人均定额"加上项目支出中以"补充公用经费""办公用房物业管理费""办公用房租赁费"以及"交通工具运行维护费"形式安排预算。其中：

"人均定额"是根据核定的单位编制内实有人数和相应定额标准计算确定的公用经费预算数，单位可以在规定的公用经费预算数内，根据实际情况统筹安排公用经费支出预算。

"补充公用经费"是参照公用经费综合定额标准（实有人数和相应定额标准计算确定数扣除在公用经费中已安排数）在项目支出中安排的专项经费。

"办公用房物业管理费""办公用房租赁费"以及"交通工具运行维护费"是按照公用经费单项定额标准在项目支出中安排的专项经费。

2. 项目支出

项目支出是财政预算专项专款安排的支出，包括基本建设、有关事业发展专项计划、专项业务费、大型修缮、大型购置、大型会议等项目支出。按照预算管理和部门预算编报要求，项目类别可分为经常性项目和一次性项目。

经常性项目是指行政事业单位为履行职能、完成工作任务，每个预算年度都需要发生的项目支出，包括会议、培训类项目，课题调研、规划类项目，信息化运行维护类项目,物业管理费类项目,印刷类项目,宣传、活动类项目,房租类项目,执法办案类项目和其他经常类项目。

一般性项目是指行政事业单位为完成其特定行政工作任务和事业发展目标,一次性发生的属于基本支出以外的项目,包括工程修缮类项目、大中型工程修缮类项目前期费项目、购置类项目、信息系统改造类项目、开办费类项目、大型会议类项目、活动类项目、经济结构调整类项目、环境综合整治类项目、基本建设类项目、其他项目。

(三)分析明细科目的具体设置要求

项目支出按照支出功能的分类设置,基本支出和项目支出都可以按照支出经济分类进行明细核算。

支出功能分类是按政府主要职能活动分类。支出功能分类中的类、款、项科目主要根据政府职能,按由大到小、由粗到细分层次设置。其中:类级科目反映政府主要职能,包括一般公共服务、外交、国防、公共安全、教育、科学技术等;款级科目反映政府履行某项职能所要从事的主要活动,如教育类下的普通教育、特殊教育等;项级科目反映某活动下的具体事项,如普通教育下的小学教育、初中教育等。

支出经济分类主要反映支出的经济性质和具体用途。支出经济分类设类、款两级。例如,商品和服务支出被称为"类","类"下设"款",如办公费、印刷费、咨询费、手续费、水费、电费、邮电费、取暖费、物业管理费、差旅费、因公出国(境)费用、维修(护)费、租赁费、会议费、培训费、公务接待费、专用材料费、被装购置费、专用燃料费、劳务费、委托业务费、工会经费、福利费、公务用车运行维护费、其他交通费用、其他商品和服务支出等。

在预算编制环节,部门(单位)按照部门预算经济分类科目编制部门预算,财政部门在原有按部门预算经济分类批复部门预算的基础上,将政府预算经济分类作为部门经费来源和申请款项的控制科目一并批复。

在预算执行环节,部门预算经财政部门批复后,执行中部门(单位)如需对政府预算经济分类"类"级科目进行调剂的,应当报本级财政部门批准,部门(单位)不得自行办理;需要对"款"级科目进行调剂的,由部门(单位)自行处理。

在决算编制环节,部门决算编制使用部门预算经济分类以部门(单位)会计核算数据为基础生成。

综上所述,一个单位发生的每一项支出都能通过支出功能分类和支出经济分类反映。支出经济分类与支出功能分类从不同侧面以不同方式反映支出活动,它们既是两个相对独立的体系,又相互联系,可结合使用。

由于每一个支出功能科目一般同时对应多个支出经济科目,每一个支出经济科目也能同时对应多个支出功能科目,因此,两者之间并不存在一一对应关系。例如,编制项目支出预算时,可先在支出功能科目中找到对应的功能项目,然后根据项目支出的具体内容将项目支出细化分解到各个相应的支出经济分类科目。例如,公安部门用于治安管理的某个项目支出,首先列入功能分类"公共安全"类、"公安"款、"治安管理"项级科目。然后根据该项目支出中有关开支的具体用途在经济分类中进行分解,属于工资福利支出的,列入"工资福利支出"类下的有关款;属于商品和服务支出的,列入"商品和服务支出"类下的有关款。

(四)分析结余结转的情况

当年未支出的预算拨款按照性质划分为结转资金和结余资金。其中,基本支出由于下个年度会继续使用而存在结转,项目支出的结转或结余都有可能存在。

(五)分析资金的支付环节

基本支出在资金支付上,在授权审批范围内,由单位履行内部财务审批程序即可。项目资金支出在使用、支出等环节上要求严格,不仅需要授权把关审批,而且对支付方式、支付金额有明确规定,要求按项目进展程度和实施状况支付。

(六)分析立项的基本要求

基本支出一般是单位于年初上报部门单位预算,财政部门审批后就可列支,一般不需要立项。项目支出的所有项目都必须先经过有关部门审查立项,然后才能列入财政资金预算。

基本支出与项目支出之间有一定的联系。一是从资金的来源分析,基本支出与项目支出资金的来源都可能是财政公共资金,都是财政预算支出的组成部分,都要经过财政预算的管理列支。对未纳入预算的突发项目,通过追加申请的方式列入预算项目支出。二是从采购或招标的要求分析,根据《中华人民共和国政府采购法》《中华人民共和国招标投标法》的要求,项目支出和比较大的基本支出都要进行政府采购或招标,经过政府采购和招标的基本和项目支出都应当严格按照批准的预算执行。三是从记账的科目分析,两者都属于支出类会计明细科目。

综上所述,各项预算支出的分类应当重在理清资金的用途,并体现"分类核算、专款专用、算管结合、算为管用"的要求。

例如,某事业单位在实施预算会计核算时,首先将各项支出划分为事业支出和非事业支出(或称事业性支出和非事业性支出),然后划分事业支出中的基本支出和项目支出的界限,再根据资金来源的不同渠道,把各项支出严格区分开来,不挪用挤占。其中,事业支出是指事业单位开展专业业务活动及其辅助活动发生的基本支出和项目支出,是事业单位主要的支出形态。非事业支出包括上缴上级支出、对附属单位补助支出、经营支出、投资支出、债务还本支出和其他支出。各项支出界限的划分与明细科目设置的要求归纳如表11-3所示。

表 11－3 事业单位各项预算支出界限与科目设置要求

各项预算支出分类	事业支出	基本支出	人员经费	按《政府收支分类科目》中"支出功能分类科目"的项级科目进行明细核算 按《政府收支分类科目》中"部门预算支出经济分类科目"的款级科目进行明细核算
			日常公用经费	
		项目支出(按照具体项目进行明细核算)	财政拨款支出	
			非财政专项资金支出	
			非财政非专项资金支出(其他资金支出)	
	非事业支出	经营支出、上缴上级支出、对附属单位补助支出、投资支出、债务还本支出、其他支出等	非财政专项资金支出(专项资金支出)	
			非财政非专项资金支出(其他资金支出)	

预算支出的核算内容不仅面广量大,而且相当复杂,为了归类说明各类预算支出的特点,并有助于说明平行记账的方法,从而与第七章按照财务会计阐述的费用分类口径相对应,本章将预算支出的核算内容具体分为行政支出核算、事业支出核算、经营支出核算和其他各项支出等。

五、预算支出的"算管结合、算为管用"

(一)预算支出核算应当满足预算管理的要求

各项预算支出的使用范围、开支标准、定员定额等都有具体细致的规定,核算时应当按照《制度》要求分类分项分别进行明细核算,将来自不同资金渠道形成的支出全部反映在会计核算和管理预算体系中,做到量入为出、用之合理、用之有度,以合理的支出提供更多更好的公共服务,不断提高资金使用的有效性。

在预算支出核算实务中,划清资金渠道相当重要:

一是财政拨款支出。首先应当严格划清它与非财政专项资金支出、非财政非专项资金支出的界限;其次应当注意划清财政拨款支出中基本支出与项目支出、项目支出之间的界限,谨防混淆不清、张冠李戴;最后财政拨款支出与财政拨款结转结余相关,与非财政拨款结转结余无关。

二是非财政专项资金支出(简称"非财专项支出")。其核算内容应当在"行政支出/事业支出——非财政专项资金支出"科目中反映,年末结转至"非财政拨款结转——本年收支结转"科目。

三是其他资金支出。除"财政拨款支出""非财政专项资金支出"以外的资金统称"其他资金支出",即非财政非专项资金支出[简称"非财非专支出"(包括非同级财政拨款非专项资金支出)〕,年末结转至"其他结余"科目,而经营支出年末结转至"经营结余"科目。

(二)统筹合理安排各项支出以及支出比例

在各项支出中,维持性支出和发展性支出并存,经常性支出和项目性支出共有,都需要安排,都需用资金,应当统筹兼顾、量力而行。对于各种重点项目、急需项目,要在照顾一般的条件下优先安排、重点保障。

专项资金的支出(简称"专项支出")是由财政部门、上级单位和其他单位拨入的,有指定项目或用途,用于完成专项工作,并且需要单独报账,不得改变用途挪作他用的限定性资金的支出:一是必须专款专用、单独核算,不得随意改变项目内容或扩大使用范围;二是必须按照规定报送专项资金支出决算和使用效果的书面报告,并接受财政部门或者主管部门的检查、验收;三是应当根据开展业务活动及其他活动的实际需要,实行内部成本核算,开展项目资金支出的绩效评价。

(三)服从国库集中支付制度和政府采购制度的规定

国库集中支付制度的显著特点是资金的流转链条短、速度快、支付程序简洁、支付信息反馈及时,各资金使用单位的支付行为受国库的动态监控,堵塞了传统资金管理方式下容易出现的管理漏洞。通过设立国库单一账户体系,采取财政直接支付和财政授权支付方式,将资金直接支付给商品和劳务的提供者或最终收款人,大幅度减少支付环节,有效解决预算单位多头开设账户等问题,从而提高了资金的使用效益。

政府采购制度的核心内容就是政府及其所属机构使用公共资金购买货物、工程或服务都必须通过法定的采购方式和程序进行,合理规范使用公共资金的采购行为。实行政府采购制度不仅可以消除因分散采购容易产生的资金使用效益不高、腐败、共谋"寻租"等问题,而且可以节约财政资金,并且可以成为政府宏观调控的重要手段。政府采购制度要求单位遵循"公开、公平、公正"的原则,根据同级财政部门的要求编制政府采购预算,并按批准的政府采购预算和法定的采购方式进行采购,增强采购过程的透明度。各单位应当按照规定编制"财政拨款支出政府采购预算表"并履行规定的支付程序。

概念辨析:"量入为出"是根据收入多少来决定开支的限度,是以收抵支,而不是收不抵支,所以要量力而为、量入为出。"量入为出"语出西汉·戴圣《礼记·王制》:"冢宰制国用,必于岁之秒。五谷皆入,然后制国用……量入以为出。""量入为出"意为精打细算、量入为用、收支平衡,其反义词是入不敷出、寅吃卯粮、捉襟见肘、滥用无度。"量入为出"是我国数千年财政管理的基本原则,也是可持续发展必须坚持的"铁律"。

第二节 行政支出

一、行政支出的特点

行政支出即行政管理支出,是财政提供的用于行政机关、司法机关和外事机构在行使其特定职能时所需要的各项支出,是政府向社会提供一定公共服务所需要的行政投入或耗费的资源,是政府行使其职能必须付出的代价。行政支出因而成为财政支出中重要的经常性支出项目,是各级政府履行社会管理职责的物质保障,是政府向社会公众提供公共服务活动的经济基础。

行政管理支出按用途,主要分为人员经费支出和公用经费支出。

作为公共性、消费性的行政支出,不会直接创造物质财富,但保证了政府机构的正常有效运转,保证了政府职能的实现,从而提高了资源配置的效率,促进了宏观经济的平稳运行。随着社会经济的发展,社会对这方面的要求会越来越高,相应的行政管理支出就会增加。但行政管理支出的增加必须以经济的发展为基础,必须与政府的财力保持恰当的比例,不能超越现实的经济能力。

二、行政支出的科目设置

(一)总分类科目

行政单位应当设置"行政支出"科目,核算行政单位履行其职责实际发生的各项现金流出。

(二)明细分类科目

在"行政支出"科目下应当分别按照"财政拨款支出""非财政专项资金支出""其他资金支出""基本支出"和"项目支出"等进行明细核算,并按照《政府收支分类科目》中"支出功能分类科目"的项级科目进行明细核算。

在"基本支出"和"项目支出"明细科目下应当按照《政府收支分类科目》中"部门预算支出经济分类科目"的款级科目进行明细核算,同时在"项目支出"明细科目下按照具体项目进行明细核算。

有一般公共预算财政拨款、政府性基金预算财政拨款等两种及以上财政拨款的行政单位,应当在"财政拨款支出"明细科目下按照财政拨款的种类进行明细核算。

三、行政支出的核算内容

行政单位支付职工薪酬,支付外部人员劳务费,代扣代交个人所得税或交纳职工社会保险费、住房公积金,购买存货、固定资产、无形资产等以及在建工程支付相关款项,发生预付款项,发生其他各项支出时,按照实际支付的金额,借记"行政支出"科目,贷记"财政拨款预算收入""资金结存"等科目(如图11—1所示)。

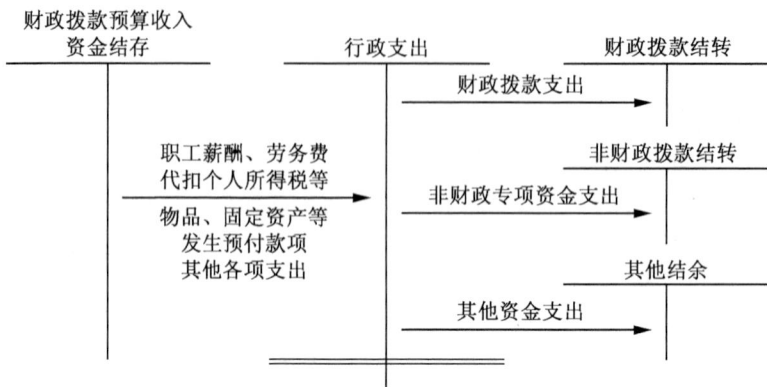

图11—1　行政支出核算的流程

〖**例11—1**〗　M行政单位向某家具公司订购办公桌3张,单价为900元,另支付运费300元,总价为3 000元。该单位按照规定与家具公司签订了购销合同,先支付30%的货款,其余货款在办公桌验收合格后10日内一次性付清。上述办公桌已办理领用手续。该家具低于固定资产标准,应当作为低值易耗品管理,并采用五五摊销法进行摊销。

(1)支付预付款后,对财务会计来说增加了预付款,对预算会计来说增加了支出。

财务会计的账务处理:

借:预付账款——某家具公司　　　　　　　　　　900.00

　　贷:银行存款　　　　　　　　　　　　　　　　　900.00

预算会计的账务处理:

借:行政支出　　　　　　　　　　　　　　　　900.00

　　贷:资金结存——货币资金　　　　　　　　　　900.00

(2)财务会计在收到家具公司送货上门的办公桌并经验收合格后,应将总购置价3 000元作为家具的入账价值,并冲销已确认的预付款900元,确认尚未支付的应付账款2 100元(预算会计无须进行账务处理)。

借:库存物品——低值易耗品　　　　　　　　　3 000.00

　　贷:预付账款——某家具公司　　　　　　　　　900.00

　　　　应付账款——某家具公司　　　　　　　　2 100.00

(3)支付余款2 100元时,应进行平行记账,其中,财务会计确认应付账款的减少,预算会计记录行政支出的增加。

财务会计的账务处理：

　　借：应付账款——某家具公司　　　　　　　　　2 100.00
　　　　贷：银行存款　　　　　　　　　　　　　　　　2 100.00
预算会计的账务处理：

　　借：行政支出　　　　　　　　　　　　　　　　2 100.00
　　　　贷：资金结存——货币资金　　　　　　　　　　2 100.00

　　(4)办公桌领用时，财务会计应将发出价值的50%计入当期支出，预算会计则无须进行账务处理。

　　借：单位管理费用　　　　　　　　　　　　　　1 500.00
　　　　贷：库存物品——低值易耗品　　　　　　　　　1 500.00

　　因购货退回等发生款项退回的，或者发生差错更正时属于当年支出收回的，借记"财政拨款预算收入""资金结存"等科目，贷记"行政支出"科目；属于以前年度的，通过"财政拨款结转""财政拨款结余""非财政拨款结转""非财政拨款结余"科目核算，不通过"行政支出"科目核算。

四、行政支出的年末核算

　　年末结账时，行政支出应当分清资金来源的渠道，并区分以下三种情况分别进行账务处理：

(一)财政拨款支出的预算会计核算

　　将"行政支出"科目本年发生额中的财政拨款支出结转财政拨款结转，借记"财政拨款结转——本年收支结转"科目，贷记"行政支出"科目下各财政资金支出明细科目。

(二)非财政专项资金支出的预算会计核算

　　将"行政支出"科目本年发生额中的非财政专项资金支出结转非财政拨款结转，借记"非财政拨款结转——本年收支结转"科目，贷记"行政支出"科目下各专项资金支出明细科目。

(三)其他资金支出的预算会计核算

　　将"行政支出"科目本年发生额中的其他资金支出(非财政非专项资金支出)结转入其他资金结余，借记"其他结余"科目，贷记"行政支出"科目下各非专项资金支出明细科目。

　　年末结转后，"行政支出"科目应无余额。

第三节　事业支出

一、事业支出的特点

只要是事业单位开展的专业业务活动及其辅助活动所发生的支出,都属于事业支出核算的范畴。事业支出是事业单位的主体支出或最重要的支出,是事业单位支出管理的重中之重。

需要注意的是,事业支出与事业收入不是配比关系。事业单位依法组织的各项收入,包括财政补助收入、事业收入、上级补助收入、附属单位上缴收入和其他收入等,都可以安排用于事业支出。由此可见,事业收入只是安排事业支出的一个来源。同时,从事业支出的管理情况来看,一些单位并没有事业收入或者事业收入很少,但事业支出却不因此而减少。因为这些单位的事业支出是靠财政拨款收入来保障的。例如,小学的事业收入很少或者没有,但并没有影响小学的事业支出规模和水平,因为小学是公共财政重点保障的对象,其事业支出的规模和水平是靠财政拨款收入实现的。

事业支出核算时,至少需要分清以下几个层级:第一,是不是属于事业支出的核算内容,不是属于事业支出的不可以列入“事业支出”科目核算;第二,在事业支出中是属于“基本支出”还是“项目支出”,两者之间不能混淆;第三,进一步分清事业支出中“财政补助支出”“非财政专项资金支出”和“其他资金支出”三个方面资金来源的界限;第四,在各项具体支出中还需要按照支出经济分类或功能分类进行明细核算;等等。

温馨提示:对一些难以划分的支出,如何分解归入相关支出功能分类科目? 实务中有多种处理办法可供参考:一是按一定比例分别列入相关功能分类科目;二是按大数原则,归入主要功能分类科目;三是对找不到适当功能分类项级科目的支出,可在有关类、款下的“其他”项级科目反映;等等。

二、事业支出的科目设置

(一)总分类科目

事业单位应当设置“事业支出”科目,核算开展专业业务活动及其辅助活动实际发生的各项现金流出。

单位发生教育、科研、医疗、行政管理、后勤保障等活动的,可在“事业支出”科目下设置相应的明细科目进行核算,或单设"7201 教育支出""7202 科研支出""7203 医疗支出""7204 行政管理支出""7205 后勤保障支出"等一级会计科目进行核算。

(二)明细分类科目设置的一般规定

第一,"事业支出"科目应当分别按照"财政拨款支出""非财政专项资金支出""其他资金支出""基本支出"和"项目支出"等分类进行明细核算,并按照《政府收支分类科目》中"支出功能分类科目"的项级科目进行明细核算。

第二,"基本支出"和"项目支出"明细科目下应当按照《政府收支分类科目》中"部门预算支出经济分类科目"的款级科目进行明细核算,同时在"项目支出"明细科目下按照具体项目进行明细核算。

例如,某体育科学研究所(属事业单位)如果按照预算中的财政拨款收入发放职工奖金,根据制度规定,应记入"事业支出——基本支出——财政补助支出——文化体育与传媒——体育——行政运行——工资福利支出——奖金"科目,或"事业支出——财政拨款支出——基本支出——文化体育与传媒——体育——行政运行——工资福利支出——奖金"科目。

从上述明细科目设置的实例中可以看出,"事业支出"明细分类科目设置一是按照"基本支出"和"项目支出",同时按照"财政补助支出""非财政专项资金支出"和"其他资金支出"等层级进行明细核算,也就是说,既按专款项目,又按资金来源设置明细账进行明细分类核算;二是在"基本支出"和"项目支出"明细科目下,按照"部门预算支出经济分类科目"的款级科目进行明细核算。

总之,某些会计科目的明细科目层级设置多少与预算管理和信息需求的明细程度相关。

第三,有一般公共预算财政拨款、政府性基金预算财政拨款等两种或两种以上财政拨款的事业单位,应当在"财政拨款支出"明细科目下按照财政拨款的种类进行明细核算。

三、事业支出的核算内容

支付单位职工(经营部门职工除外)薪酬,为专业业务活动及其辅助活动支付外部人员劳务费,代扣代交个人所得税或交纳职工社会保险费、住房公积金,购买存货、固定资产、无形资产等以及在建工程支付相关款项,发生预付款项,开展专业业务活动及其辅助活动过程中交纳的相关税费以及发生的其他各项支出时,按照实际支付的金额,借记"事业支出"科目,贷记"财政拨款预算收入""资金结存"等科目(如图 11—1 所示,只需将"行政支出"改为"事业支出")。

〖例 11—2〗　N 单位工资实行财政直接支付流程,本月为开展业务活动人员支付职工薪酬 40 000 元。凭"财政直接支付入账通知书",应进行预算会计核算如下:

借：事业支出——基本支出（财政拨款支出）　　　　40 000.00
　　贷：财政拨款预算收入　　　　　　　　　　　　　　　　40 000.00

〖例11—3〗　P单位为开展专业业务活动发生印刷等劳务费用45 000元，以银行存款支付，应进行预算会计核算如下：

借：事业支出　　　　　　　　　　　　　　　　　45 000.00
　　贷：资金结存　　　　　　　　　　　　　　　　　　　　45 000.00

〖例11—4〗　Q单位为研究某课题取得财政拨款收入，用该课题经费购专用设备一台，价款50 000元，开出支票，设备交付使用。凭支票存根、发票等填制记账凭证，应进行预算会计核算如下：

借：事业支出——项目支出（财政补助支出）　　　　50 000.00
　　贷：资金结存　　　　　　　　　　　　　　　　　　　　50 000.00

如果开展专业业务活动及其辅助活动过程中因购货退回等发生款项退回，或者发生差错更正的，属于当年支出收回的，按照收回或更正金额，借记"财政拨款预算收入""资金结存"科目，贷记"事业支出"科目。

事业单位如果发生暂付款项，在支付款项时可不做预算会计处理，待结算或报销时，按照结算或报销的金额，借记"事业支出"科目，贷记"资金结存"科目。

四、事业支出的年末核算

年末结账时，事业支出应当分清资金来源的渠道，并区分以下三种情况分别进行账务处理：

（一）财政拨款支出的预算会计核算

将"事业支出"科目本年发生额中的财政拨款支出结转财政拨款结转，借记"财政拨款结转——本年收支结转"科目，贷记"事业支出"科目下各财政资金支出明细科目。

（二）非财政专项资金支出的预算会计核算

将"事业支出"科目本年发生额中的非财政专项资金支出结转非财政拨款结转，借记"非财政拨款结转——本年收支结转"科目，贷记"事业支出"科目下各专项资金支出明细科目。

（三）其他资金支出的预算会计核算

将"事业支出"科目本年发生额中的其他资金支出（非财政非专项资金支出）结转其他资金结余，借记"其他结余"科目，贷记"事业支出"科目下各非专项资金支出明细科目。

年终结账后，"事业支出"科目应无余额。

第四节　经营支出

一、经营支出的特点

经营支出是指事业单位在专业业务活动及其辅助活动之外开展非独立核算经营活动发生的支出。

事业单位只有开展非独立核算的经营活动才纳入"经营支出"科目核算的范围,并应当与同期取得的"经营预算收入"对应计算,以获得单位开展非独立核算经营活动所取得的经营收益的情况。

温馨提示: "经营预算收入""经营支出"的核算基础都是收付实现制,属于预算会计范畴;应注意与财务会计中采用权责发生制基础的"经营收入"和"经营费用"的区别。

二、经营支出的科目设置

(一)总分类科目

事业单位应当设置"经营支出"科目,核算事业单位在专业业务活动及其辅助活动之外开展非独立核算营利性活动发生的现金流出。

(二)明细分类科目

"经营支出"科目应当按照经营活动类别、项目、《政府收支分类科目》中"支出功能分类"相关科目等进行明细核算。

对于预付款项,可通过在"经营支出"科目下设置"待处理"明细科目进行明细核算,待确认具体支出项目后再转入"经营支出"科目下相关明细科目。年末结账前,应将"经营支出"科目"待处理"明细科目余额全部转入"经营支出"科目下相关明细科目。

三、经营支出的核算内容

事业单位向经营部门职工支付薪酬或支付外部人员劳务费,代扣代交个人所得税或交纳职工社会保险费、住房公积金,购买存货、固定资产、无形资产、在建工程等相关款项,发生因经营活动交纳各项税费以及其他各项支出时,按照实际支付的金额,借记"经营支出"科目,贷记"资金结存"等科目(如图 11-1 所示,只需将"行政支出"改为"经营支出")。

〖例11-5〗　R 单位为一般纳税人,适用的增值税税率为 6%。某月对外开展有偿服务取得收入 12 000 元,按 6% 的增值税税率计算应纳增值税 720 元。单位以银行存款缴纳增值税 720 元和发生相关支出 5 280 元。应进行预算会计核算如下：

　　　借：资金结存——货币资金　　　　　　　　　　12 720.00
　　　　　贷：经营预算收入　　　　　　　　　　　　　　　12 720.00
　　　借：经营支出——应交增值税　　　　　　　　　　　720.00
　　　　　　　　　——其他支出　　　　　　　　　　　5 280.00
　　　　　贷：资金结存——货币资金　　　　　　　　　　　6 000.00
　　期末：
　　　借：经营预算收入　　　　　　　　　　　　　　12 720.00
　　　　　贷：经营结余　　　　　　　　　　　　　　　　　12 720.00
　　　借：经营结余　　　　　　　　　　　　　　　　6 000.00
　　　　　贷：经营支出　　　　　　　　　　　　　　　　　6 000.00

　　如果因购货退回等发生款项退回的，或者发生差错更正时，属于当年支出收回的，按照收回或更正金额，借记"资金结存——货币资金"科目，贷记"经营支出"科目。

　　事业单位对于暂付款项，在支付款项时可不做预算会计处理，待结算或报销时，按照结算或报销的金额，借记"经营支出"科目，贷记"资金结存"科目。

　　年末，将"经营支出"科目结转入经营结余，借记"经营结余"科目，贷记"经营支出"科目。年末结转后应无余额。

　　年末，完成上述结转后，如"经营结余"科目为贷方余额，将"经营结余"科目贷方余额转入"非财政拨款结余分配"科目，借记"经营结余"科目，贷记"非财政拨款结余分配"科目；如为借方余额，表明经营亏损，不予结转。

　　年末结账后，"经营结余"科目一般无余额；如为借方余额，反映事业单位累计发生的经营亏损。

第五节　其他各项预算支出*

一、上缴上级支出

　　上缴上级支出是指事业单位按照财政部门和主管部门的规定上缴上级单位款项发生的现金流出。

　　事业单位应当设置"上缴上级支出"科目，核算按照财政部门和主管部门的规定上缴上级单位的现金流出。该科目应当按照上缴款单位、缴款项目、《政府收支分类科目》中"支出功能分类"相关科目等进行明细核算。年末结账后，该科目应无余额。

　　按规定将款项上缴上级单位的，按照实际上缴的金额，借记"上缴上级支出"科目，贷记"资金结存"科目。

年末,将本科目本年发生额转入其他结余,借记"其他结余"科目,贷记"上缴上级支出"科目。

〖**例 11—6**〗 S单位按规定将事业收入中的 90 000 元上缴主管部门。根据上缴凭证等填制记账凭证,应进行预算会计核算如下:

　　借:上缴上级支出　　　　　　　　　　　　　　　90 000.00
　　　　贷:资金结存　　　　　　　　　　　　　　　　　　90 000.00

年末结账时:

　　借:其他结余　　　　　　　　　　　　　　　　　90 000.00
　　　　贷:上缴上级支出　　　　　　　　　　　　　　　　90 000.00

二、对附属单位补助支出

对附属单位补助支出是指事业单位用财政拨款收入之外的收入对附属单位补助发生的现金流出。该科目应当按照接受补助单位、补助项目、《政府收支分类科目》中"支出功能分类科目"相关科目和"部门预算支出经济分类科目"的款级科目等进行明细核算。

发生对附属单位补助支出的,按照实际补助的金额,借记"对附属单位补助支出"科目,贷记"资金结存"科目。

年末,将"对附属单位补助支出"科目本年发生额转入其他结余,借记"其他结余"科目,贷记"对附属单位补助支出"科目。

〖**例 11—7**〗 T单位用非财政拨款资金拨给附属W事业单位一次性补助 20 000元,应进行预算会计核算如下:

　　借:对附属单位补助支出——W单位　　　　　　　20 000.00
　　　　贷:资金结存　　　　　　　　　　　　　　　　　20 000.00

〖**例 11—8**〗 U事业单位对附属幼儿园拨付 60 000 元,用于购置大型玩具及取暖设施,凭支票存根、收据等填制记账凭证,应进行预算会计核算如下:

　　借:对附属单位补助支出——幼儿园　　　　　　　60 000.00
　　　　贷:资金结存　　　　　　　　　　　　　　　　　60 000.00

年末结账时:

　　借:其他结余　　　　　　　　　　　　　　　　　80 000.00
　　　　贷:对附属单位补助支出　　　　　　　　　　　　80 000.00

三、投资支出

事业单位设置"投资支出"科目,核算事业单位以货币资金对外投资发生的现金流出。该科目应当按照投资类型、投资对象、《政府收支分类科目》中"支出功能分类"

相关科目等进行明细核算。

(一)以货币资金对外投资

财务会计需要进行核算,按照投资金额和所支付的相关税费等合计数,借记"短期投资""长期股权投资""长期债券投资"科目,贷记"银行存款"等科目;预算会计必须平行记账,借记"投资支出"科目,贷记"资金结存"科目。

(二)以非货币资金对外投资

当发生非货币资金对外投资时,财务会计需要进行核算,而预算会计不必进行核算,因为没有发生现金流出,不做账务处理。

(三)出售、对外转让或到期收回本年度以货币资金取得的对外投资

如果按规定将投资收益纳入单位预算,按照实际收到的金额,借记"资金结存"科目;按照取得投资时"投资支出"科目的发生额,贷记"投资支出"科目;按照其差额,贷记或借记"投资预算收益"科目。

如果按规定将投资收益上缴财政,按照取得投资时"投资支出"科目的发生额,借记"资金结存"科目,贷记"投资支出"科目。

(四)出售、对外转让或到期收回以前年度以货币资金取得的对外投资

如果按规定将投资收益纳入单位预算,按照实际收到的金额,借记"资金结存"科目;按照取得投资时"投资支出"科目的发生额,贷记"其他结余"科目;按照其差额,贷记或借记"投资预算收益"科目。

如果按规定将投资收益上缴财政的,按照取得投资时"投资支出"科目的发生额,借记"资金结存"科目,贷记"其他结余"科目。

年末,将"投资支出"科目本年发生额转入其他结余,借记或贷记"其他结余"科目,贷记或借记"投资支出"科目。年末结账后,该科目应无余额。

温馨提示:对外投资业务在平行记账时应当特别关注预算会计核算与财务会计核算的联系和区别,还应当区分纳入当年度预算收支与纳入结转结余的区别。所以,请注意预算会计对到期收回本年度、到期收回以前年度以货币资金取得的对外投资结转"投资支出"账务处理的差异。

〖例11—9〗　V单位经批准,于2017年6月30日以银行存款购买2017年7月1日开始计息的3年期国债100万元,该国债年利率为2%,每年7月1日付息一次,到期还本(分次付息,到期还本)。

(1)购入时,财务会计处理如下:

借:长期债券投资——成本　　　　　　　　　　1 000 000.00
　　贷:银行存款　　　　　　　　　　　　　　　　　　1 000 000.00

购入时,预算会计处理如下:

借:投资支出 1 000 000.00

贷:资金结存——货币资金 1 000 000.00

(2)持有期间按期(通常在年末)以票面金额与票面利率计算确认利息收入(由于不涉及预算资金变动,预算会计对于此项经济业务无须进行平行登记):

2017 年 12 月 31 日计提利息 1 万元(100 万元×2‰×1/2),财务会计处理如下:

借:应收利息 10 000.00

贷:投资收益 10 000.00

2018 年 12 月 31 日计提利息 2 万元(100 万元×2‰),财务会计处理如下:

借:应收利息 20 000.00

贷:投资收益 20 000.00

2019 年 12 月 31 日计提利息 2 万元(100 万元×2‰),财务会计处理如下:

借:应收利息 20 000.00

贷:投资收益 20 000.00

(3)单位在持有期间的付息日收到利息时,财务会计和预算会计应进行平行记账。

财务会计处理如下:

2018 年 7 月 1 日收到第一期利息 2 万元(100 万元×2‰)时,应冲减应收利息 1 万元,并确认投资收益 1 万元(100 万元×2‰×1/2):

借:银行存款 20 000.00

贷:应收利息 10 000.00

投资收益 10 000.00

2019 年 7 月 1 日收到第二期利息 2 万元(100 万元×2‰)时,应冲减应收利息 1 万元,并确认投资收益 1 万元(100 万元×2‰×1/2):

借:银行存款 20 000.00

贷:应收利息 10 000.00

投资收益 10 000.00

预算会计处理如下:

2018 年 7 月 1 日收到第一期利息 2 万元(100 万元×2‰)时,应确认投资收益 2 万元:

借:资金结存——货币资金 20 000.00

贷:投资预算收益 20 000.00

2019 年 7 月 1 日收到第二期利息 2 万元(100 万元×2‰)时,应确认投资收益:

借:资金结存——货币资金 20 000.00

贷:投资预算收益 20 000.00

(4)2020年7月1日到期兑付时,该国债的账面价值为100万元,到期兑付金额为102万元,其中,本金100万元、利息2万元。单位应确认投资收益,冲减投资成本,并进行平行登记。

财务会计应冲减投资成本100万元,冲减应收利息1万元,确认投资收益1万元,财务会计核算如下:

借:银行存款   1 020 000.00

 贷:应收利息   10 000.00

  投资收益   10 000.00

  长期债券投资——成本   1 000 000.00

预算会计对于到期收回以前年度以货币资金取得的对外投资,按照取得投资时"投资支出"科目的发生额,贷记"其他结余"科目100万元,并确认投资收益2万元。预算会计核算如下:

借:资金结存——货币资金   1 020 000.00

 贷:其他结余   1 000 000.00

  投资预算收益   20 000.00

【例11—10】 现假定上述单位购买的国债为到期一次还本付息,其他情况和核算要求相同。

(1)2017年6月30日支付投资款100万元时,应当按规定将实际成本作为初始投资成本,并进行平行登记:

财务会计处理如下:

借:长期债券投资——成本   1 000 000.00

 贷:银行存款   1 000 000.00

预算会计处理如下:

借:投资支出   1 000 000.00

 贷:资金结存——货币资金   1 000 000.00

(2)持有期内的年末财务会计应将计算确定的应收未收利息计入投资收益,并增加长期债券投资的账面余额,即计提利息,计入债券的账面价值,账务处理如下(由于不涉及预算资金变动,预算会计无须对此项经济业务进行平行登记):

2017年12月31日计提利息1万元(100万元×2%×1/2),财务会计核算如下:

借:长期债券投资——应计利息   10 000.00

 贷:投资收益   10 000.00

2018年12月31日计提利息2万元(100万元×2%),财务会计核算如下:

借:长期债券投资——应计利息   20 000.00

 贷:投资收益   20 000.00

③2019 年 12 月 31 日计提利息 2 万元(100 万元×2%),财务会计核算如下:

借:长期债券投资——应计利息　　　　　　　　　　20 000.00
　　贷:投资收益　　　　　　　　　　　　　　　　　　　　　20 000.00

(3)2020 年 7 月 1 日到期兑付时,应将实际收到的价款扣除长期债券投资账面余额和相关税费后的差额计入投资损益,冲减长期投资的账面余额,并进行平行登记。

该项债券的到期兑付金额为 106 万元,其中,本金 100 万元、利息 6 万元;而账面价值为 105 万元(其中,本金 100 万元,已按权责发生制确认利息 5 万元)。

财务会计应冲减投资成本 100 万元、应计利息 5 万元,确认投资收益 1 万元,财务会计核算如下:

借:银行存款　　　　　　　　　　　　　　　　　1 060 000.00
　　贷:长期债券投资——成本　　　　　　　　　　　　1 000 000.00
　　　　长期债券投资——应计利息　　　　　　　　　　　50 000.00
　　　　投资收益　　　　　　　　　　　　　　　　　　　10 000.00

预算会计对于到期收回以前年度以货币资金取得的对外投资,应计入"其他结余"100 万元,并确认投资收益 6 万元,预算会计核算如下:

借:资金结存——货币资金　　　　　　　　　　　1 060 000.00
　　贷:其他结余　　　　　　　　　　　　　　　　　　1 000 000.00
　　　　投资预算收益　　　　　　　　　　　　　　　　　60 000.00

温馨提示:对于市级事业单位利用国有资产对外投资形成的股权(权益)的出售、出让、转让和核销收入,《上海市市级事业单位国有资产处置管理办法》(沪财教〔2016〕28 号)按照不同的情况规定如下:

第一,利用现金对外投资形成的股权(权益)的出售、出让、转让和核销,属于市级事业单位收回对外投资,股权(权益)出售、出让、转让和核销收入,扣除本金、评估费和税金等相关费用后,按照非税收入管理的规定,上缴市级财政国库,纳入一般公共预算管理。

第二,利用实物资产、无形资产对外投资形成的股权(权益)的出售、出让、转让和核销收入,按以下情形分别处理:收入形式为现金的,扣除税金、评估费等相关费用后,按照非税收入管理的规定,上缴市级财政国库,纳入一般公共预算管理;收入形式为实物、无形资产和现金的,现金部分扣除税金、评估费等相关费用后,按照非税收入管理的规定,上缴市级财政国库,纳入一般公共预算管理。

第三,利用现金、实物资产、无形资产混合对外投资形成的股权(权益)的出售、出让、转让和核销收入,按照上述第一、二项的有关规定分别管理。

〖**例 11—10**〗　W 研究院为实现专利技术产业化,根据《中华人民共和国促进科技成果转化法》及《实施〈中华人民共和国促进科技成果转化法〉若干规定》(国发

〔2016〕16号)等法规的规定,经批准于20×1年1月10日与某企业成立某技术开发公司。

该技术开发公司注册资本1 000万元,W研究院以某项专利作价600万元出资(该项专利的账面价值为50万元,尚未开始摊销,专利过户发生费用2万元。该作价已按规定进行了评估,经批准将无形资产转让收入纳入单位预算管理),占技术开发公司股权的60%;另一合资方以货币出资400万元,占技术开发公司40%的股权;合资双方按各自的出资比例承担经营风险、分享经营收益。

该技术开发公司董事会由5人组成,W研究院委派3人,其中1人担任董事长;另一合资方委派2人。

技术开发公司于20×1年当年开业,20×1年、20×2年、20×3年、20×4年1~6月分别实现净利润100万元、200万元、300万元、200万元,并于20×2年4月30日、20×3年4月30日、20×4年4月30日分别宣告并发放20×1年度、20×2年度、20×3年度利润40万元、80万元、120万元。

经批准,W研究所于20×4年7月1日将所持技术开发公司的股权按照评估价格2 000万元对外转让,支付相关税费280万元,处置收益纳入单位预算管理。

本例投资符合《政府会计准则第2号——投资》对于股权投资的定义,应采用权益法对该长期股权投资进行核算。

1. 初始投资核算

(1)财务会计应将确认无形资产转让收益及长期投资初始价值的账务处理分步实施如下:

第一步:政府会计主体按规定报经批准以无形资产对外投资的,应当将该无形资产的账面价值予以转销,将无形资产在对外投资时的评估价值与其账面价值的差额计入当期收入(或费用),并确认无形资产转让收益550万元。

```
借:资产处置费用                          6 000 000.00
    贷:无形资产                                        500 000.00
        其他收入                                      5 500 000.00
```

第二步:确认转让费用2万元。

```
借:资产处置费用                            20 000.00
    贷:银行存款                                         20 000.00
```

第三步:确认长期股权投资的账面价值602万元。单位取得长期股权投资时,应当以实际成本作为初始投资成本。其中,对于以现金以外的其他资产置换取得的长期股权投资,其成本按照换出资产的评估价值加上支付的补价或减去收到的补价,加上换入长期股权投资发生的其他相关支出确定。

  借:长期股权投资   6 020 000.00
      贷:资产处置费用   6 020 000.00

(2)预算会计将上述投资事项发生转让费用2万元计入当期支出:

  借:其他支出   20 000.00
      贷:资金结存——货币资金   20 000.00

  2. 持有期间的权益法核算

  政府会计主体采用权益法核算应享有或应分担的被投资单位实现的净损益的份额;同时,调整长期股权投资的账面余额。由于该项核算不涉及预算资金变动,预算会计无须进行平行记账。

  20×1年12月31日,该技术开发公司实现净利润100万元,按照持股比例的60%确认投资收益60万元:

  借:长期股权投资——损益调整   600 000.00
      贷:投资收益   600 000.00

  20×2年12月31日,该技术开发公司实现净利润200万元,按照持股比例的60%确认投资收益120万元:

  借:长期股权投资——损益调整   1 200 000.00
      贷:投资收益   1 200 000.00

  20×3年12月31日技术开发公司实现净利润300万元,按照持股比例的60%确认投资收益180万元:

  借:长期股权投资——损益调整   1 800 000.00
      贷:投资收益   1 800 000.00

  3. 确认现金股利的核算

  采用权益法核算长期股权投资,应按照被投资单位宣告分派现金股利或利润计算应享有的份额确认为应收股利;同时,减少长期股权投资。由于该项核算不涉及预算资金变动,预算会计无须进行平行记账。

  20×2年确认应分配股利为40万元×60%=24(万元):

  借:应收股利   240 000.00
      贷:长期股权投资——损益调整   240 000.00

  20×3年确认应分配股利为80万元×60%=48(万元):

  借:应收股利   480 000.00
      贷:长期股权投资——损益调整   480 000.00

  20×4年确认应分配股利为120万元×60%=72(万元):

  借:应收股利   720 000.00
      贷:长期股权投资——损益调整   720 000.00

4. 收到现金股利的核算

(1)财务会计处理如下：

20×2 年 4 月 30 日收到应分配的利润 24 万元：

　　借：银行存款　　　　　　　　　　　　　　　　　　240 000.00
　　　　贷：应收股利　　　　　　　　　　　　　　　　　　240 000.00

20×3 年 4 月 30 日收到应分配的利润 48 万元：

　　借：银行存款　　　　　　　　　　　　　　　　　　480 000.00
　　　　贷：应收股利　　　　　　　　　　　　　　　　　　480 000.00

20×4 年 4 月 30 日收到应分配的利润 72 万元：

　　借：银行存款　　　　　　　　　　　　　　　　　　720 000.00
　　　　贷：应收股利　　　　　　　　　　　　　　　　　　720 000.00

(2)预算会计应对上述事项平行记账，并直接确认投资收益，核算如下：

20×2 年 4 月 30 日收到应分配的利润 24 万元：

　　借：资金结存——货币资金　　　　　　　　　　　　240 000.00
　　　　贷：投资预算收益　　　　　　　　　　　　　　　240 000.00

20×3 年 4 月 30 日收到应分配的利润 48 万元：

　　借：资金结存——货币资金　　　　　　　　　　　　480 000.00
　　　　贷：投资预算收益　　　　　　　　　　　　　　　480 000.00

20×4 年 4 月 30 日收到应分配的利润 72 万元：

　　借：资金结存——货币资金　　　　　　　　　　　　720 000.00
　　　　贷：投资预算收益　　　　　　　　　　　　　　　720 000.00

5. 处置股权投资的核算

20×4 年 7 月 1 日，W 研究院处置其持有的该技术开发公司股权时，该项投资的账面价值为 818 万元，包括初始投资成本 602 万元和损益调整 216 万元。损益调整 216 万元的计算过程如下：

　　确认 20×1 年利润 60 万元－收到的 20×1 年股利 24 万元＝36 万元

　　确认 20×2 年度利润 120 万元－收到的 20×1 年度股利 48 万元＝72 万元

　　确认 20×3 年度利润 180 万元－收到的 20×3 年度股利 72 万元＝108 万元

　　计算处置净收益 902 万元＝处置收入 2 000 万元－投资账面价值 818 万元－处置费用 280 万元

政府会计主体按规定报经批准处置长期股权投资，应当冲减长期股权投资的账面余额，并按规定将处置价款扣除相关税费后的余额做应缴财政款处理，或者按规定将处置价款扣除相关税费后的余额与长期股权投资账面余额的差额计入当期投资损益。

(1)W研究院财务会计的账务处理如下：

借：资产置置费用　　　　　　　　　　　　　　8 180 000.00
　　贷：长期股权投资——投资成本　　　　　　　　　6 020 000.00
　　　　长期股权投资——损益调整　　　　　　　　　2 160 000.00

支付处置费用时：

借：资产处置费用　　　　　　　　　　　　　　2 800 000.00
　　贷：银行存款　　　　　　　　　　　　　　　　　2 800 000.00

收到处置收入时：

借：银行存款　　　　　　　　　　　　　　　20 000 000.00
　　贷：资产处置费用　　　　　　　　　　　　　　20 000 000.00

结转处置净收益时：

借：资产处置费用　　　　　　　　　　　　　　9 020 000.00
　　贷：投资收益　　　　　　　　　　　　　　　　　9 020 000.00

(2)预算会计仅需就与预算收入支出有关的经济事项进行账务处理：

支付处置费用时：

借：投资预算收益　　　　　　　　　　　　　　2 800 000.00
　　贷：资金结存——货币资金　　　　　　　　　　　2 800 000.00

确认投资处置收入时：

借：资金结存——货币资金　　　　　　　　　20 000 000.00
　　贷：投资预算收益　　　　　　　　　　　　　　20 000 000.00

从预算会计角度,本次股权转让的净收益为1 720万元(股权转让收入2 000万元扣除处置费用280万元后的余额),而财务会计计算出的长期股权投资处置净收益为902万元,两者差异818万元,主要原因分析如下：

一是财务会计将无形资产的评估价值600万元计入投资成本,进而在计算股权转让时抵减了投资收益;而从预算角度看,该支出并未发生,故预算会计在计算股权转让净收益时未扣除该成本。

二是对于以无形资产对外投资发生的相关费用2万元,财务会计将其计入该技术开发公司股权的初始成本,进而在计算股权转让时抵减了投资收益;而预算会计将其计入当期支出,在计算股权转让净收益时未扣除该支出。

三是对于该技术开发公司历年的留存收益216万元,财务会计将其计入技术开发公司股权的账面价值,进而在计算股权转让时抵减了投资收益,而预算会计未反映这方面的内容。

四、债务还本支出

债务还本支出是指事业单位举借债务后的本金支出。

事业单位应当设置"债务还本支出"科目,核算偿还自身承担的、纳入预算管理的、从金融机构举借的债务本金的现金流出,该科目应当按照贷款单位、贷款种类、《政府收支分类科目》中"支出功能分类科目"的项级科目和"部门预算支出经济分类科目"的款级科目等进行明细核算。

偿还各项短期或长期借款时,按照偿还的借款本金,借记"债务还本支出"科目,贷记"资金结存"科目。

财务会计和预算会计对短期借款核算方法的对比情况说明如表11—5所示。

表 11—5   财务会计和预算会计对短期借款核算的对比

短期借款	财务会计核算方法	预算会计核算方法
借入各种 短期借款	借:银行存款 　　贷:短期借款	借:资金结存——货币资金 　　贷:债务预算收入
归还短期借款	借:短期借款 　　贷:银行存款	借:债务还本支出 　　贷:资金结存——货币资金

年末,将"债务还本支出"科目本年发生额转入其他结余,借记"其他结余"科目,贷记本科目。年末结转后,"债务还本支出"科目应无余额。

五、其他支出

"其他支出"是指单位除行政支出、事业支出、经营支出、上缴上级支出、对附属单位补助支出、投资支出、债务还本支出外的各项现金流出,包括利息支出、对外捐赠现金支出、现金盘亏损失、接受捐赠(调入)和对外捐赠(调出)非流动资产发生的税费支出、资产置换过程中发生的相关税费支出、罚没支出等。[①] 该科目应当按照其他支出的类别,"财政拨款支出""非财政专项资金支出"和"其他资金支出",《政府收支分类科目》中"支出功能分类科目"的相关科目等进行明细核算。其他支出中如有专项资金支出,还应按具体项目进行明细核算。

有一般公共预算财政拨款、政府性基金预算财政拨款等两种或两种以上财政拨款的事业单位,还应当在"财政拨款支出"明细科目下按照财政拨款的种类进行明细

---

① 单位发生利息支出、捐赠支出等其他支出金额较大或业务较多的,可单独设置"7902 利息支出""7903 捐赠支出"等科目。

核算。

其他支出预算会计核算的主要内容如下：

(一)利息支出

支付银行借款利息时,借记"其他支出"科目,贷记"资金结存"科目。

(二)对外捐赠现金资产

对外捐赠现金资产时,借记"其他支出"科目,贷记"资金结存"科目。

〖**例11-11**〗　X单位通过红十字会捐赠现金资产100 000元,应进行预算会计核算如下：

　　借:其他支出　　　　　　　　　　　　　　　　100 000.00
　　　　贷:资金结存　　　　　　　　　　　　　　　　　100 000.00

　　期末:

　　借:其他结余　　　　　　　　　　　　　　　　100 000.00
　　　　贷:其他支出　　　　　　　　　　　　　　　　　100 000.00

(三)现金盘亏损失

每日现金账款核对中如发现现金短缺,按照短缺的现金金额,借记"其他支出"科目,贷记"资金结存——货币资金"科目。经核实,属于应当由有关人员赔偿的,按照收到的赔偿金额,借记"资金结存——货币资金"科目,贷记"其他支出"科目。

(四)接受捐赠(无偿调入)和对外捐赠(无偿调出)非现金资产发生的税费支出

接受捐赠(无偿调入)非现金资产发生的归属于捐入方(调入方)的相关税费、运输费等,以及对外捐赠(无偿调出)非现金资产发生的归属于捐出方(调出方)的相关税费、运输费等,按照实际支付金额,借记"其他支出"科目,贷记"资金结存"科目。

〖**例11-12**〗　Y事业单位于本年1月2日以货币形式60 000元全额出资设立一家非学历培训机构。承接例7-2,由于该项业务既涉及财务会计的费用增加,又涉及预算会计的支出增加,预算会计应进行平行记账如下：

　　借:其他支出　　　　　　　　　　　　　　　　60 000.00
　　　　贷:资金结存——货币资金　　　　　　　　　　60 000.00

(五)资产置换过程中发生的相关税费支出

资产置换过程中发生的相关税费,按照实际支付金额,借记"其他支出"科目,贷记"资金结存"科目。

(六)其他支出

发生罚没等其他支出时,按照实际支出的金额,借记"其他支出"科目,贷记"资金结存"科目。

(七)其他支出的年末核算

年末结账时,其他支出应当分清资金来源的渠道,并区分以下三种情况分别进行账务处理：

1. 财政拨款支出的预算会计核算

将"其他支出"科目本年发生额中的财政拨款支出转入财政拨款结转，借记"财政拨款结转——本年收支结转"科目，贷记"其他支出"科目下各财政拨款支出明细科目。

2. 非财政专项资金支出的预算会计核算

将"其他支出"科目本年发生额中的非财政专项资金支出转入非财政拨款结转，借记"非财政拨款结转——本年收支结转"科目，贷记"其他支出"科目下各非财政专项资金支出明细科目。

3. 其他资金支出的预算会计核算

将"其他支出"科目本年发生额中的其他资金支出（非财政非专项资金支出）转入其他结余，借记"其他结余"科目，贷记"其他支出"科目下各其他资金支出明细科目。

年末结账后，该科目应无余额。

温馨提示："其他支出"不能随意列支，因为它不是"没有地方可以列支的"就放进去的"大杂烩"。对"其他支出"的核算与管理至少应注意把握好以下两个方面：一是必须从严控制其他支出，列支其他支出必须符合规定的开支范围；二是必须严格审核列支的项目和内容，包括有详细的项目名称和翔实的内容等，不能把没有名目的支出、没有详细内容的支出"硬塞"入"其他支出"中。

思考与练习

1. 简述预算支出的概念、特征与确认条件。

2. 权责发生制下的费用与收付实现制下的预算支出有什么异同？

3. 在预算支出核算实务中，为什么划分资金性质相当重要？

4. 请举例说明基本支出与项目支出、经费支出与公用经费支出的具体区别。

5. 理论联系实际，谈谈如何切实加强预算支出管理？

6. 市级事业单位利用国有资产对外投资形成的股权出售、出让、转让和核销收入有什么具体规定？

7. 什么是"量入为出"？支出核算中如何体现"量入为出"和"收支平衡"？

8. 请归纳说明预算支出的划分界限与明细科目的设置要求。

第十二章

预算结余类的核算

第一节　预算结余要素概述

一、预算结余要素

结余是一种存量。存量资金一般是指在账户中还没有使用的资金。

预算结余是指政府会计主体在预算年度内预算收入扣除预算支出后的资金余额,以及历年滚存的资金余额。任何单位都应当按照财政财务规章制度的规定办理预算收支业务,管好、用好结余资金。

政府会计通过预算收入、预算支出、预算结余三个会计要素构成预算会计体系,从动态方面反映某一时期的预算收支成果,其数据来源于某一会计期间这三类账户的累计发生额,并由此形成反映一定会计期间预算收支业务成果的动态会计等式,即:

当年预算收入－当年预算支出＝当年预算结余(结转与结余)

以上等式构成了预算会计的基本原理,也成为编制"预算收入支出表"的理论基础。

当年预算结余＋历年预算滚存结余＝年末预算滚存结余(简称"预算结余")

上述三个结余之间的内在关系成为"预算结转结余变动表"的编制基础。

预算结余按照后续资金使用要求的不同,分为结转资金和结余资金,这是存量资金的两种表现形态。其中,结转资金是指预算安排项目的支出年终尚未执行完毕或者因故未执行,且下年需要按原用途继续使用的资金,包括财政拨款结转和非财政拨款结转;结余资金是指年度预算执行终了,由于当年预算工作目标已完成或者因故终止等原因预算收入实际完成数扣除预算支出和结转资金后剩余的资金,包括财政拨款结余和非财政拨款结余。

凡是符合上述预算结转结余定义及其确认条件的项目都应当列入政府决算报表。

期末,单位应当根据代理银行提供的对账单等资料按规定进行结余资金对账,做到账账相符、账表相符。

二、预算结余分类与科目设置

政府会计在"预算收入类科目"和"预算支出类科目"的基础上,将全部预算结余分为9个项目,其对应的会计科目名称、特指用途、与报表项目的关系等如表12-1所示。

表12-1 预算结余科目设置

序号	编号	预算结余项目与会计科目	特指用途	报表项目与结余分类	
18	8001	资金结存		非报表项目	
19	8101	财政拨款结转		报表项目	财政拨款结转结余
20	8102	财政拨款结余			财政拨款结转结余
21	8201	非财政拨款结转			其他资金结转结余
22	8202	非财政拨款结余			其他资金结转结余
23	8301	专用结余	事业单位		其他资金结转结余
24	8401	经营结余	事业单位		其他资金结转结余
25	8501	其他结余		过渡科目	
26	8701	非财政拨款结余分配	事业单位		

除了"资金结存""其他结余"和"非财政拨款结余分配"外,各项结转结余应当在预算会计报表上分项列示,如在"预算结转结余变动表"上,按照资金来源将结转结余分为两大部分:一部分是"财政拨款结转结余";另一部分是"其他资金结转结余",包括非财政拨款结转结余、专用结余和经营结余等。至于"其他结余""非财政拨款结余分配",由于是过渡性科目(中转科目),因此,年末结转后没有余额。

三、正确划清各项结转与结余的界限

一个单位的资金来源可能有以下5个渠道:一是同级财政拨款,二是非同级财政拨款,三是非财政专项资金拨款(简称"非财专项"),四是非同级财政非专项资金拨款(简称"非财非专"),五是经营收入。这些预算收入都应当与相对应的预算支出有关。

单位的各项结转结余资金是在一定会计期间内各项预算收入和预算支出相抵后

的余额。无论是财政拨款收支还是非同级财政拨款收支,无论是经营收支还是非财专项收支、非财非专收支,都有可能存在结转或结余,都应当按照《制度》的规定,注意划分以下界限:

(一)财政拨款结转与结余

只有同级财政拨款的预算收入与其各项相关的预算支出相抵后的差额(包括基本支出和项目支出)才会产生财政拨款结转与结余,用公式表示为:

财政拨款结转＝财政拨款预算收入－财政拨款预算支出

年末完成上述结转后,只有符合财政拨款结余性质的项目余额才能从“财政拨款结转”科目转入“财政拨款结余”科目。

基本支出当年未支用的部分原则上结转下年继续使用,用于增人增编等人员经费和日常公用经费支出,但在人员经费和日常公用经费之间不得挪用,不得用于提高人员经费开支标准,所以,基本支出一般没有结余资金。

项目支出可分为结转资金和结余资金。项目支出结转资金结转下年按原用途继续使用,对下一年度不是按照原用途继续使用的资金要转入结余资金。结转资金原则上不得调整用途,在年度预算执行过程中,确需调整结转资金用途的,需报财政部门审批。对某一预算年度安排的项目支出,连续 2 年未使用或连续 3 年仍未使用完形成的剩余资金,视同结余资金管理。

(二)非财政拨款结转(非财政专项资金收支结转)

非财政拨款结转是指单位除财政拨款收支、经营收支以外各非同级财政拨款专项资金收支的各项收入与各项支出相抵后的余额,用公式表示为:

非财政拨款结转＝非财政专项资金收入－非财政专项资金支出

非同级财政拨款可以分为两个部分:一部分是具有专项用途的,另一部分是没有专项用途的。按照《制度》的规定,应当将非同级财政拨款本年发生额中的专项资金收支转入“非财政拨款结转”科目,将非专项资金收支转入“其他结余”科目。也就是说,非同级财政拨款收支不存在为之而单独设计的结转与结余科目。

(三)经营结余

经营结余是指事业单位在一定期间内各项经营预算收入与支出相抵后的余额,用公式表示为:

经营结余＝经营收入－经营支出

年末,经营结余盈余(贷方余额)应当结转入“非财政拨款结余分配”科目;如为亏损,则不予结转。

(四)其他结余(非财政非专项资金收支结余)

其他结余是指单位在一定期间内除上述收支外的“非财非专”发生的各项收支相抵后的余额,用公式表示为:

其他结余＝非财政非专项资金收入－非财政非专项资金支出

年末,将有关科目本期发生额中的非财政非专项资金收支结转记入"其他结余"科目,"其他结余"科目的余额应当全部结转记入"非财政拨款结余分配"科目。

承上启下,一个单位的各项预算收支情况与结转结余核算内容密不可分,并与会计科目设置和核算制度规范密切相关。结合第十章中9个预算收入科目和第十一章中8个预算支出科目的核算内容,对各项收支分清资金来源的规范要求可归纳如表12－2所示。

表12－2 各种预算收支划分与相关会计科目的对应关系

核算对象	会计科目设置及其收支分类	结转对应会计科目
同级财政拨款收支	财政拨款预算收入 　行政支出——财政拨款支出 　事业支出——财政拨款支出	财政拨款结转 财政拨款结余
非财政专项资金收支	事业预算收入——非财政专项资金收入 上级补助预算收入——非财政专项资金收入 附属单位上缴预算收入——非财政专项资金收入 非同级财政拨款预算收入——非财政专项资金收入 债务预算收入——非财政专项资金收入 其他预算收入——非财政专项资金收入 　行政支出——非财政专项资金支出 　事业支出——非财政专项资金支出 　其他支出——非财政专项资金支出	非财政拨款结转
其他资金收支	事业预算收入——非专项资金收入 上级补助预算收入——非专项资金收入 附属单位上缴预算收入——非专项资金收入 非同级财政拨款预算收入——非专项资金收入 债务预算收入——非专项资金收入 其他预算收入——非专项资金收入 投资预算收益 　行政支出——非专项资金支出 　事业支出——非专项资金支出 　其他支出——非专项资金支出 　上缴上级支出 　对附属单位补助支出 　投资支出 　债务还本支出	其他结余
经营收支	经营预算收入 　经营支出	经营结余

四、预算结余的"算管结合、算为管用"

(一)凸显收付实现制核算的特点

预算收入、预算支出的核算基础和确认口径与权责发生制有着明显的差别,从预算会计角度分析,结转或结余只是表现为预算收支的变动结果,属于净结余,而不表现为净利润(或净亏损)。单位并不追求结转额或结余额的盈亏,而应当予以客观反映,以提供有助于预算管理的信息。各项收支以及结转结余核算处理流程的精细化对于实施部门预决算管理、加强财政资金的科学化与精细化管理将发挥重要的基础性作用。

(二)"资金结存"与结转结余密切关联

各项预算收入与预算支出会产生结转结余,并影响"资金结存"的增减变动。在政府会计首次执行日,应当按照原账的"财政应返还额度"科目余额借记新账的"资金结存——财政应返还额度"科目;按照新账的"财政拨款结转"和"财政拨款结余"科目贷方余额合计数减去新账的"资金结存——财政应返还额度"科目借方余额后的差额,记入新账的"资金结存——货币资金"科目;在登记新账的"非财政拨款结转"和"非财政拨款结余"科目时,同时按照相同的金额登记新账的"资金结存——货币资金"科目;对涉及非财政非专项资金的事项,应当同时调整"非财政拨款结余"科目及"资金结存——货币资金"科目。[①] 也就是说,"资金结存"与财政拨款结转/财政拨款结余/非财政拨款结转/非财政拨款结余存在着关联关系,但"资金结存"却没有列示在相关报表中。

(三)注意分配的特殊性

行政事业单位不以营利为目的,其结余不存在股利分配问题。非财政拨款结余除了提取专用基金外,不存在其他分配问题。如果经营业务需要缴纳所得,则通过"非财政拨款结余"科目进行核算。

(四)注重结余资金管理上的限定性

限定性结余资金是存在特定限制条件约束的,如资源提供者的约束或者法律法规对使用资产所设置的时间限制或(和)用途限制等。时间限制要求资源只能在特定时间内或规定日期之后使用,用途限制要求资源用于特定目的。例如,政府会计制度对于使用同级财政拨款所产生的结转结余不仅有明确的时间与用途限制,而且与非财政拨款结转有明确的划分界限;又如,专用结余是指事业单位按照规定从非财政拨款结余中提取的具有专门用途的资金,应当遵循先提后用、收支平衡、专款专用的原

---

① 详见《关于印发〈政府会计制度——行政事业单位会计科目和报表〉与〈行政单位会计制度〉〈事业单位会计制度〉有关衔接问题处理规定的通知》(财会〔2018〕3号)。

则,支出不得超出基金规模。

限定性结余资金在外延上专指财政拨款结转、财政拨款结余、非财政拨款结转和专用结余 4 个方面,其中:

财政拨款结转结余是指单位各项同级财政拨款收入与其相关支出相抵后剩余滚存的、须按规定管理和使用的结转和结余资金,可以分为财政拨款结转和财政拨款结余两个部分:

非财政拨款结转是指单位除财政拨款收支和经营收支外的各专项资金收入与其相关支出相抵后剩余滚存的、须按规定用途使用的结转资金。

专用结余(专用基金)是指按照规定提取或者设置的有专门用途的资金,如职工福利基金。

非限定性结余资金就是不受某种特定限制条件约束的资金,如没有明确的时间限制或(和)用途限制等。当然,这并不意味着在使用这类资金的时候可以不受任何限制,只是这类资金在使用的时候不受资源提供者的某种特殊的限定,但还是要受某些规章制度或在业务执行过程中订立的合同或协议的规定的约束,如非财政拨款结余就是单位历年滚存的非限定用途的非同级财政拨款结余资金。

第二节　资金结存

一、资金结存科目的设置

为了体现收付实现制下预算资金流入、流出和结存的情况,单位应当通过设置"资金结存"科目,核算单位纳入部门预算管理的(而不一定是全部的)资金的流入、流出、调整和滚存等情况。"资金结存"是预算会计核算预算收支流量的专用科目(非报表项目),为区别于结转结余类科目,故称之为"结存"。该科目的年末借方余额反映单位预算资金的累计滚存情况。

"资金结存"科目一般应设置下列三个明细科目:

一是零余额账户用款额度。该明细科目核算实行国库集中支付的单位根据财政部门批复的用款计划收到和支用的零余额账户用款额度。年末结账后,该明细科目应无余额。

二是货币资金。该明细科目核算单位取得的以库存现金、银行存款、其他货币资金形态存在的资金。该明细科目的年末借方余额反映单位尚未使用的货币资金。

三是财政应返还额度。该明细科目核算实行国库集中支付的单位可以使用的以前年度财政直接支付资金额度和财政应返还的财政授权支付资金额度。该明细科目下可设置"财政直接支付""财政授权支付"两个明细科目进行明细核算。该明细科目的年末借方余额反映应收财政返还的资金额度。

二、资金结存的主要账务处理

(一)预算收入的资金结存核算

在财政授权支付方式下,单位根据代理银行转来的财政授权支付额度到账通知书,按照通知书中的授权支付额度,借记"资金结存"科目(零余额账户用款额度),贷记"财政拨款预算收入"科目。

以国库集中支付以外的其他支付方式取得预算收入时,按照实际收到的金额,借记"资金结存"科目(货币资金),贷记"财政拨款预算收入""事业预算收入""经营预算收入"等科目。

收到从其他单位调入的财政拨款结转资金的,按照实际调入的资金数额,借记"资金结存"科目(财政应返还额度、零余额账户用款额度、货币资金),贷记"财政拨款结转——归集调入"科目。

因购货退回、发生差错更正等退回国库直接支付、授权支付款项,或者收回货币资金的,属于本年度支付的,借记"财政拨款预算收入"科目或"资金结存"科目(零余额账户用款额度、货币资金),贷记相关支出科目;属于以前年度支付的,借记"资金结存"科目(财政应返还额度、零余额账户用款额度、货币资金),贷记"财政拨款结转""财政拨款结余""非财政拨款结转""非财政拨款结余"科目。

(二)预算支出的资金结存核算

在财政授权支付方式下,发生相关支出时,按照实际支付的金额,借记"行政支出""事业支出"等科目,贷记"资金结存"科目(零余额账户用款额度)。

使用以前年度财政直接支付额度发生支出时,按照实际支付金额,借记"行政支出""事业支出"等科目,贷记"资金结存"科目(财政应返还额度)。

在国库集中支付以外的其他支付方式下,发生相关支出时,按照实际支付的金额,借记"事业支出""经营支出"等科目,贷记"资金结存"科目(货币资金)。

按照规定上缴财政拨款结转结余资金或注销财政拨款结转结余资金额度的,按照实际上缴资金数额或注销的资金额度数额,借记"财政拨款结转——归集上缴"或"财政拨款结余——归集上缴"科目,贷记"资金结存"科目(财政应返还额度、零余额账户用款额度、货币资金)。

按规定向原资金拨入单位缴回非财政拨款结转资金的,按照实际缴回资金数额,借记"非财政拨款结转——缴回资金"科目,贷记"资金结存"科目(货币资金)。

按照规定使用专用基金时,按照实际支付的金额,借记"专用结余"科目(从非财政拨款结余中提取的专用基金)或"事业支出"等科目(从预算收入中计提的专用基金),贷记"资金结存"科目(货币资金)。

有企业所得税交纳义务的事业单位交纳所得税时,按照实际交纳金额,借记"非财政拨款结余——累计结余"科目,贷记"资金结存"科目(货币资金)。

〔例12—1〕 A事业单位某年与税务机关清算应交企业所得税,经确认的应纳所得税额为50 000元,按税率20%计算,全年应纳所得税额为10 000元,已填制纳税缴款书并上缴。财务会计与预算会计应分别进行账务处理如表12—3所示。

表12—3　　　　　　　　　财务会计与预算会计对收到拨款核算的区别

核算内容	财务会计核算方法	预算会计核算方法
发生应交税费时	借:所得税费用　　　　　10 000 　贷:其他应交税费 　　　——应交企业所得税10 000	不做账务处理
实际交纳税费时	借:其他应交税费 　　——应交企业所得税10 000 　贷:银行存款　　　　　10 000	借:非财政拨款结余　　　　　10 000 　贷:资金结存——货币资金　10 000

(三)资金结存内部增减变动的核算

从零余额账户提取现金时,借记"资金结存"科目(货币资金),贷记"资金结存"科目(零余额账户用款额度)。解缴现金则做相反的会计处理。

(四)年末与年初的核算

年末,应当区分本年度财政直接支付和财政授权支付等不同情况,分别进行财务会计与预算会计的账务处理(如表12—4所示)。

表12—4　　　　　　　　财务会计和预算会计对资金年末与年初核算的比较

核算内容		财务会计核算方法	预算会计核算方法
年末确认未下达的财政用款额度	财政直接支付	借:财政应返还额度——财政直接支付 　贷:财政拨款收入	借:资金结存——财政应返还额度 　贷:财政拨款预算收入
	财政授权支付	借:财政应返还额度——财政授权支付 　贷:财政拨款收入	
注销零余额账户用款额度		借:财政应返还额度——财政授权支付 　贷:零余额账户用款额度	借:资金结存——财政应返还额度 　贷:资金结存——零余额账户用款额度
下年初恢复零余额账户用款额度或收到上年末未下达的零余额账户用款额度		借:零余额账户用款额度 　贷:财政应返还额度——财政授权支付	借:资金结存——零余额账户用款额度 　贷:资金结存——财政应返还额度

(五)资金结存与货币资金的核算

预算会计中的"资金结存"与财务会计中的货币资金类科目关系紧密,其主要反映在现金流入与流出方面。当发生货币资金收付业务时,一方面应当进行财务会计处理,另一方面预算会计在确认预算收入时,借记"资金结存"科目;在确认预算支出时,贷记"资金结存"科目。如果不涉及资金增减变动,预算会计一般不会进行会计处理。但基于是否被纳入预算管理等原因,预算会计与财务会计的核算并非一一对应关系。

〖例12—2〗　B机关服务中心收到上级机关事务管理局拨入的会议桌椅一批,资产调拨单上注明的原值为9万元,服务中心支付搬场公司运费600元。根据上述业务,分别进行财务会计与预算会计的账务处理。

财务会计账务处理如下:

借:库存物品——家具　　　　　　　　　　　90 000.00

　　贷:无偿调拨净资产　　　　　　　　　　　　　90 000.00

借:库存物品——家具　　　　　　　　　　　600.00

　　贷:银行存款　　　　　　　　　　　　　　　　600.00

预算会计账务处理如下:

借:事业支出　　　　　　　　　　　　　　　600.00

　　贷:资金结存——货币资金　　　　　　　　　　600.00

第三节　财政拨款结转结余

一、财政拨款结转与结余的区别

从财政预算资金管理的角度分析,大多数单位主要依靠财政预算资金开展业务活动,因而需要单独对财政拨款结转和结余进行管理,以规范和加强财政预算资金管理工作,减少财政拨款资金沉淀,提高财政资金使用效益。

财政拨款结转结余是指同级财政拨款收入与其相关支出相抵后剩余滚存的、须按规定管理和使用的结转与结余资金,其表现形式是同级财政拨款的结存额(而非全部财政性资金),并与非财政拨款结转结余相区别。提出财政拨款结转结余的概念就是专门用以区分非财政拨款结转结余的。

财政拨款结转结余应当具体分为财政拨款结转和财政拨款结余两个部分,这是财政性存量资金的两种表现形态。其中:结余资金是指年度预算执行终了,由于当年预算工作目标已完成,或者因故终止等原因,预算收入实际完成数扣除预算支出和结转资金后剩余的资金;结转资金是指预算安排项目的支出年终尚未执行完毕或者因故未执行,且下年需要按原用途继续使用的资金。

与财政拨款结转和结余业务相关的账务处理程序如图 12—1 所示。

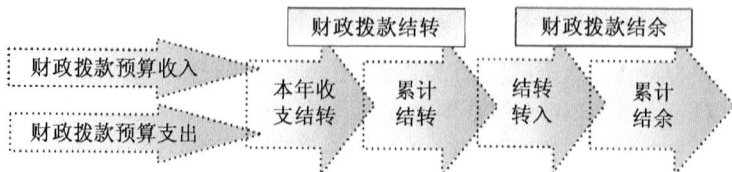

图 12—1　年末财政拨款结转结余核算程序

二、财政拨款结转核算

单位应当设置"财政拨款结转"科目,核算单位取得的同级财政拨款结转资金的调整、结转和滚存情况。该科目为预算会计中的结转结余类科目。其年末贷方余额反映单位滚存的财政拨款结转资金数额。

"财政拨款结转"科目一般应设置下列明细科目:

(一)与会计差错更正、以前年度支出收回相关的明细科目

单位设置"年初余额调整"明细科目,核算需要调整财政拨款结转金额的以下几种情况:(1)因发生会计差错更正退回以前年度国库直接支付、授权支付款项或财政性货币资金;(2)因发生会计差错更正增加以前年度国库直接支付、授权支付支出或财政性货币资金支出;(3)因购货退回、预付款项收回等发生以前年度支出又收回国库直接支付、授权支付款项或收回财政性货币资金。

根据属于以前年度财政拨款结转资金调整的金额,借记或贷记"资金结存——财政应返还额度""零余额账户用款额度""货币资金"科目,贷记或借记"财政拨款结转"科目(年初余额调整)。

年末结账后,"年初余额调整"明细科目应无余额。

(二)与财政拨款调拨业务相关的明细科目

1. 归集调入

该明细科目核算按照规定从其他单位调入财政拨款结转资金时,实际调增的额度数额或调入的资金数额。单位按照实际调增的额度数额或调入的资金数额,借记"资金结存——财政应返还额度、零余额账户用款额度、货币资金"科目,贷记"财政拨款结转"科目(归集调入)。年末结账后,该明细科目应无余额。

2. 归集调出

该明细科目核算按照规定向其他单位调出财政拨款结转资金时,实际调减的额度数额或调出的资金数额。单位按照实际调减的额度数额或调出的资金数额,借记

"财政拨款结转"科目(归集调出),贷记"资金结存——财政应返还额度、零余额账户用款额度、货币资金"科目。年末结账后,该明细科目应无余额。

3. 归集上缴

该明细科目核算按照规定上缴财政拨款结转资金时,实际核销的额度数额或上缴的资金数额。单位按照实际上缴资金数额或注销的资金额度数额,借记"财政拨款结转"科目(归集上缴),贷记"资金结存——财政应返还额度、零余额账户用款额度、货币资金"科目。年末结账后,该明细科目应无余额。

4. 单位内部调剂

该明细科目核算经财政部门批准对财政拨款结余资金改变用途,调整用于该单位其他未完成项目等的调整金额。单位按照批准调剂的金额,借记"财政拨款结余——单位内部调剂"科目,贷记"财政拨款结转"科目(单位内部调剂)。年末结账后,该明细科目应无余额。

(三)与年末财政拨款结转业务相关的明细科目

1. 本年收支结转

该明细科目核算单位本年度财政拨款收支相抵后的余额。年末结账后,该明细科目应无余额。

2. 累计结转

该明细科目核算单位滚存的财政拨款结转资金,其年末贷方余额反映单位财政拨款滚存的结转资金数额。该科目还应当设置"基本支出结转""项目支出结转"两个明细科目,并在"基本支出结转"明细科目下按照"人员经费""日常公用经费"进行明细核算,在"项目支出结转"明细科目下按照具体项目进行明细核算;同时,该科目还应按照《政府收支分类科目》中"支出功能分类科目"的相关科目进行明细核算。

有一般公共预算财政拨款、政府性基金预算财政拨款等两种或两种以上财政拨款的,还应当在该科目下按照财政拨款的种类进行明细核算。

【例12—3】 C单位为研究某专门课题申请财政拨款收入700 000元,已发生下列业务活动:

(1)采用财政直接支付方式购专用设备一台,价款650 000元,收到"财政直接支付入账通知书"及相关原始凭证时,根据通知书所列数额,应进行预算会计核算如下:

借:事业支出——财政拨款支出(项目支出)　　　　650 000.00

　　贷:财政拨款预算收入——项目支出　　　　　　　　　650 000.00

(2)由财政直接支付课题专用配件16 000元,收到"财政直接支付入账通知书"及相关原始凭证时,根据通知书所列数额,应进行预算会计核算如下:

借:事业支出——财政拨款支出(项目支出)　　　　16 000.00

　　贷:财政拨款预算收入——项目支出　　　　　　　　　16 000.00

(3)以银行存款支付项目用办公用品30 000元,应进行预算会计核算如下:

借:事业支出——财政拨款支出(项目支出)　　　　　30 000.00

　　贷:资金结存——货币资金　　　　　　　　　　　　　　30 000.00

(4)年度终了,根据本年度财政直接支付预算指标数700 000元与当年财政直接支付实际数696 000元的差额4 000元记入"资金结存——财政应返还额度(直接支付)"科目,应进行预算会计核算如下:

借:资金结存——财政应返还额度　　　　　　　　　4 000.00

　　贷:财政拨款预算收入——项目支出　　　　　　　　　4 000.00

(5)年末,将财政拨款预算收入本年发生额转入"财政拨款结转"科目,借记"财政拨款预算收入"科目,贷记"财政拨款结转"科目(本年收支结转);将各项支出中财政拨款支出本年发生额转入"财政拨款结转"科目,借记"财政拨款结转"科目(本年收支结转),贷记各项支出(财政拨款支出)科目。应进行预算会计核算如下:

借:财政拨款预算收入——项目支出　　　　　　　　700 000.00

　　贷:财政拨款结转——本年收支结转　　　　　　　　700 000.00

借:财政拨款结转——本年收支结转　　　　　　　　696 000.00

　　贷:事业支出——财政拨款支出(项目支出)　　　　　696 000.00

(6)年末,冲销财政拨款结转有关明细科目时,将本年收支结转、年初余额调整、归集调入、归集调出、归集上缴、单位内部调剂明细科目余额结转至累计结转明细科目。转账后,"财政拨款结转"除"累计结转"明细科目外,其他明细科目应无余额。应进行预算会计核算如下:

借:财政拨款结转——本年收支结转　　　　　　　　4 000.00

　　贷:财政拨款结转——累计结转　　　　　　　　　　4 000.00

(7)年末完成上述结转后,应当对财政拨款结转各明细项目执行情况进行分析,按照有关规定将符合财政拨款结余性质的项目余额转入财政拨款结余。本例中该项目已完成,应进行预算会计核算如下:

借:财政拨款结转——累计结转　　　　　　　　　　4 000.00

　　贷:财政拨款结余——结转转入　　　　　　　　　　4 000.00

三、财政拨款结余核算

单位应当设置"财政拨款结余"科目,核算单位取得同级财政拨款项目支出结余资金的调整、结转和滚存情况。该科目为预算会计中的结转结余类科目,其年末贷方余额反映单位滚存的财政拨款结余资金数额。

"财政拨款结余"科目一般应设置下列明细科目:

(一)与会计差错更正、以前年度支出收回相关的明细科目

单位设置"年初余额调整"明细科目,核算需要调整财政拨款结余金额的以下几种情况:(1)因发生会计差错更正退回以前年度国库直接支付、授权支付款项或财政性货币资金;(2)因发生会计差错更正增加以前年度国库直接支付、授权支付支出或财政性货币资金支出;(3)因购货退回、预付款项收回等发生以前年度支出又收回国库直接支付、授权支付款项或收回财政性货币资金。

根据属于以前年度财政拨款结余资金的调整金额,借记或贷记"资金结存——财政应返还额度""零余额账户用款额度""货币资金"科目,贷记或借记"财政拨款结余"科目(年初余额调整)。

年末结账后,"年初余额调整"明细科目应无余额。

(二)与财政拨款结余资金调整业务相关的明细科目

1. 归集上缴

该明细科目核算按照规定上缴财政拨款结余资金时,实际核销的数额或上缴的资金数额。单位按照实际上缴资金数额或注销的资金数额,借记"财政拨款结余"科目(归集上缴),贷记"资金结存——财政应返还额度、零余额账户用款额度、货币资金"科目。年末结账后,该明细科目应无余额。

2. 单位内部调剂

该明细科目核算经财政部门批准对财政拨款结余资金改变用途,调整用于本单位其他未完成项目等的调整金额。单位按照批准调剂的金额,借记"财政拨款结余"科目(单位内部调剂),贷记"财政拨款结转——单位内部调剂"科目。年末结账后,该明细科目应无余额。

(三)与年末财政拨款结余业务相关的明细科目

1. 结转转入

该明细科目核算单位按照规定转入财政拨款结余的财政拨款结转资金。年末结账后,该明细科目应无余额。

2. 累计结余

该明细科目核算单位滚存的财政拨款结余资金。该明细科目的年末贷方余额反映单位财政拨款滚存的结余资金数额。该科目还应当按照具体项目、《政府收支分类科目》中"支出功能分类科目"的相关科目等进行明细核算。

有一般公共预算财政拨款、政府性基金预算财政拨款等两种或两种以上财政拨款的,还应当在该科目下按照财政拨款的种类进行明细核算。

经上述转账结转后,"财政拨款结余"科目除"累计结余"明细科目外,其他明细科目应无余额。

〖**例12—4**〗　D单位某课题研究全部结束后,年末经计算分析共发生财政拨款支出 780 000 元,该课题的同级财政部门拨入专款 800 000 元,财政拨款结转——项目支出结转(××项目)余额为 20 000 元。

年末,对财政拨款结转各明细项目执行情况进行分析,按照有关规定将符合财政拨款结余性质的项目余额转入财政拨款结余,应进行预算会计核算如下:

借:财政拨款结转——累计结转　　　　　　　　　　20 000.00
　　贷:财政拨款结余——结转转入　　　　　　　　　　　20 000.00

按规定将余款上缴同级财政主管部门,应进行预算会计核算如下:

借:财政拨款结余——归集上缴　　　　　　　　　　20 000.00
　　贷:资金结存——货币资金　　　　　　　　　　　　　20 000.00

年末冲销有关明细科目余额,将"财政拨款结余"科目(年初余额调整、归集上缴、单位内部调剂、结转转入)余额转入"财政拨款结余"科目(累计结余),应进行预算会计核算如下:

借:财政拨款结余——累计结余　　　　　　　　　　20 000.00
　　贷:财政拨款结余——归集上缴　　　　　　　　　　　20 000.00
借:财政拨款结余——结转转入　　　　　　　　　　20 000.00
　　贷:财政拨款结余——累计结余　　　　　　　　　　　20 000.00

本例"累计结余"明细科目由于借贷金额相等,因此没有余额。

上述财政拨款结转结余年末核算的主要业务流程可概括如图 12—2 所示。

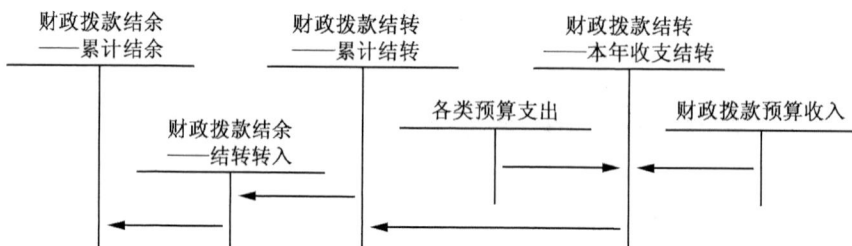

图 12—2　财政拨款结转结余年末核算流程

第四节　非财政拨款结转结余

一、非财政拨款结转与结余的区别

除了同级财政拨款外,非同级财政拨款、非财政专项资金拨款、非财政非专项资金拨款和经营收入都属于非财政拨款核算的范畴。

非财政拨款核算也分为结转与结余两大部分。

非财政拨款结转是除财政拨款收支、经营收支以外各非同级财政拨款专项资金相抵后的余额。非同级财政拨款和非财政拨款中的专项资金收支的本期发生额应当结转记入"非财政拨款结转"科目。

非财政拨款结余是指历年滚存的非限定用途的非同级财政拨款结余资金,包括经营结余、其他结余等。经营资金收支的本期发生额结转记入"经营结余"科目,其他非专项资金收支的本期发生额结转记入"其他结余"科目。

非财政拨款结转与结余及其相关账务的处理流程如图12—3所示。

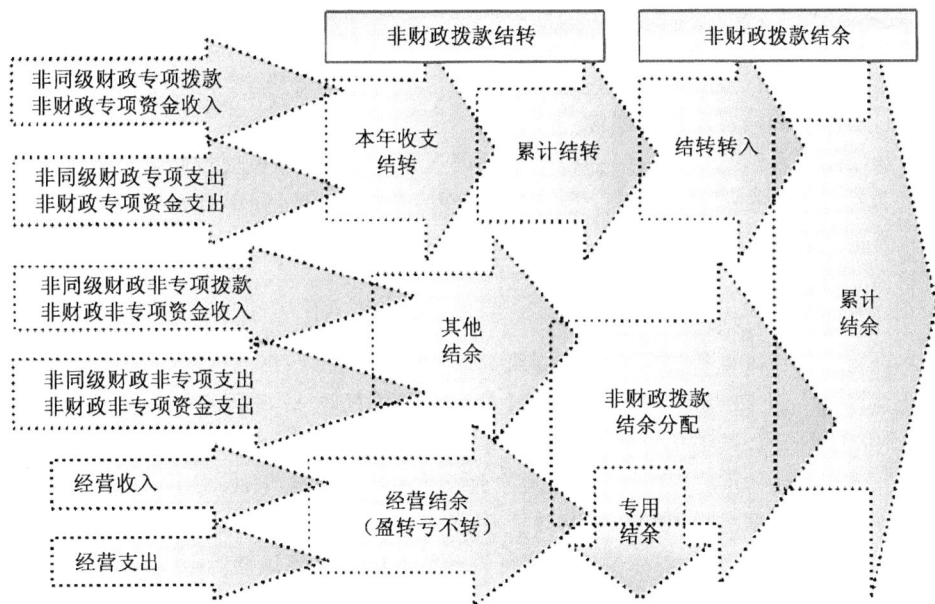

图12—3　年末非财政拨款结转结余核算程序

凡是结转资金(包括财政拨款结转资金和非财政拨款结转资金),都是需要在下一年度按照原用途继续使用的资金,因而不能进行分配。非财政拨款结余可以按照国家有关规定进行某种分配,如按一定比例提取职工福利基金,其剩余部分可作为非限定用途的非同级财政拨款的结余资金。

二、非财政拨款结转的核算

单位应当设置"非财政拨款结转"科目,核算单位除财政拨款收支、经营收支以外各非同级财政拨款专项资金的调整、结转和滚存情况。该科目为预算会计中的结转结余类科目,其年末贷方余额反映单位滚存的非同级财政拨款专项结转资金数额。

"非财政拨款结转"科目一般应设置下列明细科目:

(一)年初余额调整

该明细科目核算因发生差错更正、以前年度支出收回等原因,需要调整非财政拨款结转的资金。单位按照收到或支出的金额,借记或贷记"资金结存——货币资金"科目,贷记或借记"非财政拨款结转"科目(年初余额调整)。年终结账后,该明细科目应无余额。

(二)缴回资金

该明细科目核算按照规定缴回非财政拨款结转的结转资金。单位按照实际缴回资金数额,借记"非财政拨款结转"科目(缴回资金),贷记"资金结存"科目(货币资金)。年终结账后,该明细科目应无余额。

(三)项目间接费用或管理费

该明细科目核算单位取得的科研预算收入中,按规定计提项目间接费用及管理费的数额。单位按照计提数额,借记"非财政拨款结转"科目(项目间接费用或管理费),贷记"非财政拨款结余——项目间接费用或管理费"科目。年终结账后,该明细科目应无余额。

(四)本年收支结转

该明细科目核算单位本年度非同级财政拨款专项收支相抵后的余额。年末,将事业预算收入、上级补助预算收入、附属单位上缴预算收入、非同级财政拨款预算收入、债务预算收入、其他预算收入本年发生额中的非财政拨款专项收入结转至"非财政拨款结转"科目,借记"事业预算收入""上级补助预算收入"等科目下各非财政拨款专项资金收入明细科目,贷记"非财政拨款结转"科目(本年收支结转);将行政支出、事业支出、其他支出本年发生额中的非财政拨款专项资金支出结转至"非财政拨款结转"科目,借记"非财政拨款结转"科目(本年收支结转),贷记"行政支出""事业支出"等科目下各非财政拨款专项支出明细科目。年终结账后,该明细科目应无余额。

(五)累计结转

该明细科目核算单位滚存的非财政拨款的专项结转资金,其年末贷方余额反映单位非同级财政拨款滚存的专项结转资金数额。该科目还应当按照具体项目、《政府收支分类科目》中"支出功能分类科目"的相关科目等进行明细核算。

年末冲销有关明细科目余额时,将"非财政拨款结转"科目(年初余额调整、项目间接费用或管理费、缴回资金、本年收支结转)余额转入"非财政拨款结转"科目(累计结转)。结转后,"非财政拨款结转"科目除"累计结转"明细科目外,其他明细科目应无余额。

〖**例 12—5**〗 E事业单位收到某主管部门拨入专款45万元用于某专题项目的研

究,要求在半年内完成并提交研究报告,多余的项目资金应当上缴。E 单位共为此项目发生的专项支出为 42 万元,应进行预算会计核算如下:

收到主管部门拨入专款时:

借:资金结存——货币资金　　　　　　　　　　　450 000.00

　　贷:上级补助预算收入——非财政专项资金收入　　　450 000.00

发生非财政专项资金支出时:

借:事业支出——非财政专项资金支出　　　　　　420 000.00

　　贷:资金结存——货币资金　　　　　　　　　　　420 000.00

期末结转非财政专项资金收支时:

借:上级补助预算收入——非财政专项资金收入　　450 000.00

　　贷:非财政拨款结转——本年收支结转　　　　　　450 000.00

借:非财政拨款结转——本年收支结转　　　　　　420 000.00

　　贷:事业支出——非财政专项资金支出　　　　　　420 000.00

年末上缴非财政拨款结转差额 30 000 元(450 000-420 000)时:

借:非财政拨款结转——缴回资金　　　　　　　　30 000.00

　　贷:资金结存——货币资金　　　　　　　　　　　30 000.00

年末冲销有关明细科目余额时:

借:非财政拨款结转——本年收支结转　　　　　　30 000.00

　　贷:非财政拨款结转——累计结转　　　　　　　　30 000.00

借:非财政拨款结转——累计结转　　　　　　　　30 000.00

　　贷:非财政拨款结转——缴回资金　　　　　　　　30 000.00

年末完成上述结转后,应当对非财政拨款专项结转资金各项目情况进行分析。如果将留归本单位使用的非财政拨款专项(项目已完成)剩余资金转入非财政拨款结余,则借记“非财政拨款结转”科目(累计结转),贷记“非财政拨款结余——结转转入”科目。本例由于项目剩余资金已按规定结转并缴回主管部门,经过以上结账后,“非财政拨款结转”科目年末已无余额。

三、非财政拨款结余的核算

单位应当设置“非财政拨款结余”科目,核算单位历年滚存的非限定用途的非同级财政拨款结余资金,主要为非财政拨款结余扣除结余分配后滚存的金额。该科目为预算会计中的结转结余类科目,其年末贷方余额反映单位非同级财政拨款结余资金的累计滚存数额。

“非财政拨款结余”科目一般应设置下列明细科目,还应当按照《政府收支分类科目》中“支出功能分类科目”的相关科目进行明细核算。

(一)年初余额调整

该明细科目核算因发生差错更正、以前年度支出收回等原因,需要调整非财政拨款结余的资金。单位按照收到或支出的金额,借记或贷记"资金结存——货币资金"科目,贷记或借记"非财政拨款结余"科目(年初余额调整)。年终结账后,该明细科目应无余额。

温馨提示:因发生会计差错而做出年初余额调整时,一定要注意分清是财政拨款还是非财政拨款、是结转资金还是结余资金的列支渠道,分别调整财政拨款结转(年初余额调整)、财政拨款结余(年初余额调整)、非财政拨款结转(年初余额调整)和非财政拨款结余(年初余额调整)。

(二)项目间接费用或管理费

该明细科目核算单位取得的科研预算收入中,按照规定计提的项目间接费用及管理费的数额,借记"非财政拨款结转——项目间接费用或管理费"科目,贷记"非财政拨款结余"科目(项目间接费用或管理费)。年终结账后,该明细科目应无余额。

(三)结转转入

该明细科目核算按规定留归单位使用,由单位统筹调配,应纳入单位非财政拨款结余的非同级财政拨款专项剩余资金。将留归本单位使用的非财政拨款专项(项目已完成)剩余资金转入时,借记"非财政拨款结转——转入结余"科目,贷记"非财政拨款结余"科目(结转转入)。年终结账后,该明细科目应无余额。

(四)累计结余

该明细科目核算单位历年滚存的非同级财政拨款、非专项结余资金。有企业所得税交纳义务的事业单位实际交纳企业所得税时,按照交纳金额,借记"非财政拨款结余"科目(累计结余),贷记"资金结存——货币资金"科目。

年末冲销有关明细科目余额。将"非财政拨款结余"科目(年初余额调整、项目间接费用或管理费、结转转入)的余额结转入"非财政拨款结余"科目(累计结余)。结转后,"非财政拨款结余"科目除"累计结余"明细科目外,其他明细科目应无余额。

年末,将留归本单位使用的非财政拨款专项(项目已完成)剩余资金转入"非财政拨款结余"科目,借记"非财政拨款结转——累计结转"科目,贷记"非财政拨款结余"科目(结转转入)。

年末,事业单位将"非财政拨款结余分配"科目余额转入"非财政拨款结余——累计结余"科目。"非财政拨款结余分配"科目为借方余额的,借记"非财政拨款结余——累计结余"科目,贷记"非财政拨款结余分配"科目;"非财政拨款结余分配"科目为贷方余额的,借记"非财政拨款结余分配"科目,贷记"非财政拨款结余——累计结余"科目。

年末,行政单位将"其他结余"科目的余额转入"非财政拨款结余——累计结余"科目。"其他结余"科目为借方余额的,借记"非财政拨款结余——累计结余"科目,贷记"其他结余"科目;"其他结余"科目为贷方余额的,借记"其他结余"科目,贷记"非财政拨款结余——累计结余"科目。

上述非财政拨款结余(累计结余)年末核算的主要内容可概括如图12-4所示。

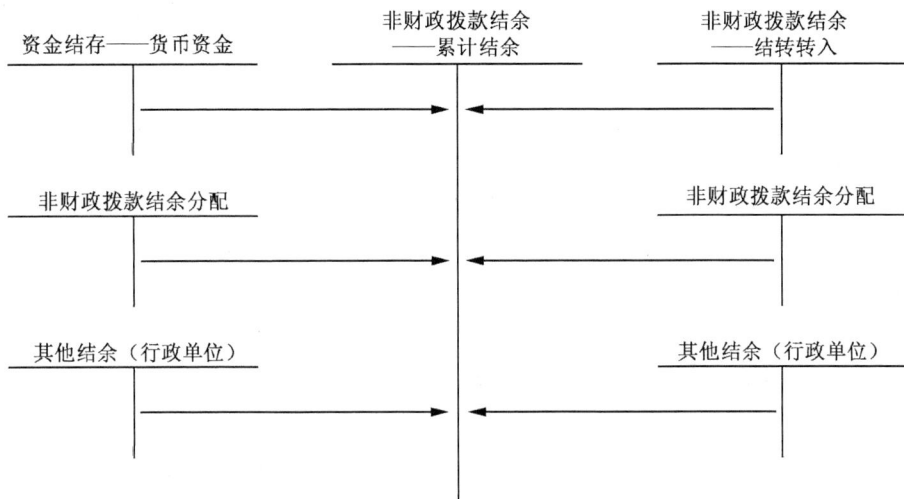

图12-4　非财政拨款结余年末核算流程

经过上述核算,"非财政拨款结余——累计结余"明细科目年末贷方余额反映单位非同级财政拨款滚存的非专项结余资金的数额。

〖**例12-6**〗　F事业单位某会计期间涉及"非财政专项资金收支"科目的余额如下:事业预算收入的贷方余额为145 000元,上级补助预算收入的贷方余额为24 000元,其他预算收入的贷方余额为280 000元;事业支出的借方余额为154 000元,其他支出的借方余额为280 000元。

将上述有关非财政专项资金收支结转至非财政拨款结转,应进行预算会计核算如下:

借:事业预算收入——非财政专项资金收入　　　　145 000.00

　　上级补助预算收入——非财政专项资金收入　　　24 000.00

　　其他收入——非财政专项资金收入　　　　　　280 000.00

　　贷:非财政拨款结转——本年收支结转　　　　　　　449 000.00

借:非财政拨款结转——本年收支结转　　　　　　　434 000.00
　　贷:事业支出——非财政专项资金支出　　　　　　154 000.00
　　　　其他支出——财政专项资金支出　　　　　　　280 000.00

年末结转有关明细科目余额时:

借:非财政拨款结转——本年收支结转　　　　　　　15 000.00
　　贷:非财政拨款结转——累计结转　　　　　　　　15 000.00

本例非财政拨款结转差额 15 000 元(449 000－434 000)按规定留存单位使用,预算会计核算如下:

借:非财政拨款结转——累计结转　　　　　　　　　15 000.00
　　贷:非财政拨款结余——结转转入　　　　　　　　15 000.00
借:非财政拨款结余——结转转入　　　　　　　　　15 000.00
　　贷:非财政拨款结余——累计结余　　　　　　　　15 000.00

经过上述预算会计核算,"非财政拨款结余"科目除"累计结余"明细科目外,其他明细科目应无余额。

上述财政拨款结转结余年末核算的主要业务流程可概括如图 12—5 所示。

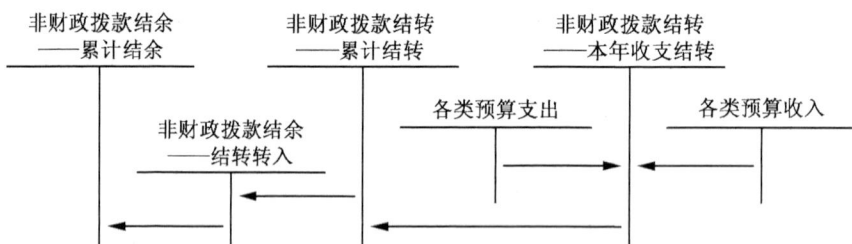

图 12—5　非财政拨款结转结余年末核算流程

第五节　非财政拨款结余分配

一、经营结余核算

事业单位应当通过设置"经营结余"科目,核算经营活动收支相抵、弥补以前年度经营亏损后的余额。该科目属于预算会计中的结转结余类科目,应按照经营活动类别设置明细科目。年末结账后,该科目一般无余额;如为借方余额,反映事业单位发生的累计经营亏损。

经营结余的主要账务处理如下:

年末,将经营预算收入本年发生额结转入"经营结余"科目,借记"经营预算收入"科目,贷记"经营结余"科目;将经营支出本年发生额结转入"经营结余"科目,借记"经营结余"科目,贷记"经营支出"科目。

年末,完成上述结转后,将"经营结余"科目的贷方余额转入"非财政拨款结余分配"科目,借记"经营结余"科目,贷记"非财政拨款结余分配"科目;如"经营结余"科目为借方余额,则为经营亏损,不予结转。

〖例12—7〗　G事业单位经营收支本期发生额结转的有关会计分录如下:

借:经营预算收入	1 086 002.00
贷:经营结余	1 086 002.00
借:经营结余	1 062 790.00
贷:经营支出	1 062 790.00
借:经营结余	23 212.00
贷:非财政拨款结余分配	23 212.00

〖例12—8〗　H单位2018年取得经营收入280万元,发生经营支出300万元、经营亏损20万元。2018年12月31日,J单位将经营亏损20万元转入"经营结余"和"非财政拨款结余分配"科目,是否正确? 为什么?

不正确。经营盈余可以结转记入"非财政拨款结余分配"科目核算,但经营亏损不能结转记入"非财政拨款结余分配"科目核算,而应由以后年度的经营盈余弥补。

二、其他结余

单位应当设置"其他结余"科目,核算单位本年度除财政拨款收支、非同级财政专项资金收支和经营收支以外各项收支相抵后的余额。该科目属于预算会计中的结转结余类科目。年末结账后,该科目应无余额。

其他结余的主要账务处理如下:

年末,将事业预算收入、上级补助预算收入、附属单位上缴预算收入、非同级财政拨款预算收入、债务预算收入、其他预算收入本年发生额中的非专项资金收入以及投资预算收益的本年发生额转入该科目,结转至"其他结余"科目,借记"事业预算收入""上级补助预算收入"等科目下各非财政非专项资金收入明细科目,贷记"其他结余"科目;将行政支出、事业支出、其他支出本年发生额中的非同级财政、非专项资金支出,以及上缴上级支出、对附属单位补助支出、投资支出、债务还本支出的本年发生额转入"其他结余"科目,借记"其他结余"科目,贷记"行政支出""事业支出""其他支出"等科目下各非同级财政、非专项资金支出明细科目。

年末,完成上述结转后,行政单位将"其他结余"科目余额转入"非财政拨款结余——累计结余"科目;事业单位将"其他结余"科目余额结转入"非财政拨款结余分配"科目。当"其他结余"科目为贷方余额时,借记"其他结余"科目,贷记"非财政拨款结余——累计结余"或"非财政拨款结余分配"科目。当"其他结余"科目为借方余额时,借记"非财政拨款结余——累计结余"或"非财政拨款结余分配"科目,贷记"其他结余"科目。

〖例12—9〗 J事业单位期末将上级补助预算收入、事业预算收入、附属单位上缴预算收入、其他预算收入本期发生额中的非财政非专项资金收支结转时,编制的会计分录如下:

将有关收入转入"其他结余"账户的贷方:

借:上级补助预算收入	2 600 000.00
事业预算收入	4 448 362.00
附属单位上缴预算收入	206 800.00
其他预算收入	2 823 990.00
贷:其他结余	10 079 152.00

将有关支出转入"其他结余"账户的借方:

借:其他结余	9 105 235.00
贷:事业支出	1 350 000.00
其他支出	6 695 235.00
对附属单位补助支出	60 000.00
上缴上级支出	1 000 000.00

将"其他结余"账户的余额转入"非财政拨款结余分配"账户:

借:其他结余	973 917.00
贷:非财政拨款结余分配	973 917.00

上述结账核算以后,"其他结余"科目已无余额。

三、专用结余

事业单位应当设置"专用结余"科目,核算按照规定从非财政拨款结余中提取的具有专门用途的资金的变动和滚存情况。该科目应当按照专用结余的类别进行明细核算。其年末贷方余额反映事业单位从非同级财政拨款结余中提取的专用基金的累计滚存数额。

事业单位根据有关规定从本年度非财政拨款结余或经营结余中提取基金的,按照提取金额,借记"非财政拨款结余分配"科目,贷记"专用结余"科目。

根据规定使用从非财政拨款结余或经营结余中提取的专用基金时,按照使用金额,借记"专用结余"科目,贷记"资金结存——货币资金"科目。

〖例12—10〗 承接例8—1,某事业单位按照非财政拨款结余200万元的30%计

算提取 60 万元职工福利基金,在进行财务会计账务处理的同时,还应当进行预算会
计核算如下:

借:非财政拨款结余分配　　　　　　　　　　　　　600 000.00
　　贷:专用结余——职工福利基金　　　　　　　　　　600 000.00

单位计提和使用专用结余(专用基金)时,财务会计与预算会计的核算并不相同,
应分别进行账务处理(如表 12—5 所示)。

表 12—5　　　　　　　　　　财务会计与预算会计对专用结余核算的区别

核算内容	财务会计核算方法	预算会计核算方法
从非财政拨款结余或经营结余中提取基金	借:本年盈余分配 　　贷:专用基金	借:非财政拨款结余分配 　　贷:专用结余
按照规定使用提取的专用基金	借:专用基金 　　贷:银行存款等 用专用基金购置固定资产、无形资产 借:固定资产/无形资产 　　贷:银行存款等 借:专用基金 　　贷:累计盈余	借:专用结余 　　贷:资金结存——货币资金

温馨提示:财政拨款结转结余和非财政拨款结转都存在规定用途或去向,不可以提取
职工福利基金;而非财政拨款结转结余主要来源于经营结余和其他结余,可以提取职工福利基
金(专用结余)。

四、非财政拨款结余分配

事业单位通过设置"非财政拨款结余分配"科目,核算本年度非财政拨款结余分
配的情况和结果。该科目属于预算会计中的结转结余类科目。年末结账后,该科目
应无余额。

非财政拨款结余分配的主要账务处理如下:

年末,将"其他结余"科目的余额结转入"非财政拨款结余分配"科目。当"其他结
余"科目为贷方余额时,借记"其他结余"科目,贷记"非财政拨款结余分配"科目;当
"其他结余"科目为借方余额时,借记"非财政拨款结余分配"科目,贷记"其他结余"科

目。

年末,将"经营结余"科目的贷方余额结转入"非财政拨款结余分配"科目,借记"经营结余"科目,贷记"非财政拨款结余分配"科目。

根据有关规定提取专用基金的,按提取的金额,借记"非财政拨款结余分配"科目,贷记"专用结余"科目。

年末,按规定完成上述账务处理后,将"非财政拨款结余分配"科目的余额结转入非财政拨款结余。当"非财政拨款结余分配"科目为借方余额时,借记"非财政拨款结余——累计结余"科目,贷记"非财政拨款结余分配"科目;当"非财政拨款结余分配"科目为贷方余额时,借记"非财政拨款结余分配"科目,贷记"非财政拨款结余——累计结余"科目。

【例12—11】 K事业单位当年实现的其他结余的贷方余额为20万元,经营结余的贷方余额为30万元。假设该单位按照经营结余的25%交纳所得税,按非财政拨款结余50万元的20%提取职工福利基金,应进行预算会计核算如下:

结转非财政拨款结余分配:

借:其他结余	200 000.00	
经营结余	300 000.00	
贷:非财政拨款结余分配		500 000.00

提取职工福利基金100 000元(500 000×20%):

借:非财政拨款结余分配	100 000.00	
贷:专用结余——职工福利基金		100 000.00

结转非财政拨款结余分配余额:

借:非财政拨款结余分配	400 000.00	
贷:非财政拨款结余——累计结余		400 000.00

计算并上交企业所得税75 000元(300 000×25%):

借:非财政拨款结余——累计结余	75 000.00	
贷:资金结存——货币资金		75 000.00

经过上述结账,"非财政拨款结余分配"科目已无余额。"非财政拨款结余——累计结余"科目中的325 000元(400 000—75 000)为非财政拨款结余资金的数额。

上述非财政拨款结余分配年末核算的主要内容可概括如图12—6所示。

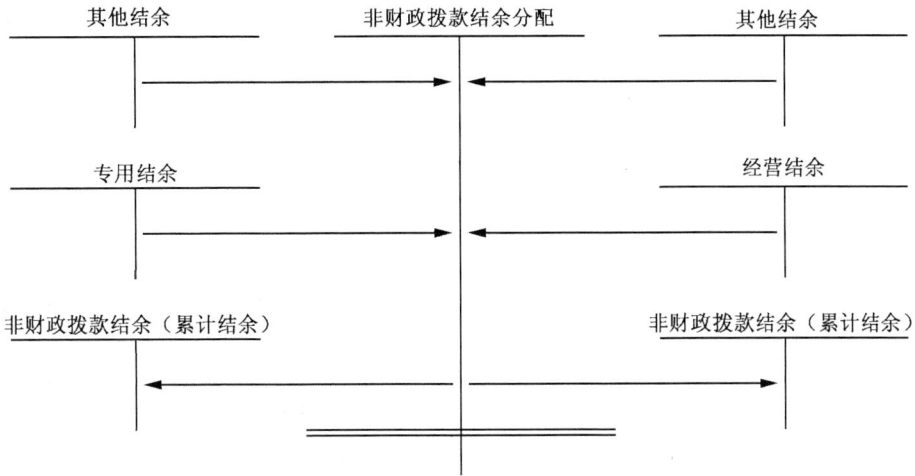

图 12－6 非财政拨款结余分配年末核算流程

第六节 预算收支与结转结余

一、预算会计三要素之间的内在关系

预算收入、预算支出和预算结余(包括结转结余)构成预算会计的三要素,其核算过程及其结果之间有着内在的必然联系:

预算收入＞预算支出⇒预算正结余

预算收入＜预算支出⇒预算负结余

预算收入＝预算支出⇒预算零结余

一个单位的结转结余核算正确与否,既与预算收入核算相关,也与预算支出核算相联系。明确 3 个预算会计要素的概念、确认条件、核算范围与规范要求是正确核算预算结余的基础条件。尤其是在核算过程中,各条收支界限的划分是否明确、各种资金来源是否区分清楚、各个会计科目的核算正确与否、各项结转结余是否规范处理与预算结余的核算结果休戚相关,其内容可归纳如表 12－6 所示。

表 12－6   **4 类预算结转结余类核算内容一览表**

预算结余类项目		资金来源	相关会计科目及其核算内容
1. 财政拨款结转 2. 财政拨款结余		财政拨款预算收入	财政拨款预算收入
		财政拨款预算支出	行政支出——财政拨款支出 事业支出——财政拨款支出
3. 非财政拨款结转(非财政专项资金结转)		非财政专项资金预算收入(简称"专项资金收入")	(事业预算收入＋上级补助预算收入＋附属单位上缴预算收入＋非同级财政拨款预算收入＋债务预算收入＋其他预算收入)本年发生额中的非财政专项资金收入
		非财政专项资金预算支出(简称"专项资金支出")	(行政支出＋事业支出＋其他支出)本年发生额中的非财政拨款专项资金支出
4. 非财政拨款结余	经营结余	经营预算收入	经营预算收入
		经营预算支出	经营支出
	其他结余	非财政非专项资金预算收入(其他资金收入)	(事业预算收入＋上级补助预算收入＋附属单位上缴预算收入＋非同级财政拨款预算收入＋债务预算收入＋其他预算收入)本年发生额中的非财政非专项资金收入＋投资预算收益本年发生额
		非财政非专项资金预算支出(其他资金支出)	(行政支出＋事业支出＋其他支出)本年发生额中的非同级财政非专项资金支出＋(上缴上级支出＋对附属单位补助支出＋投资支出＋债务还本支出)本年发生额

二、预算收支与结转结余的核算流程

记账是有规律可循的。总结财政拨款收支、非同级财政资金收支、非财政专项资金收支、经营收支、其他资金收支的核算内容与核算步骤,分析各类预算收入、预算支出与预算结转结余的内在关系,其核算流程可归纳如图 12－7 所示,并可以提炼出各类预算收支与结转结余之间的逻辑规律。既定的会计核算过程应当循规蹈矩。

经过以上预算收支的结转结余核算,财政拨款结转和非财政拨款结转的本期发生额可能出现以下三种情况:一是全部余额留存在结转账户内,没有转出;二是部分余额留存在结转账户内,部分转入结余账户;三是全部余额转入结余账户,没有余额。

经营结余在出现亏损的情况下才有余额,盈利则没有余额。

其他结余通常情况下是没有余额的。

非财政拨款结余分配余额转入非财政拨款结余后没有余额。

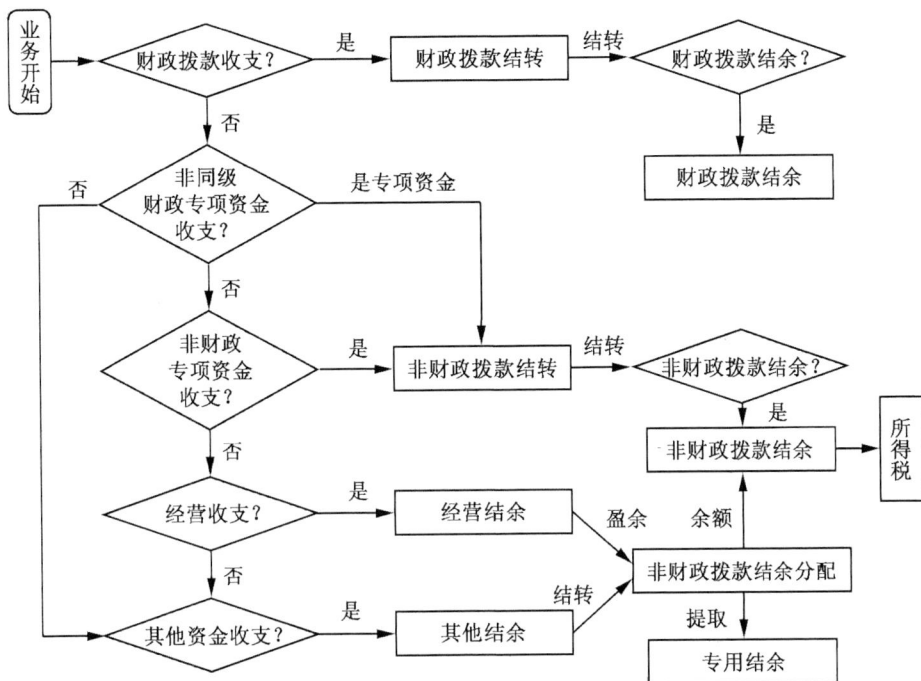

图 12—7　各项预算收支与结转结余之间的内在关系

专用结余在提取专用基金且收入大于支出的情况下才会有余额。

〖**例 12—12**〗　XYZ 事业单位 2019 年度按照收付实现制计算的各项收支资料汇总情况如下(请对照例 8—3 比较财务会计与预算会计核算的异同并总结核算规律):

1. 各项预算收入汇总情况

财政拨款预算收入 500 万元(其中,基本支出——人员经费 280 万元、基本支出——日常公用经费 120 万元、项目拨款 100 万元),事业预算收入 1 000 万元(其中,科研事业收入 200 万元),上级补助预算收入 10 万元,附属单位上缴预算收入 10 万元,经营预算收入 30 万元,其他预算收入 5 万元。

2. 各项预算支出汇总情况

事业支出 1 200 万元(其中:基本支出 1 000 万元,包括财政拨款用于人员经费 280 万元和日常公用经费 120 万元;项目支出 200 万元,包括财政拨款项目支出 80 万元和科研项目支出 50 万元),经营支出 20 万元,上缴上级单位支出 5 万元,对附属单位补助支出 10 万元。

3. 各专项项目进展汇总情况

财政项目拨款 100 万元中包括 2 个项目:A 项目拨款 60 万元,支出 40 万元,结转继续使用;B 项目 40 万元,支出 40 万元,年底已全部完成。

科研事业收入 200 万元中包括 3 个项目:甲项目 70 万元,费用支出 30 万元,继续研究;乙项目 90 万元,费用发生 40 万元,实际支出 20 万元,正在正常进行中;丙项目 40 万元,尚未发生费用支出,留待下年度使用。

4. 预算会计核算的具体要求

(1)计算预算收入、预算支出总额与收支差额;(2)计算与核算财政拨款(项目支出)结转和结余;(3)计算与核算财政拨款(基本支出)结转和结余;(4)计算与核算非财政拨款结转;(5)计算与核算经营结余;(6)计算与核算其他结余;(7)计算与核算经营结余和其他结余;(8)计算与核算职工福利基金提取额(假设按照非财政拨款结余20%的比例提取职工福利基金);(9)年末结转非财政拨款结余分配额;(10)计算分析年末全部预算结转结余金额。

5. 解题过程分析

(1)预算收入总数=财政拨款预算收入+事业预算收入+上级补助预算收入
　　　　　　　　+附属单位缴款预算收入+经营预算收入+其他预算收入
　　　　　　=500+1 000+10 +10+30+5=1 555(万元)

预算支出总数=事业支出+上缴上级单位支出+经营支出+对附属单位补助支出
　　　　　　=1 200+20+5+10=1 235(万元)

预算全部收支差额=预算收入总数-预算支出总数
　　　　　　　　=1 555-1 235=320(万元)

(2)财政拨款(项目支出)的核算:

借:财政拨款预算收入——A 项目	600 000.00	
财政拨款预算收入——B 项目	400 000.00	
贷:财政拨款结转——本年收支结转		1 000 000.00
借:财政拨款结转——本年收支结转	800 000.00	
贷:事业支出——财政拨款支出(A 项目)		400 000.00
事业支出——财政拨款支出(B 项目)		400 000.00
借:财政拨款结转——本年收支结转(B 项目)	200 000.00	
贷:财政拨款结转——累计结转(B 项目)		200 000.00

(3)财政拨款(基本支出)的核算(结余为 0):

借:财政拨款预算收入——基本支出(人员经费)	280 000.00	
财政拨款预算收入——基本支出(公用经费)	120 000.00	

　　贷:财政拨款结转——本年收支结转　　　　　　400 000.00
　借:财政拨款结转——本年收支结转　　400 000.00
　　贷:事业支出——财政拨款支出(基本支出)　　400 000.00
　(4)非财政拨款结转＝科研事业收入－专项科研支出
　　　　　＝200－50＝150(万元)
　借:事业预算收入——非财政专项资金收入(甲项目)　700 000.00
　　事业预算收入——非财政专项资金收入(乙项目)　900 000.00
　　事业预算收入——非财政专项资金收入(丙项目)　400 000.00
　　贷:非财政拨款结转——本年收支结转　　　2 000 000.00
　借:非财政拨款结转——本年收支结转　　500 000.00
　　贷:事业支出——非财政专项资金支出(甲项目)　300 000.00
　　　事业支出——非财政专项资金支出(乙项目)　200 000.00
　借:非财政拨款结转——本年收支结转　　1 500 000.00
　　贷:非财政拨款结转——累计结转　　　1 500 000.00
　(5)经营结余＝经营收入－经营支出
　　　　　＝30－20＝10(万元)
　借:经营预算收入　　　　　300 000.00
　　贷:经营结余　　　　　　　300 000.00
　借:经营结余　　　　　　　200 000.00
　　贷:经营支出　　　　　　　200 000.00
　借:经营结余　　　　　　　100 000.00
　　贷:非财政拨款结余分配　　　100 000.00
　(6)其他结余＝其他资金收入－其他资金支出
　　　　　＝825－685＝140(万元)
　　其中,其他资金收入825万元的组成内容如下:①事业预算收入1 000万元减去科研事业收入200万元为800万元;②上级补助预算收入10万元;③附属单位上缴预算收入10万元;④其他预算收入5万元。其他资金支出685万元的组成内容如下:事业支出(基本支出)1 000万元减去财政拨款基本支出400万元为600万元;②事业支出(项目支出——其他资金支出)70万元(200－80－50);③上缴上级单位支出5万元,对附属单位补助支出10万元。
　借:事业预算收入——其他资金收入　　8 000 000.00
　　上级补助预算收入——其他资金收入　　100 000.00
　　附属单位上缴预算收入——其他资金收入　　100 000.00
　　其他预算收入——其他资金收入　　50 000.00

```
        贷:其他结余                              8 250 000.00
   借:其他结余                    6 850 000.00
        贷:事业支出——基本支出(其他资金支出)    6 000 000.00
          事业支出——项目支出(其他资金支出)      700 000.00
          对附属单位补助支出                     100 000.00
          上缴上级支出                           50 000.00
   借:其他结余                    1 400 000.00
        贷:非财政拨款结余分配                    1 400 000.00
```

(7)非财政拨款结余＝经营结余＋其他结余

　　　　＝10＋140＝150(万元)

　　或＝收支差额－(财政拨款结转＋财政拨款结余＋非财政拨款结转)

　　　　＝320－(20＋0＋150)＝150(万元)

(8)职工福利基金提取额＝非财政拨款结余×提取比例

　　　　＝150×20％＝30(万元)

```
   借:非财政拨款结余分配            300 000.00
        贷:专用结余——职工福利基金               300 000.00
```

(9)年末结转非财政拨款结余分配余额＝150－30＝120(万元)

```
   借:非财政拨款结余分配            120 000.00
        贷:非财政拨款结余——累计结余             120 000.00
```

经过上述结账,"非财政拨款结余分配"科目应无余额。"非财政拨款结余——累计结余"年末贷方余额120万元,反映单位滚存的非财政拨款结余资金数额。

(10)财政拨款结转20万元,财政拨款结余0,非财政拨款结转150万元,非财政拨款结余120万元,专用结余30万元,全部预算结转结余合计为320万元。

温馨提示:上例预算会计核算结果表明,全部预算结转结余合计数为320万元,这与例8-3中财务会计本期盈余的核算结果300万元(累计盈余270万元＋专用基金30万元)相比,相差20万元,原因在于权责发生制下确认了尚未支付的单位管理费用20万元,而在收付实现制下的事业支出中未予确认,也就是说,采用不同的核算基础,其核算结果可能会产生差异,但有因可查、有律可循。

上述核算过程及其结果就是编制预算会计报表的数据来源与主要依据(详见第十三章的具体介绍)。

思考与练习

1. 简述结转资金与结余资金的联系和区别。

2. 请比较说明资金结存年末和年初财务会计与预算会计账务处理的区别。

3. 试比较说明财政拨款结转结余与非财政拨款结转结余的区别。

4. 简述经营结余与其他结余在年末结转时的区别。

5. 简述资金结存和结转结余类科目与平行记账的内在关系。

6. 请举例说明全部预算结转结余合计数与本期盈余之间的关系。

7. 某事业单位 2018 年年末经计算得出经营业务应缴所得税为 5 200 元。2019 年年初用银行存款予以缴纳。请审核两年编制的财务会计与预算会计分录是否正确。

2018 年财务会计账务处理如下：

借：所得税费用　　　　　　　　　　　　　　　　　　　　5 200.00

　　贷：其他应交税费——单位应交所得税　　　　　　　　　　5 200.00

2019 年财务会计与预算会计账务处理如下：

借：其他应交税费——单位应交所得税　　　　　　　　　　5 200.00

　　贷：银行存款　　　　　　　　　　　　　　　　　　　　5 200.00

借：非财政拨款结余分配　　　　　　　　　　　　　　　　5 200.00

　　贷：资金结存——货币资金　　　　　　　　　　　　　　5 200.00

8. 请归纳总结预算收支与预算结转结余的核算流程，并绘制核算流程图。

第十三章

政 府 预 算 会 计 报 表

第一节　政府预算会计报表概述

一、预算执行情况与决算过程

各级人民代表大会及其常务委员会、各级政府及其有关部门、政府会计主体自身、社会公众和其他利益相关者都很关心决算报告,因为决算报告能够综合反映政府会计主体预算收支的年度执行结果,有助于决算报告使用者进行监督和管理,并为编制后续年度预算提供参考和依据。

政府决算的编制是从执行预算的基层单位、部门开始,从地方到中央自下而上逐级编制、汇总,最后由财政部将中央决算和地方财政总决算汇总编制成政府决算。部门及单位决算是政府决算的基础。

预算既是管理的源头,也是决算的基础;执行既是管理的过程,也是预算的具体实施;核算既是管理的记录,也是预算执行情况的反映;决算既是预算执行的总结,也是管理的结果,更是单位加强管理、进行管理决策的重要依据,还是主管部门和财政部门以及其他报表使用者了解单位财务状况和运营业绩的主要信息来源。

决算是从资金角度进行的年度总结。每个单位在年度终了根据财政部门决算编审的要求,在日常会计核算的基础上编制的综合反映本单位预算执行情况和财务状况的总结性文件就是决算报告。

每个单位在年度决算之前,必须根据财政部门的要求,对各项收支和财产物资等进行全面的清理结算,在此基础上办理年度结账,编制年度决算,报主管部门。主管部门对单位年度决算进行审核汇总后,报送财政部门审批。由于决算通常在年底进行,是根据年度预算执行结果编制的年度报告,因此也被称为年度决算。

预算、执行、核算、决算的过程及其循环周转关系如图 13—1 所示。

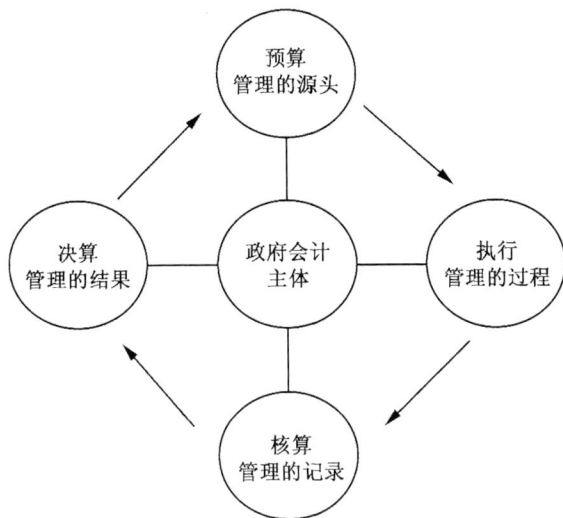

图 13—1 预算、执行、核算、决算之间的内在关系

二、政府决算报告与预算会计报表

决算报告是综合反映政府会计主体年度预算收支执行结果的文件,应当包括预算会计报表(决算报表)和其他应当在决算报告中反映的相关信息及资料。

决算报表以收付实现制为基础,以预算会计核算生成的数据为准,综合反映预算收支的年度执行情况,它的整个编制过程实质上是预算执行结果与决算报告的过程。

本章主要阐述反映决算要求的预算会计报表,其至少包括预算收入支出表、预算结转结余变动表和财政拨款预算收入支出表。

政府决算报告和预算会计报表体系如表 13—1 所示。

表 13—1 政府决算报告体系

政府决算报告			
预算会计报表(决算报表)			相关信息和资料说明
预算收入支出表	预算结转结余变动表	财政拨款预算收入支出表	
年度	年度	年度	

相关信息和资料说明可以集中体现于财务情况说明书,它也是年度报告的重要

组成部分。单位通过对本年度预算执行情况、收支状况及决算工作等情况的认真总结,以财务指标和相关统计指标为主要依据,运用趋势分析、比率分析和因素分析等方法进行横向、纵向的比较、评价和剖析,以反映单位在业务活动过程中的财务状况、变动趋势和存在的问题,以促进单位的经营管理和业务发展;同时,便于报表使用者进一步了解有关预算执行情况,考核评价其业绩,预测其发展趋势,并有助于决策。

三、预算会计报表编制要求

第一,在年度终了前,应根据财政部门或主管部门的预决算编审工作要求,对各项收入账目、往来款项、货币资金和财产物资进行全面清理结算,在此基础上办理年度结账,编制报表。

第二,清理、核算年度预算收支数额和各项缴拨款,保证上下级之间的年度预算数与领拨经费数一致。

第三,为了准确反映各项收支数额,凡属本年度的应拨款项,应当在 12 月 31 日前汇达对方。主管会计单位对所属各单位的预算拨款一般截至 12 月 25 日,逾期一般不再下拨。

第四,凡属本年的各项收入,都应及时入账。本年的各项应缴预算款和应缴财政专户的预算外资金,要在年终前全部上缴。属于本年的各项支出,要按规定的支出渠道如实列报。年度单位支出决算一律以基层用款单位截至 12 月 31 日的本年实际支出数为准,不得将年终前预拨下级单位的下年度预算拨款列入本年支出,也不得以上级会计单位的拨款数代替基层会计单位的实际支出数。

第五,单位的往来款项在年终前应尽量清理完毕。按照有关规定应当转作各项收入或各项支出的往来款项应及时转入各有关账户,编入本年决算。

第六,单位年终应及时与开户银行对账,银行存款账面余额应与银行对账单的余额核对相符。现金账面余额应与库存现金核对相符。有价证券账面数额一般应与实存的有价证券核对相符。

第七,年终前,应对各项财产物资进行清理盘点。发生盘盈、盘亏的,应及时查明原因,按规定做出处理、调整账务,做到账实相符、账账相符。

第八,单位的决算报告经过审核程序,经上级主管部门或财政部门审批后,需要调整决算数据的,应做相应调整。

第九,认真做好预决算分析工作。预决算分析报告是一项基础性工作,内容丰富、涉及面广,不少信息需要相关部门提供,共同分析完成。预决算分析应当坚持问题导向,努力使预决算信息找得到、看得懂、能监督。坚持业财融合,加强对部门预决算数据的利用,不仅能保证单位整体预决算数据的准确性,而且能真实反映单位的财务运行状况,为来年预算的编制与执行,为加强财务方面的管理提供必要的数据支撑和前提保障。为此,编制人员要不断提高文字表述和分析能力,并在此基础上进行认真归纳和总结,不断探索,撰写出符合要求的高质量决算分析报告。

四、预决算审查与控制

各国政府都相当重视预算控制及其结果的报告。美国会计准则委员会在其原则公告中强调了预算、预算控制和预算受托责任的重要性,指出每个政府单位都应采用年度预算;会计系统应该提供适当的预算控制基础、预算比较报表以及综合年度财务报告,还要求预算比较报表的内容要包括初始预算,报告期的最终预算,以预算基础计量的财务资源的实际流入、流出和余额。

预算会计控制以及受托责任是一些国家政府会计报告的主要内容。一些政府在日常核算中以预算基础进行会计记录,目的是便于预算控制、编制中期和年度预算报告,然后在年末把账户调整到权责发生制基础,用于对外报告。

预算会计历来是我国行政事业单位核算的重点。每个单位都应当保证预决算数据的真实、准确。通过年度预决算,反映单位各项预算指标和预算计划的完成情况,分析预算执行进度情况,发现财务管理中存在的问题,有针对性地提出加强和改进管理的措施,提高预算管理水平。

我国政府采用自下而上的方式对预决算各环节进行审查,做到逐级审查、层层负责。其内容至少包括以下两个方面:一是政策性审查,即从贯彻执行党和国家的方针、政策、财政制度、财经纪律等方面进行审查分析;二是技术性审查,即对决算报表的数据关系方面进行审查。这两个方面的审查各有重点,但可以互为补充、相辅相成,不可偏废。有些政策性问题往往是从技术性的数据审查中发现的。

第二节 预算收入支出表

一、预算收入支出表的概念与基本格式

预算收入支出表是反映单位在某一会计年度内各项预算收入、预算支出和预算收支差额情况的预算会计报表。预算收入支出表的编制基础主要是各预算收入类、预算支出类科目的本期发生额及其增减变动情况。

〖**例13—1**〗 XYZ事业单位2019年依据全部预算收入和预算支出科目本期发生额等相关资料(详见例12—12的核算内容)编制2019年预算收入支出表(如表13—2所示)。

表 13—2　　　　　　　　　　　　　**预算收入支出表**

会政预 01 表

编制单位:XYZ 事业单位　　　　　　2019 年　　　　　　　　单位:元

项　目	本年数	上年数
一、本年预算收入	15 550 000	(略)
(一)财政拨款预算收入	5 000 000	
其中:政府性基金收入		
(二)事业预算收入	10 000 000	
(三)上级补助预算收入	100 000	
(四)附属单位上缴预算收入	100 000	
(五)经营预算收入	300 000	
(六)债务预算收入		
(七)非同级财政拨款预算收入		
(八)投资预算收益		
(九)其他预算收入	50 000	
其中:利息预算收入		
捐赠预算收入		
租金预算收入		
二、本年预算支出	12 350 000	
(一)行政支出		
(二)事业支出	12 000 000	
(三)经营支出	200 000	
(四)上缴上级支出	50 000	
(五)对附属单位补助支出	100 000	
(六)投资支出		
(七)债务还本支出		
(八)其他支出		
其中:利息支出		
捐赠支出		
三、本年预算收支差额	3 200 000	

二、预算收入支出表的编制方法

预算收入支出表"本年数"栏反映各项目的本年实际发生数。"上年数"栏反映各项目上年实际发生数,应当根据上年度预算收入支出表中"本年数"栏内所列数据填列。如果本年度预算收入支出表规定的项目的名称和内容与上年度不一致,应当对上年度预算收入支出表项目的名称和数据按照本年度的规定进行调整,将调整后的金额填入本年度预算收入支出表的"上年数"栏。

下面以列表方式具体说明预算收入支出表中各个项目的编制方法,并请注意"单位"与"事业单位"适用性的区别等(如表13－3和表13－4所示)。

表 13－3　　　　　　　　本年预算收入各项目的具体编制方法

报表项目	反映内容	编制方法
本年预算收入	单位本年预算收入总额	根据本表各预算收入项目金额的合计数填列
财政拨款预算收入	单位本年从同级政府财政部门取得的各类财政拨款	根据"财政拨款预算收入"科目的本年发生额填列,其中,"政府性基金收入"根据相关明细科目的本年发生额填列
事业预算收入	事业单位本年开展专业业务活动及其辅助活动取得的预算收入	根据"事业预算收入"科目的本年发生额填列
上级补助预算收入	事业单位本年从主管部门和上级单位取得的非财政补助预算收入	根据"上级补助预算收入"科目的本年发生额填列
附属单位上缴预算收入	事业单位本年收到的独立核算附属单位按照有关规定上缴的预算收入	根据"附属单位上缴预算收入"科目的本年发生额填列
经营预算收入	事业单位本年在专业业务活动及其辅助活动之外开展非独立核算经营活动取得的预算收入	根据"经营预算收入"科目的本年发生额填列
债务预算收入	事业单位本年按照规定从金融机构等借入的、纳入部门预算管理的债务预算收入	根据"债务预算收入"的本年发生额填列
非同级财政拨款预算收入	单位本年从非同级政府财政部门取得的财政拨款	根据"非同级财政拨款预算收入"科目的本年发生额填列

续表

报表项目	反映内容	编制方法
投资预算收益	事业单位本年取得的按规定纳入单位预算管理的投资收益	根据"投资预算收益"科目的本年发生额填列
其他预算收入	单位本年取得的除上述收入外的纳入单位预算管理的各项预算收入	根据"其他预算收入"科目的本年发生额填列,其中,"利息预算收入""捐赠预算收入""租金预算收入"项目根据各该明细科目的本年发生额填列

表13—4　　　　　　　　　　　**本年预算支出各项目的具体编制方法**

报表项目	反映内容	编制方法
本年预算支出	单位本年预算支出总额	根据本表各项支出项目金额的合计数填列
行政支出	事业单位本年开展专业业务活动及其辅助活动发生的支出	根据"事业支出"科目的本年发生额填列
经营支出	事业单位本年在专业业务活动及其辅助活动外开展非独立核算经营活动发生的支出	根据"经营支出"科目的本年发生额填列
上缴上级支出	事业单位本年按照财政部门和主管部门的规定上缴上级单位的支出	根据"上缴上级支出"科目的本年发生额填列
对附属单位补助支出	事业单位本年用财政拨款收入外的收入对附属单位补助发生的支出	根据"对附属单位补助支出"科目的本年发生额填列
投资支出	事业单位本年以货币资金对外投资发生的支出	根据"投资支出"科目的本年发生额填列
债务还本支出	事业单位本年偿还自身承担的、纳入预算管理的、从金融机构举借的债务本金的支出	根据"债务还本支出"科目的本年发生额填列
其他支出	单位本年除以上支出外的各项支出	根据"其他支出"科目的本年发生额填列,其中,"利息支出"项目和"捐赠支出"项目根据各该明细科目的本年发生额填列

　　预算收入支出表最后的"本年预算收支差额"项目,反映单位本年各项预算收支相抵后的差额。本项目应当根据本表中"本期预算收入"项目金额减去"本期预算支出"项目金额后的金额填列;如相减后金额为负数,以"一"号填列。

三、预算收入支出表的主要特点

(一)预算收入支出表是按照收付实现制编制的动态会计报表

由于预算收入支出表的数据累积了一定会计期间以现金收付制为基础的全部收入与全部支出的增减变动情况,因此,预算收入支出表被称为动态表。

(二)预算收入支出表是单步式结构列报的预算会计报表

预算收入支出表将"本年预算收入"分为 9 项,将"本年预算支出"分为 8 项,分类分项列报各项收支数据,以便分类分项比较,并计算出本年预算收支差额。

(三)预算收入支出表是一种用于收支及其差额情况分析的比较会计报表

将本年各项收支实际情况与上年数、预算(或计划)数相比较,可以考核收支指标的完成情况,评价完成进度,找出不足,促进单位收支业务目标不断改进,并为财政支出绩效评价提供基础资料。

四、预算收入支出表的主要作用

预算收入支出表采用多步式结构列报:第一步,通过计算各项具体的预算收入,汇总得出本年预算收入总额;第二步,通过计算各项具体的预算支出,汇总得出本期预算支出总额;第三步,通过预算收入与支出相抵,得出本期预算收支差额。

从分项来看,预算收入支出表分项列示了单位在一定期间所有收入和支出的具体数额,将这些收入支出进行总体或分项比较,可以反映本期收支及其增减数额的来龙去脉等,从而为衡量单位收支活动成果提供依据。

第三节 预算结转结余变动表

一、预算结转结余变动表的概念与基本格式

预算结转结余变动表是反映单位在某一会计年度内预算结转结余变动情况的预算会计报表。预算结转结余变动表的编制基础主要是各结转类、结余类科目的本期发生额及其增减变动情况。

〖**例 13—2**〗 XYZ 事业单位 2019 年依据预算结转结余类科目本期发生额等相关资料(详见例 12—12 的核算内容)编制 2019 年预算结转结余变动表(如表 13—5 所示)。

表 13－5   预算结转结余变动表

会政预 02 表

编制单位：XYZ 事业单位   2019 年   单位：元

项　目	本年数	上年数
一、年初预算结转结余		（略）
（一）财政拨款结转结余		
（二）其他资金结转结余		
二、年初余额调整（减少以"－"号填列）		
（一）财政拨款结转结余		
（二）其他资金结转结余		
三、本年变动金额（减少以"－"号填列）	3 200 000	
（一）财政拨款结转结余	200 000	
1. 本年收支差额	200 000	
2. 归集调入		
3. 归集上缴或调出		
（二）其他资金结转结余	3 000 000	
1. 本年收支差额	3 000 000	
2. 缴回资金		
3. 使用专用结余		
4. 支付所得税		
四、年末预算结转结余	3 200 000	
（一）财政拨款结转结余	200 000	
1. 财政拨款结转	200 000	
2. 财政拨款结余	0	
（二）其他资金结转结余	3 000 000	
1. 非财政拨款结转	1 500 000	
2. 非财政拨款结余	1 200 000	
3. 专用结余	300 000	
4. 经营结余（如有余额，以"－"号填列）	0	

二、预算结转结余变动表的编制方法

预算结转结余变动表"本年数"栏反映各项目的本年实际发生数。本表"上年数"栏反映各项目的上年实际发生数,应当根据上年度预算结转结余变动表中"本年数"栏内所列数据填列。

如果本年度预算结转结余变动表规定的项目的名称和内容与上年度不一致,应对上年度预算结转结余变动表项目的名称和数据按照本年度的规定进行调整,将调整后的金额填入本年度预算结转结余变动表的"上年数"栏。

下面以列表方式具体说明预算结转结余变动表中各个项目的编制方法,并请关注哪些项目在什么情况下可以"一"号填列等(如表13—6和表13—7所示)。

表13—6　　　　　　　预算结转结余年初各项目的具体编制方法

报表项目	反映内容	编制方法
年初预算结转结余	单位本年预算结转结余的年初余额	根据本项目下"财政拨款结转结余""其他资金结转结余"项目金额的合计数填列
财政拨款结转结余	单位本年财政拨款结转结余资金的年初余额	根据"财政拨款结转""财政拨款结余"科目本年年初额合计数填列
其他资金结转结余	单位本年其他资金结转结余的年初余额	根据"非财政拨款结转""非财政拨款结余""专用结余""经营结余"科目本年年初余额的合计数填列
年初余额调整	单位本年预算结转结余年初余额调整的金额	根据本项目下"财政拨款结转结余""其他资金结转结余"项目金额的合计数填列
财政拨款结转结余	单位本年财政拨款结转结余资金的年初余额调整金额	根据"财政拨款结转""财政拨款结余"科目下"年初余额调整"明细科目本年发生额的合计数填列;如调整减少年初财政拨款结转结余,以"一"号填列
其他资金结转结余	单位本年其他资金结转结余的年初余额调整金额	根据"非财政拨款结转""非财政拨款结余"科目下"年初余额调整"明细科目本年发生额的合计数填列;如调整减少年初其他资金结转结余,以"一"号填列

表 13-7   预算结转结余本年各项目的具体编制方法

报表项目	反映内容	编制方法
本年变动金额	单位本年预算结转结余变动的金额	根据本项目下"财政拨款结转结余""其他资金结转结余"项目金额的合计数填列
财政拨款结转结余	单位本年财政拨款结转结余资金的变动	根据本项目下"本年收支差额""归集调入""归集上缴或调出"项目金额的合计数填列
本年收支差额	单位本年财政拨款资金收支相抵后的差额	根据"财政拨款结转"科目下"本年收支结转"明细科目本年转入的预算收入与预算支出的差额填列;差额为负数的,以"-"号填列
归集调入	单位本年按照规定从其他单位归集调入的财政拨款结转资金	根据"财政拨款结转"科目下"归集调入"明细科目的本年发生额填列
归集上缴或调出	单位本年按照规定上缴的财政拨款结转结余资金及按照规定向其他单位调出的财政拨款结转资金	根据"财政拨款结转""财政拨款结余"科目下"归集上缴"明细科目,以及"财政拨款结转"科目下"归集调出"明细科目本年发生额的合计数以"-"号填列
其他资金结转结余	单位本年其他资金结转结余的变动	根据本项目下"本年收支差额""缴回资金""使用专用结余""支付所得税"项目金额的合计数填列
本年收支差额	单位本年除财政拨款外的其他资金收支相抵后的差额	根据"非财政拨款结转"科目下"本年收支结转"明细科目、"其他结余"科目、"经营结余"科目本年转入的预算收入与预算支出差额的合计数填列;如为负数,以"-"号填列
缴回资金	单位本年按照规定缴回的非财政拨款结转资金	根据"非财政拨款结转"科目下"缴回资金"明细科目本年发生额的合计数填列,以"-"号填列
使用专用结余	本年事业单位根据规定使用从非财政拨款结余或经营结余中提取的专用基金的金额	根据"专用结余"科目明细账中本年使用专用结余业务的发生额填列,以"-"号填列
支付所得税	有企业所得税交纳义务的事业单位本年实际交纳的企业所得税额	根据"非财政拨款结余"明细账中本年实际交纳企业所得税业务的发生额以"-"号填列

表 13－8　　　　　　　　　预算结转结余年末各项目的具体编制方法

报表项目	反映内容	编制方法
年末预算结转结余	单位本年预算结转结余的年末余额	根据本项目下"财政拨款结转结余""其他资金结转结余"项目金额的合计数填列
财政拨款结转结余	单位本年财政拨款结转结余的年末余额	根据本项目下"财政拨款结转""财政拨款结余"项目金额的合计数填列。本项目下的"财政拨款结转""财政拨款结余"项目应当分别根据"财政拨款结转""财政拨款结余"科目的本年年末余额填列
其他资金结转结余	单位本年其他资金结转结余的年末余额	根据本项目下"非财政拨款结转""非财政拨款结余""专用结余""经营结余"项目金额的合计数填列。本项目下"非财政拨款结转""非财政拨款结余""专用结余""经营结余"项目应当分别根据"非财政拨款结转""非财政拨款结余""专用结余""经营结余"科目的本年年末余额填列

三、预算结转结余变动表的主要特点

(一)预算结转结余变动表是按照收付实现制编制的动态会计报表

由于预算结转结余变动表的数据反映自年初至报告期末由于收支变动导致全部结转结余增减变动的情况,因此,预算结转结余变动表被称为动态表。该表各结转结余数据可以直接来源于财政拨款结转结余和非财政拨款结转结余的账户记录。其中,"财政拨款结转""财政拨款结余""非财政拨款结转""非财政拨款结余"的数据来源于该等科目的余额;"专用结余"在收大于支的情况下一般会有余额;经营结余如有余额,以"一"号填列。请注意复核账表之间的勾稽关系。

(二)预算结转结余变动表是分类分项列报的预算会计报表

该表不仅将结转结余变动分为年初数、年初调整数、本年数、年末数分类列报,而且区别财政拨款结转结余与其他资金结转结余分别填报。

(三)预算结转结余变动表是一种用于结转结余增减变动情况分析的比较会计报表

将结转结余的实际情况与预算(或计划)情况相比较,可以分别考核结转结余的完成情况,评价完成进度,找出不足,促进单位业务目标不断完善,也为财政支出绩效评价提供数据资料。

四、预算结转结余变动表的主要作用

预算结转结余变动表采用多步式结构列报:第一步,计算年初预算结转余额;第

二步,计算年初余额调整;第三步,计算本年变动金额;第四步,计算年末预算结转结余。预算结转结余变动表中"年末预算结转结余"项目金额等于"年初预算结转结余""年初余额调整""本年变动金额"三个项目的合计数,也等于"财政拨款结转结余"和"其他资金结转结余"两个项目的合计数。

从分项来看,预算结转结余变动表分项列示了单位在一定期间内所有结转结余的具体数额,将这些结转结余两年数据进行比较,可以反映本期结转结余增减变动的来龙去脉等,为衡量单位结转结余成果提供依据。

第四节　财政拨款预算收入支出表

一、财政拨款预算收入支出表的概念与基本格式

财政拨款预算收入支出表是指反映单位在某一会计期间财政拨款预算收入、支出、结转及结余情况的预算会计报表。财政拨款预算收入支出表的编制基础主要是各财政拨款预算收入和预算支出类科目的本期发生额及其增减变动情况。

〖例13—3〗　XYZ事业单位2019年依据财政拨款预算收入和支出科目本期发生额等相关资料(详见例12—12的核算内容)编制2019年财政拨款预算收入支出表(如表13—9所示)。

表13—9　　　　　　　　　　　　财政拨款预算收入支出表

会政预03表

编制单位:XYZ事业单位　　　　　　　　　　2019年　　　　　　　　　　单位:元

项　目	年初财政拨款结转		调整年初财政拨款结转结余	本年归集调入	本年归集上缴或调出	单位内部调剂		本年财政拨款收入	本年财政拨款支出	年末财政拨款结转结余	
	结转	结余				结转	结余			结转	结余
一、一般公共预算财政拨款								5 000 000	4 800 000	200 000	0
(一)基本支出								4 000 000	4 000 000	0	0
1. 人员经费								2 800 000	2 800 000	0	0
2. 日常公用经费								1 200 000	1 200 000	0	0
(二)项目支出								1 000 000	800 000	200 000	0
1. A项目								600 000	400 000	200 000	0
2. B项目								400 000	400 000	0	0
3. ××项目											
二、政府性基金预算财政拨款											

续表

项　目	年初财政拨款结转结余		调整年初财政拨款结转结余	本年归集调入	本年归集上缴或调出	单位内部调剂		本年财政拨款收入	本年财政拨款支出	年末财政拨款结转结余	
	结转	结余				结转	结余			结转	结余
(一)基本支出											
1. 人员经费											
2. 日常公用经费											
(二)项目支出											
1. ××项目											
2. ××项目											
……											
总　计								5 000 000	4 800 000	200 000	0

二、财政拨款预算收入支出表的编制方法

财政拨款预算收入支出表"项目"栏内各项目应当根据单位取得的财政拨款种类分项设置。其中,"项目支出"项目根据每个项目设置;单位取得除一般公共财政预算拨款和政府性基金预算拨款外的其他财政拨款的,应当按照财政拨款的种类增加相应的资金项目及其明细项目。

下面以列表方式具体说明财政拨款预算收入支出表中各个项目的编制方法,并请关注哪些项目在什么情况下可以"－"号填列等(如表 13－10 所示)。

表 13－10　　　　　　　财政拨款预算收入支出表各项目的具体编制方法

报表项目	反映内容	编制方法
年初财政拨款结转结余	单位年初各项财政拨款结转结余的金额	各项目根据"财政拨款结转""财政拨款结余"及其明细科目的年初余额填列,其数额应当与上年度财政拨款预算收入支出表中"年末财政拨款结转结余"栏中各项目的数额相等
调整年初财政拨款结转结余	单位对年初财政拨款结转结余的调整金额	各项目根据"财政拨款结转""财政拨款结余"科目下"年初余额调整"明细科目及其所属明细科目的本年发生额填列;如调整减少年初财政拨款结转结余,以"－"号填列
本年归集调入	单位本年按规定从其他单位调入的财政拨款结转资金金额	根据"财政拨款结转"科目下"归集调入"明细科目及其所属明细科目的本年发生额填列

报表项目	反映内容	编制方法
本年归集上缴或调出	单位本年按规定实际上缴的财政拨款结转结余资金,及按照规定向其他单位调出的财政拨款结转资金金额	根据"财政拨款结转""财政拨款结余"科目下"归集上缴"科目和"财政拨款结转"科目下"归集调出"明细科目及其所属明细科目的本年发生额填列,以"一"号填列
单位内部调剂	单位本年财政拨款结转结余资金在单位内部不同项目之间的调剂金额	根据"财政拨款结转"和"财政拨款结余"科目下的"单位内部调剂"明细科目及其所属明细科目的本年发生额填列;对单位内部调剂减少的财政拨款结余金额,以"一"号填列
本年财政拨款收入	单位本年从同级财政部门取得的各类财政预算拨款金额	根据"财政拨款预算收入"科目及其所属明细科目的本年发生额填列
本年财政拨款支出	单位本年发生的财政拨款支出金额	根据"行政支出""事业支出"等科目及其所属明细科目本年发生额中的财政拨款支出数的合计数填列
年末财政拨款结转结余	单位年末财政拨款结转结余的金额	根据"财政拨款结转""财政拨款结余"科目及其所属明细科目的年末余额填列

三、财政拨款预算收入支出表的主要特点

(一)财政拨款预算收入支出表是按照收付实现制编制的动态会计报表

由于财政拨款预算收入支出表的数据来源于一定会计期间全部财政拨款预算收入、支出、结转和结余的增减变动情况,因此,财政拨款预算收入支出表被称为动态表。

(二)财政拨款预算收入支出表是棋盘式结构列报的预算会计报表

该表横向按照年初数、调整年初数、本年数、年末数列报,纵向按照一般公共预算财政拨款(区分基本支出与项目支出)和政府性基金预算财政拨款(区分基本支出与项目支出)列报。

(三)财政拨款预算收入支出表是一种专门用于财政拨款收支及其结转结余情况分析的比较会计报表

将财政拨款实际收支情况与预算(或计划)情况相比较,可以考核财政拨款指标的完成情况,评价完成进度,找出不足,促进单位业务目标不断完善,也为财政支出绩效评价提供基础资料。

四、财政拨款预算收入支出表的主要作用

财政拨款预算收入支出表采用多步式结构列报:第一步,计算年初财政结转与结余额;第二步,计算年初余额调整情况,包括调整年初财政拨款结转结余、本年归集调入、本年归集上缴或调出、单位内部调剂;第三步,计算本年财政拨款收入与支出金额;第四步,计算年末财政拨款结转结余。

从分项来看,财政拨款预算收入支出表分项列示了单位在一定期间内所有财政拨款收入、支出、结转和结余的具体数额,将这些收支和结转结余的年初、本年变动、年末数据进行比较,可以反映财政拨款增减变动的来龙去脉,为单位清算结转结余成果提供依据。尤其是调整年初数中的四个方面内容——调整年初财政拨款结转结余、本年归集调入、本年归集上缴或调出、单位内部调剂,为反映单位在特定时期或特定业务中所取得的财政结转结余情况、掌握单位业务活动的成果提供了具体依据。

财政拨款预算收入支出表是对财政拨款收支与结转结余核算的精细化反映,可以较好地实现预算管理信息与会计信息的对接。对比分析该表的明细项目有助于掌握财政拨款收入和支出的具体情况,分析其增减变动的原因,寻找增收节支的途径。

思考与练习

1. 简述预算、决算、预算会计三者之间的关系。
2. 理论联系实际,谈谈预决算审查与控制的重点。
3. 试分析预算收入支出表与收入费用表的联系和区别。
4. 简述预算结转结余变动表与预算结余类科目之间的关系。
5. 简述财政拨款预算收入支出表反映的主要内容和主要特点。
6. 请归纳说明预算会计报表的编制要求。
7. 请举例说明如何才能切实做好预决算的分析工作。
8. 请归纳说明政府财务报告与决算报告的目标、作用及两者之间的关系。

各章思考与练习部分参考解答

第三章第 8 题:

资产负债表

单位:万元

资　　产		负债与净资产	
货币资金	58.00	应付账款	600.00
应收账款	282.00	应付职工薪酬	200.00
存货	960.00	专用基金	500.00
固定资产	1 700.00	累计盈余	1 700.00
合　计	3 000.00	合　计	3 000.00

任何经济业务的发生都会引起会计要素及其金额的增减变化,但不会也不应该破坏资产负债表的平衡关系。

第四章第 7 题:不正确。融资租入固定资产不应增加"无偿调拨净资产",而应增加"长期应付款"。

第四章第 8 题:(1)对于盘盈资产,应按照类似资产价值作为入账价值的基础,并考虑成新率。微波炉的盘盈价值为 600 元(2 台×500 元×60%),饮水机的盘盈价值为 1 800 元(6 台×300 元×100%),共 2 400 元。

盘盈时:

借:库存物品　　　　　　　　　　　　　　　　　　　2 400.00
　　贷:待处理财产损溢——待处理财产价值　　　　　　　　　2 400.00

经批准处理时:

借:待处理财产损溢——待处理财产价值　　　　　　　2 400.00
　　贷:单位管理费用　　　　　　　　　　　　　　　　　　　2 400.00

(2)对于盘亏资产,盘亏时:

借:待处理财产损溢——待处理财产价值　　　　　　　2 000.00

　贷:库存物品　　　　　　　　　　　　　　　　　　　　2 000.00

经批准处理时:

借:资产处置费用　　　　　　　　　　　　　　　　　　2 000.00

　贷:待处理财产损溢——待处理财产价值　　　　　　　　2 000.00

(3)转入报废时:

借:待处理财产损溢——待处理财产价值　　　　　　　7 800.00

　贷:库存物资　　　　　　　　　　　　　　　　　　　　7 800.00

经批准报废时:

借:资产处置费用　　　　　　　　　　　　　　　　　　7 800.00

　贷:待处理财产损溢——待处理资产价值　　　　　　　　7 800.00

支付资产评估费时:

借:待处理财产损溢——处置净收入　　　　　　　　　1 000.00

　贷:银行存款　　　　　　　　　　　　　　　　　　　　1 000.00

取得处置收入时:

借:银行存款　　　　　　　　　　　　　　　　　　　　460.00

　贷:待处理财产损溢——处置净收入　　　　　　　　　　460.00

结转处置净支出时:

借:资产处置费用　　　　　　　　　　　　　　　　　　540.00

　贷:待处理财产损溢——处置净收入　　　　　　　　　　540.00

第五章第8题:(1)正确,(2)和(3)不正确。代扣代交个人所得税应当通过"其他应交税费"科目核算;(2)和(3)贷方的"银行存款"应当改为"财政拨款收入"。

第六章第8题:不正确。对于应缴财政款,政府会计制度明确了"收到从财政专户返还的事业收入时,按照实际收到的返还金额"进行会计处理的规定,也就是说,应采用现金收付制核算返还的应缴财政款。

第七章第8题:预收时的会计处理正确。结算时的会计处理不正确,应当在增加银行存款和经营收入的同时,冲减原先确认的10万元预收账款后转入经营收入;合计确认银行存款50万元,经营收入48.5万元,应缴增值税1.5万元。增值税不应计入经营费用。

第九章第3题:存货165 000,无偿调拨净资产700 000,货币资金214 000,净资产179 000。

第十二章第7题:财务会计核算正确。预算会计账务处理的借方科目应当改为"非财政拨款结转"科目。

综合测试题

一、单项选择题

1. 政府会计主体对资产和负债进行计量时，一般应当采用（　　）。
A. 公允价值　　　　B. 历史成本　　　　C. 重置成本　　　　D. 名义金额

2.《政府会计准则——基本准则》自（　　）起施行。
A. 2017 年 1 月 1 日　　　　　　　B. 2017 年 7 月 1 日
C. 2018 年 1 月 1 日　　　　　　　D. 2019 年 1 月 1 日

3. 财政拨款收入应当在（　　）时同时确认财务会计的收入和预算会计的预算收入。
A. 本期收到　　　　B. 应当收到　　　　C. 预计收到　　　　D. 上期收到

4. 从财政专户返还事业收入时，应当按照（　　）的返还金额入账。
A. 实际收到　　　　B. 应当收到　　　　C. 预计收到　　　　D. 可以收到

5. 制度规定，可以按照应收账款和其他应收款计提坏账准备的单位是（　　）。
A. 行政单位　　　　B. 事业单位　　　　C. 政府部门　　　　D. 非营利组织

6. 政府会计对于单位盘盈库存物资时的核算要求是（　　）。
A. 进行财务会计与预算会计平行记账
B. 进行预算会计核算
C. 进行财务会计核算
D. 不需要核算

7. 单位在处置资产的过程中发生相关费用的会计处理应当是借记（　　）。
A. 待处理财产损溢（处置资产价值）　　　B. 待处理财产损溢（处置净收入）
C. 其他支出　　　　　　　　　　　　　　D. 专用基金

8. 单位核算的下列科目中，年终结账后可能有余额的是（　　）。

A. 其他结余   B. 经营结余

C. 非财政补助结余分配   D. 经营支出

9. 单位发生需要调整以前年度财政拨款结余的事项,应当通过(　　)科目核算。

A. "非财政拨款结转"   B. "非财政拨款结余"

C. "财政拨款结转"   D. "财政拨款结余"

10. 年末,根据有关规定从本年度非财政拨款结余或经营结余中提取专用基金的,按照(　　),借记"本年盈余分配"科目,贷记"专用基金"科目。

A. 资金结余金额   B. 财务会计下计算的提取金额

C. 本期盈余金额   D. 预算会计下计算的提取金额

11. 某事业单位当年取得事业收入 55 000 元,取得国有资产投资收益收入 10 000 元,发生业务活动费用 40 000 元,单位管理费用 10 000 元;另收到上级主管部门拨入项目专款 8 000 元,发生项目专款支出 7 000 元。该事业单位本期盈余(　　)元。

A. 16 000   B. 15 000   C. 5 000   D. 1 000

12. 职工福利基金的提取比例由预算主管部门会同财政部门在单位年度非财政拨款结余的(　　)内核定。

A. 20%   B. 30%   C. 40%   D. 50%

13. 当发生无法偿付或债权人豁免偿还的应付账款、预收账款、其他应付款项时,应当借记各该相关科目,贷记(　　)科目。核销的应付款项应在备查簿中保留登记。

A. "其他预算收入"   B. "其他收入"

C. "其他支出"   D. "其他费用"

14. 从非同级财政取得的财政拨款,在账务处理上应作为(　　)。

A. 财政拨款收入   B. 非同级财政拨款收入

C. 事业收入   D. 其他收入

15. 待摊费用的核算特点是(　　)。

A. 受益、预提在前,支付在后   B. 平均分配各年收益

C. 支付在前,受益、摊销在后   D. 递减分配各项费用

16. 资产负债表中货币资金项目的数额为库存现金、银行存款、其他货币资金和(　　)的合计数。

A. 资金结存   B. 财政应返还额度

C. 零余额账户用款额度   D. 其他结余

17. 收入费用表的编制基础主要是(　　)科目的本期发生额。

A. 资产类、负债类   B. 预算收入、预算支出

C. 收入类、费用类   D. 基本支出、项目支出

18. 净资产变动表的编制基础主要是(　　)科目的本期发生额及其余额。

A. 资产类　　　　B. 结转结余类　　　C. 净资产类　　　D. 盈利类

19. 到了年末,将"非同级财政拨款预算收入"科目本年发生额中的专项资金收入借记"非同级财政拨款预算收入"科目下各专项资金收入明细科目,贷记(　　)科目。

A. "财政拨款结转——本年收支结转"

B. "财政拨款结余——本年收支结转"

C. "非财政拨款结转——本年收支结转"

D. "非财政拨款结余——本年收支结转"

20. 年末,将"行政支出"科目中本年发生额中的其他资金支出(非财政非专项资金支出)结转时,借记(　　)科目,贷记"行政支出"科目下各非专项资金支出明细科目。

A. "非财政拨款结余"　　　　　　　B. "资金结余"

C. "其他结余"　　　　　　　　　　D. "专用结余"

二、多项选择题

1. 政府预算管理主要依赖预算会计,包括预算收入、(　　)会计要素,从而构成预算会计体系,从动态方面反映某一时期的预算收支成果。

A. 预算资产　　　B. 预算负债　　　C. 预算支出　　　D. 预算结余

2. 政府财务会计要素包括资产、负债和(　　)。

A. 净资产　　　　B. 所有者权益　　C. 收入　　　　　D. 费用

3. 资产的计量属性主要包括历史成本、(　　)。

A. 重置成本　　　B. 现值　　　　　C. 公允价值　　　D. 名义金额

4. "资金结存"科目一般应设置(　　)明细科目。

A. "零余额账户用款额度"　　　　　B. "货币资金"

C. "其他货币资金"　　　　　　　　D. "财政应返还额度"

5. 特殊资产的计价方法与入账基础是指(　　)。

A. 如果取得资产时没有支付对价的,其计量金额应当按照有关凭据注明的金额加上相关税费、运输费等确定

B. 如果取得资产时没有相关凭据的,其计量金额比照同类或类似资产的市场价格加上相关税费、运输费等确定

C. 如果取得资产时没有相关凭据、同类或类似资产的市场价格也无法可靠取得的,所取得的资产应当按照名义金额入账

D. 上述计价方法与入账基础应当在财务报表附注中披露

6. 任何报表都应当根据登记完整、核对无误的账簿记录和其他相关资料编制,并做到(　　)。

A. 数据真实　　　B. 计算准确　　　C. 内容完整　　　D. 报送及时

7. 会计行为主要是指对经济业务事项进行（　　）的行为。政府会计准则制度就是为了构建统一、科学、规范的政府会计信息，并作为规范政府会计行为的准绳。

A. 确认　　　　　B. 计量　　　　　C. 记录　　　　　D. 报告

8. 年末按照规定提取专用基金时，政府会计应当编制的会计分录是（　　）。

A. 借：本年盈余分配　　　　　　　B. 借：其他费用
　　贷：专用基金　　　　　　　　　　贷：专用基金

C. 借：非财政拨款结余　　　　　　D. 借：其他结余
　　贷：专用结余　　　　　　　　　　贷：专用基金

9. 应交款项是指单位应交未交的各种债务，包括（　　）。

A. 应交增值税　　　　　　　　　　B. 其他应交税费

C. 应缴财政款　　　　　　　　　　D. 应付职工薪酬

10. 事业单位无形资产的摊销方法应当是（　　）。

A. 法律规定了有效年限的，以法律规定的有效年限作为摊销年限

B. 法律没有规定有效年限的，以相关合同或单位申请书中的受益年限作为摊销年限

C. 法律没有规定有效年限、相关合同或单位申请书也没有规定受益年限的，应当根据无形资产为政府会计主体带来服务潜力或经济利益的实际情况，预计其使用年限

D. 可以采用加速折旧法对无形资产进行摊销

11. 事业单位年终结账后，下列会计科目中最终应无余额的有（　　）。

A. 财政拨款收入　　　　　　　　　B. 事业收入

C. 经营收入　　　　　　　　　　　D. 其他收入

12. 下列各项中，属于事业收入核算内容的有（　　）。

A. 开展专业业务活动所取得的收入　B. 从事经营活动取得的资金

C. 开展辅助活动取得的收入　　　　D. 应缴财政专户返还的资金

13. 政府会计认定的公共基础设施是为满足社会公共需求而控制的，同时具有（　　）特征的有形资产。

A. 是一个有形资产系统或网络的组成部分

B. 属于文物文化资产

C. 特定用途

D. 一般不可移动

14. 下列表述中，正确的有（　　）。

A. 财政拨款收入不是非同级财政拨款收入

B. 财政拨款收入不是上级拨款收入

C. 财政拨款收入不是非财政拨款收入

D. 财政性资金不等于财政拨款收入

15. 配比原则的运用至少包括（　　），用以正确计算在该会计期间该会计主体所获得的净损益。

A. 某产品的收入与该产品的耗费相匹配

B. 某会计期间的某项收入与该期间的该项耗费相匹配

C. 某部门的收入与该部门的耗费相匹配

D. 某会计期间全部收入与全部支出应当配比一致

16. 现金流量表所指的现金包括库存现金、可以随时用于支付的银行存款、（　　）。

A. 其他货币资金　　　　　　　　B. 零余额账户用款额度

C. 财政应返还额度　　　　　　　D. 通过财政直接支付方式支付的款项

17. 跨期摊配账户包括（　　）等，其目的是正确划分各个月份的成本，从而正确计算各月的成本费用。

A. 待摊费用　　　　　　　　　　B. 长期待摊费用

C. 预提费用　　　　　　　　　　D. 应付利息

18. 费用常用的分配标准有（　　）。

A. 成果类，如产品的重量、体积、产量、产值等

B. 消耗类，如生产工时、生产工人工资、机器工时、原材料消耗量等

C. 定额类，如原材料定额消耗量、定额费用等

D. 成本动因类，如批次、机器台时、检验时间等

19. 政府会计报表是对政府会计主体财务状况、运行情况和现金流量等信息的结构性表述，至少应当包括（　　）。

A. 资产负债表　　　B. 收入费用表　　　C. 净资产变动表　　　D. 现金流量表

20. 预算结转结余变动表的编制基础主要是各（　　）科目的本期发生额及其增减变动情况。

A. 预算结转类　　　　　　　　　B. 预算结余类

C. 预算收入类　　　　　　　　　D. 预算支出类

三、判断题

1. 政府预算会计和财务会计是两个相互既有联系又有区别的子体系，应当"适度分离"，又通过"平行记账"相互衔接与互相关联，使决算报告和财务报告相互补充，共同反映政府会计主体的预算执行信息和财务信息。　　　　　　　　　　　（　　）

2. 平行记账只要求财务会计下"库存现金""银行存款"和"其他货币资金"科目发生增减变动时,应在预算会计下同时进行会计处理。（　　）

3. 单位预算一般应当自求收支平衡,必要时也可以编制赤字预算。（　　）

4. 执行政府会计准则后,无论是政府的行政部门、非行政部门或是其构成实体等,不再区分总预算会计、行政单位会计、事业单位会计、基本建设会计等。（　　）

5. 行政机关和事业单位都可以根据应收账款的具体情况采用不同的方法计提相应的坏账准备。（　　）

6. 国库单一账户体系是指全面反映财政资金收付的各类账户的总和,是财政国库管理制度的基础。国库集中收付是指以国库单一账户体系为基础,将所有财政性资金都纳入国库单一账户体系管理,收入直接缴入国库和财政专户,支出通过国库单一账户体系支付到商品和劳务供应者或用款单位的一项国库管理制度。（　　）

7. 对于由财政直接支付购买的材料,事业单位应借记"材料"科目,贷记"银行存款"科目。（　　）

8. 本期收到上月销售产品的货款存入银行,在这种情况下,如果采用现金收付基础,这笔货款应当作为本期的收入,因为现款是本期收到的;如果采用权责发生制核算,则此项收入不能作为本期收入,因为它不是本期获得的,两者并不一致。（　　）

9. 资产是单位的财产资源,属于资金的占用形态;负债和净资产是与资产相对应的取得途径,属于资金来源。三个要素构成一组,属于财务状况在某一时点上的静态反映,来源于某一会计期间账户的期末数,并由此形成了反映特定日期财务状况的平衡公式,即资产＝负债＋净资产。（　　）

10. 在收付实现制下,收支的归属期间将与现金流量收支行为的发生与否紧密地联系在一起。只要是产生现金流量的收支行为,就应当在其发生的期间全部记作收入和支出,而不考虑与现金收支行为相联系的经济业务实质上是否发生。（　　）

11. 不管什么性质的事业单位,所有固定资产一律要求计提折旧。（　　）

12. 非独立核算是指没有完整的凭证、账簿和报表体系,只记录部分经济业务的报账单位所进行的会计核算,其财产物资由上级单位拨付,一般没有独立的银行账户,其一切收入均存入上级单位账户,一切支出也由上级单位审核支付。（　　）

13. 预算会计服从并服务于预算管理,与编制预决算报表相关,因而只要求核算预算收入、预算支出与预算结余,并不要求全面反映资产、负债和净资产的增减变动情况。（　　）

14. 会计科目的编号是根据会计科目的分类和排序确定的。一般采用四位数编号,第一位数表示科目的大类;第二位数表示科目的小类;第三、第四位数表示各小类之下科目的序号。（　　）

15. "预付账款"是一个资产类账户,借方登记按合同规定预付的款项,贷方登记

结算冲销或减少数,余额在借方,表示尚未结算的预付款项。　　　　（　　）

16. 政府财务会计与预算会计对明细科目设置的要求是一致的。　　（　　）

17. 事业单位代政府职能收取的纳入预算管理的款项,以及按照规定收取的纳入财政专户管理的款项,应当按照规定作为偿还性资金及时上缴,在应缴未缴之前,纳入负债核算。　　　　（　　）

18. 期末计算经营结余时,应将经营收入账户余额转入经营结余账户的贷方,将经营支出账户余额转入经营结余账户的借方,结转后经营结余账户无余额;但如为亏损,则不结转。　　　　（　　）

19. 增值税实行价外计税、价税分离,即以不含税销售额为计税依据,计税价格不包含其本身的税额。　　　　（　　）

20. 学校或医院经过其领导批准,才可以为企业提供担保。　　　（　　）

四、核算题

经批准,ABC 事业单位于某年 7 月 1 日以银行存款购买该年 4 月 1 日开始计息的 1 年期国债 50 万元,该国债年利率为 2%,每半年付息一次,共支付款项 503 000 元(其中,国债本金为 500 000 元,按权责发生制计算的应计利息为 2 500 元,交易费用为 500 元)。次年 4 月 1 日抛售该债券。ABC 事业单位对国有资产处置收入实行"收支两条线"管理,利息需上缴国库。

要求:根据上述业务,分别进行财务会计与预算会计的核算。

五、简答题

MN 单位 2018 年申报某研究课题获得批准,收到主管部门拨入专款 100 万元,当年实际发生支出 90 万元、结余 10 万元。该项课题于 2018 年年底完成,但未向主管部门申报结项。该单位于 2018 年 12 月 31 日将拨入专款 100 万元和专款支出 90 万元转入"其他结余"科目。为了鼓励课题组成员,经课题组组长批准在结余中提取 10 万元作为奖励经费记入"其他应付款"科目,该课题费结余为零。

请问:MN 单位的以上做法是否正确? 应当如何正确核算?

六、综合练习题

W 科研所除完成某类科学研究事业活动外,还从事技术转让、技术咨询与培训等经营性业务,执行财政部新颁发的《政府会计准则》和《政府会计制度》。该科研所经营收入缴纳 3%增值税(小规模纳税人)。

内部审计时发现以下会计处理情况:

(1)该科研所 2017 年度将经营亏损 4 万元转入其他应付款挂账,不符合会计核算的规范要求,截至 2018 年年底,对该事项尚未进行差错更正。

(2)2018 年,财政部门批准的 W 科研所年度预算为 300 万元。1~11 月,W 科研所累计预算支出数为 270 万元,其中,220 万元已由财政直接支付,50 万元已由财政授权支付。2018 年 12 月,W 科研所经财政部门核定的用款计划数为 30 万元,其中,财政直接支付的用款计划数为 16 万元,财政授权支付的用款计划数为 14 万元。单位对此未做账务处理。

(3)经查 1~11 月,W 科研所经营收入为 40 万元,经营费用为 70 万元,累计经营亏损为 30 万元,单位对此未结转经营结余。

(4)12 月 1 日,W 科研所收到代理银行转来的"财政授权支付额度到账通知书",通知书中注明的本月授权额度为 10 万元,用于专项支出。W 科研所将授权额度 10 万元记入"零余额账户用款额度"科目,并增加财政拨款收入 10 万元。

(5)12 月 2 日,W 科研所与 A 公司签订技术培训合同。合同约定:W 科研所于 12 月 3 日至 25 日向 A 公司提供技术培训服务;A 公司应于合同签订之日起 5 日内向 W 科研所预付 5 万元技术培训服务费;在 12 月 25 日完成技术培训服务后,A 公司向 W 科研所再支付 15 万元技术培训服务费。

12 月 3 日,W 科研所收到 A 公司预付的款项 5 万元,已收入银行,W 科研所尚未进行会计处理,拟待收到全部款项时一并核算。

(6)12 月 5 日,W 科研所购入一批价值 1 万元的科研用材料,已验收入库,尚未领用,已向银行开具支付令,并收到代理银行转来的"财政授权支付凭证"和供货商的发票。W 科研所直接增加事业支出 1 万元,并减少"零余额账户用款额度"1 万元。

(7)12 月 6 日,W 科研所按政府采购程序与 B 供货商签订一份购货合同,购买一台科研用设备,合同金额为 11 万元。7 日,W 科研所收到 B 供货商交付的设备和购货发票,发票注明的金额为 11 万元,设备已验收使用。当日,W 科研所向财政国库支付执行机构提交了"财政直接支付申请书",向财政部门申请支付 B 供货商货款,但尚未收到"财政直接支付入账通知书"。W 科研所对上述事项未进行会计处理。

(8)12 月 12 日,W 科研所收到代理银行转来的用于支付 B 供货商货款的"财政直接支付入账通知书",通知书中注明的金额为 11 万元。W 科研所将 11 万元计入事业支出,并增加财政拨款收入 11 万元。

(9)12 月 18 日,经批准,W 科研所用一台仪器设备(陈列品)对外进行投资。该仪器设备的账面价值为 2 万元(未计提折旧),经评估确认的价值为 2.5 万元。W 科研所增加了 2 万元对外投资,并减少固定资产 2 万元。

(10)12 月 25 日,W 科研所完成 A 公司的技术培训服务,收到 A 公司支付的款项 15 万元,W 科研所增加银行存款 15 万元,增加经营收入 15 万元;增加经营支出 0.45 万元,增加应交增值税 0.45 万元。

(11)12 月 31 日,W 科研所将经营收入和经营支出转入"经营结余"科目;同时,将全年 1~12 月累计经营亏损 10.6 万元转入经营结余。

(12)12 月 31 日,W 科研所确认 2018 年年末未下达的财政用款额度 8 万元,其中,财政直接支付年终结余资金 5 万元,财政授权支付年终结余资金 3 万元。W 科研所进行了财务会计处理:

借:财政应返还额度——财政直接支付 50 000
　　贷:财政拨款收入 50 000
借:财政应返还额度——财政授权支付 30 000
　　贷:零余额账户用款额度 30 000

(13)2019 年 1 月 2 日,W 科研所收到"财政直接支付额度恢复到账通知书",恢复 2018 年度财政直接支付额度 5 万元;收到代理银行转来的"财政授权支付额度恢复到账通知书",恢复 2018 年度财政授权支付额度 3 万元;W 科研所未进行会计处理。

要求:请按照政府财务会计和预算会计核算的相关规定,逐一分析、判断上述事项中 W 科研所的会计处理是否正确。如不正确,请说明原因,并编制正确的会计分录。

综合测试题参考解答

一、单项选择题

1. B 2. A 3. A 4. A 5. B 6. C 7. B 8. B 9. D 10. D 11. A 12. C 13. B 14. B 15. C 16. C 17. C 18. C 19. C 20. C

二、多项选择题

1. CD 2. ACD 3. ABCD 4. ABD 5. ABCD 6. ABCD 7. ABCD 8. AC 9. ABC 10. ABC 11. ABCD 12. ACD 13. ACD 14. ABCD 15. ABCD 16. ABCD 17. ABCD 18. ABCD 19. ABCD 20. AB

三、判断题

1. 对 2. 错 3. 错 4. 对 5. 错 6. 对 7. 错 8. 对 9. 对 10. 对 11. 错 12. 对 13. 对 14. 对 15. 对 16. 错 17. 对 18. 对 19. 对 20. 错

四、核算题

(1)财务会计的账务处理:

借:短期投资	503 000.00	
贷:银行存款		503 000.00

预算会计的账务处理:

借:投资支出	503 000.00	
贷:资金结存——货币资金		503 000.00

(2)财务会计的账务处理:

借:银行存款	5 000.00	
贷:应缴财政款		5 000.00

预算会计的账务处理:

 借:资金结存——货币资金   5 000.00

  贷:投资预算收益   5 000.00

(3)财务会计的账务处理:

 借:银行存款   505 000.00

  贷:短期投资   503 000.00

   应缴财政款   2 000.00

预算会计的账务处理:

 借:资金结存——货币资金   505 000.00

  贷:投资支出   503 000.00

   投资预算收益   2 000.00

五、简答题

不正确。专项课题完成后应向主管单位申报结项,经主管单位审批后按规定进行结余分配和账务处理,不得擅自转入"其他结余"或"其他应付款"科目核算;没有履行内部控制批准程序,擅自将该课题费发放奖励并结余为零的做法是错误的。

非财专项的结转结余应当通过"非财政拨款结转"科目和"非财政拨款结余"科目核算,不得直接将结余转入"其他结余"科目。

六、综合练习题

(1)财务会计应当对2017年度的经营亏损4万元挂账在"其他应付款"的前期差错予以更正。预算会计不必核算。

 借:其他应付款   40 000.00

  贷:以前年度盈余调整   40 000.00

(2)正确,不需要账务处理。

(3)错误。财务会计应当编制的会计分录如下:

 借:经营收入   400 000.00

  贷:本期盈余   400 000.00

 借:本期盈余   700 000.00

  贷:经营费用   700 000.00

预算会计可于年末一并进行结转经营结余的会计处理。

(4)财务会计核算正确:

 借:零余额账户用款额度   100 000.00

  贷:财政拨款收入——项目支出   100 000.00

同时,应补上预算会计核算:

 借:资金结存——零余额账户用款额度   100 000.00

　　　　　　贷:财政预算拨款收入——项目支出　　　　　　　　　　100 000.00

(5)不正确,应分别进行财务会计和预算会计核算。

财务会计核算如下:

　　借:银行存款　　　　　　　　　　　　　　　　　　　　50 000.00

　　　　贷:预收账款　　　　　　　　　　　　　　　　　　　　50 000.00

预算会计核算如下:

　　借:资金结存——货币资金　　　　　　　　　　　　　　50 000.00

　　　　贷:经营预算收入——项目支出　　　　　　　　　　　50 000.00

(6)不正确,正确的会计处理如下:

财务会计核算如下:

　　借:库存物品　　　　　　　　　　　　　　　　　　　　10 000.00

　　　　贷:零余额账户用款额度　　　　　　　　　　　　　　10 000.00

预算会计核算如下:

　　借:事业支出——项目支出　　　　　　　　　　　　　　10 000.00

　　　　贷:资金结存——零余额账户用款额度　　　　　　　　10 000.00

(7)不正确。由于已经收到购货发票,且设备已验收使用,理应增加固定资产和应付账款。

财务会计核算如下:

　　借:固定资产　　　　　　　　　　　　　　　　　　　110 000.00

　　　　贷:应付账款　　　　　　　　　　　　　　　　　　110 000.00

预算会计核算:由于没有现金流出,可以不做账务处理。

(8)不正确。正确的财务会计核算如下:

　　借:应付账款　　　　　　　　　　　　　　　　　　　110 000.00

　　　　贷:财政拨款收入　　　　　　　　　　　　　　　　110 000.00

预算会计核算如下:

　　借:事业支出　　　　　　　　　　　　　　　　　　　110 000.00

　　　　贷:财政拨款预算收入　　　　　　　　　　　　　　110 000.00

(9)不正确。事业单位取得对外投资时,应当以转让非现金资产的评估确认价值作为入账价值。正确的财务会计核算如下:

　　借:长期股权投资　　　　　　　　　　　　　　　　　25 000.00

　　　　贷:固定资产　　　　　　　　　　　　　　　　　　20 000.00

　　　　　　其他收入(换出资产评估值大于账面价值的差额)　　5 000.00

预算会计由于没有现金流出,不做账务处理。

(10)不正确。在增加15万元银行存款和经营收入的同时,应冲减3日确认的5万元预收账款,并计入经营收入5万元,计入营业收入合计20万元;计算应交增值税0.6万元。

财务会计核算如下:

　　借:银行存款　　　　　　　　　　　　　　　　　　　150 000.00

预收账款	50 000.00
贷:经营收入	200 000.00
借:经营费用	6 000.00
贷:其他应交税费	6 000.00

预算会计核算如下:

借:资金结存——货币资金	150 000.00
贷:经营预算收入——项目支出	150 000.00

应交税费由于是转账分录,预算会计不做账,待上交税费发生流出时才做账。

(11)不正确。财务会计对于经营亏损不应当挂账,而应当按期结转"本期盈余"科目。W科研所1~12月份全年经营亏损10.6万元(1~11月累计亏损30万元,12月盈利19.4万元)应结转"本期盈余"科目。

财务会计核算如下:

借:经营收入	200 000.00
贷:本期盈余	200 000.00
借:本期盈余	6 000.00
贷:经营费用	6 000.00
借:本年盈余分配	106 000.00
贷:本期盈余	106 000.00

预算会计核算如下:

借:经营预算收入	200 000.00
贷:经营结余	200 000.00
借:经营结余	6 000.00
贷:经营支出	6 000.00

预算会计对全年经营亏损不结转,即"经营结余"借方余额反映单位累计发生的经营亏损。

(12)财务会计核算正确。预算会计应当进行平行记账如下:

借:资金结存——财政应返还额度(财政直接支付)	50 000.00
贷:财政拨款预算收入	50 000.00
借:资金结存——财政应返还额度(财政授权支付)	30 000.00
贷:财政拨款预算收入	30 000.00

(13)财务会计对恢复财政直接支付额度不做会计处理的做法是正确的,但在恢复财政授权支付额度时,应依据代理银行提供的额度恢复到账通知书进行会计处理如下:

借:零余额账户用款额度	30 000.00
贷:财政应返还额度——财政授权支付	30 000.00

预算会计应当平行记账如下:

借:资金结存——零余额账户用款额度	30 000.00
贷:资金结存——财政应返还额度(财政授权支付)	30 000.00